破产法文库 | 实务系列

总主编 王欣新

吴江法院破产审判全景报告

Panoramic Report on the Bankruptcy Trial of Wujiang Court

主　编　陈晓君

副主编　钮晓丰　张有顺　郝　振

撰稿人（以姓氏笔画为序）

李　艳　吴龙章　张有顺　陈晓君

郝　振　钮晓丰　徐　倩　章　伟

法律出版社 LAW PRESS · CHINA

主编简介

陈晓君

1968年11月生，江苏泰县人，法律硕士。现任江苏省苏州市吴江区人民法院党组书记、院长，审判委员会委员、三级高级法官。兼任中国人民大学破产法研究中心研究员，中国人民大学法学院法律硕士实务导师，江苏省民事诉讼法学会常务理事。在《法律适用》《人民司法》等学术期刊发表论文10余篇，担任《执行转破产司法实务及案例解析》副主编，多次在全国法院学术讨论会中荣获奖项。参与全国法院、江苏法院重点调研课题。获评江苏省首批审判业务专家、全省法院优秀法官。

副主编简介

钮晓丰

1972年12月生，江苏吴江人，法学硕士。现任江苏省苏州市吴江区人民法院党组成员、副院长，审判委员会委员、四级高级法官，长期从事民商事审判、执行工作，积累了比较丰富的审判、执行实务工作经验，是基层法院破产审判工作的经历者、实践者。

张有顺

1972年2月生，江苏吴江人，本科学历。现任江苏省苏州市吴江区人民法院审判委员会专职委员、一级法官。主审刚松防护科技股份公司破产重整案、江苏鑫吴输电设备制造有限公司破产重整案、苏州炜华置业发展有限公司破产清算案等20余起重大案件，入选首批长三角地区人民法院典型案例、江苏法院破产审判典型案例、江苏法院金融审判典型案例，主持该院多个破产审判规范性文件的编写。

郝　振

1984年8月生，山东滕州人，法学硕士。现任江苏省苏州市吴江区人民法院审判委员会专职委员、清算与破产审判庭（执行裁判庭）庭长、一级法官，江苏省法学会破产法学研究会理事。在《人民司法》《审判研究》等期刊发表文章10余篇，多次在全国法院学术讨论会、全国法院优秀案例评析中获奖，主审案件入选江苏法院十大典型案例、十大破产案例、全省法院参阅案例。

《破产法文库》编审委员会

总　序

现代破产法融清算退出与挽救更生程序于一体，是警醒正常市场主体“向死而生”之法，是帮助困境企业“涅槃重生”之法，是促使失败企业“规范退出”之法。破产法律制度是市场经济法律体系不可或缺的重要组成部分，甚至被称为市场经济之“宪法”。市场经济社会的基本法则乃公平竞争、优胜劣汰。故，凡市场经济之法治国家，无不将破产法视为其法律体系不可或缺之重要组成部分，并将其作为评价一国市场经济地位和营商环境水准的重要标志。

中国自改革开放以来，高度重视营商环境建设。1986 年 12 月 2 日第六届全国人民代表大会常务委员会第十八次会议审议通过了《企业破产法（试行）》，于 1988 年 11 月 1 日起施行。2006 年 8 月 27 日第十届全国人民代表大会常务委员会第二十三次会议审议通过了《企业破产法》，自 2007 年 6 月 1 日起施行，《企业破产法（试行）》同时废止。2013 年 11 月《中共中央关于全面深化改革若干重大问题的决定》指出：“健全优胜劣汰市场化退出机制，完善企业破产制度”。2014 年 10 月《中共中央关于全面推进依法治国若干重大问题的决定》指出：“社会主义市场经济本质上是法治经济。使市场在资源配置中起决定性作用和更好发挥政府作用，必须以保护产权、维护契约、统一市场、平等交换、公平竞争、有效监管为基本导向，完善社会主义市场经济法律制度。”2018 年 8 月第十三届全国人大常委会立法规划发布，《企业破产法》的修订纳入立法规划，属于“需要抓紧工作、条件成熟时提请审议”的项目。2018 年 11 月中央全面深化改革委员会第五次会议审议通过了《加快完善市场主体退出制度改革方案》，将加快以破产法为核心的市场主体退出制度建立健全的步伐，以更好地服务供给侧结构性改革和营商环境优化建设。

我国破产法的历史虽然短暂，但也已走过了 30 余个春秋，《企业破产法》及其司法解释构成了较为完整的破产法制度体系，全国各地各级法院组建了约 100 家破产审判庭，北京、上海、深圳三地更是在最高人民法院的批准下组建了破产法庭，破产审判的法治化、专业化建设取得了长足的进步，破产案件数量逐渐上升，破产法的理念、文化与制度规则也得到了更广泛的传播和认可。

破产法律制度的建立健全和破产审判的法治化、常态化推进，是市场经济可持续发展、营商环境优化建设的重要保障，市场经济之发展亦注定离不开破产法学研究之繁荣。中国人民大学破产法研究中心和北京市破产法学会自成立以来，始终坚持学术为本、理论联系实际和以问题为导向的研究理念，不遗余力地创办“中国破产法论坛”及其专题研讨会等权威交流平台，多年来持续编辑出版《破产法论坛》等图书，凝聚了中国破产法理论与实务界之顶尖研究力量，致力于破产法治事业之发展与进步，赢得了全体“破人”之赞誉与支持。

为进一步整合中国破产法理论界与实务界之研究力量，经与浙江省高级人民法院民四庭庭长章恒筑法官、中国人民大学破产法研究中心副主任郑志斌律师、中国人民大学破产法研究中心副主任兼秘书长徐阳光教授、法律出版社法治与经济出版分社社长沈小英编审反复商议，中国人民大学破产法研究中心、北京市破产法学会决定联合法律出版社创办“破产法文库”，面向国内外同仁开放。

“破产法文库”设置 5 个子系列，其中，学术系列希冀广纳中国学界高水准之破产法专著；译著系列拟推介域外之经典破产法文献与法典；论坛文集系列继续推出“中国破产法论坛”及其专题研讨会之优秀论文；实务系列侧重出版破产法实务经验总结之佳作；茶座系列则旨在分享破产法实施中的趣闻轶事以及破产法同仁办理破产案件的心得体会。

从历史上看，中国缺乏破产法文化传统与理论实务研究积淀。“破产法为一重要之法律，然学者研究之者，远不如研究民刑之法之夥；良以向者适用较少，兴趣遂减。”民国法学家吴传颐先生数十年前之感慨，仍让今人有现实之叹。而今，破产法的社会调整作用日益得到人们的认可与重视，破产法的研究也日益深入。破产法是一个综合性的法学领域，破产法治建设是我们共同的事业追求。但愿“破产法文库”之创办能够团结更多法学同仁来关注和研究破产法理论与实践之重点难点问题，并将自己高水平的研究成果纳入文库中出版，共同推动中国破产法学术之繁荣、立法之完善与司法之进步。

是为序！

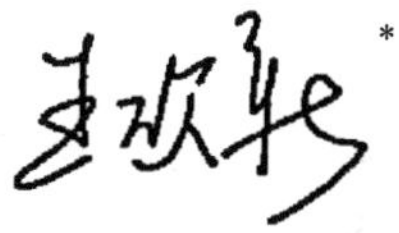[*]

2016 年 7 月 16 日撰写

2019 年 2 月 26 日修订

---

* 中国人民大学法学院教授、博士研究生导师，中国人民大学破产法研究中心主任，北京市破产法学会会长。

序　言

苏州吴江，东连上海，南接浙江，西临太湖，北靠吴中，素有“鱼米之乡”“丝绸之府”的美誉，历史底蕴深厚、人杰英才荟萃；生态环境优美、水乡气质浓郁。遗憾的是，我2009～2012年曾在苏州独墅湖高教区中国人民大学苏州校区派驻工作3年，所在工作位置毗邻吴江，无数次造访同里古镇，却未曾在此期间到过苏州市吴江区人民法院（下称吴江法院）。直至回北京工作后，再回苏州调研时，方才第一次踏进吴江法院的大门。自此，我跟吴江法院的联系越来越多，吴江法院破产审判工作取得的成绩给我留下了深刻的印象。

2018年4月22日，我刚刚忙完与温州市中级人民法院等单位共同举办的“中国破产法论坛·破产法实施配套制度专题研讨会”，就被吴江法院陈晓君院长一行拉着乘坐他们的公务车，从温州奔赴吴江，一路上六七个小时，我都在听他们给我介绍办理破产案件的情况，这事实上是一种轻松别样的调研。4月23日，我在吴江法院做了专题演讲，陈晓君院长主持，全院各个业务庭室的法官干警都来听讲座。讲座结束之后，陈晓君院长说她希望全院业务庭室干警都学破产法，为破产审判工作储备专业人才，而且，即使不做破产案件，也可以培养破产法思维。当时我就深表认同。现在看来，这是一种卓有远见的安排，因为太多的破产衍生诉讼出现了裁判规则的分歧,我们日渐明白让民商事法官乃至刑事审判法官也懂破产法思维是多么重要的一件事情。

2018 年 12 月 17 日,中国人民大学破产法研究中心与吴江法院举行合作签约及“中国人民大学破产法研究中心教学科研实践基地”揭牌仪式。江苏省高级人民法院、苏州市中级人民法院以及吴江区政法委等单位领导到会支持。通过这次活动,我进一步了解到吴江法院在破产审判工作取得的成绩,也感觉到当地政府对吴江法院破产审判工作的重视和支持。

签约至今,我以及我所在的中国人民大学法学院、中国人民大学破产法研究中心加强了与吴江法院的合作交流。中国人民大学法学院的研究生多批次前往吴江法院实习,参与破产案件的办理工作。吴江法院多次派人参加中国破产法论坛及其专题研讨会,参与中国人民大学破产法研究中心承担的课题项目。吴江法院借助理论界和实务界的支持,大力推进破产审判工作,在 2016 ~ 2018 年每年发布年度破产审判报告的基础上,在 2020 年 4 月发布了《吴江法院破产审判白皮书(2016 – 2019)》及其典型案例;在 2021 年 3 月发布了《吴江法院 2020 年度破产审判报告》及其典型案例,大力打造执转破的“吴江经验”,并在破产审判领域起草了一系列的规范性文件。

归纳起来,吴江法院近年来的破产审判工作有以下亮点:

一是畅通立案渠道,着力破解启动难题。吴江法院认真落实最高人民法院《关于破产案件立案受理有关问题的通知》要求,完善破产申请立案登记制,做到件件有处理,准确理解破产申请受理标准,破产程序“启动难”、破产案件“受理难”的突出问题在吴江法院已经基本得到解决,破产审判成为民商事审判的常规环节,立案、审判、执行和破产“四环节”的民商事审判工作机制在吴江法院已经形成。2016 ~ 2020 年,4 年间,吴江法院破产案件的受理数量和审结数量,均居江苏全省法院首位,占全市法院的 1/3 左右。

二是设置专门机构,提升审判专业能力。吴江法院清算与破产审判庭配备综合素质高、业务能力强的 4 名法官、2 名法官助理,另固定 3 名执行法官组成合议庭审理简单“执转破”案件,在其他民商事部门部署破产后援力量。建立破产审判单独考核机制,根据案件财产价值、涉众程度、社会影响等折算 5 ~ 90 倍于普通案件的工作量。

三是出台制度规范,搭建审判规则体系。吴江法院相继出台《关于加强立案、审判、执行与破产程序衔接配合的实施意见》《关于执转破案件简化审理程序的实施意见》等15个规范性文件，内容涵盖立审执破衔接、简化审理程序、书记员工作流程、管理人工作规范、管理人报酬保障、"府院联动"机制等各个方面，基本形成一套完整、规范、高效，同时又具有吴江法院特色的破产审判规则体系，努力做到工作有章可循，前后连贯、衔接顺畅，不因人员变动脱节。

四是深耕"执转破"，实现执破工作共赢。吴江法院形成了"优化资源配置、内外协同联动、规范衔接流程、推进简案速破"的"执转破"工作模式，创造了"移得出、立得上、破得了"的执转破"吴江经验"，在全省法院"执转破"工作现场推进会予以总结推广，入选第四批全国法院司法改革案例，并获江苏省政法工作优秀创新成果二等奖。

五是坚持繁简分流，实现案件快慢分道。吴江法院根据审查破产申请法官的意见，在破产申请审查环节形成案件"繁、简、普"标签。通过压缩弹性期间、简化送达手续、简并破产程序，将简单破产案件审限控制在3个月内。自2016年至2021年5月，共审结简单破产案件216件，平均审限70.41天，最短用时39天。

六是挽救危困企业，释放重整价值功能。吴江法院积极尝试采用包括"出售式重整""预重整"在内的制度模式，满足困境企业转危脱困的多元化司法需求，对陷入经营困境但符合国家产业政策、有市场前景的企业加大重整力度，提升破产重整成功率。

七是推动复工续建，依法保障购房人权益。吴江法院以准确认定优先权利购房人为前提，以债权人会议表决继续营业方案为程序保障，以管理人自行续建或招募投资人为方式，以市场融资为续建资金来源，依托"府院联动"机制，推动在建工程复工续建和验收交付。

八是强化保障管理，力促管理人积极履职。吴江法院制定出台了《管理人工作规范》和《管理人个案反向考评规定》，印发管理人随案工作手册，细化管理人工作规程和考评办法，为管理人执行职务提供指引，也为法院监督指导管理人履职行为提供依据。设立破产专项基金并简化报酬支取程序，按5万元/件的标准统一核定管理人工作成本，仅就超过标准部分进行审计核定。截至2021年5月，基金成员73家，已通过自管理人报酬中提取和政府财政拨款积累基金1143余万元，补偿管理人报酬180笔，合计870.24万元。

九是优化外部环境，完善审判配套机制。吴江法院推动吴江区委、区政府联合印发《关于建立府院联动处置"僵尸企业"工作机制的实施意见》,成立以区委副书记、区长担任组长的工作组,搭建级别层次高、参与部门广的"一总四分八纵"组织体系。"僵尸企业"处置工作被纳入区政府年度重点督查内容,形成了立体化、系统化的府院协调配合处置"僵尸企业"、全区支持法院破产审判工作的大格局。与区税务局就破产案件涉诉事宜形成会议纪要,理顺解决问题的思路,统一操作流程。联合区检察院、公安局、司法局签署《关于建立司法联动保障破产工作规范运行机制的意见》,明确各自职责定位,共同化解破产难题,规范破产审判活动。联合区检察院、人社局签署会商纪要,开创破产企业劳动争议处置衔接机制,加强协作配合,防范虚假职工债权。

十是探索个人破产,给予个人重生机会。吴江法院制定出台并适时修订《关于个人债务清理的若干规定》,开展与个人破产制度功能相当的试点工作,总结提炼个债清理"十步法",形成"移送审理一体化、企业个人全覆盖"工作新格局,为诚信债务人搭建概括清理债务的平台,引导形成"宽容失败、理性索债"的观念。截至2021年5月,已受理个人债务清理申请35件,涉及执行案件237件,债权人249人,债权金额6.76亿元;审结20件,其中7件成功通过清偿计划实现更生。

《吴江法院破产审判全景报告》一书的出版,正是对吴江法院破产审判工作的全方位总结。本书由调研报告、典型案例、规范性文件3部分组成,这也是最能反映司法实务面貌、体现司法实务特色的文体形式。本书"调研报告篇"共有12份审判调研报告,除5份以年度为单位的审判报告外,另有7份以案件类型划分的专项调研报告,内容涉及"执转破"、重整(和解)、合并破产、房地产企业破产、破产案件简化审理、破产衍生诉讼、个人债务集中清理等领域,基本涵盖了基层法院可能接触的破产审判工作,为破产法学界研究我国基层法院破产审判提供了一手资料。本书以详实的数据、真实的案例、实在的规范、细致的文书样式,生动呈现了一家原本连续3年(2010~2012)未受理破产案件的法院,如何在供给侧结构改革、优化营商环境、国家治理现代化的背景下,实现破产审判的常态化、专业化、法治化,年受理、审结破产案件增至近200件的过程。其所代表的发展创新之路,为我们观察《企业破产法》的实施、破产理念的传播、破产文化的养成提供了鲜活样本,也为全国基层法院破产审判工作提供了可复制、可推广的"吴江经验"。

本书是中国人民大学破产法研究中心与吴江法院合作共建取得的一项务实的成果。在合作交流和本书编写过程中,我们感受到了吴江法院始终保持对破产审判工作重要意义的高度自觉,吴江法院持续发挥破产审判在保障债权公平有序受偿、保护拯救困境企业、概括解决矛盾纠纷、优化社会资源配置、构建诚信市场环境等方面的功能作用,为地区营商环境优化积极贡献司法力量,也为我们关注和研究破产法立法和司法问题提供了一个生动的样本。

如果你有机会来到吴江的同里古镇——吴江一张靓丽的世界级名片,就能切实感受到经济活跃的吴江与历史悠久的古镇是如何完美地结合在一起的。同里古镇秉承"千年古镇 · 世界同里"理念,我衷心希望吴江法院继续在"办理破产"工作中寻找破产法的"同里",为全国破产法治事业建设做出更多的贡献。

是为序!

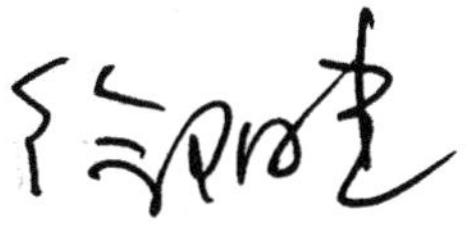*

2021 年 8 月 8 日

---

* 中国人民大学法学院教授、博士研究生导师,中国人民大学破产法研究中心副主任兼秘书长,中国破产法论坛组委会秘书长,北京市破产法学会副会长兼秘书长。

目 录

第一篇 调研报告

第二篇 典型案例

第三篇 规范性文件

第一篇　调 研 报 告

吴江法院2016年度破产审判报告

2015年12月,中央经济工作会议明确了去产能、去库存、去杠杆、降成本、补短板的工作任务,尤其强调要积极稳妥化解产能过剩,依法为实施市场化破产程序创造条件。人民法院作为破产法的适用者和破产程序的主导者,正面临运用破产法治思维和法治方式促进国家治理体系和治理能力现代化的历史契机,破产审判工作责任重大、意义深远。本报告在介绍苏州市吴江区人民法院(以下简称吴江法院)2016年度破产案件审理情况的基础上,分析审判态势,总结审判经验,发现困难问题,并提出对策建议,以期完善市场主体退出机制,助力供给侧结构性改革。

一、破产案件审理情况

2016年吴江法院共受理破产案件32件,其中,新收13件,包括社会关注度高的苏州鼎基房地产开发有限公司破产清算案;审结9件,结案标的额16.91亿元,分流职工人数1043人,盘活资产1.93亿元,有效释放土地资源17.85万平方米。案件主要呈现如下特点。

(一)受理数量趋稳,审判常态化显现

自2009年受理破产案件2件后,2010年至2012年

吴江法院未受理破产案件。自2013年开始,受国家宏观经济环境趋紧及联保互保的影响,一批企业因资金链断裂,被银行、小贷公司、担保公司诉至法院,普通商事案件骤然增加。与此同时,随着债权人、债务人破产意识的增强,特别是最高人民法院《关于适用〈中华人民共和国民事诉讼法〉的解释》的实施,吴江法院受理的破产案件数量也在逐年攀升,其中,2013年1件、2014年5件、2015年17件。2016年受理数量虽比2015年减少4件,但考虑到2015年受理案件中包括凹凸系5家关联企业的案件,故受理数量与2015年基本持平,破产审判常态化特征已经显现。

(二)债权人申请为主,"执转破"占比高

2016年收的13件案件中,债权人申请的8件,债务人申请的1件,适用执行转破产程序的4件。因江苏省高级人民法院《关于规范执行案件移送破产的若干规定》自2016年7月起才开始施行,故直接适用执行转破产程序受理的数量不多。但在上述8件债权人申请破产的案件中,也有7件案件的债务人已作为被执行人涉及众多执行案件,同样符合执行转破产的条件。

(三)债务人民营企业多,纺织企业过半

2016年收的13件案件中,债务人为民营企业的虽仅占6件,其余7件均有台资或港资背景,但所谓港资背景,也多是债务人实际控制人在我国香港特别行政区设立公司后再以该公司名义出资在内地设立公司,故从实质上讲,债务人绝大多数仍为民营企业。从行业上区分,纺织企业7家、房地产企业2家、包装企业1家、电梯企业1家、其他企业2家。

(四)程序选择以清算为主、重整较少

上述32件案件均是以受理破产清算申请启动破产程序,已审结的9件案件也均是以破产清算结案。同时,从案件目前的审理情况来看,除凹凸系5家企业已裁定合并重整、某织染公司已裁定重整,另有3家企业计划转重整程序或有重整希望外,其余案件均在破产清算程序中。这与多数破产企业规模小、实力弱、经营不规范、再生前景不大有关。

(五)案件审理难度大、审理周期长

已结9个案件的平均审理天数为455天,最长的一件审限为32个月,远远超过普通诉讼案件审理期限。一方面,与破产程序涉及的事项多,《企业破产法》对其中具体环节均有期限要求有关;另一方面,与部分涉案企业财务混乱,债权债务关系复杂,关联企业多,破产财产变现难有关。

(六)职工债权全额清偿、普通债权清偿率低

已结案件的职工债权清偿比率均为100%,共涉及职工1043人,工资、补偿金等合计1861.04万元。与此相对,普通债权的清偿率较低,平均仅为5.93%,最高的为13.73%,最低为1.37%。职工债权清偿比率高,一方面,与职工债权受偿顺位在前有关,另一方面,也与尚未出现无产可破案件有关。普通债权清偿率较低,主要因为破产企业核心资产上均存在建设工程价款优先权或抵押权等别除权。

二、破产审判主要做法

吴江法院在破产案件审理中不断摸索学习,积极采取多种举措,充分发挥破产程序在保障债权公平受偿、优化市场资源配置方面的作用,取得了良好的法律效果和社会效果。

(一)设立破产审判庭,加强审判专业化建设

基于破产审判独立性、专业化的特点,设立专门的清算与破产审判庭有利于保障破产审判工作的常态化、规范化、法治化。2016年6月,最高人民法院制定《关于在中级人民法院设立清算与破产审判庭的工作方案》,明确要充分发挥人民法院审判职能作用,加快公司强制清算与企业破产案件审理工作的进程。8月,江苏省高级人民法院印发《关于充分发挥破产审判职能作用服务保障供给侧结构性改革去产能的意见》,明确具备组建清算和破产庭条件的,可协调地方编办先行先试。9月,经区编办批复同意,吴江法院获准设立全省基层法院首家清算与破产审判庭,并在12月完成正式组建工作,配置足额、专业的审判员,使吴

江法院破产审判的专业化建设迈上了新的台阶。同时,为调动破产法官的积极性,准确反映破产法官的工作量,在全院《履职激励考核办法》中特别规定,根据案情破产案件每件按 20～80 件计算。从根本上解决破产审判机构缺乏、破产审判能力不强、破产案件缺乏激励等基础性问题。

(二)完善审判工作机制,快速出清"僵尸企业"

面对清算类型案件占多数的情况,在积累审判经验的基础上,不断完善审判工作机制,力求快速稳妥处置"僵尸企业"。一是探索破产简化审理程序,缩短案件审理期限。针对事实清楚、债权债务关系明确、争议不大的破产案件,在法律规定的范围内,通过缩短弹性期间、第一次债权人会议通过破产分配方案等方式,62 天审结一起破产清算案件,尽力缩短案件审理期限。二是灵活变价方式,克服财产处置难问题。对于多次流拍的厂房、土地,法院要积极与辖区政府进行协调,利用政府低效工业土地回收的政策,力促政府以不低于当次拍卖保留价的价格回收厂房、土地。指导管理人在变价方案中设计特别条款,激励作为抵押权人的银行利用自身放贷的优势积极寻找潜在竞买人。对于承租户信用良好、带租拍卖不会影响财产价值的破产财产,指导管理人制定带租拍卖的变价方案。三是推动执行转破产,集中化解涉案纠纷。切实依照江苏省高级人民法院《关于规范执行案件移送破产的若干规定》,推动执行案件移送破产审查,集中受理执行转破产案件 4 件。四是强化清算义务,明确救济途径。针对债务人股东、实际控制人怠于履行义务,致清算无法进行或无法完整进行的情况,在终结破产程序的裁定中载明相关事实,并告知债权人可另行提起诉讼要求破产人股东、实际控制人对破产人债务承担相应民事责任。

(三)探索破产重整方法,确保重整成功率

针对具备再生希望的企业,在尊重债务人、债权人意愿的基础上,注重借助市场的力量,通过合适的途径吸引投资,以实现企业的继续经营。一是明确重整申请审查原则。为避免重整程序的空转,除审查申请主体是否适格、债务人是否具备破产原因之外,同时从是否具备继续经营条件、是否具备在重整程序中继续发挥效用的无形资产、是否具有潜在重组方、是否获得主要或多数债权人理解与支持四方面对债务人是否具有重整可能及价值进行审查。二是多渠道招募投资

人。一方面，指导管理人通过报纸、微信、网站等多种渠道发布招募公告；另一方面，充分利用辖区政府以及银行等金融债权人在招商引资方面所掌握的资源和市场，引入有效的战略投资人。同时，为保障投资人正式参与到后期的谈判磋商中，要求意向投资人出具承诺函，并交纳相应的保证金。三是灵活选择重整模式。在凹凸系合并重整案中，结合凹凸系企业的实际情况，综合衡量存续性重整、出售式重整、清算式重整3种重整模式的利弊，设定出售式重整的路径。同时，为降低税收成本，对出售式重整加以改良，最终确定了以凹凸系企业财产出资设立新公司，然后投资人出资购买新公司股权，转让股价所得用于清偿债权人的模式。该案重整计划已获吴江法院裁定批准，进入重整计划执行阶段。

（四）规范管理人工作，培育管理人队伍

管理人，是法院受理破产申请后，在法院指导、监督之下全面接管债务人企业并负责债务人财产的保管、清理、估价、处理和分配等事务的专门机构。管理人能力的高低、工作的好坏直接决定了破产审判的质量和效率。培育一支专业化、规范化的管理人队伍，是实现破产审判常态化、规范化、法治化的重要任务。在管理人选任方面，依照苏州市中级人民法院《关于审理企业破产案件指定管理人工作的若干意见（试行）》的规定，实现管理人层级与破产案件类别的相适应，促进管理人市场健康发展。在管理人履职方面，强化监督指导的同时鼓励其创新工作方法，充分发挥管理人的主观能动性。为解决无产可破案件管理人报酬问题，出台《破产专项基金管理办法》。截至2017年2月，共有20家苏州市管理人名册中的社会中介机构加入该基金，积累基金37.9万余元。

（五）注重内外协调，营造良好审判环境

破产作为一个企业的特殊状态，涉及债务人的立案、诉讼、执行等诸多事项会因此发生改变。故为做好内部协调工作，发布《关于做好有关破产企业的民事诉讼、执行程序与破产程序衔接工作的通知》，对程序衔接工作做好提示，并在法院内部网站随时更新破产案件受理、审理情况。同时，基于破产案件涉及利益主体多的特点，加强与地方党委、政府的沟通，不断争取支持。相继向吴江区委、区政府报送《关于党委、政府在企业破产案件中加强协调的建议》《关于新常态下依法保障破产企业平稳退市的实施意见》。针对房地产公司破产案件、关联企业合

并破产案件等影响范围较广的案件，特依托属地政府成立由有关部门人员组成的清算组，并指定清算组为破产管理人，再由管理人聘请律师事务所、会计师事务所等专业的中介机构为其提供服务，以综合两种管理人指定方式的优势。

三、破产审判中发现的问题

在积极履职的同时，我们也发现了一些制约破产审判功能发挥的障碍，以及公司治理严重失范的问题。

(一)理念缺失，破产保护意识亟待树立

2016 年是《企业破产法》实施的第 10 年，但数据显示，2008 年至 2015 年，全国法院新收各类破产案件共计只有 19,551 件。破产理念的缺乏反映在社会的各个方面，无形之中也给破产审判职能的发挥制造了障碍。一是债务人未意识到破产法对企业的保护功能，宁愿选择跑路，也不愿主动启动破产程序。2016 年收的 13 件案件中，企业负责人、管理人员下落不明的占 7 件。这使案件审理中企业资产的调查、债权债务的完整审计变得十分困难。二是法院系统内部，甚至法院各部门之间的衔接也不够顺畅。以破产申请后，有关债务人的保全措施应当解除、执行程序应当中止、尚未分配的执行款应当交付管理人为例，依照《企业破产法》第 19 条的规定，相关单位在收到管理人的函件后，就应解除保全、中止执行或交付执行款。但在实践中，上述简单的操作很难一次性成功，总要循环反复、协调沟通多次才能解决，甚至最终需审理破产案件的法院或合议庭出具相应裁判文书才肯配合，极大地影响了破产审判效率。三是社会其他部门因对破产法不了解，不配合管理人或法院工作。以管理人查询债务人银行账户并接管存款为例，根据《企业破产法》第 25 条的规定，管理人一经指定，并成为企业的当然代表，破产法赋予了其接管债务人财产、调查债务人财产状况、决定债务人的内部管理事务、管理和处分债务人财产等多项职责，管理人当然有权利查询债务人银行账户并接管财产。但在实践中，相关单位完全不了解管理人的角色和职能，涉及破产企业的事务，不与管理人协商，即使管理人主动找上门，也不予配合。再如，实践中大量出现的，税务部门以债务人需补交受理前的欠税为由拒绝为受理后债务人继续营业开票，水电部门以清偿受理前债务人所欠全部费用为恢复

供水供电条件，市场监督管理部门在收到法院的终结破产程序裁定书后不予办理企业注销手续等情况。

（二）行为失范，公司治理制度落地艰难

吴江地区民营经济发达，但民营企业经营不规范、财务管理混乱、法人独立性欠缺、企业财产与股东个人财产混同的问题也极为突出。在破产案件的审理过程中，上述问题最终充分暴露出来，这也使案件审理难度加大。一是账目不清、真伪难辨。公司普遍存有内外两本账，外账为规避税务而设置假账或者仅部分做账，内账用于股东内部结算。二是企业债权难以确定。关于破产企业债务人的记载不详，核对确定困难，原始凭证遗失或根本没有凭证，导致债权无法追收。三是企业财产与个人财产混同。例如，法定代表人从企业取得财产不入账，利用企业名义对外借款或以个人名义对外举债用于公司生产经营。四是关联企业合并破产案件增多。关联企业间财产混同、法人人格不独立的现象，使合并破产案件增多。吴江法院正在审理中的凹凸系5家企业便存在这一问题，在对凹凸系5家企业分别立案受理破产清算申请后，随着案情的进展，管理人工作的深入，法院依管理人的申请已依法裁定凹凸系5家企业合并破产。2017年受理的某输电设备公司破产清算案，在调查审计中，管理人也发现存在其关联公司随意占用债务人大量资金且未结算资金占用利息的情况。在此后的案件审理中，是通过对外催收债权的方式解决关联交易问题，还是通过合并破产解决，是必须要面对的问题。

四、相关建议

（一）加大破产法宣传力度

抓住当前破产审判日益受到重视的契机，加大破产法宣传力度，引导社会公众深刻认识破产保护的功能。对于债权人而言，破产法是债务人在出现破产原因的情况下，为全体债权人提供整体公平清偿秩序的规则，纠正偏颇性清偿；对于债务人而言，在企业出现破产原因的情况下，及时启动破产程序，破产程序中的执行中止、保全解除、停息支付等制度可保全财产的完整性，继续营业、债务人自行管理可维持企业的营运价值，破产重整、和解程序能够使具有运营价值的企

业得以重生;对债务人的诚实经营者而言,通过破产清算使不具有拯救价值的企业及早有序退出市场,其自身可以重新参与市场竞争;对社会经济秩序而言,破产法能够实现优胜劣汰,促进企业实现技术升级、建立现代企业制度,使市场资源能有效、合理地被利用,促进社会经济的发展。

(二)推动执行转破产程序

因执行程序中发现破产原因而转入破产程序的案件,在今后一段时间内,将是破产案件的主要来源。针对此,最高人民法院已就《关于执行程序移送破产程序若干问题的规定(讨论稿)》征求意见,江苏省高级人民法院也已于 2016 年 7 月 14 日印发《关于规范执行案件移送破产的若干规定》,对执行转破产程序的具体操作作出明确规定。要切实依照规定适用执破衔接程序,加强“执转破”的释明工作,对明显缺乏清偿能力的被执行企业的财务账册印章及时予以保全,将财产评估报告、执行清单与审查报告及时移送破产审判部门;探索执破结合程序的深度糅合,避免重复性工作,在财产处置上还可以尝试破产案件借用强制执行手段。

(三)建立完善“府院联动”机制

建立完善“府院联动”机制,是由破产案件的复杂性及涉及利益主体的广泛性所决定的,也是由司法权与行政权科学分工所决定的。各部门应依法在职能范围内支持、配合法院工作。(1)税务部门应及时依法申报税务债权,并做好正常纳税服务;(2)国土管理部门决定收回破产企业划拨土地使用权的,应当及时支付法定补偿费用;(3)水电部门不得以清偿破产案件受理前企业所欠全部费用为恢复供水供电条件,破产案件受理前企业结欠的水电费,应及时依法申报债权,进入破产程序后发生的水电费,属破产费用,由破产企业财产随时清偿;(4)公安部门应依法受理企业负责人隐匿或者故意销毁会计凭证、账簿、财务会计报告,以及查封财产被非法处置、破产企业财产被盗等刑事案件,加大侦查力度,及时破案;(5)破产财产依法分配后,社会保障部门应配合办理社会保险账户转移登记等手续;(6)破产程序终结后,市场监管部门应依法办理破产企业注销手续;(7)房地产、车辆管理部门及银行等机构,在收到法院受理破产裁定及协助执行通知书后,应及时办理相关手续。在破产重整案件中,辖区政府、招商局、经信委等相关部门,应主动介入,充分利用自身在招商引资方面所掌握的资源和市场,召集各方对债务人企业所属产业的产业政策、未来经济调控等进行沟通和协调,向有拯救价值、经营前景的困境企业引入有效的战略投资人,实现重组,保全企业优质资产,整合双方优势资源,实现企业嫁接重整。

(四)解决破产财产和个人财产混同的问题

探索将破产企业的财产和假借企业空壳敛财的股东个人财产合并处理,但应具备两个前提条件:一是股东个人同意其财产被处置;二是债权人同意在破产案件中合并处置股东个人财产。“揭开公司面纱”原则上需经诉讼程序,在缺少法律规定的情况下,直接将股东个人财产与破产企业财产合并处理存在法律风险。在现有法律规定下,破产企业或债权人可通过其他途径获得救济:若发现股东侵占公司财产,民事上公司可要求股东返还,刑事上若构成职务侵占罪或挪用资金罪,可移送公安机关;若股东个人财产与公司财产混同,债权人可另案要求股东对公司债务承担连带清偿责任。如果证据确实充分,确需在破产程序中合并处置混同财产的,必须严格以听证程序保证相关当事人的诉讼权利,确保审判结果的公正性。当然,如果可以引入个人破产制度,将财产混同的公司与个人合并破产,更能有效地解决上述问题。

吴江法院2017年度破产审判报告

2017年12月,中央经济工作会议指出,深化供给侧结构性改革重点在“破”“立”“降”上下功夫。“破”,即大力破除无效供给,把处置“僵尸企业”作为重要抓手,推动化解产能过剩。随即召开的全国法院破产审判工作会议又强调,加强破产审判工作是人民法院服务和保障供给侧结构性改革的重要举措,是完善社会主义市场经济体制的客观要求,破产审判工作责任重大、意义深远。2017年是吴江法院清算与破产审判庭设立后的第一个完整年度,本报告在介绍吴江法院2017年度破产案件审理情况的基础上,分析破产审判新态势,总结破产审判工作新进展,梳理存在的困难问题,并提出对策建议,以期完善市场主体退出机制,助力供给侧结构性改革。

一、破产案件审理情况

2017年吴江法院共受理破产案件35件,包括社会关注度较高的巨诚系企业、顺利系企业等破产清算案,旧存23件;审结20件,清理债务63.67亿元,清偿债权7.34亿元,盘活资产5.69亿元,有效释放土地资源30.71万平方米,妥善安置职工1228人,清偿职工债权2825.82万元。案件主要呈现如下特点。

(一)受理数量继续增长,审判常态化趋势明显

自2009年受理破产案件2件后,2010年至2012年3年吴江法院未受理破产案件。自2013年开始,受国家宏观经济环境趋紧及联保互保的影响,一批企业因资金链断裂,被银行、小贷公司、担保公司诉至法院,普通商事案件骤然增加。与此同时,随着市场主体对破产制度价值功能认识的增强,以及吴江法院对破产审判工作重要意义的高度自觉,破产案件数量也逐年攀升,其中2013年1件、2014年5件、2015年17件、2016年13件、2017年35件,破产审判常态化特征已经显现。

(二)债权人申请为主,"执转破"功能显现

2017年受理的35件案件中,债权人直接申请债务人破产的为18件,占比51.43%;适用执行移送破产审查程序受理的17件,占比48.57%。债权人申请为主既反映出债权人通过破产程序保护自身权利的意识逐步增强,但也从侧面反映出因债务人经营不规范,债务人股东或实际控制人担心被追究出资不实、侵占资产、关联交易等行为的责任,故怠于履行清算义务,惧于寻求破产保护。而"执转破"功能的显现,则与最高人民法院2017年1月印发《关于执行案件移送破产审查若干问题的指导意见》直接相关,该指导意见明确规定,在执行过程中,执行法官发现作为被执行人的企业法人符合破产情形的,应当及时询问申请执行人、被执行人是否同意将案件移送破产审查。

(三)债务人民营企业多,纺织企业超六成

2017年受理的35件案件中,债务人为民营企业的有29件,占82.86%,另有1个外国自然人投资企业、5个我国港澳台地区与境内合资企业。但所谓港资背景,也多是债务人实际控制人在香港特别行政区设立公司后再以该公司名义出资在内地设立公司,故从实质上讲,债务人基本均为民营企业。从行业上区分,纺织企业23个、房地产企业2个、机械企业2个、其他企业8个。这与吴江地区民营企业、纺织企业众多,纺织行业面临产能结构性调整具有密切关系。特别值得注意的是,由于企业资金链断裂、主管部门监管不力等原因,资金密集型的房地产行业风险突出,加上旧存的3个案件,目前,吴江法院在审的房地产企业破

产案件就有5个，这类案件因存在工程续建、证照变更等问题，审理难度也较大。

（四）破产清算占主导，重整功能逐步发挥

上述2017年受理的35件案件虽均是以受理破产清算申请启动破产程序，已审结的20件案件中以清算方式结案的也占了14件，但凹凸系5家企业合并重整案的审结使破产挽救功能得以逐步彰显，也为虽符合破产受理条件但具有营运价值的企业通过破产程序重获新生作出示范。破产清算占主导与多数破产企业规模小、实力弱、经营不规范、已无营业价值、再生前景不大有关。

（五）金融债权比重较高，联保互保问题严重

已审结的20件案件涉及债务63.67亿元，其中，银行债权25.93亿元，占比40.73%，通过破产程序实现金融不良资产有序处置的重要性日益凸显。另外，受理的35件案件中，大多涉及联保互保问题，其中部分破产企业存在众多关联企业，而有的关联企业仅为融资平台，由此形成系列破产案件，典型的如巨诚系、顺利系、苏龙系等案件。

（六）案件审理难度大、审理周期长

已审结的20件案件的平均审理天数为438天，最长的一件为26个月，远远超过普通诉讼案件审理期限。一方面，这是与破产程序涉及的事项多，《企业破产法》对其中具体环节均有期限要求有关；另一方面，更与部分涉案企业财务混乱，债权债务关系复杂，关联企业多，破产财产变现难有关。

（七）职工债权清偿率高，普通债权清偿率低

已审结的20件案件中涉及职工债权的有10件，其中9件的职工债权清偿比率为100%。与此相对，普通债权的清偿率较低，平均仅为6.3%，最高的为16.08%，有2件清偿率为0。职工债权清偿比率高，一方面与职工债权受偿顺位在前有关，另一方面也与目前仅有2件无产可破案件有关。普通债权清偿率较低，主要因为破产企业核心资产上均存在建设工程价款优先权或抵押权等别除权。但不难预计，随着破产审判出清“僵尸企业”功能的不断发挥，以及“执转破”案件“先易后难、循序渐进、逐步推开”方针的落实，无产可破案件将会大量增

加,无财产担保的普通债权的平均清偿率将会更低。

二、破产审判主要做法

2016年9月,吴江法院设立全省基层法院首家有独立编制的清算与破产审判庭之初便确定了破产审判常态化、规范化、专业化的工作目标。2017年,吴江法院围绕这一工作目标,求真务实、锐意进取,破产审判工作不断取得新进展,为未来谋求更大的发展奠定了良好基础。

(一)畅通立案渠道,着力破解启动难题

认真落实最高人民法院《关于破产案件立案受理有关问题的通知》精神,建立立案庭与破产审判庭的沟通协调机制,不断完善破产申请的立案登记,进一步理顺破产案件立案审查流程和规则,真正做到对每个申请均有处理。2017年,吴江法院共立案登记破产申请50件,数量位居苏州市人民法院系统首位,其中,受理35件(含2016年12月立案登记、2017年1月裁定受理的1件)、不予受理3件、准予撤回12件、仍在审查中的1件。

(二)完善工作机制,快速出清"僵尸企业"

在不断总结审判经验的基础上,初步形成了有效的工作机制,案件审理效率提升显著。一是简化审理程序,压缩审理期限。将无产可破或债务人主要财产已在执行阶段处理完毕的破产案件的审理期限压缩至60天;将事实清楚、债权债务关系明确、债务人财产处置难度较小的破产案件的审理期限控制在6个月内。二是开通专用账号,提升变价效率。2017年8月,在淘宝网正式开通破产管理人挂拍直接通道后,吴江法院当即申请开通淘宝网破产专用账号,成为全国法院系统最早启动网拍破产专用账号的法院之一。账号开通4个月内成交拍品43件,成交价款21.95亿元。三是强化清算义务,明确救济途径。针对债务人股东、实际控制人怠于履行义务,致清算无法进行或无法完整进行的情况,继续在终结破产程序的裁定中载明相关事实,并告知债权人可另行提起诉讼要求破产人股东、实际控制人对破产人债务承担相应民事责任。在已审结的20件案件中,有8件案件适用了该种形式。

(三)勇于攻坚克难,稳妥推进重点案件

对于关联企业、房地产企业破产等重点疑难案件,在准确把握破产法精神的前提下,敢于探索审理方法,努力实现法律效果、经济效果和社会效果的统一。一是果断适用合并破产,保障集中公平受偿。坚持以“公司人格严重混同”为裁定实质合并的主要标准,以是否有利于实现破产程序挽救企业和充分保障债权人公平清偿的价值、是否有利于提高破产程序的经济效率与司法效率等为辅助标准,裁定巨诚系 20 家企业合并破产清算。二是探索破产重整方法,确保重整成功率。在凹凸系企业破产重整案中创新重整路径,参照破产实务界已有实践,并被破产学界广泛论及的“出售式重整”模式,设计“股权出售式重整”模式,圆满审结吴江法院首例合并破产重整案。三是依法保障购房人权益,推动复工续建方案。吴江法院已受理并涉及在建工程的 3 个房地产企业破产案件均实现复工续建,炜华置业破产清算案“欧景花园”项目、玉宏房地产破产清算案“御湖庄园”项目即将验收交付;鼎基房地产破产清算案“丽湾域”项目已续建完工。

(四)统筹发挥功能,务实开展执破衔接

2017 年,吴江法院共立案登记执行移送破产审查案件 19 件,裁定受理 16 件(含 2016 年 12 月立案登记、2017 年 1 月裁定受理的 1 件)、准予撤回 3 件、仍在审查中的 1 件,解决执行积案 560 件,涉及执行标的额 23.49 亿元。2017 年 4 月,吴江法院被江苏省高级人民法院确定为“执转破案件简易程序审理工作示范法院”。2017 年 8 月,吴江法院制定出台《关于执转破案件简化审理程序的规定(试行)》,并被《江苏法院简报》刊载,受到高度肯定,“吴江模式”在全省推广。

(五)规范管理人工作,培育管理人队伍

在管理人选任方面,依照苏州市中级人民法院《关于审理企业破产案件指定管理人工作的若干意见(试行)》的规定,实现管理人层级与破产案件类别的相适应,促进管理人市场健康发展。在管理人履职方面,2017 年 11 月,制定出台《管理人工作规范》,细化管理人工作规程,为管理人执行职务提供指引,也为法院监督指导管理人履职行为提供依据。注重法院与管理人之间的沟通交流,2017 年 8 月,组织召开破产管理人工作座谈会。继续扩大破产专项基金成员范围,截至

2017年年底,共有47家苏州市管理人名册中的社会中介机构加入该基金,积累基金108万元。2017年6月,在一无产可破案件中,首次利用该基金补偿管理人报酬。

(六)突出专业化方向,提升破产理论水平

针对破产案件专业性强、知识储备要求高的特点,鼓励破产法官借调研促审判,围绕审理中遇到的难题,通过查资料、多思考、勤动笔,锻炼破产法系统思维,提升理论水平,学会举一反三。结合破产实践,先后撰写《论破产重整程序中法院的职能与作用》《个别清偿使债务人财产受益的认定》《所有权保留合同中出卖人取回权在破产法中行使的性质分析》《执转破案件简化审理的实践和规范》《发挥破产审判职能　依法处置"僵尸企业"》等调研文章,并分获全国法院系统第二十九届学术讨论会优秀奖、省法学会商法学研究会年会二等奖、区法学会征文一等奖等奖项,或入选《中国法院2017年度案例》《破产法论坛》等刊物。

三、破产审判中发现的问题

在破产审判工作不断取得新进展的同时,我们也清醒地认识到工作中还面临一些困难和问题。

(一)中小民营企业治理失范

吴江地区民营经济发达,但民营企业经营不规范、财务管理混乱、法人独立性欠缺、企业财产与股东个人财产混同的问题也极为突出。在破产案件的审理过程中,上述问题最终充分暴露出来,这也使案件审理难度加大。一是怠于履行清算义务。根据《企业破产法》的规定,破产企业有向法院提交财产状况说明、债务清册、债权清册、有关财务会计报告的义务,破产企业相关人员有根据法院、管理人的要求进行工作,并如实回答询问的义务。暂且不论受理破产申请时,企业负责人、管理人员下落不明的情况,即使相关人员能够找到,管理人完整接管到企业财务资料的情况也占少数。二是账目不清、真伪难辨。即使在接管到财务资料的案件中,管理人也发现破产企业普遍存有内外两本账,外账为规避税务而设置假账或者仅部分做账,内账用于股东内部结算。三是企业债权难以确定。

关于破产企业债务人的记载不详,核对确定困难,原始凭证遗失或根本没有凭证,导致债权无法追收。四是企业财产与个人财产混同。例如,法定代表人从企业取得财产不入账,利用企业名义对外借款或以个人名义对外举债用于公司生产经营。五是关联企业合并破产案件增多。关联企业间财产混同、法人人格不独立的现象,使合并破产案件增多。例如,已审结的凹凸系5家企业合并破产重整案,以及还在审理中的涉及20家关联企业的巨诚系合并破产清算案。中小民营企业公司治理失范也使企业负责人在发生企业资金链担保链风险时,宁愿选择跑路,也不愿主动启动破产程序。受理的35件案件中,企业负责人、管理人员下落不明的占12件,这也使案件审理中企业资产的调查、债权债务的完整审计变得十分困难,影响企业破产进程的推进。

(二)《企业破产法》实施的配套机制不健全

企业破产是一项系统工程,无论是破产财产处置、打击逃废债务、管理人履职保障,还是企业职工安置、企业税费减免、企业信用重建,都需要政府相关职能部门的支持及社会多方的配合。目前,虽然在房地产企业破产案件等个案中已有协调沟通,但常态化、制度化的府院协调机制还未真正建立。另因社会各界对破产法律制度的认知程度不高,相关部门不配合管理人和法院工作的现象仍十分普遍。以管理人查询债务人银行账户并接管存款为例,根据《企业破产法》第25条的规定,管理人一经指定,即成为企业的当然代表,破产法赋予了其接管债务人财产、调查债务人财产状况、决定债务人的内部管理事务、管理和处分债务人财产等多项职责,管理人当然有权利查询债务人银行账户并接管财产。但在实践中,相关单位完全不了解管理人的角色和职能,涉及破产企业的事务,不与管理人协商,即使管理人主动找上门,也不予配合。再如,实践中大量出现的,税务部门以债务人需补交受理前的欠税为由拒绝为受理后债务人继续营业开票,水电部门以清偿受理前债务人所欠全部费用为恢复供水供电条件,市场监督部门在收到法院的终结破产程序裁定书后不予办理企业注销手续等情况。又如,由于机制和体制上的障碍,制度层面缺乏对于破产企业税费调整的差异化措施,一些有挽救希望的企业进入破产程序后因仍要承担高额税费负担,导致重整进程举步维艰。

（三）执行与破产的衔接深度不够

执行与破产的衔接不仅是执行移送破产审查这一个环节，“移送”仅是执行程序与破产程序发生联系的启动环节，在当前“大执行、小破产；强执行、弱破产；简执行、繁破产”的审判工作格局尚未改变的情况下，真正实现执行程序与破产程序的深度衔接，还需统筹发挥执行程序和破产程序中人财物、平台等资源的作用。例如，在强制措施方面，《企业破产法》第126条、第127条、第129条虽然也规定了拘传、拘留、罚款等强制措施，同时，规定构成犯罪的应依法追究刑事责任，但其法律适用面较窄，与当事人对破产程序的阻碍程度也不成正比。而执行程序中的强制措施则相对较多，如前面提到的《民事诉讼法》第248条规定的民事搜查强制措施。再如，在失信惩戒措施方面，执行程序有失信被执行人名单，《企业破产法》虽然也规定了债务人企业的董事、监事、高级管理人员违反忠实、勤勉义务，致使所在企业破产的，在破产程序终结之日起3年内不得担任任何企业的董事、监事、高级管理人员，但实践中尚难以落实。

四、相关建议

（一）加大破产法宣传力度

抓住当前破产审判日益受到重视的契机，广泛宣传破产制度功能和破产政策法规，定期发布典型案例，引导包括政府部门在内的社会各界更新理念，增进全社会对破产审判工作的认同支持。使债权人认识到破产法是债权概括性公平受偿的终极手段；使债务人认识到，通过破产重整、和解程序，破产法能使企业能够获得复苏机会；使债务人股东认识到，破产法为他们提供了重新开始的机会；使社会认识到，破产法能够实现优胜劣汰，使市场资源有效、合理地被利用，促进社会经济的发展。

（二）解决破产财产和个人财产混同问题

探索将破产企业的财产和假借企业空壳敛财的股东的个人财产合并处理，但应具备两个前提条件：一是股东个人同意其财产被处置；二是债权人同意在破产案件中合并处置股东个人财产。“揭开公司面纱”原则上需经诉讼程序，在缺少法律规定的情况下,直接将股东个人财产与破产企业财产合并处理存在法律风险。在现有法律规定下,破产企业或债权人可通过其他途径获得救济:若发现股东侵占公司财产,民事上公司可要求股东返还,刑事上若构成职务侵占罪或挪用资金罪,可移送公安机关;若股东个人财产与公司财产混同,债权人可另案要求股东对公司债务承担连带清偿责任。如果证据确实充分,确需在破产程序中合并处置混同财产的,必须严格以听证程序保证相关当事人的诉讼权利,确保审判结果的公正性。当然,如果可以引入个人破产制度,将财产混同的公司与个人合并破产,更能有效地解决上述问题。

(三)建立完善"府院联动"机制

建立完善"府院联动"机制,是由破产案件的复杂性及涉及利益主体的广泛性所决定的,也是由司法权与行政权科学分工所决定的。推动构建党委领导、政府支持、司法主导、多方参与的工作格局,建立完善由政府相关职能部门参与的企业破产处置联席会议机制,加强信息沟通和工作对接,协调解决破产审判中遇到的困难和问题,推动个案协调向制度化对接转变,实现破产审判联动的定期化、常态化。积极争取政策支持,加大财政、社保、税收、财产处置、土地管理、社会信用等政策支持力度,协调解决破产资金保障、企业职工安置、破产财产处置、破产企业税费减免、企业信用重建、管理人履职保障等诸多难题。联合公安、检察机关建立打击破产企业恶意逃废债长效机制,依法追究债务人股东、高管等相关责任主体的刑事、民事和行政责任。在破产重整案件中,充分利用政府招商引资平台所掌握的资源和市场,向有拯救价值、经营前景的困境企业引入有效的战略投资人,实现重组,保全企业优质资产,整合双方优势资源,实现企业嫁接重整。

(四)努力实现执破深度衔接

一方面,发挥破产程序的公平清偿功能,建立执行程序对破产效益的释明机制。充分认识破产程序的公平集中清偿功能,以及加速认缴出资和其他未到期债权到期、行使破产撤销权、直索失信股东等责任的功能。在执行程序对当事人询问过程中,强化对被执行企业法人转入破产程序的效益释明,辅助当事人对是否"执转破"作出理性判断。另一方面,利用执行程序中效率优先的强制性措施,加快破产财产处置。相对于执行程序对被执行人财产的直接拍卖,破产财产的变价方案因需经债权人会议表决通过,造成效率较低。但在网络拍卖已成为司法程序处置资产原则的情况下,执行和破产两个程序首选的拍卖方式均为网络拍卖,网络拍卖已成为社会共识。也就是说,一般情况下,即使管理人未经债权人会议同意,便依照网络拍卖的规则先行变价破产财产,事后债权人会议也不会予以反对并同意追认其效力。故对于一部分债权债务关系清晰,债权人人数较少,破产财产较少的由执行案件移送而来的破产案件,完全可以在执行阶段先行变价处置债务人企业的财产,减少破产程序中还需要由债权人会议表决通过破产财产处置方案等烦琐程序,只将财产分配环节留到破产程序中进行。由此可见,实现执行程序效率与破产程序公平的完美结合。

吴江法院2018年度破产审判报告

2018年,是全国法院系统破产审判工作加速推进的一年,也是吴江法院破产审判品牌建设的关键年。2018年,中央全面深化改革委员会第五次会议审议通过《加快完善市场主体退出制度改革方案》;2019年,中央经济工作会议再次明确提出,“要稳步推进企业优胜劣汰,加快处置‘僵尸企业’”;最高人民法院发布《全国法院破产审判工作会议纪要》,召开“全国法院‘执转破’工作推进会”。本报告在介绍吴江法院2018年度破产案件审理情况的基础上,分析破产审判新态势,总结破产审判工作新进展,梳理存在的困难问题,并提出对策建议,以期完善市场主体退出机制,助力供给侧结构性改革。

一、破产案件审理情况

2018年,吴江法院立案登记破产审查107件,受理破产案件85件,旧存41件,审结61件,清理债务2033笔176.39亿元,清偿债权1615笔28.03亿元,盘活资产28.87亿元,释放土地资源100万平方米,妥善安置职工1941人,清偿职工债权4861.69万元。案件主要呈现如下特点。

(一)收结案数再创新高

无论是立案登记破产审查的数量,还是受理、审结数量,均超过过去 3 年的总和,创历史新高,标志着吴江法院破产审判常态化进入一个新阶段。这与吴江法院对破产审判工作重要意义的高度自觉有关,也与市场主体对破产制度价值功能认识的增强有关。优胜劣汰是市场经济的规律,破产是市场经济发展到一定阶段必然出现的法律现象,而破产审判的常态化则是一个地区经济体系成熟健康的重要标志。随着吴江法院破产审判的常态化,破产审判在出清"僵尸企业"、吸引投资创业、化解房地产风险、净化金融生态、解决执行难题等方面的功效已经显现,破产审判也正逐渐成为吴江经济和社会发展的重要竞争力。图 1 为 2014 ~ 2018 年破产案件受理数量变化。

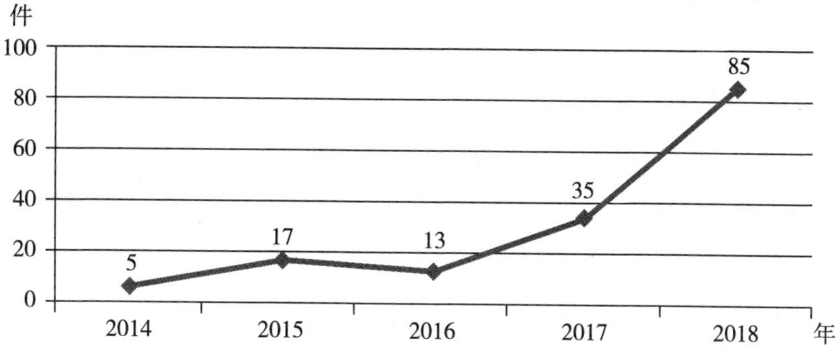

图 1　2014 ~ 2018 年破产案件受理数量变化

(二)"执转破"占比超六成

立案登记审查的 107 件破产申请中,通过执行移送破产审查的 60 件;受理的 85 件案件中,适用执行移送破产审查程序受理的 52 件,占比 61.18%。自 2016 年 12 月全面展开"执转破"工作以来,截至 2018 年年底,吴江法院共立案登记执行移送破产审查案件 89 件,裁定受理 77 件,占同期破产案件受理数量的 62.1%,"执转破"已经成为启动破产程序的主要途径。

(三)债权人申请占主导

受理的 85 件案件中,债权人直接申请或申请执行人同意移送破产审查的为 83 件。其既反映出债权人通过破产程序保护自身权利的意识逐步增强,但也从侧面反映出因债务人经营不规范,债务人股东或实际控制人担心被追究出资不实、侵占资产、关联交易等行为的责任,故怠于履行清算义务,惧于寻求破产保护。

(四)案件难易类型多样

以难易程度来区分,破产案件可分为无财产或无财产需变价的简单案件、虽有财产需处置但障碍较少的难度适中案件以及需借助破产专属功能才可推动案件进展的复杂案件。在已受理的85件案件中,简单案件40件、难度适中案件25件、复杂案件20件。简单案件主要包括无经营资金、无营业场所和企业管理机构、人员下落不明的"三无"案件及主要财产已在执行阶段变价的案件;复杂案件主要包括债务人名下不动产上设有租赁或涉及骑跨等问题的案件、存在烂尾项目的房地产企业破产案件以及破产重整案件等。

(五)金融债权比重高

已清理的176.39亿元债务中银行债权为71亿元,占比40.25%,通过破产程序实现金融不良资产有序处置的重要性日益凸显。另外,因经营期间融资难,绝大多数破产企业均涉及联保互保问题,其中,部分破产企业存在众多关联企业,而有的关联企业仅为融资平台,由此形成系列破产案件,典型的如炜华系、巨诚系、顺利系、苏龙系等案件。

(六)普通债权清偿率低

61件已审结案件的普通债权平均清偿率为5.86%,除去江苏鑫吴输电设备制造有限公司、苏州海阔业致精密五金有限公司2个破产重整案件,破产清算案件的普通债权平均清偿率仅为4.03%,其中,清偿率为零的29件。这主要是因为破产企业核心资产包括土地厂房、机器设备均设立了抵押权。不难预见,随着破产审判出清"僵尸企业"功能的不断发挥,无产可破案件还会增加,无财产担保的普通债权的平均清偿率仍会较低。

二、破产审判主要做法

2018年,是吴江法院破产审判品牌建设的关键年。吴江法院以常态化审判为舵、以规范化审理为楫、以专业化裁判为棹,向打造吴江法院破产审判特色品牌的目标奋勇前进,各项工作均取得显著成效和突破。

（一）培育精品案例，提升个案影响力

执法办案是人民法院第一要务，个案的审理始终是树立吴江法院破产审判形象、总结提炼审判经验、扩大破产审判知名度的基础。离开了个案审理，一切都将成为无源之水、无本之木。2018 年，吴江法院一则案例入选 2018 年江苏法院十大典型案例，一则案例入选 2017 年江苏法院十大破产案例，两则案例入选 2018 年江苏法院十大“执转破”案例，两则案例入选 2017 年苏州法院典型案例。苏州炜华置业发展有限公司、江苏玉宏房地产开发有限公司、苏州鼎基房地产开发有限公司等房地产企业破产案件分别涉及的“欧景花园”“御湖庄园”“丽湾域”烂尾项目均在 2018 年完成验收交付，1100 余户购房人顺利搬入新居，从根本上化解了信访压力；江苏鑫吴输电设备制造有限公司破产重整案普通债权现金清偿率由清算状态下的 19.2% 提升至 60%，在重整计划草案中设计重整计划修改条款，最大限度确保重整计划的执行，重生的鑫吴输电公司 2019 年预计产值 3.2 亿元、利税 1800 万元，实现法律效果、经济效果和社会效果的真正统一；巨诚系等 20 家企业合并破产清算案处置资产 11.81 亿元，清理债务 52.26 亿元，系吴江法院审结的涉及企业数量最多、资产负债金额最大的一系列破产案件，是运用破产程序化解执行难题、打击逃废债行为、净化区域金融生态环境的典型案件；苏州海阔业致精密五金有限公司破产重整案系苏州法院首例“执转破”清算转重整案。

（二）及时总结提炼，打造“执转破”品牌

总结提炼司法经验，以“党组工程”破除部门本位主义，建立了一整套系统化的“执转破”工作机制，形成了“优化资源配置、内外协同联动、规范衔接流程、推进简案速破”的“执转破”工作模式，制定立审执破衔接规定、“执转破”操作规程等规范性文件，编印《执转破实务手册》，创造了“移得出、立得上、破得了”的“执转破”吴江经验，彻底打通基本解决执行难决战的“最后一公里”。2018 年 5 月，全省法院“执转破”工作吴江现场推进会将其予以总结推广，得到最高人民法院和省委主要领导批示肯定，入选人民法院司法改革案例。集中撰写“执转破”调研报告及案例分析，参与编撰江苏法院“执转破”案件审理指南。

（三）推进繁简分流，广泛适用简化审

《企业破产法》未规定简易程序，但案件总有难易之分，对简单案件配以烦琐程序显然违背帕累托最优原则，也不是司法活动所应追求的价值目标。依照已制定出台的简化审理规定，对无产可破或已执行变价的案件广泛适用简化审。通过指定个人管理人、省略债权人委员会等简化管理组织；通过现场与非现场方式相结合简化债权人会议形式；通过网络公告、电子送达等简化送达手续；通过缩短债权申报期、宣告破产期等全面压缩弹性期间；通过债权人会议当场裁定等简并程序，将简易破产案件审限控制在 3 个月内。全年适用简化程序审结破产案件 29 件，平均审限 58.29 天，最短用时 39 天。

（四）加大保障力度，完善管理人报酬补偿

根据破产审判常态化的新形势，修订已实施的《破产专项基金管理办法》，吸纳基金成员 49 家，通过自管理人报酬提取和政府财政拨款积累基金 700 余万元。简化管理人报酬补偿支取程序，按 5 万元/件的标准统一核定管理人工作成本，补偿管理人报酬 29 笔 121 万元。全年确定管理人应收取报酬金额合计 4134 万元。2018 年 10 月，吴江法院受邀参加最高人民法院与国家发改委、财政部、人民银行相关业务部门在南京组织的破产案件经费保障专项调研会，并介绍经验。

（五）优化外部环境，建立“府院联动”机制

《企业破产法》是一部外部性很强的法律，破产案件涉及的利益主体多、协调事项多，在破产法实施配套立法和制度尚不健全的情况下，建立常态化的破产审判“府院联动”机制已经成为破产学界和实务界的共识。2018 年 5 月，吴江法院推动吴江区委、区政府联合印发《关于建立府院联动处置“僵尸企业”工作机制的实施意见》，并成立以区委副书记、区长担任组长，常务副区长为常务副组长，分管住建、工业经济、公安的副区长和法检两长为副组长，相关职能部门、镇（区）政府主要负责人为成员的总领导小组，下设由四个分管副区长兼任组长的四个专业工作组、由八个镇（区）政府主要负责人兼任组长的八个地方工作组，搭建了级别层次高、参与部门广的“一总四分八纵”组织体系。区、镇两级政府从加强风险监测预警、做好职工安置保障、加大财政支持力度、落实税收优惠政策、优化管理

人履职环境等24个方面与法院进行联动，“僵尸企业”处置工作被纳入区政府年度重点督查内容，形成了立体化系统化的府院协调配合处置“僵尸企业”、全区支持法院执行与破产工作的大格局。

（六）强化研判结合，提升破产理论化水平

针对破产案件专业性强、知识储备要求高的特点，鼓励破产法官借调研促审判，围绕审理中遇到的难题，通过查资料、多思考、勤动笔，锻炼破产法系统思维，提升理论水平，学会举一反三。全年撰写调研文章和案例分析13万余字，分获全国法院系统学术讨论会优秀奖、全省法院系统学术讨论会二等奖、中国破产法论坛征文一等奖、二等奖，或被收录《中国破产审判的司法进路与裁判思维》《人民法院破产审判——江苏实践与经验》等公开出版书籍中。注重法律实务界和法律学界的交流和沟通，2018年12月，吴江法院与中国人民大学破产法研究中心签订合作共建协议，挂牌“中国人民大学破产法研究中心教学科研实践基地”。

三、破产审判中发现的问题

吴江法院在案件审理过程中，发现了一些制约破产审判功能发挥的障碍及面临的问题。

（一）怠于履行清算义务现象普遍

在59件终结破产程序案件的裁定中，载明债务人股东、实际控制人怠于履行清算义务，致清算无法进行或无法完整进行的事实，并告知债权人可另行提起诉讼要求破产人股东、实际控制人对破产人债务承担相应民事责任的有34个，占比57.63%。此与受理破产时债务人的负责人多已下落不明、债务人的账册多已灭失有关，更与民营企业经营不规范、财务管理混乱、法人独立性欠缺、企业财产与股东个人财产混同等问题有关。《企业破产法》确立了管理人对债务人的接管调查制度，并规定了债务人相关人员的配合义务，破产程序系对债务人企业的一次全面“体检”。在此过程中，债务人及其股东、董事、高级管理人员、实际控制人的前期不当行为，必然要接受审查，并需承担相应责任。但清算义务人怠于履行清算义务的事实，客观上已经影响了破产程序的有序推进，也加大了破产案件的审理难度。

（二）租赁负担致财产变价困难

吴江地区民营企业众多，租赁经营的现象十分普遍。在吴江法院审理的破产财产包括不动产的案件中，涉及租赁的比例高达93.5%，如何处理待履行租赁合同直接影响破产案件的审理进程。因学界和实务界关于管理人对待履行房屋租赁合同的解除权、合同解除后预付租金的债权性质等问题尚有很大争议以及当事人串通伪造长期租赁合同现象比比皆是且难以识别、诉讼主张解除租赁合同时间成本较高等原因，致使破产企业资产处置困难、破产案件审理周期延长。在破产实务中，对于该问题的解决，仍多依赖于个案管理人与承租人的反复谈判博弈，尚未形成明确统一的处置思路。

（三）涉税障碍突出且难解决

由于现行税法主要立足于正常经营状况下的企业，与破产法的理念和规定多有冲突，造成破产程序中税收问题难以根本解决。以非正常户状态的变更为例。在受理破产申请前，债务人多因未按规定申报纳税而被列入非正常户。进入破产程序后，债务人会因履行未履行完毕的合同、继续营业、处置破产财产等产生新的纳税义务，并开具相应发票。但因企业处于非常户状态，税务机关暂停其发票领购簿和发票的使用，导致管理人无法开具发票。管理人接管破产企业后理论上可以申请恢复为正常户状态，但根据税务机关的规定，管理人必须先对非正常户逾期申报的违法违章行为处理完毕、缴清罚款后，才能恢复为正常户状态，而根据最高人民法院《关于审理企业破产案件若干问题的规定》第61条的规定，行政机关的罚款不属于破产债权，问题由此陷入“死结”。诸如此类的问题，还包括破产财产变价后企业所得税的预缴、管理人未实际接管到的账面记载存货的汇算、税款或滞纳金未足额受偿下的税务注销、企业重整后对豁免债务征收企业所得税等。

（四）彻底化解担保圈链困难

吴江地区担保圈链重叠交织，圈链中不仅有企业，更涉及自然人股东、董事等企业经营者。针对圈链中尚具有营运价值的企业，可通过破产重整或破产和解程序，引入投资，割断担保链。当圈链中所有企业均不具有营运价值、盈利能力时，则可通过将相关企业均有序引入破产程序，整体进行清算。但因我国尚未设立个人破产制度，圈链中的自然人无法通过个人破产程序化解个人债务危机，个人债务人的债权人也无法借助个人破产程序获得公平清偿，彻底化解担保圈链风险也就变得非常困难。执行领域已经建立的如参与分配制度、失信被执行人惩戒等制度，未能完全发挥个人破产制度的替代功能，在效力层次和实施效果上都不能与个人破产制度相提并论。反过来，也正是因为缺失个人破产制度，企业经营者也难以通过企业破产程序豁免保证责任，使企业经营者不愿意主动启动企业破产程序，由此形成大量"僵尸企业"。

四、下一步计划

作为全省首家设立清算与破产审判庭的基层法院，接下来，吴江法院将以更加高度的自觉、更加高昂的斗志、更加高效的工作，从以下几个方面着力，推动破产审判再上新台阶。

（一）咬定常态、专业破产审判不放松

2018年12月，江苏省行政审批制度改革联席会议办公室出台关于开展2018年营商环境评价工作的通知，"企业破产环境"首次列入评价体系，作为试评价指标。破产审判对于建设现代化经济体系、优化营商环境的重要意义不言而喻，建设常态化、专业化的破产审判是一项"功在当代，利在千秋"的事业，破产审判常态化、专业化的建设只能加强不能削弱。我们将怀着高度的责任心和使命感去开拓这项事业，规范流程、扫除障碍、积累经验，为破产审判的未来发展奠定坚实基础。

（二）聚焦破产重整程序市场救助功能

破产重整制度功能的发挥，从根本上讲是与经济的市场化程度相关联的。没有健全的市场环境，破产重整可能会演化成简单的"合法免债"，而丧失由此完成企业技术升级、建立现代企业制度、提升市场竞争力的机会。接下来，在破产重整案件的办理中，我们除继续坚持市场化招募，并从有利于最大化实现债务人

企业价值、有利于吸引市场投资、有利于压降重整成本的角度，选择实施相适应的重整程序之外，还将关注投资人的经营方案或者适当提高其在确定重整投资人中的权重。

（三）建立“府院联动”子机制

以已建立的“府院联动”机制为基础，与税务、市场监管等部门建立若干子机制。在现有法律政策范围内，做适当合理变通，研究确定包括破产涉税、企业注销等问题在内的具体操作流程，统一思路方案，最大限度地消除破产企业涉诉障碍、注销障碍，提高破产财产处置效率、增加债务人财产价值、畅通企业退出市场渠道、充分保障各方当事人的利益。当然，在立法层面尚未修订完善的情况下，上述措施无法从根本上解决问题，但即使是有限的探索，在尽可能解决实际问题的同时，也将会为推动制度完善提供有价值的实践样本和经验。

（四）推动破产法研究与修订

《企业破产法》扩大了破产主体范围，确立了管理人制度、破产重整制度等重要制度，并在十余年的实施过程中不断成长，但也逐渐呈现需要改革与完善之处。一方面，需要建立个人破产、庭外重组、预重整等新的法律制度，以适应实践需要；另一方面，因破产法是一部具有强外部性的法律，还需要在税务调整、工商注销、信用修复等方面建立各种社会配套制度。作为破产实务的直接参与者，吴江法院将以与中国人民大学破产法研究中心签订合作共建协议为契机，加强破产法学界和实务界的沟通交流，促进破产法理论与实践的有机结合，为推动我国破产法的研究与修订作出自己的贡献。

（五）加大破产法宣传力度

通过近几年的破产审判，社会各界对破产法理念的了解在逐步加深，但仍存在不少的误解。接下来，在办理案件的同时，我们还将通过召开新闻发布会、发布典型案例等形式，广泛宣传破产制度功能和破产政策法规，引导包括政府部门在内的社会各界更新理念，增进全社会对破产审判工作的认同支持。

吴江法院 2016～2019 年破产审判报告

“法治是最好的营商环境。”在世界银行《营商环境报告》评估指标中，“办理破产”是 11 项一级指标之一，充分体现了破产法律制度对优化企业经营环境、发展繁荣市场经济的重要作用，而破产案件是否能够得到公正、有效的处理则是评价营商环境的重要依据。本报告全面介绍吴江法院 2016 年至 2019 年破产案件审理情况，总结破产审判坚持的理念、实施的举措，并根据《苏州市优化营商环境创新行动 2020》的要求，对标世界银行“办理破产”评价标准，明确改革完善的目标和方向。

一、破产案件审理情况

2016 年至 2019 年，吴江法院共立案登记破产审查 324 件，受理破产案件 258 件，涉及企业 278 家，审结破产案件 198 件，清理债务 5679 笔 406.01 亿元，清偿债权 4780 笔 52.76 亿元，盘活资产 55.92 亿元，释放土地资源 216.1 万平方米，妥善安置职工 4925 人，清偿职工债权 1.26 亿元，清偿税款债权 1.02 亿元，协助缴纳税金 3.75 亿元。

（一）案件数量逐年攀升

从立案审查和裁定受理数量上看，2016 年审查 14 件、受理 13 件，2017 年审查 50 件、受理 35 件，2018 年审查 107 件、受理 85 件,2019 年审查 153 件、受理 125 件,占全省同期破产申请受理总量的约 8%。从结案数量上看,2016 年审结 9 件,2017 年审结 20 件,2018 年审结 61 件,2019 年审结 108 件,占全省同期破产案件审结总量的约 10%。破产程序“启动难”、破产案件“受理难”的突出问题在吴江法院已经得到根本解决,破产审判已然成为民商事审判的常规环节,立案、审判、执行和破产“四环节”的民商事审判工作机制在吴江法院已经形成。图 2 为 2016~2019 年破产案件受理、审结数量变化。

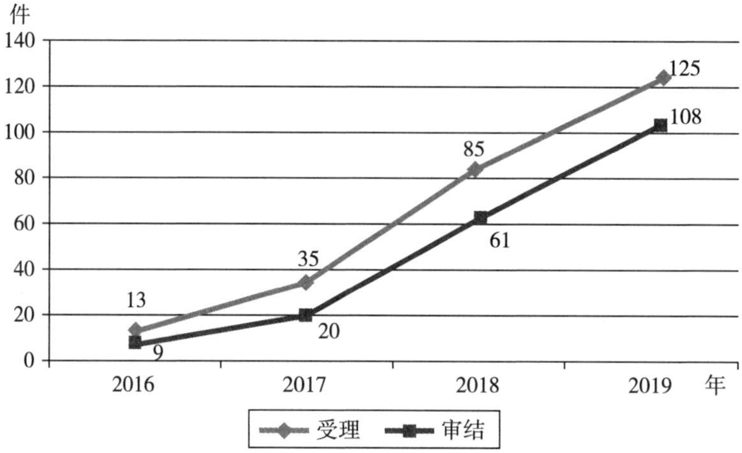

图 2　2016~2019 年破产案件受理、审结数量变化

(二)“执转破”占比超六成

在立案登记审查的 324 件破产申请中,通过执行移送破产审查的 187 件,占比 57.72%;受理的 258 件案件中,适用执行移送破产审查程序受理的 161 件,占比 62.4%。随着“执转破”工作的不断推进,执行移送破产审查的渠道更加通畅,“执转破”已经成为启动破产程序的主要途径。2020 年 3 月 11 日,江苏省高级人民法院印发《关于正确理解和适用参与分配制度的指导意见》,进一步明确被执行人为企业法人的,除对执行财产享有优先权、担保物权的债权人申请优先分配受偿之外,不得对其财产适用参与分配制度。不难预见,经由“执转破”进入破产程序的案件还会增加。

(三)重整、和解挽救功能逐步显现

在审结的 198 件案件中,以清算方式结案的 184 件,以重整方式结案的 11

件，以和解方式结案的3件，重整、和解程序占比7.07%，与全省同期重整、和解案件比例相当。图3为2016～2019年度破产案件结案方式分布占比。在破产清算程序出清“僵尸企业”的同时，对于具备挽救价值和可能的企业，重整、和解制度的价值功能得到逐步显现。在11件重整案件中，既有直接受理重整申请，也有清算转重整，既有“股权出售式重整”，也有“法庭内预重整”，既有单独重整，也有合并重整，体现出重整启动方式和采用模式的灵活性、多样性。当然，重整、和解适用比例相对较低也反映出，重整程序的积极拯救功能、和解程序简便快速清理债权债务关系的功能仍有提升空间，破产保护的理念仍需深化信赖和认同。

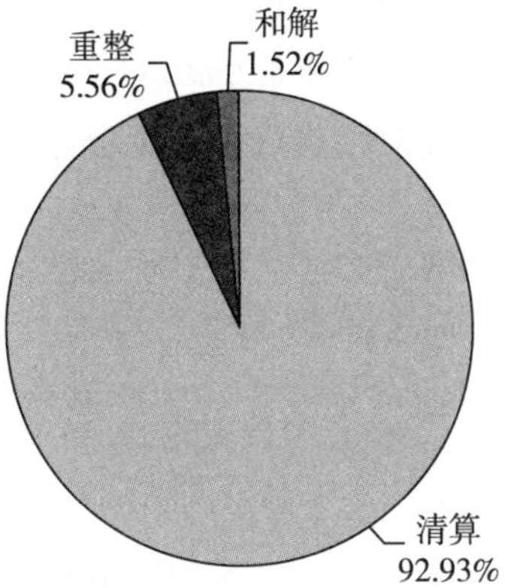

图3 2016～2019年度破产案件结案方式分布占比

（四）实质合并破产不鲜见

审结的198件案件涉及企业218家，适用合并破产的39家，即“凹凸系”“苏龙系”“巨诚系”“塞弗系”，其中“巨诚系”合并破产的企业最多，有20家。在公司治理结构失范仍普遍存在的情况下，现实对实质合并破产制度的需求普遍。在合并破产的启动方式上，既有关联企业各自单独进入破产程序，后基于相互之间的关联关系，再进行合并破产，也有部分企业先进入破产程序，后直接裁定将其他关联企业并入破产程序。具体到实质合并审查的具体标准，坚持以“公司人格严重混同”为主要标准，以是否有利于实现破产程序挽救企业和充分保障债权人公平清偿的价值、是否有利于提高破产程序的经济效率与司法效率等为辅助标准。

（五）房地产行业风险突出

2016～2019 年，吴江法院共受理房地产企业破产案件 5 件，审结 2 件，其中，4 件存在住宅项目复工续建问题，涉及购房人 1100 余户。虽然该 4 件案件均在破产程序中实现复工续建，并有 3 件案件已竣工验收，向 1000 余户购房人完成交付，但购房人权利认定、能否续建、如何续建、续建资金来源等都是需要逐项解决的重要法律和现实问题，更无须说施工组织、土地分割、规划变更、权证变更、税款征缴、信访接待等需要多方协调配合的具体问题。另外，已进入破产程序的房地产项目多为住宅项目，若为商用项目，则又涉及商铺购买人权利的认定、委托经营管理的处理等问题。破产程序并非万能，对于关乎社会民生的房地产领域，更应强调源头治理，通过加强对预售资金和项目建设的监管，防微杜渐，未雨绸缪。

（六）平均负债金额高

在审结的 198 件案件中，负债金额最高的 18.95 亿元，最少的 11.17 万元，平均负债金额达 2.05 亿元，涉及债权人最多的 167 个，最少的 2 个，债权人平均个数为 28.68 个。平均负债金额高主要与因联保互保形成的担保债务占比大有关，而担保债务的债权人又多是银行。已清理的 406.01 亿元债务中涉金融债务 167.2 亿元、涉担保债务 140.46 亿元。早先为获得更多银行融资而采取的联保互保模式，在解决燃眉之急的同时，也埋下了巨大的隐患；银行简单地以信用捆绑代替对借款人风险的合理评估，任意放大信用担保的范围，转移风险负担，最终传导出现区域风险，企业的经营者也因提供保证担保陷入担保圈链，导致个人债务危机。

（七）不同性质债权清偿率差异大

职工债权清偿率为 90.16%，税款债权清偿率为 90.6%，而普通债权平均清偿率为 4.78%，除去重整案件，破产清算案件的普通债权平均清偿率仅为 3.91%。不同性质债权清偿率的差异自然与《企业破产法》对债权分配顺位的安排有关。但具体到普通债权清偿率低的原因，除前文所述债务人平均负债金额高之外，债务人财产普遍设定担保是主要原因。审结的 198 个案件共计清偿债权52.76亿元,其中,对特定财产享有担保权的债权31.9亿元,占60.46%。另外,无产可破案件的增多、破产程序启动不及时、破产财产变价费用高、债务人相关人员怠于履行清算配合义务也是造成普通债权清偿率低的原因。短期内,在企业融资环境未获得较大改善的情况下,普通债权清偿率低的现象仍将持续。

二、破产审判的理念和原则

破产程序是一个综合解决争议的平台,是承载和关注诸多利益相关者权益的社会化安排。人民法院在破产审判中应保障各方参与主体在公开透明的破产程序中自由协商、充分博弈,并在特别情形下强制介入,以期实现各方利益之间的平衡。基于此,吴江法院在破产审判中坚持如下理念和原则。

(一)便捷程序启动与防止制度滥用

坚持为债权人和债务人设置高效经济的程序启动和程序转换条件,使丧失经营价值的企业能够有效清算,使具有挽救价值和可能的困境企业能够及时重整。债权人提出申请的,只需证明债务人不能清偿到期债务,即推定债务人出现破产原因。保障债务人的异议权利,债务人对申请人是否享有债权、是否存在破产原因提供相反证据和合理理由反驳的,裁定不予受理。对于重整申请,坚持对重整价值和拯救可能的初步审查,能够认定明显不具备重整价值以及拯救可能性的,裁定不予受理,防止重整程序空转。

(二)债权人会议、债权人委员会和管理人的职权界定

明确债权人会议对重大财产管理和处分行为的决定权、债权人委员会对管理人履职行为的监督权,以及管理人在勤勉尽责义务下的实施权。根据比例原则,区分不同破产程序类型,对何为"有重大影响"的行为不做教条解释。依照管理和处分行为对债权人权益影响程度以及行为本身的法定性、强制性,合理配置债权人会议、债权人委员会和管理人的权限。既要避免管理人越过债权人会议直接实施对债权人利益有重大影响的行为,也要避免借口征询债权人会议意见拖延破产程序、束缚管理人自主行动能力,以期实现公平与效率的平衡。

(三)债权人意思自治与司法矫正救济

尊重债权人会议意思自治,对于涉及全体债权人共同利益、共同事务的重大事项应由债权人会议集体行使并决策,遵循“多数决原则”,强制约束持异议的个别债权人,提高团体决策的效率。坚持人民法院破产程序保障者和推动者的角色定位,通过高效的程序引导、透明的信息披露,以债权人理性决策实现“帕累托改进”。同时,基于债权人的非同质性,在多数决滑入非理性地带或以多数决名义剥夺、限制债权人自益权利时,司法介入裁决,可推动程序向前、保护个体权利不受损害。

(四)高效审理与规范审理

时刻牢记破产程序的终局性、不可逆性,紧绷程序正义这根弦,不能牺牲各方参与主体的知情权、监督权、异议权和决策权。坚持案件难易与程序繁简相匹配,在《企业破产法》规定的框架范围内简化程序,有效降低程序成本,提高案件审理效率。坚持回应现实需求,遵循破产法的原则和精神,创新司法举措、弥补制度供给不足。合理区分人民法院和管理人的角色分工,充分发挥管理人事务执行者的功能,调动管理人履职积极性,人民法院主要监督程序公开规范运行,实现破产审判权与事务管理权相分离。

(五)司法主导与配套协调

坚持人民法院对破产程序的主导也就是坚持破产审判的法治化方向,但其并非排斥政府的支持与服务。企业破产是一项系统工程,破产法是一部外部性极强的法律,在立法层面目前尚未确立破产审判配套制度的情况下,建立健全常态化的破产审判府院协调机制,在现有法律政策范围内,尽力补足阻碍破产程序高效有序运行的各项体制性、机制性、保障性短板,促进《企业破产法》法治化、市场化的实施。

三、破产审判的做法和举措

2016~2019年,吴江法院以设立全省基层法院首家有独立编制的清算与破产审判庭为契机，坚持破产审判常态化、专业化、市场化、法治化工作目标不动摇，求真务实、开拓创新，破产审判已经成为提升吴江地区营商环境水平的关键要素，在出清“僵尸企业”、整合资源配置、挽救困境企业、吸引投资创业、化解房企风险、净化金融生态等方面发挥着不可替代的重要作用。

（一）构建破产审判规则体系

自 2016 年以来，吴江法院始终重视破产审判制度建设，在不断总结审判经验的基础上，相继出台《管理人工作规范》《关于执转破案件简化审理程序的规定》《关于加强立案、审判、执行与破产程序衔接配合的实施意见》等 14 个规范性文件，内容涵盖立审执破衔接、简化审理程序、管理人工作规范、管理人报酬保障、“府院联动”机制、个人债务清理等各个方面，基本形成一套完整、规范、高效，同时，又具有吴江法院特色的破产审判规则体系，真正做到了工作有章可循，前后连贯、衔接顺畅，不因人员变动脱节。

（二）深耕“执转破”吴江经验

“优化资源配置、内外协同联动、规范衔接流程、推进简案速破”的“执转破”工作模式，“移得出、立得上、破得了”的“执转破”吴江经验，2018 年 5 月，在全省法院“执转破”工作吴江现场推进会予以总结推广，入选人民法院司法改革案例，获全省政法工作优秀创新成果二等奖。自 2019 年 4 月以来，依托执行指挥中心建设，升级“执转破”工作模式，构建由“3 名执行法官 +1 名法官助理 +4 名书记员”组成的“执转破”团队，全面推广执行法官承办“执转破”简易案件，全年共审结“执转破”案件 36 件，占当年“执转破”案件审结总量的 56%。

（三）强化破产审判管理

不断强化审限意识，筑牢节点观念，统一制作《破产案件个案审理手册》附于每个案件中。制定破产案件书记员工作流程要点，集约化办理破产审判事务性工作。持续推进破产案件繁简分流，坚持简案快审，提升破产案件办理效率。加强破产审判信息化建设，正式启用覆盖破产案件审理全流程的“锐破”破产案件管理系统，推广网络债权人会议。平均审理周期 236.31 天，简单破产案件平均审理周期 62.47 天，除 1 件房地产企业破产案件外，无超 3 年未结破产案件。

(四)建立健全配套保障机制

推动吴江区委、区政府联合印发《关于建立府院联动处置“僵尸企业”工作机制的实施意见》,成立以区委副书记、区长担任组长的工作组,搭建级别层次高、参与部门广的“一总四分八纵”组织体系。“僵尸企业”处置工作被纳入区政府年度重点督查内容,形成了立体化系统化的府院协调配合处置“僵尸企业”、全区支持法院破产审判工作的大格局。与区税务局就破产案件涉诉事宜形成会议纪要,理顺解决问题的思路,统一操作流程。加大管理人报酬补偿力度、简化补偿流程,共补偿管理人报酬78笔,合计338.94万元。

(五)扩大破产审判辐射影响

加大破产宣传力度,连续3年发布破产审判报告,在《人民法院报》《江苏法治报》等主流媒体发表宣传报道60余篇次,引导社会各界更新理念,增进对破产审判工作的认同支持。培育精品案例,提升个案影响力,连续3年入选江苏法院破产审判典型案例,多个案例入选江苏法院典型案例、江苏法院公报案例、苏州法院精品案例。强化研判结合,提升理论化水平,撰写各类调研文章和案例分析30余篇,被《人民司法》《审判研究》等期刊录用,被评为全国法院系统2019年度优秀案例分析二等奖、全国法院系统学术讨论会优秀奖、中国破产法论坛征文一等奖、二等奖、江苏省法学会优秀论文一等奖;参与编撰《执行转破产司法实务及案例解析》一书。注重法律实务界和法律学界的交流和沟通,与中国人民大学破产法研究中心签订合作共建协议,设立“中国人民大学破产法研究中心教学科研实践基地”。

四、改革完善的目标和方向

根据《苏州市优化营商环境创新行动2020》的要求,对标世界银行“办理破产”评价标准,吴江法院将着力从以下四个方面改革完善。

(一)提升破产办理质效

完善“立审执破”一体化工作格局,进一步推进“诉转破”工作,实现诉源治理实质化，巩固“执转破”工作经验，持续推进执行法官承办“执转破”简易案件。系统制定涵盖破产审判全流程的操作规程，梳理研究破产案件实体裁判规则，统一法律适用标准。财产变价环节，加大对管理人变价方案制作的指导力度，借助府院协调机制，提高破产财产处置效率，实现债务人财产价值最大化。扩大破产案件简化审理适用范围，简化程序审理案件占比达到40%～50%。全面推广“锐破”案件管理系统，落实破产案件全流程监督，实现破产审判与信息化深度融合。

（二）提高破产重整成功率

积极尝试采用包括“预重整”在内的制度模式，满足困境企业转危脱困的多元化司法需求，丰富破产拯救困境企业的司法供给，对陷入经营困境但符合国家产业政策、有市场前景的企业加大重整力度，提升破产重整成功率。着重监督债务人、债务人相关人员、管理人对信息的完整披露，提高程序透明度，保障相关利益主体理性协商、充分谈判。加强与政府相关职能部门沟通协调，为市场选择的重整模式实际得到执行创造良好的司法环境。

（三）强化债权人权益保障

依照最高人民法院《关于适用〈中华人民共和国企业破产法〉若干问题的规定（三）》中对于债权人权益的规定，从债权人的参与权、决定权、知情权、监督权、异议权等方面保障债权人参与破产程序的积极性，避免债权人会议空洞化。区分不同程序，探索对债权人会议的职责权限作更加精细化的安排，避免破产程序拖延。加强对管理人履职的监督、指导，在案件审理中提升管理人的履职能力、执行水平。

（四）推进个人债务清理

以被江苏省高级人民法院确定“开展与个人破产制度功能相关的试点工作”的试点法院为契机，依照已出台的《关于个人债务清理的若干规定》，筛选符合条件的诚信被执行人，陆续受理个人债务清理案件，推动金融机构在程序中采取一致行动原则，给予债务人重生的机会。

吴江法院 2020 年破产审判报告

2020 年是极不平凡的一年。为应对新冠肺炎疫情影响，世界各国都在积极调整破产法适用，进一步稳定经济社会发展，最高人民法院也分别于 2020 年 4 月、5 月出台《关于推进破产案件依法高效审理的意见》《关于依法妥善审理涉新冠肺炎疫情民事案件若干问题的指导意见（二）》等司法文件，指导全国破产审判工作，以更好服务和保障国家经济高质量发展，落实“六稳”“六保”工作任务。2020 年，吴江法院持续发挥破产审判在保障债权公平有序受偿、保护拯救困境企业、概括解决矛盾纠纷、优化社会资源配置、构建诚信市场环境等方面的功能作用，为优化地区营商环境积极贡献司法力量，在 2019 年全省营商环境“办理破产”评价指标考核中位列第一，清算与破产审判庭获评全省破产审判工作先进集体，荣记集体二等功。

一、持续推进破产审判常态化，提升区域法治竞争力

（一）破产案件概况

2020 年，吴江法院共立案登记破产审查 190 件，裁定受理破产案件 147 件，同比上升 17.6%；审结破产案件 151 件，同比上升 39.81%，清理债务 4234 笔 245.39 亿

元，清偿债权2334笔14.82亿元，盘活资产15.91亿元，释放土地资源62.45万平方米，清偿职工债权1337人3652.51万元，清偿税款债权2909.40万元，协助缴纳税金4153.05万元。

（二）破产案件数据分析

1. 案件来源

在裁定受理的147件案件中，以是否通过执行移送破产审查方式启动破产程序区分，"执转破"案件为113件，占76.87%，当事人直接提出破产申请案件为34件，占23.13%；以申请主体区分，债权人（含同意移送破产审查的申请执行人）提出破产申请的144件，占97.96%，债务人提出破产申请的3件，且均为债务人直接提出重整申请，占2.04%。图4为案件来源占比。

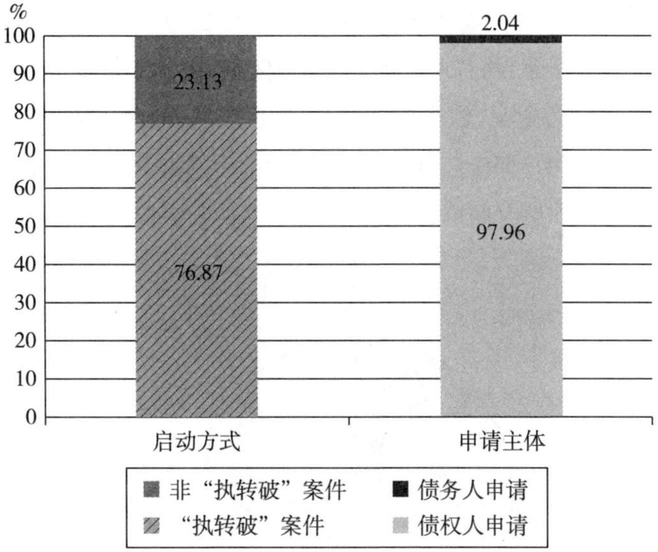

图4　案件来源占比

2. 案件类型

在审结的151件案件中，以重整结案的5件，其中，清算转重整的3件，直接破产重整的2件，以《企业破产法》第105条自行和解结案的1件，以破产清算结案的145件。图5为案件类型分布。

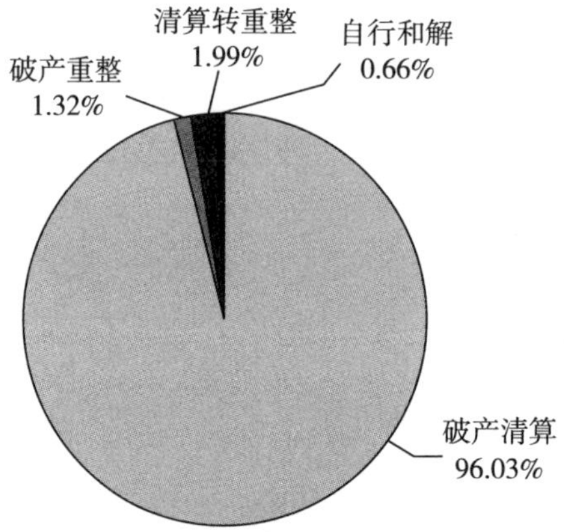

图 5 案件类型分布

3. 债务人企业类型

在裁定受理的 147 件案件中，以所有制性质区分，民营企业 132 家，约占 89.80%，外资企业 7 家，约占 4.76%，中外合资企业 8 家，约占 5.44%。这也体现出吴江为全省民营企业“领头羊”的鲜明特色。以企业组织形式区分，有限责任公司 139 家，占 94.56%。其中，一人公司 50 家，个人独资企业 8 家，占 5.44%。图 6 为企业所有制性质占比。

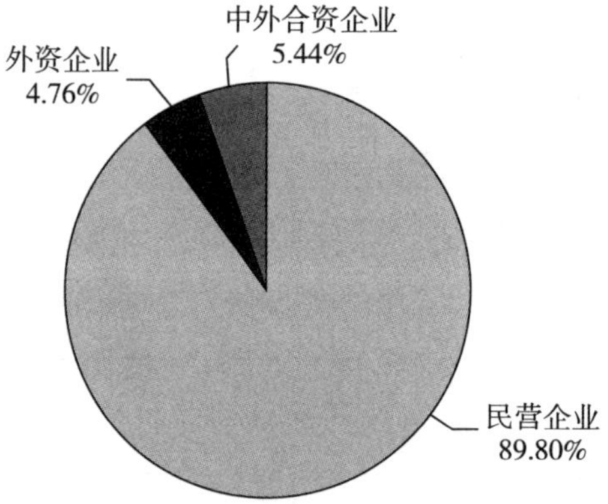

图 6 企业所有制性质占比

4. 债务人行业分布

在裁定受理的 147 件案件中，所属行业为制造业的 81 家、批发业的 31 家、服务业的 9 家、研究和实验发展的 7 家、房地产业的 6 家、零售业的 5 家、建筑业的 2 家、其他行业的6家。图7为债务人行业分布的占比。制造业中纺织品(含服饰)制造企业达到50家,占制造业的61.7%,其余多为设备制造和模具制造企业。如果将批发业和零售业家中从事纺织品批发、零售的企业计算在内,与纺织品相关的企业达71家,占裁定受理案件的48.3%。这也与纺织行业为吴江地区传统主导产业有关。

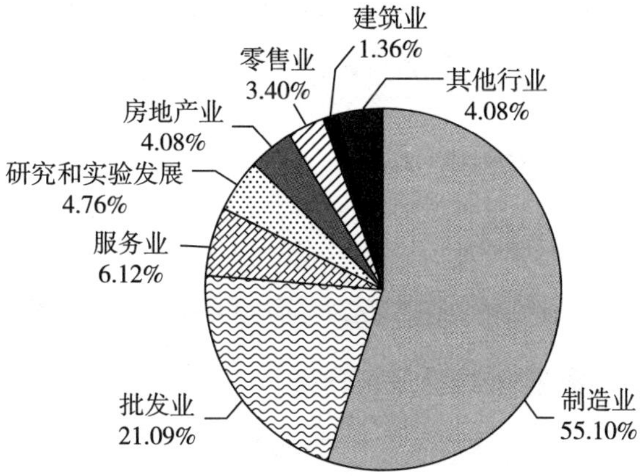

图7　债务人行业分布

5. 债务人地域分布

在裁定受理的147件案件中,企业住所地在盛泽的41家、东太湖度假区25家、平望18家、开发区15家、桃源14家、汾湖9家、同里和震泽各5家、横扇4家,南麻、七都和铜罗各2家,北厍、金家坝、芦墟、坛丘、菀坪各1家。图8为债务人地域分布的具体占比。

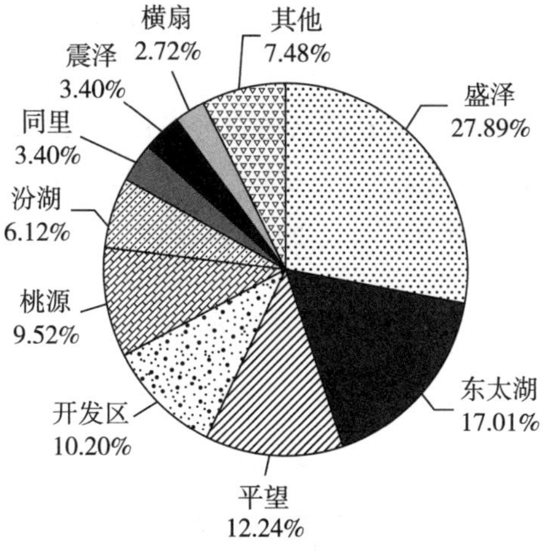

图8　债务人地域分布

6. 债务人企业规模

以注册资本为标准,在裁定受理的147件案件中,注册资金10万元至50万元(含本数,下同)的22家,占比14.97%;50万元至100万元的11家,占比7.48%;100万元至500万元的39家,占比26.53%;500万元至1000万元的18家,占比12.25%;1000万元至5000万元的39家,占比26.53%;5000万元至1亿元的9家,占比6.12%;一亿元以上的9家,占比6.12%。图9为债务人企业规模分布占比。

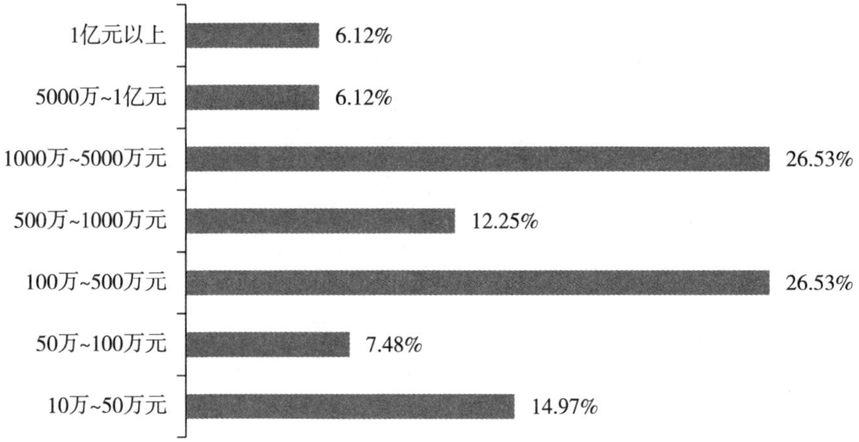

图9 债务人企业规模分布

7. 债务人企业存续时间

以企业自设立到受理破产申请的时长计算,在裁定受理的147件案件中,存续时间1~3年的4家,3~5年的18家,5~10年的29家,10年以上的96家。

8. 债权受偿率

在审结的151件案件中,共计确认有财产担保债权7.75亿元,平均清偿率93.98%;确认税收债权3709.31万元,平均清偿率78.43%;确认职工债权5033.98万元,平均清偿率72.56%;确认普通债权386.09亿元,平均清偿率1.92%。

(三)破产案件特点分析

1. 收结案数量再创新高

新收破产案件数量同比上升17.6%,审结破产案件数量同比上升39.81%,均创历史新高,破产案件结案率[审结151件/(旧存79件+新收147件)]

66.81%。新收、审结破产案件数量分别占全省法院同期的 5.6% 和 6.66%。

2.“执转破”占比更趋增加

2017 年至 2020 年，通过执行移送破产审查途径启动破产程序的案件占比分别为 48.57%、61.18%、67.2%、76.87%，“执转破”已经成为启动破产程序最为重要的途径。

3.破产案件呈现“两头”现象

所谓“两头”现象，是指“无产可破”案件或财产较少的简单破产案件以及包括房地产企业破产在内的复杂案件增多，而财产需处置但障碍较少的难度适中案件占比相应减少。反映在财产处置上，盘活资产和释放土地资源的数量较去年（19.43 亿元、67.54 万平方米）和前年（28.87 亿元、100 万平方米）均有下降；反映在债权清偿率上，无论是有财产担保债权，还是税收债权、职工债权、普通债权平均清偿率亦均有不同程度的下降。

二、不断完善系列工作机制，提高破产审判质效

（一）强化审判管理，形成收结良性循环

明确法官、法官助理、书记员职责，打破诉讼案件“一审一书”模式，继续坚持破产事务集约办理。抓住案件审理关键节点，定期梳理在手案件进程，以制定时间表的方式督促管理人高效履职。对于案件审理过程中遇到的疑难问题、管理人提交的请示报告，及时研究回复，避免问题久拖不决、案件停滞停摆。落实院庭长监督职责，以苏州市中级人民法院开展的长期未结破产案件集中排查清理及专项评查工作为抓手，对超 1 年以上未结破产案件和超 3 个月未结无产可破案件进行集中排查清理，全年共审结超 1 年破产案件 20 件，破产案件平均审理时间为 194.28 天，除 2 件房地产企业破产案件外，无超 3 年以上未结破产案件。在旧存案件基数较大、新收案件再创历史新高的情况下，破产案件结案率达到 66.81%，考虑到破产案件的平均审理周期，基本实现收结案动态良性循环。

（二）坚持繁简分流，实现案件快慢分道

根据最高人民法院《关于推进破产案件依法高效审理的意见》的规定，进一步完善简单破产案件审理机制，对于符合意见规定、决定适用快速审理方式的破

产案件，在受理破产申请公告中一并告知；根据江苏省高级人民法院民事审判第二庭《关于加快破产案件审理的工作指引》的规定，进一步区分出快速审破产案件中的债务人资产、债权人人数均较少的案件和无产可破案件，并由审判员一人独任审理。根据审查破产申请法官的意见，在破产申请审查环节形成案件“繁、简、普”标签，裁定受理后安排专人立案分案，形成“难易分类、繁简分流、快慢分道”；在案件审理过程中，发现案件不宜适用快速审理方式的，及时转为普通方式审理。全年适用快速审理方式审结破产案件 81 件，平均审理时间 71.89 天，其中由审判员一人独任审理 18 件，平均审理时间 62.94 天。

（三）监督保障并重，促进管理人更好履职

依照已制定出台的《管理人工作规范》《管理人个案反向考评规定》等规范性文件，监督指导管理人依法履职。持续推进“一案一册”制度，每个案件的管理人均须填写《管理人办案手册》，并作为个案履职和年度综合评价的重要依据。按照苏州市中级人民法院统一部署，完成对 216 件在办案件 64 个社会中介机构的年度考核工作。对于可能存在重大风险的破产案件，引导管理人与保险公司签订《破产管理人执业责任险保险协议》，最大限度保障债权人权益、有效分散管理人履职风险、保障破产审判顺利进行。管理人已陆续在涉房地产、化工企业等破产案件投保，保险金额超 5 亿元。合理确定和调整管理人报酬方案，在保障债权人合法权益的前提下，发挥管理人报酬激励作用，全年确定支付管理人报酬 6079.27 万元。保持对无产可破案件管理人报酬的补偿力度，坚持 5 万元/件的补偿标准，全年共补偿管理人报酬 57 笔，合计 268.56 万元。

（四）细化配套措施，首创破产司法联动

联合吴江区检察院、公安局、司法局签署《关于建立司法联动保障破产工作规范运行机制的意见》，全国首创建立破产司法联动保障机制，明确各自职责定位，法院依法独立行使破产审判权，检察院通过检察建议、实地走访破产企业、旁听债权人会议等方式行使法律监督职权，公安局依法严厉打击破产程序中恶意逃废债等违法行为，司法局、相关行业协会加强对律师、法律工作者、司法鉴定人员、公证员等执业活动管理，共同化解破产难题，规范破产审判活动。该项举措荣获第三届（2020）中国营商环境投资环境创新奖，是全国法院系统唯一获奖单

位。根据江苏省高级人民法院和省税务局、苏州市中级人民法院与市税务局就企业破产涉税事项办理出台的新规，与区税务局进一步加强沟通协调。

（五）依托信息技术，加速赋能破产审判

全面推广管理人选任网络直播摇号，全年开展网络直播摇号 36 场 172 件次，参与摇号的社会中介机构达 7297 家次。升级“锐破”破产案件管理系统，进一步加强信息化手段在破产审判中的深度运用，在线完成对管理人请示的批复 208 件，听取工作汇报 257 次，审批转账申请 60 次 391 笔，涉及款项 1.37 亿元；在线召开网络债权人会议 47 次，涉及债权人共 2215 人次，助力疫情防控的同时，降低破产程序成本，提升破产程序效率，相关经验做法被最高人民法院信息化工作通讯刊载。探索网络询价方式，减少费用支出，全年采取网络询价方式 34 次，估价 260.87 万元，节省评估费用 12 万元。推进破产财产网络拍卖，公开拍卖处置破产财产 162 件，均为网络拍卖，拍卖成交总额 5.98 亿元。

三、着力发挥破产挽救功能，化解企业债务危机

制定出台《审理预重整案件的若干规定》，积极引导债务人通过庭外重组、预重整、重整、和解等方式化解债务危机。全年共有 5 家企业裁定批准重整计划并终止重整程序，其中 2 家适用预重整，2 家已执行完毕重整计划，重整案件涉及投资金额总计近 3 亿元，另有 1 家企业完成自行和解，充分满足困境企业转危脱困的多元需求。刚松防护科技股份公司重整案是新冠肺炎疫情暴发后，全国法院首例许可具有防疫物资生产资质的破产企业恢复营业的案件，借鉴“假马”竞标规则，创新适用“线下承诺出价 + 线上拍卖竞价”确定重整投资人，被写入最高人民法院工作报告，入选最高人民法院民事审判专题片典型案例、首批长三角地区人民法院典型案例、2020 年江苏法院破产审判典型案例、江苏法院善意文明执行十大典型案例、吴江优化营商环境“十佳”优秀案例，并被《人民日报》《法治日报》等媒体报道；苏州鑫吴钢结构工程有限公司重整案获评 2019 年江苏法院破产审判典型案例；江苏鑫吴输电设备制造有限公司重整案获评江苏法院金融审判十大典型案例（2018 ~ 2020 年）。

四、实施破产全面体检制度，公平清理债权债务

对债务人实施全面体检，公平清理债权债务关系，保障债权人合法权益，构建诚信守法市场环境，是《企业破产法》的立法宗旨。《企业破产法》赋予管理人通过破产撤销权、确认无效行为、出资义务加速到期、高管非正常收入追回等制度实现债务人财产价值最大化的权利。债务人及其股东、董事、高级管理人员、实际控制人无偿转让财产，以明显不合理的价格进行交易，放弃债权，对债权人进行个别清偿，为逃避债务而隐匿、转移财产，虚构债务或者承认不真实的债务等前期不正当行为，必须要接受审查，并通过前述制度予以纠正。债务人财产去向不明，或者债权人提供了债务人相关财产可能存在被非法侵占、挪用、隐匿等情形初步证据或明确线索的，管理人亦应当及时对有关财产的去向情况进行调查。苏州玉皇建设有限公司破产清算案，适用《企业破产法》第 35 条关于债务人破产后股东出资加速到期的规定，依法回收股东未缴出资款 480 万元，将普通债权清偿比例提升至 64.17%；吴江市富圣化纤有限公司破产清算案，管理人通过认真调查、全面梳理，依法纠正债务人实际控制人隐匿、转移财产的不当行为，追回债务人财产 3000 余万元。2020 年，吴江法院共受理管理人提起的破产撤销权纠纷案件 8 件，标的额合计 658 万元；受理追收抽逃出资纠纷或未缴出资纠纷案件 9 件，标的额合计 1.1 亿元；受理对外追收债权纠纷案件 97 件，标的额合计 2.6 亿元。

五、升级延伸“执转破”经验，探索个人债务清理

一方面，深化升级“执转破”，擦亮“吴江品牌”。坚持由执行指挥中心“执转破”专业团队集中办理“执转破”案件的移送审查和简单破产案件的审理，形成执行分案区别化、调查识别前置化、征询移送集中化、移送审理一体化的“四化”工作法。进一步扩大执行法官承办“执转破”案件的范围，通过让更多执行法官参与“执转破”案件的审查、审理，着力培养执行法官的破产工作能力，逐步实现执行法官与破产法官“身份同化、业务同质、程序同步”。“执转破”专业团队全年共移送破产审查 150 件，裁定受理破产案件 78 件，审结破产案件 83 件，受理数和

审结数分别占全院同期“执转破”案件的69%和71.55%。另一方面,延伸创新“执转破”,探索“个债清理”。以被江苏省高级人民法院确定“开展与个人破产制度功能相当的试点工作”的试点法院为契机,依照已出台的《关于个人债务清理的若干规定》,优先筛选符合条件的个人被执行人进行债务集中清理,受理并办结全省首例个人债务集中清理案件,总结提炼个债清理“十步法”,形成“移送审理一体化、企业个人全覆盖”工作新格局,全年受理个人债务清理申请案件14件,审结8件,受到江苏省高级人民法院通报表扬,被写入最高人民法院工作报告。周某个人债务清理案入选2020年江苏法院破产审判典型案例。“执转破”工作开展以来,已化解执行案件6878件,消除潜在纠纷2824件,有力地促进了执源诉源治理。

六、始终坚持以调研促审判,提升专业化水平

自设立全省基层法院首家有独立编制的清算与破产审判庭以来,吴江法院一直致力于打造政治素质过硬、专业素养高、实务能力强的审判团队。破产审判首先是人民法院主导下的司法活动,而司法活动的本质是适用法律的过程,法官最为依仗的仍应是其所掌握的法律知识,法律依据也应是破产审理法官寻求解决问题方案的背景和前提。强化破产审理法官对破产法律问题的研判能力、增加破产法基础理论储备、训练破产法系统思维显得尤为重要和关键,“依审判做调研,以调研促审判”的工作方针是提升专业化水平的必由之路。2020年,吴江法院的《实质合并破产的程序启动与执行衔接》等7篇调研文章或案例分析,分别被《人民司法》《中国审判》等期刊录用或被评为全国法院年度案例分析优秀奖、中国破产法论文征文三等奖、江苏省法学会破产法研究会一等奖;在《人民日报》《法治日报》发表宣传报道51篇次,撰写的22则信息被最高人民法院、江苏省高级人民法院、苏州市中级人民法院信息简报刊载。

七、结　束　语

2021年,吴江法院将继续坚持以破产审判常态化为落脚点,坚定市场化、法治化理念,突出破产审判在“稳经济、保主体”、风险防范处置、债权公平受偿、集

中化解纠纷等方面的制度功能作用，保持在全省营商环境评价“办理破产”指标上的领先地位。系统梳理破产审判的难点、堵点、风险点，精细破产审判流程，统一法律适用，与政府相关部门深度协作，出台系列配套制度，为实务操作提供指引。强化“执转破”工作中对有挽救价值企业的识别，引导企业适用破产重整、和解程序，全面解决企业债务危机。深入推进个人债务清理工作，提炼类个人破产吴江经验，为诚信债务人搭建概括清理债务的平台，引导形成“宽容失败、理性索债”的观念。

吴江法院“执转破”工作调研报告

“执转破”即执行程序转破产程序，又称执行案件移送破产审查，是指在执行过程中，作为被执行人的企业符合《企业破产法》第 2 条第 1 款规定情形的，执行法院经申请执行人之一或者被执行人同意，将执行案件相关材料移送被执行人住所地法院，由被执行人住所地法院裁定是否受理破产申请的制度。该制度经 2015 年最高人民法院《关于适用〈中华人民共和国民事诉讼法〉的解释》第 513 条至第 516 条确定，经 2017 年最高人民法院《关于执行案件移送破产审查若干问题的指导意见》细化，目的在于解决执行案件多、化解难和破产案件少、启动难“两难”问题，充分发挥破产制度在规范市场主体救治和退出方面的功能，有效化解执行领域的“僵尸案件”，精准解决执行难。

自 2016 年以来，吴江法院将“执转破”工作作为畅通执行结案出口、提升执行效果、解决破产启动难、实现破产审判常态化的重要手段，建立了一整套系统化的“执转破”工作机制，形成了“优化资源配置、内外协同联动、规范衔接流程、推进简案速破”的工作模式，创造了“移得出、立得上、破得了”的“吴江经验”，在全省法院“执转破”工作现场推进会予以总结推广，并得到最高人民法院和江苏省委领导的批示肯定。最高人民法院《人民法院司法改革案例选编（四）》《“两到三年时间内基本解决执行难”工作动态》予以刊发推广。本报告在介绍吴江法院“执转破”工作的基础上，分析“执转破”制度的实务要点，梳理存在的困难和问题，并提出对策建议，以期完善“执转破”工作机制，充分发挥“执转破”制度功能。报告共分四部分：首先，对吴江法院“执转破”案件的总体情况作介绍，并对案件特点作初步分析；其次，对“吴江经验”作全面总结归纳，并尝试分析其所蕴含的实践启示；再次，结合“吴江经验”，对“执转破”工作中的实务要点以及需要解决的新问题做相应提示，并给出我们的解决思路；最后，就如何进一步完善“执转破”工作机制提出建议。

一、“执转破”案件的概况与特点

2015 年最高人民法院《关于适用〈中华人民共和国民事诉讼法〉的解释》施行当年，吴江法院受理破产案件 17 件，虽并无直接适用执行案件移送破产审查启动破产程序的案件，但其中 16 个案件的申请人均为经执行法官释明后，直接以债权人或债务人身份向法院提出破产申请的申请执行人或被执行人，属于广义上的“执转破”案件。2016 年 7 月，江苏省高级人民法院出台《关于执行案件移送破产的若干规定》①，为执行案件移送破产审查提供了操作指引。2016 年 12 月，最高人民法院召开全国法院“执转破”工作视频会议，全面部署执行案件移送破产审查工作。2016 年 12 月 2 日，吴江法院受理首批“执转破”案件 3 件，“执转破”工作自此全面展开。

（一）审理概况

2016 年 12 月至 2021 年 5 月，吴江法院立案登记执行移送破产审查案件 390 件，裁定受理 335 件，涉及执行案件 8116 件、标的 342.03 亿元，其中，终本案件 4628 件；审结 275 件，271 家企业出清，2 家企业重整成功，清理债务 6741 笔 452.82 亿元，清偿债权 3973 笔 32.12 亿元，盘活资产 32.85 亿元，有效释放土地资源 151.12 万平方米，妥善安置职工 3040 人，清偿职工债权 7103.57 万元。

① 该规定于 2016 年 7 月 4 日经江苏省高级人民法院审判委员会第 13 次全体委员会讨论通过，后于 2018 年 6 月 12 日经江苏省高级人民法院审判委员会第 6 次全体委员会修订。

(二)特点分析

1. 案件数量逐年攀升

从移送及受理数量来看,2016 年移送 5 件,裁定受理 4 件;2017 年移送 24 件(含苏州市中级人民法院移送的 3 件),裁定受理 21 件;2018 年移送 60 件,裁定受理 52 件;2019 年移送 98 件,裁定受理 84 件;2020 年移送 137 件,裁定受理 113 件;2021 年 1 ~5 月移送 66 件,裁定受理 61 件。从结案数量来看,2017 年审结 2 件,2018 年审结 40 件,2019 年审结 64 件,2020 年审结 116 件,2021 年 1 ~5 月审结 53 件。图 10 为 2016 ~2020 年吴江法院移送、受理、审结案件数量。从“执转破”案件在破产案件中的占比来看,2016 年占比为 30.77% ,2017 年占比为 60% ,2018 年占比为 61.18% ,2019 年占比为 67.2% ,2020 年占比为 76.87% ,2021 年 1 ~5月占比为 69.32% 。反映出,随着“执转破”工作的不断推进,执行移送破产审查的渠道更加通畅,“执转破”已经成为启动破产程序的主要途径。从另一个角度来看,也说明债务人在进入破产程序前,多作为被执行人历经执行程序,其也符合债权人在债务人不能清偿到期债务时,首先选择通过诉讼、执行追求个别清偿的“经济理性人”假设。

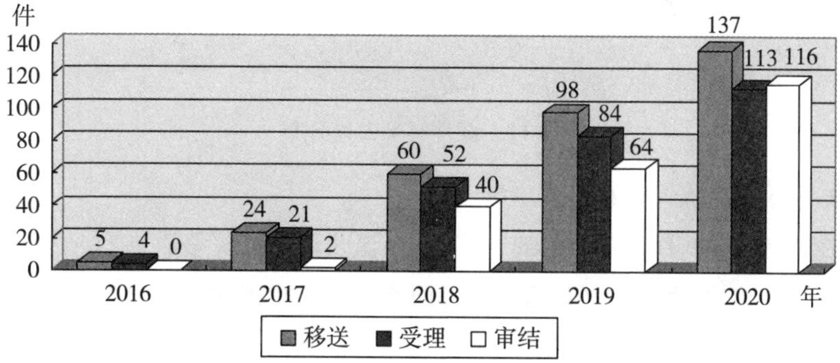

图 10　2016 ~2020 年吴江法院移送、受理、审结案件数量

2. 案件类型多样

以难易程度来区分,“执转破”案件可分为无财产或主要财产已在执行阶段变价的简单案件,虽有财产需处置但障碍较少的难度适中案件,以及需借助破产专属功能才可推动案件进展的复杂案件。在已受理的 335 个案件中,简单案件 228 件、难度适中案件 68 件、复杂案件 39 件。图 11 为案件类型的占比分布。虽然最高人民法院就“执转破”工作提出“先易后难、循序渐进、逐步推开”的工作方针，即首先从无财产可供执行的案件中筛选一批符合破产原因且属于无经营资金、无营业场所和企业管理机构、人员下落不明的“三无”案件，率先对其启动执行转破产工作。[①] 但从吴江法院“执转破”工作最初的两年实践，即从 2016 年 12 月至 2018 年 12 月的数据来看，在该期间受理的 77 个案件中，简单案件 31 件、难度适中案件 25 件、复杂案件 21 件，比例相当。这反映出，首先启动执行转破产工作的案件并非此类简单案件，反而是一些难度适中的案件甚至复杂案件。这一方面是出于提高执行法官移送积极性的考虑，另一方面也是为了在难案中迎接挑战、提升信心、积累经验，以实现全面推广后的“一马平川”，此后吴江法院“执转破”工作的发展也很好地印证了这一点。

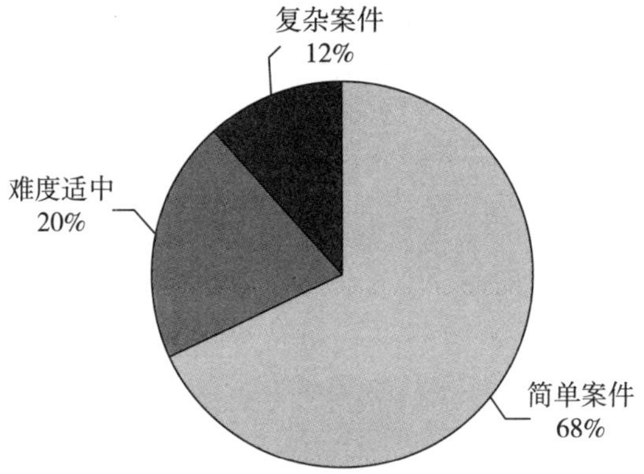

图 11 案件类型占比分布

3. 申请执行人同意移送占主导

在移送的 390 件案件中，389 件（1 件由温州鹿城法院移送，1 件由杭州市中级人民法院移送）系经申请执行人同意而移送的案件，经被执行人同意而移送的 1 件。其反映出债权人通过破产程序保护自身权利的意识逐步增强，但也从侧面反映出因债务人经营不规范，债务人股东或实际控制人担心被追究出资不实、侵占资产、关联交易等行为的责任，故怠于履行清算义务，惧于寻求破产保护。2016 年至 2020 年 8 月，经申请执行人同意而移送的案件共 281 件案件，除 94 件

① 参见《最高人民法院民二庭负责人就〈执行案件移送破产审查若干问题的指导意见〉答记者问》，载最高人民法院网，http://www.court.gov.cn/zixun-xiangqing-35522.html，2020 年 12 月 31 日访问。

“无产可破”的案件外，在其余的187件案件中，145件由查封顺位在后或未申请查封的普通债权人提起，28件由首封普通债权人或抵押权人提起，14件由职工提起。图12为不同主体同意移送的占比。后顺位查封或未申请查封的普通债权人同意移送占多数不难理解，因为最高人民法院《关于适用〈中华人民共和国民事诉讼法〉的解释》第516条明确规定了不同意移送下普通债权按查封先后顺序分配的原则，即倒逼后顺位查封人同意移送破产审查。劳动债权人同意移送，则与《企业破产法》第113条第1款赋予职工债权优先顺位的制度安排有关。首封普通债权人或抵押权人同意移送，则与债务人部分财产在执行程序中处置难度大、周期长、灵活性差，同意移送人希望借助破产程序的专属功能和管理人的专业性推动该部分财产的变价有关。

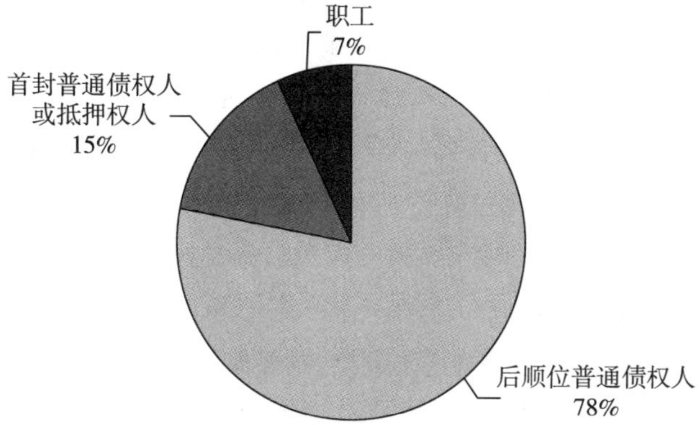

图12　不同主体同意移送的占比

4. 移送成功率高

在移送的390件案件中，1件不予受理、43件在受理前准予撤回、11件仍在审查中外，其余335件均予以受理，移送成功率较高。一方面，与经过执行调查后，将已查明可供执行财产市场价值与申请执行标的总额相比较，执行法官容易判断被执行人是否出现破产原因有关；另一方面，也与吴江法院对拟移送案件，坚持破产法官提前介入，指导执行法官调查识别破产原因，并制作有文书样式供执行法官参考有关。移送材料形式和内容上的完备性，避免了因材料不完备而要求执行法官补齐、补正情况的发生，也大大便利了破产审查法官的审查工作，提高了审查效率。

5. 主要以终结破产程序结案

在已审结的275个案件中,271件为终结破产程序,3件为裁定批准重整计划、终止破产程序(其中2件重整计划执行完毕,1件重整计划执行不能宣告破产),1件为裁定认可自行和解协议、终结破产程序。在"执转破"是否仅局限于破产清算的问题上,学界和实务界仍有争议。有观点认为,基于"执转破"具有司法职能的属性,"执转破"宜严格限定在被执行人具备《企业破产法》第2条第1款规定的破产原因的情形,应限于破产清算的审查。[①] 另有观点认为,基于最高人民法院《关于执行案件移送破产审查若干问题的指导意见》第20条的规定,"执转破"应当包括执行案件移送破产清算程序、和解程序和重整程序,"受移送法院裁定宣告被执行人破产或裁定终止和解程序、重整程序的,应当自裁定作出之日起五日内送交执行法院,执行法院应当裁定终结对被执行人的执行"。[②] 我们认为,从加强执行程序对有挽救价值企业的识别,及早实现对困境企业的保护考虑,"执转破"不应局限于破产清算的审查。对此,最高人民法院2020年5月印发的《关于依法妥善审理涉新冠肺炎疫情民事案件若干问题的指导意见(二)》第19条第1款也规定:"要进一步推进执行与破产程序的衔接。在执行程序中发现被执行人因疫情影响具备破产原因但具有挽救价值的,应当通过释明等方式引导债权人或者被执行人将案件转入破产审查,合理运用企业破产法规定的执行中止、保全解除、停息止付等制度,有效保全企业营运价值,为企业再生赢得空间。同时,积极引导企业适用破产重整、和解程序,全面解决企业债务危机,公平有序清偿全体债权人,实现对困境企业的保护和拯救。"2021年4月21日,吴江法院便首次适用执行移送破产重整审查的方式受理了苏州东恒燃气有限公司破产重整案。即使"执转破"仅限于破产清算的审查,也不影响受理之后转入破产重整或破产和解程序,故"执转破"依然能够为挽救纯因财务问题而非市场竞争本身而陷入困境的被执行企业法人提供程序保障。吴江法院以批准重整计划、终止破产程序审结的苏州海阔业致精密五金有限公司破产重整案即是"执行转破产""清算转重整"的具体体现。该案也是苏州法院首例"执转破"重整成功的案件。

---

① 参见徐阳光:《执行与破产之功能界分与制度衔接》,载《法律适用》2017年第11期。

② 参见丁海湖、田飞:《"执转破"操作模式及相关实务问题研究》,载《法律适用》2017年第11期。

6. 怠于履行(配合)清算义务情况普遍

在2019年11月《全国民商事审判工作会议纪要》出台前,在司法实践中,对于债务人人员下落不明或财产状况不清的破产案件,全国很多法院根据最高人民法院《关于债权人对人员下落不明或者财产状况不清的债务人申请破产清算案件如何处理的批复》及最高人民法院《关于正确审理企业破产案件为维护市场经济秩序提供司法保障若干问题的意见》第16条的规定,在终结破产程序的裁定书中同时确认清算义务人存在未履行清算义务的事实,并告知债权人可以另行依据最高人民法院《关于适用〈中华人民共和国公司法〉若干问题的规定(二)》第18条的规定,要求被申请人股东、董事、实际控制人等清算义务人对其债务承担偿还责任,吴江法院同样采取了该种方式。[①] 吴江法院在271个终结破产程序案件的裁定中,载明债务人股东、实际控制人怠于履行清算义务,致清算无法进行或无法完整进行的事实,并告知债权人可另行提起诉讼要求破产人股东、实际控制人对破产人债务承担相应民事责任的有78个,占比28.78%。需要特别说明的是,在《全国民商事审判工作会议纪要》第118条明确最高人民法院《关于债权人对人员下落不明或者财产状况不清的债务人申请破产清算案件如何处理的批复》第3款规定的“债务人的有关人员不履行法定义务,人民法院可依据有关法律规定追究其相应法律责任”,系指债务人的法定代表人、财务管理人员和其他经营管理人员不履行《企业破产法》第15条规定的配合清算义务,不得根据最高人民法院《关于适用〈中华人民共和国公司法〉若干问题的规定(二)》第18条第2款的规定来判定相关主体的责任的情况下,新近审结的类似案件在终结裁定中已不再采用上述表述方式,故实务中债务人无法完整清算的实际比例更高。[②] 此与受理破产时债务人多已下落不明、债务人的账册多已灭失有关,更与民营企业经营不规范、财务管理混乱、法人独立性欠缺、企业财产与股东个人财产混同等问题有关。《企业破产法》确立了管理人对债务人的接管调查制度,并规定了债务人相关人员的配合义务,破产程序系对债务人企业的一次全面“体检”。在此过程中,债务人企业及股东、董事、高级管理人员、实际控制人等

① 参见王静、焦明明:《拒不履行清算义务的清算义务人及其责任确定》,载《人民司法·案例》2018年第26期。

② 关于清算义务人和配合清算义务人间的区分,参见王欣新:《论清算义务人的义务及其与破产程序的关系》,载《法学杂志》2019年第12期。

前期不当行为，必然要接受审查，并需承担相应责任。反过来，也正是因为通过破产程序可追究（配合）清算义务人的清算（赔偿）责任，这也成为促使申请执行人同意移送破产审查的动力之一，尤其是在“无产可破”案件中。

二、“吴江经验”的主要内容

吴江法院明确将全面推进“执转破”工作作为“党组工程”，统一思想，精心部署，坚决破除部门本位主义。既要纠正执行部门视准备移送材料为徒增工作量的“不愿转”思想，也要避免单纯为追求执行结案而将执行难转移为破产难的“随意转”做法；既要纠正破产审判部门以材料不完备或内容错误直接予以退回的“不愿接”思想，也要避免以案情复杂阻拦符合移送条件的企业进入破产程序的“不敢接”做法。以强有力的改革气魄、担当精神和工作举措，势如破竹地推进“执转破”工作，实现“执转破”工作政治效果、法律效果和社会效果的高度统一。

（一）工作模式

1. 优化资源配置，夯实组织保障

一是设置专门机构。2016 年 9 月，吴江法院率先在全省同时设立独立编制的执行指挥中心和清算与破产审判庭（增挂执行裁判庭牌子），扎口指挥中心专人负责执行移送破产材料的制作初审工作和执行环节的执破衔接事务，破产庭承担“执转破”案件审查和专业化审判职能，为“执转破”提供组织机构保障。二是配强审判力量。党组分工上，将执行与破产工作调整为同一副院长分管，统一领导管理。把综合素质高、审判经验丰富的青年法官放到破产审判岗位，破产庭现有法官 4 名、法官助理 2 名、书记员 4 名，平均年龄 32 岁，研究生学历 4 人。明确执行局 3 名法官和 3 名法官助理参加破产案件混合合议庭的审理，以破产庭为旗舰和孵化器，明确标准，细化规则，以案代训，逐步实现执行法官承办“执转破”简易案件常态化。同时，在其他民商事部门部署破产后援力量，通过培育破产审判专业人才，充分应对大数量“执转破”案件审理的需要。经过实践和积累，自 2019 年 4 月以来，吴江法院依托执行指挥中心，升级“执转破”工作模式，新设“执转破”专门团队，除仍负责移送材料的制作外，另负责简易破产案件的审理，实现“执转破”的批量化、常态化。自团队设立至2021年5月，共移送破产审查306件，受理“执转破”案件251件，审结“执转破”案件221件，其中“执转破”团队审结133件，占比60.18%。三是突出履职激励。将移送破产审查列入执行工作正面清单，分配数量任务，折算执行工作量（每件“执转破”移送案件折算0.8个案件工作量，相当于1件终本案工作量）；执行法官作为合议庭成员参与破产案件，折算5倍于普通案件的工作量；主审破产案件，则根据案件财产价值、涉众程度、复杂程度、社会影响等折算相当于普通案件15~90倍的工作量。同时在考核激励和政治待遇上予以倾斜。四是加强管理人队伍建设。制定《破产管理人工作规范》，拟定《管理人考核办法》，提升管理人履职能力。制定《个人管理人指定办法》，在无产可破案件中指定入册社会中介机构的资深专业人员担任个人管理人，以权责更加集中统一激励管理人履职，提高工作效率，已在5个案件中指定个人担任管理人。设立破产专项基金，截至2021年5月，基金成员共73家，已通过自管理人报酬中提取和政府财政拨款积累基金1143余万元。制定并修订《关于破产专项基金的管理办法》，简化管理人报酬补偿支取程序，按5万元/件的标准统一核定管理人工作成本，仅就超过标准部分通过审计核定。截至2021年5月，吴江法院已补偿管理人报酬180笔，合计870.24万元。

2. 内外协同联动，形成工作合力

一是加强内部协调，放大程序叠加效应。对拟移送案件，破产法官提前介入，指导执行法官调查识别破产原因，并预估破产程序走向，为实施破产审判繁简分流做准备。根据执行程序与破产程序在财产查控、处置的共性，强化执行强制手段的应用。通过限制出境、拘传、拘留、搜查等执行措施进行“控人、控物、控印章、控账册”，并尽量在执行阶段进行财产变价处置，发现犯罪线索移送公安侦查，为“执转破”做好充足的准备工作。通过执行、破产、刑事3种手段共享并用，实现程序效益的最大化。例如，在巨诚系企业破产清算案中，在启动破产程序前吴江法院执行局开展集中行动，对5家公司实施执行搜查，扣押了账簿、财务凭证等资料，为破产申请受理后管理人接管债务人财产、调查债务人财产状况提供便利。该案中，吴江法院还以债务人实际控制人涉嫌拒不执行判决将其移送公安机关立案侦查，管理人另将在破产案件审理中发现的实际控制人妨碍清算、隐匿会计凭证账簿等犯罪线索提供给公安机关。二是加强“府院联动”，营造良好外部环境。积极争取党委、人大、政府对执行和破产工作的支持，推动建立常态化、制度化的“府院联动”机制,健全企业破产配套制度。区人大专题审议法院破产审判工作,并就建立“府院联动”机制向区委、区政府提出建议。提交的《关于建立企业破产处置府院协调机制的报告》获区主要领导批示。区委办公室、区政府办公室联合印发《关于建立府院联动处置“僵尸企业”工作机制的实施意见》,并成立以区委副书记、区长担任组长,常务副区长为常务副组长,分管住建、工业经济、公安的副区长和法检两长为副组长,相关职能部门、镇(区)政府主要负责人为成员的总领导小组,下设由四个分管副区长兼任组长的四个专业工作组、由八个镇(区)政府主要负责人兼任组长的八个地方工作组,搭建了级别层次高、参与部门广的“一总四分八纵”组织体系。区、镇两级政府从加强风险监测预警、做好职工安置保障、加大财政支持力度、落实税收优惠政策、优化管理人履职环境等 24 个方面与法院进行联动,“僵尸企业”处置工作被纳入区政府年度重点督查内容,形成了立体化系统化的府院协调配合处置“僵尸企业”、全区支持法院执行与破产工作的大格局。

3. 规范衔接流程,分批有序清理

制定《关于加强立案、审判、执行与破产程序衔接配合的实施意见》,明确以全院“一盘棋”思想和高效便捷的工作原则,统筹“立审执破”协作配合的具体工作要求。制定《执行案件移送破产审查操作规程》,将执行移送破产工作细化为权利告知、调查识别、征询释明、决定作出、材料移送、立案登记前形式审查和立案登记以及破产审查程序 7 个阶段。权利告知、材料移送由执行指挥中心专人负责;调查识别、征询释明、决定作出由执行法官负责,案件分布于多个执行法官名下的,由主办执行法官负责;立案登记前形式审查和立案登记由立案庭负责;破产审查由破产庭负责,明确执行法官和破产法官的各自职责。编印《执转破实务操作手册》,针对 7 个阶段涉及的文书,制作 25 个文书样式,提示调查范围、判断标准、征询要点等,实现操作流程标准化,文书制作模板化。全面梳理企业作为被执行人的终本案件和可能终本案件,筛选同一企业涉及 5 件以上的案件,形成清单下发每位执行法官,分配数量任务,有序清理终本案件库。

4. 推进简案速破,实现高效出清

2017 年 4 月,吴江法院被江苏省高级人民法院确定为全省“执转破”案件简易程序审理工作示范法院。2017 年 8 月,吴江法院制定出台《关于执转破案件简化审理程序的规定(试行)》,并被江苏省高级人民法院简报全文刊发。通过指定个人管理人、省略债权人委员会等简化管理组织，通过现场与非现场方式相结合简化债权人会议形式，通过网络公告、电子送达等简化送达手续，通过缩短债权申报期、宣告破产期等全面压缩弹性期间，通过债权人会议当场裁定等简并程序，对无产可破或已执行变价的“执转破”案件广泛适用简化审，将破产简易案件的审理期限压缩至90天内。截至2021年5月，已有127个“执转破”案件适用简易程序在90天内审结，其中76件审限在60天，最短的39天，平均审限71.15天。通过破产简案快办，为执行及时结案提供程序支持，并有效降低终本率，使案件彻底退出执行程序，实现“僵尸企业”快速出清，达到“转得了、破得掉”的工作要求。

（二）操作规程

具体到实践操作，吴江法院将执行移送破产工作细化为权利告知、调查识别、征询释明、决定作出、材料移送、立案登记前形式审查和立案登记以及破产审查程序7个阶段。关于调查识别、征询释明阶段的实务要点，本报告第三部分将有详细论述，在此不赘述，现对其他5个阶段的操作规程介绍如下。

1. 权利告知程序

权利告知程序包括两项内容：一是在执行案件受理后，告知申请执行人、被执行人有权向执行法院提出执行案件移送破产审查申请。具体方式是在向申请执行人、被执行人送达的受理案件通知书、执行通知书中载明，申请执行人若认为被执行人（或被执行人认为自己）符合《企业破产法》第2条第1款规定的情形，有权向本院提出执行案件移送破产审查的申请。二是决定不予移送的同时，告知申请执行人或被执行人可依照《企业破产法》的规定直接向立案庭提出破产申请。即申请执行人、被执行人向执行局申请将案件移送破产审查，执行局经审查认为决定不予移送的，在告知该申请执行人或被执行人不予移送决定的同时，应告知其若对不予移送决定有异议的，可依照《企业破产法》的规定直接向立案庭提出破产申请。例如，被执行人系个人独资企业，不属于企业法人，不适用移送破产审查制度，但申请执行人、被执行人仍申请将案件移送破产审查，此时执行法院应以通知书的形式，告知其被执行人不符合移送破产审查条件，执行法院不予移送，但同时应告知其依照《企业破产法》直接提出破产申请的权利。权利告知程序的目的在于，让当事人在参加执行程序之初，便能够了解“执转破”的相关规定,以对权利实现做通盘考虑、合理安排。

2. 决定作出程序

决定作出程序涉及5个方面的内容:(1)内部决定程序。根据最高人民法院《关于执行案件移送破产审查若干问题的指导意见》第5条的规定,“执转破”应当经过承办人提出意见、合议庭评议、院长审签的程序。其目的在于减少“执转破”的随意性,防止执行人员为了完成结案指标而滥用移送程序。为更有利于实现“执转破”工作的常态化,吴江法院将内部决定程序确定为“由执行法官提出意见并经合议庭评议,报执行部门负责人审核后,由分管院长签发”。当然,分管院长的签发权应经过院长的授权。(2)决定书的写作格式。决定书应载明案号、案件来源、申请执行人与被执行人信息、移送部门、移送人、移送时间,被执行人具备破产资格和破产原因的事实和理由。案号使用同意移送的申请执行人所属执行案件的案号;多个申请执行人或被执行人同意移送的,由执行法官选择其中的一个执行案号,可选择处置被执行人主要财产的执行案号。(3)中止执行。根据最高人民法院《关于适用〈中华人民共和国民事诉讼法〉的解释》第513条的规定,执行法院作出移送决定的同时,应当裁定中止对该被执行人的执行;最高人民法院《关于执行案件移送破产审查若干问题的指导意见》第8条规定,执行法院作出移送决定后,应当书面通知所有已知执行法院,执行法院均应中止对被执行人的执行程序。所以,相对于当事人依照《企业破产法》直接提出破产申请的方式,破产程序“自动停止”效果的发生时间点在“执转破”中提前。但从《企业破产法》第19条、最高人民法院《关于适用〈中华人民共和国企业破产法〉若干问题的规定(二)》第5条与最高人民法院《关于执行案件移送破产审查若干问题的指导意见》第8条的规定来看,受理破产申请后当然性产生执行程序中止的效果,不以采取执行措施的单位是否知晓受理破产申请为前提,而“执转破”中对其他执行法院执行程序发生中止的效果,必须以书面通知其他执行法院为前提。这就要求执行法官作出移送决定后,必须及时通知所有已知执行法院。对此,吴江法院《执行案件移送破产审查操作规程》第10条第1款亦予以明确,“对于决定移送破产审查的案件,执行法官应同时作出中止对被执行人执行的裁定,并在五日内通知所有已知执行法院”。(4)查封措施的衔接。根据《企业破产法》第19条的规定,人民法院受理破产申请后,有关债务人财产的保全措施应当解除。但在实践中,为了减少查封程序的重复适用,避免查封衔接的烦琐与风险,吴江法院在受理破产申请后,对于本院执行程序中采取的查封、扣押、冻结措施一般不予解除。该做法在吴江法院《执行案件移送破产审查操作规程》第 11 条第 2 款也得到体现,“裁定受理破产案件后,本院执行程序中对债务人已采取的查封、扣押、冻结措施也可以不解除,其效力自然延续至破产程序中”,同时,也被江苏省高级人民法院 2018 年 6 月印发的《关于规范执行案件移送破产的若干规定》①所吸收。(5)执行案件移送破产审查报告。为督促执行法院系统总结执行情况,便于破产审查法院判断破产原因、预估破产程序走向,吴江法院在《执行案件移送破产审查操作规程》第 13 条特别要求,对于决定移送破产审查的案件,执行法官应同时制作执行案件移送破产审查报告,报告应载明如下事项并附相关材料:被执行人基本信息;被执行人所涉案件执行概况;已查明的资产状况;已处置的资产情况;已采取的强制措施情况;已掌握的账簿、财务、印章等情况;已分配财产清单情况;案件执行过程中存在的风险;有必要在报告中列明的其他情况。

3. 材料移送程序

关于材料移送的程序,最高人民法院《关于执行案件移送破产审查若干问题的指导意见》第 11 条已有相应规定,但对于移送决定作出后的移送期限未予明确,吴江法院结合本院实际,在《执行案件移送破产审查操作规程》中予以了细化,同时,为提高移送的成功率,确保移送材料形式和内容上的完备性,该条还明确材料首先移送破产审判部门进行形式审查。《执行案件移送破产审查操作规程》第 14 条规定,“移送破产审查决定作出后,执行法官应在三日内执行案件移送破产审查决定书、申请执行人或被执行人同意移送的书面材料、执行案件移送破产审查案件报告汇总至执行指挥中心,执行指挥中心应在当日向清算与破产审判庭出具移送函,并将前述材料一并移送清算与破产审判庭”。另外,为防止出现破产审判部门以材料不完备或内容错误直接予以退回的现象,《执行案件移送破产审查操作规程》第 15 条规定,“清算与破产审判庭负责对移送材料进行形式审查,但不得以材料不完备拒绝接收。移送材料不完备或内容明显错误的,清算与破产审判庭可以要求执行法官补齐、补正,执行法官应于十日内补齐、补正。该期间不计入破产审查期间”。

---

① 江苏省高级人民法院《关于规范执行案件移送破产的若干规定》(审判委员会会议纪要〔2018〕2 号)第 10 条第 2 款。

4. 立案登记前形式审查和立案登记程序

最高人民法院《关于执行案件移送破产审查若干问题的指导意见》第12条对立案登记亦有相应规定，但同样未对立案登记期限等作明确规定。对此，吴江法院在《执行案件移送破产审查操作规程》第16条予以了明确，“清算与破产审判庭经审核认为移送材料完备的，或虽不完备但有执行案件移送破产审查决定书、申请执行人或被执行人同意移送的书面材料的，应在收到移送材料之日或要求补齐、补正期满之日起三日内送交立案庭，立案庭应于当日以‘破申’作为案件类型代字编制案号登记立案，并于次日将案件移送清算与破产审判庭进行破产审查”。

5. 破产审查程序

破产审查程序主要涉及破产审查期限、裁定受理后财产的移交、裁定不予受理或驳回申请的后续处理等问题。吴江法院《执行案件移送破产审查操作规程》在最高人民法院《关于执行案件移送破产审查若干问题的指导意见》的基础上分别予以了细化，例如，立案登记后的异议权利告知，即“清算与破产审判庭应在立案登记后五日内将立案及合议庭组成情况通知同意移送破产审查的申请执行人及被执行人。对于申请执行人同意移送的，应在通知中向被执行人释明，如对移送决定有异议的，应当自收到通知之日起七日内向本院提出”；破产审查期间撤回同意的处理，即“破产审查期间，原同意移送破产审查的申请执行人或被执行人均自愿撤回同意的，可予以准许”。

（三）工作成效

1. 快速出清“僵尸企业”

苏州艾克斯尔乐器有限公司破产清算案，是吴江法院通过执行移送破产审查方式受理的首例“无产可破”案件。裁定受理破产申请后，管理人仅接管到银行存款9000余元，债务人无经营场所、无经营人员。经向债务人股东释明清算义务，债务人股东向管理人移交财务账册等材料。管理人委托审计机构进行全面审计，未发现债务人存在转移财产、偏颇清偿等不当行为，也未发现出资不实情况以及应收账款等财产，后向全体债权人进行披露。该案最后以不足以清偿破产费用终结破产程序，用时3个月终局性了结企业债务，彻底消除“终结本次执行程序”后又恢复执行的“抽屉案件”，实现“僵尸企业”出清，同时，也给全体债权人一个清晰明了的结果，提升了司法公信力。

2. 高效清理纠纷

方圆化纤有限公司破产清算案，在执行局作出移送破产审查决定时，该公司作为被执行人在吴江法院尚有未执结或以终结本次执行程序结案的执行案件达271件，执行标的额约2.6亿元，其中，工人工资案件242件、263人，标的额634万元。经审理，职工债权得到全额清偿，普通债权清偿率为8.1%，积压的执行案件得到“一揽子”终结，破产程序概括清理债务人企业所有债权债务关系的制度优势得到充分展现。另外，在破产程序中，接管、调查、管理、变价、分配债务人财产等具体的事务性工作均由管理人完成，法院仅需扮好程序保障者、推动者和监督者的角色，压力得以极大减轻。同时，该案还覆盖了尚未进入诉讼程序的隐形纠纷29件，涉及标的额1.06亿元，节约了当事人的诉讼成本。

3. 公平实施财产分配

执行程序主要体现了对个别债权的清偿，而破产程序是对全体债权人的公平清偿。在被执行企业法人财产不足以清偿全部债务的情况下，破产程序下的财产分配显然更符合公平正义的理念。在苏州宝德隆实业有限公司破产清算案中，吴江法院在债务人财产经执行程序变价后，将案件移送破产审查，把财产分配环节留到破产程序中进行，最终实现全体债权人的公平清偿。该案自裁定受理破产申请至裁定终结破产程序仅用时两个月，系首例完整适用吴江法院《关于执转破案件简化审理程序的规定》的案件，成功实现执行程序效率与破产程序公平的有序衔接，积累了宝贵的可复制经验，入选江苏法院2017年十大破产案例。

4. 最大化债务人财产价值

《企业破产法》确立了破产撤销权、无效行为、出资义务加速到期、高管非正常收入的追回等制度措施来实现债务人财产价值的最大化，而执行程序并无此功能。另外，执行程序中遇到的被执行人企业换壳经营、存在关联公司、仍具营业价值等无法解决的难题，可通过关联企业实质合并和破产重整制度的运用得到化解。例如，在对吴江市巨诚喷织有限公司等5家企业的执行过程中，发现被执行企业以租赁经营、委托加工的名义将业务转至吴江市瀚诚纺织有限公司等新公司，但新公司的职工、财务、实际控制人均未发生变化。通过执行移送破产审查，吴江法院先分别裁定吴江市巨诚喷织有限公司等5家企业进入破产程序，后直接裁定将吴江市瀚城纺织有限公司等15家关联企业并入破产程序，以此打破债务人企业设置的防火墙，增加债务人财产责任范围。

5. 缓解担保链风险影响

企业之间因互保联保所形成的担保链，极易将个别企业的风险传导到整个担保链条，波及优质企业。虽然将核心债务企业引入破产程序，不会停止对保证企业的执行，但无论是保证企业在代替债务人清偿债务后以追偿权申报债权，还是对债权人破产程序中未受清偿的部分承担保证责任，均可在一定程度上缓解担保链风险的影响，也利于消除部分保证企业对执行的抵触情绪。在巨诚系20家企业合并破产清算案中，其他企业为巨诚系企业提供保证担保的债务达19亿元，通过将巨诚系企业引入破产程序并高效完成分配，由保证企业对债权人破产程序中未受清偿的部分承担保证责任，有效缓解了担保链风险快速传导。当担保圈链中的所有企业均不具有营运价值、盈利能力时，则通过将相关企业均有序引入破产程序，整体彻底清算，斩断所有债务和担保圈链。例如，炜华集团有限公司为炜华系担保圈链中的企业之一，其作为主债务人的债务为3.27亿元，为炜华集团提供保证担保的企业达12家，炜华集团为其他企业提供保证担保的债务达13.95亿元。在炜华集团进入破产程序前，炜华系担保圈链中的其他7家核心企业均已进入破产程序，炜华集团"执转破"案的审结使债务担保金额高达55.2亿元的炜华系担保圈链从根本上得以破除。通过抽丝剥茧与重破核心企业等多种方式破圈解链，重塑吴江金融生态环境，区内银行不良贷款率从2016年的4.56%降为2021年4月末的0.67%。另外，针对尚具有营运价值、仅因深陷担保链的企业，更为有效的方式是通过破产重整或破产和解程序，引入投资，盘活企业资产，从而彻底割断担保链。具体而言，破产重整或破产和解程序的保护功能主要表现为3点：(1)自破产申请受理之日起停止计算债权利息，有效阻隔担保圈链影响的扩散；(2)经由法院许可或债权人会议同意，债务人可在破产期间继续营业，从而维持其营运价值；(3)通过重整程序引入外来资金，通过重整计划草案或和解协议草案合法减免债务。

(四)实践启示

1. 思想认识与制度激励

"执转破"制度创设的直接原因是当事人主动申请破产的动力不足，但其又并非法院依职权强制破产的制度，其依然需先征得执行当事人的同意，所以"法院相关人员尤其是执行人员的工作积极性，对制度运行效果影响显著”。[①] 以无财产可供执行的终本案件为例，执行法官以终结本次程序即可完成结案，若决定移送破产审查，其还需完成询问释明、文书制作、报告撰写、材料准备等工作，在当前案多人少矛盾突出的情况下，执行法官主动移送的意愿并不强。一方面，这当然与对“执转破”制度功能认识不足有关。正如前文所言，破产程序可彻底消除“终结本次执行程序”后又恢复执行的“抽屉案件”，故从长远来看，“执转破”不是增强了执行法官的工作量，而是减轻了执行法官的工作量。所以，从思想认识上，应改变执行法官视准备移送材料为徒增工作量的“不愿转”思想，灌输破产程序在彻底消化终本案件、公平实施财产分配、打击规避执行行为等方面的作用。另一方面，还应通过强化考核与管理的手段，促进“执转破”工作。对此，《全国法院破产审判工作会议纪要》第44条作出明确规定，“各级法院要结合工作实际建立执行转破产工作考核机制，科学设置考核指标，推动执行转破产工作开展。对应当征询当事人意见不征询、应当提交移送审查不提交、受移送法院违反相关规定拒不接收执行转破产材料或者拒绝立案的，除应当纳入绩效考核和业绩考评体系外，还应当公开通报和严肃追究相关人员的责任”。“执转破”案件数量已被纳入“人民法院基本解决执行难第三方评估指标体系”。吴江法院将每件“执转破”移送案件折算0.8个案件工作量，并分配数量任务的做法，便是强化考核与管理的具体体现。

2.“执转破”出口决定入口

“执转破”最终落脚于破产审判，若破产审判机制不健全，依靠“执转破”解决破产程序“启动难”的目的仍然会落空，因为出口不通畅则入口必淤积。结合“吴江经验”，不难看出其中很大部分实质涉及的正是破产审判整体机制的建设。例如，破产审判专业化的建设，在编制紧张、人员紧张的情况下，设立有独立编制的清算与破产审判庭，并把综合素质高、审判经验丰富的精兵强将放到破产审判岗位。另外，还在其他民商事部门中部署破产后援力量，通过适时参与破产审判，熟悉审判流程、积累审判经验，实现“来之能审、审之能结”，打造破产审判的

① 参见贺小荣、葛洪涛、郁琳：《破产清算、关联企业破产以及执行与破产衔接的规范与完善——〈全国法院破产审判工作会议纪要〉的理解与适用（下）》，载《人民司法（应用）》2018年第16期。依职权强制破产制度参见我国台湾地区所谓“破产法”第60条：“在民事诉讼程序或者民事执行程序中，法院查悉债务人不能清偿到期债务时，得依职权宣告债务人破产。”

梯队,以适应破产审判工作的需要。再如,管理人队伍的建设。管理人是破产程序的主要参与者,是破产管理事务的执行者。管理人能力和职能的发挥,直接影响破产审判工作的质量和效率。吴江法院制定精细化的破产管理人工作规范和考核办法,设立破产专项基金并简化报酬支取程序,目的也就在于提升管理人履职能力和积极性,以为破产案件的高效审理提供保障。又如,破产审判"府院联动"机制建设,目的在于为破产审判营造良好的外部环境,以解决目前因破产法实施配套立法和制度尚不健全而存在的诸多需要协调的事项。所以,我们在强调"执转破"化解执行积案功能的同时,也应借助这股热潮,全面推进破产审判工作制度化、常态化、专业化、市场化、信息化建设,由此才能促进"执转破"工作的可持续发展。据统计,截至 2017 年 12 月 31 日,全国执行案件信息系统中共有首次执行案件 3094.85 万件,其中 951.85 万件为终本案件。在所有终本案件中,被执行人为企业的有 250.58 万件。① 按照法律规定,这些被执行人企业都已具备破产原因。如何消化这些案件,最终仍需依靠健全完备的破产审判机制。若无健全完备的破产审判机制,这些案件即使移送到了破产程序,"执行难"最终也会演化为"破产难"。

3."执转破"促进破产审判整体发展

正如本报告第一部分数据所体现的那样,通过执行移送破产审查途径进入破产程序的案件已占到吴江法院破产案件受理总数的 6 成,"执转破"已经成为启动破产程序的主要途径。从 2016 年以来全国法院破产案件受理数量逐年攀升的情况来看,②借助"执转破"解决破产案件少、破产启动难的立法目的一定程度上得到实现。从最高人民法院 2016 年、2017 年两次召开全国法院执行转破产工作会议、在全国法院终本库中筛选被执行人为单个企业且涉及 5 件以上终本案件的案件并形成清单与通知一并下发、将"执转破"案件数量已被纳入"人民法院基本解决执行难第三方评估指标体系"等一系列举措来看,"执转破"并非一时

---

① 参见刘贵祥在"全国法院执行转破产工作推进会"上的讲话,2018 年 4 月 26 日于深圳。

② 其中 2016 年受理破产案件 5665 件,比 2015 年上升 53.8%,2017 年(截至 12 月 21 日)受理强制清算与破产案件 8984 件,2018 年 1～10 月新收各类破产案件 13,836 件。参见靳昊:《2016 年全国法院审结破产案件同比上升 60.6%》,载《光明日报》2017 年 2 月 26 日,第 3 版;罗书臻:《营商环境评测我国破产处理情况全球上升 29 位》,载《人民法院报》2017 年 12 月 26 日,第 1 版;刘贵祥:《高举新时代改革开放旗帜深入推进中国破产法治建设——在第九届中国破产法论坛的主旨演讲》,2018 年 11 月 10 日。

一地的工作,应是人民法院今后的常态工作,而“执转破”工作的常态化对于促进破产审判整体性发展的重要意义更是不言而喻的。前文提及“执转破”出口决定入口,强调破产审判专业化对推进“执转破”工作的作用,但从另一方面讲,专业化是由迫切的现实需求所催发的,是在解决实际问题中发展的,没有足够多的破产案件为支撑,破产审判的专业化建设就成了无源之水、无本之木,所以“执转破”与破产审判专业化不是谁先谁后的问题,而是相互促进、良性循环的关系。从目前的情况来看,除进一步助推了破产审判机构专业化建设、破产审判法官队伍建设的作用外,因为首先启动的“执转破”案件中大多数债务人企业已经没有资产或者资产不足以支付破产费用,以及“执转破”案件在整合执行系统信息资源方面的优势,“执转破”还在加快破产费用保障机制建设、提高破产审判信息化水平、完善破产审判繁简分流机制等方面发挥了重要作用。

4.“执转破”既包括启动更涉及审理

从字面意义上来看,“执转破”仅指执行案件移送破产审查,侧重的是破产程序的启动问题。但若将“执转破”的意义仅仅局限于在当事人直接提出破产申请之外,新增了一条带有司法职权辅助色彩的启动破产程序路径,则会忽略“执转破”的丰富内涵。因为“执转破”不仅包括破产程序的启动环节,更涉及进入破产程序后案件审理过程中执行与破产的衔接和融合问题。从这个意义上讲,有观点认为,只要债务人在进入破产程序前经历了执行程序,都可称为“执转破”案件。该种观点侧重的便是“执转破”对破产案件审理的意义和价值。具体而言,即如何融合利用执行程序的举措、成果,充分发挥执行程序的功能作用,以提升破产案件的审理效率。因执行程序与破产程序在财产调查和处置方面的功能具体重合性,同时,在司法实践中,执行程序的平台、资源、措施相较破产程序更为丰富多样、力度也更大,故应充分释放执行程序的效益,以推动破产效益的最大化。基于此,吴江法院在其制定的《执行案件移送破产审查操作规程》中,特别要求执行法官对准备移送破产审查的重点案件,在决定移送破产审查前,即应利用搜查、拘传、拘留、限高、失信惩戒、限制出境等执行措施查人、控物、控章、控账册,发现犯罪线索及时移送公安机关立案侦查,为破产申请受理后管理人接管债务人财产、印章和账簿、调查债务人财产状况提供便利。同时,还允许并鼓励执行局在移送破产审查前,通过网络司法拍卖平台先行处置债务人资产,并在处置完成后立即移送破产审查,待进入破产程序后将所得价款移交管理人。

5.“执转破”案件更具简化审理的优势

《企业破产法》未规定简易程序,但案件总有难易之分,对简单案件配以烦琐程序显然违背帕累托最优原则,也不是司法活动所应追求的价值目标。对此,在司法实践中,也已有法院作出相应探索。[①] 例如,简化组织机构、简化债权人会议方式、压缩弹性期间等。适用于其他破产案件的简化审理方式当然也适用于“执转破”简易案件,但“执转破”案件同时又有其独特的简化优势,这也是江苏省高级人民法院单独就“执转破”案件出台简化审理指导意见、吴江法院出台“执转破”案件简化审理规范的原因。[②] 其优势主要表现在两个方面:其一,通过执行程序,能够识别被执行企业法人能否适用简易破产程序。执行程序对被执行企业法人资产负债及经营情况的调查,能够作为认定债务人企业符合简易破产程序适用条件的主要依据。以无财产可供执行的“终结本次执行程序”案件为例,在破产程序中,其可被理解为“债务人确无财产可供分配”“债务人财产不足以清偿破产费用”,其为进入破产程序后依此宣告债务人破产并终结破产程序提供了便利。其二,破产财产的变价一直是破产案件审理的关键,也是造成破产审理周期长的重要原因之一。相对于执行程序对被执行人财产的直接拍卖,破产财产的变价方案因需经债权人会议表决通过,造成效率较低。故对于一部分债权债务关系清晰、债务人财产集中的案件,“完全可以在执行阶段先行变价处置债务人企业的财产,减少破产程序中还需要由债权人会议表决通过破产财产处置方案等烦琐程序,只将财产分配环节留到破产程序中进行”。[③] 尤其在网络拍卖已成为司法程序处置资产原则的情况下,执行和破产两个程序首选的拍卖方式均为网络拍卖,网络拍卖已成为社会共识。也就是说,一般情况下,即使管理人未经债权人会议同意,便依照网络拍卖的规则先行变价破产财产,事后债权人会议也不会予以反对并同意追认其效力。由此实现执行程序效率与破产程序公平的完美结合,最大化两程序的效益。也正是在这个意义上,有学者主张,“在当前简易

① 参见徐建新主编:《破产案件简化审理程序探究》,人民法院出版社2015年版,第177~181页。

② 参见江苏省高级人民法院《关于“执转破”案件简化审理的指导意见》(苏高法电〔2018〕392号)、苏州市吴江区人民法院《关于执转破案件简化审理程序的规定(试行)》(吴法〔2017〕62号)。

③ 章恒筑、王雄飞:《论完善执行程序与破产程序衔接协调机制的若干问题——基于浙江法院的实践展开》,载《法律适用》2017年第11期。

破产程序立法缺失的现状下，期能实现由执行程序部分替代简易破产程序的功能”。①

三、“执转破”工作的实务要点及新问题

“执转破”工作涉及的实务问题，多数依据最高人民法院《关于执行案件移送破产审查若干问题的指导意见》和江苏省高级人民法院《关于规范执行案件移送破产的若干规定》都能得以解决。现集中对实务中如何践行职权辅助模式作相应提示，同时对上述两个规范性文件未涉及的部分问题作相应分析。

（一）职权辅助模式的具体操作

尽管学界和实务界一直存在法院依职权移送破产程序的主张，②但基于《企业破产法》已确立当事人申请主义模式的现实，司法解释对此无法作出突破，但为解决当事人主动申请破产动力不足的问题，最高人民法院《关于适用〈中华人民共和国民事诉讼法〉的解释》第513条、第516条在坚持“经申请执行人之一或被执行人同意”的当事人申请主义为主导的同时，增添了司法职权辅助的色彩。结合最高人民法院《关于执行案件移送破产审查若干问题的指导意见》第4条的规定，该种职权辅助包含3个方面的内容：对破产原因的调查识别；及时询问当事人的义务；充分披露破产效益信息。

1. 对破产原因的调查识别

破产原因是指《企业破产法》第2条第1款所规定的“不能清偿到期债务，并且资产不足以清偿全部债务或者明显缺乏清偿能力”。关于“不能清偿到期债务”“资产不足以清偿全部债务”“明显缺乏清偿能力”的认定，最高人民法院《关于适用〈中华人民共和国企业破产法〉若干问题的规定（一）》已有明确规定③，在

---

① 章恒筑、王雄飞：《论完善执行程序与破产程序衔接协调机制的若干问题——基于浙江法院的实践展开》，载《法律适用》2017年第11期。

② 参见王欣新：《破产法前沿问题思辨（上册）》，法律出版社2017年版，第101～104页；刘贵祥、黄金龙：《平等分配制度与破产制度的分工》，载《人民法院报》2014年4月30日，第8版；李帅：《论执行案件中法院职权主义破产启动程序的构建》，载《法律适用》2015年第11期。

③ 参见最高人民法院《关于适用〈中华人民共和国企业破产法〉若干问题的规定（一）》（法释〔2011〕22号）第2条、第3条、第4条。

此不再赘述。“执转破”中破产原因的调查识别亦应遵循同样的标准。同时,基于上文所讲的破产程序之于解决执行难的专属效益,在司法实践中,执行法官具体可将符合下列情形之一的企业法人作为移送破产审查的重点对象:(1)穷尽执行措施后,无财产可供执行的;(2)涉及作为被执行人的案件众多,且申请执行标的总额超过已查明可供执行财产市场价值总额的;(3)存在隐匿、转移财产、无偿转让财产、以明显不合理的价格进行交易、偏颇清偿等行为,通过执行程序无法解决,但通过企业破产法确立的无效行为、破产撤销权、合并破产等制度可予以追回的;(4)仍在生产经营且具有营运价值,通过执行程序无法妥善处置,但通过破产重整、和解制度可能实现事业延续的。

2. 及时询问当事人的义务

最高人民法院《关于执行案件移送破产审查若干问题的指导意见》第 4 条规定,执行法院发现作为被执行人的企业法人符合《企业破产法》第 2 条规定的,应当及时询问申请执行人、被执行人是否同意将案件移送破产审查。此处其使用了“应当”及时询问,实质赋予了及时询问的强制性。换言之,若执行法院发现或应当发现被执行企业法人符合《企业破产法》第 2 条规定的情形,而未向申请执行人、被执行人询问移送破产审查的意见,径行按照最高人民法院《关于适用〈中华人民共和国民事诉讼法〉的解释》第 516 条的规定按照查封先后顺序清偿,则未受清偿的后顺位申请执行人有权提出国家赔偿。为进一步强化该义务,《全国法院破产审判工作会议纪要》第 44 条规定,对应当征询当事人意见不征询的,“除应当纳入绩效考核和业绩考评体系外,还应当公开通报和严肃追究相关人员的责任”。另外,在询问对象的问题上,根据最高人民法院《关于适用〈中华人民共和国民事诉讼法〉的解释》第 516 条设计的倒逼后位查封人推动“执转破”的机制,以及《企业破产法》赋予职工债权优先顺位的制度安排,实践中应注意征询后顺位查封普通债权人、劳动债权人的意见。①

3. 充分披露破产效益信息

从最高人民法院法官对《全国法院破产审判工作会议纪要》中“执转破”内容的最新解读来看,“执行法院需要释明的法律内容主要包括两方面:一是如不

---

① 参见葛洪涛:《执行程序与破产程序衔接的困难与应对——〈全国法院破产审判工作会议纪要〉的解读(五)》,载《人民法院报》2018 年 4 月 18 日,第 7 版。

能进入破产程序，执行中就要适用最高人民法院《关于适用〈中华人民共和国民事诉讼法〉的解释》第516条按查封顺序清偿债权的规则；二是进入破产程序后的债权受偿顺位规则、股东出资义务的加速到期等规则”①。但从完善当事人申请破产的职权辅助模式，强化破产程序效益释明的角度来看，上述两方面释明的内容相对前文揭示的破产程序专属效益仍显不足，特别是在当前破产法理念严重缺失的环境下。针对不同的对象及被执行企业法人的实际情况，释明内容还应包括：对被执行企业法人释明破产程序、对正当经营者的有限责任保护、对仍具营运价值企业的重整挽救；对申请执行人释明破产程序、对债务人企业的“全面体检”，以及加速认缴出资、行使破产撤销权、直索失信股东责任等。② 当然，在司法实践中，执行法官可能并不具备完全的释明能力，如执行法官认为有必要，可邀请从事破产审判的法官参加释明和意见征询工作。

（二）终本案件移送的具体操作

根据最高人民法院《关于执行案件移送破产审查若干问题的指导意见》第8条第2款及最高人民法院《关于严格规范终结本次执行程序的规定（试行）》第11条的规定，案件符合终结本次执行程序条件，又符合移送破产审查相关规定的，移送破产审查与终结本次执行程序可以同时进行。对于已终结本次执行程序的案件能否移送的问题，应该没有争议，因为“执转破”制度功能之一便是彻底消化终本案件、化解执行领域的“僵尸企业”，且终结本次执行程序仅是执行法院在被执行人确无财产可供执行的前提下，对符合规定条件的案件暂时裁定作结案处理，在发现被执行人有财产可供执行的时候，执行法院应当根据债权人的申请恢复执行，故其仅是程序性的终结执行，并非实体性的终结执行，其依然符合最高人民法院《关于适用〈中华人民共和国民事诉讼法〉的解释》第513条关于“在执行中”的定义。但对于已终结本次执行程序的案件如何移送的问题，实践中尚有争议。争议的焦点即在于，是否需要首先恢复执行程序，然后再作出移送破产审查的决定并裁定中止执行。我们认为，根据最高人民法院《关于严格规范

---

① 参见葛洪涛：《执行程序与破产程序衔接的困难与应对——〈全国法院破产审判工作会议纪要〉的解读（五）》，载《人民法院报》2018年4月18日，第7版。

② 参见刘旭东、陆晓燕：《效益法则框架下“执转破”之功能透视及其制度建构》，载《法律适用》2017年第11期。

终结本次执行程序的规定(试行)》第 9 条的规定,恢复执行的条件是发现可供执行的财产,即恢复执行的主要目的在于对发现的可供执行财产予以执行,且根据最高人民法院《关于严格规范终结本次执行程序的规定(试行)》第 16 条、第 17 条的规定,续行查封、追加执行当事人等行为并不以恢复执行为前提,而移送破产审查的目的也不在于执行财产,故亦无须以恢复执行为前提。从司法实践来看,这种做法也可以避免案件在管理系统中的重复计算和“空转”,有利于保障数据真实,节约管理资源。当然,在破产法院受理移送的案件并宣告被执行人破产时,执行法院应当恢复执行原来的终本案件,并裁定终结对该被执行人的执行,以将其从“终本库”彻底消除。

(三)作出移送决定后抵押权的实现

该问题又具体可分为两种情形:其一,作出移送决定前已变价但尚未分配的款项能否先分配给抵押权人;其二,作出移送决定后,抵押权人是否有权继续主张实现抵押权。对于第一种情形,有观点认为最高人民法院《关于执行案件移送破产审查若干问题的指导意见》第 8 条规定,“执行法院作出移送决定后,应当书面通知所有已知执行法院,执行法院均应中止对被执行人的执行程序”,其中自然也包括执行款的分配,另外根据《企业破产法》第 49 条、最高人民法院《关于适用〈中华人民共和国企业破产法〉若干问题的规定(一)》第 3 条第 1 款的规定,抵押财产也属于债务人财产,抵押债权亦属于破产债权,故理应在破产程序中集中统一受偿,不能将变价款优先分配给抵押权人。我们认为,在抵押物已经变价处置并且成交裁定已送达买受人后,抵押财产已不属于被执行人财产,更无所谓债务人财产,执行中止的目的在于保障全体债权人的公平清偿,将抵押物变价所得款项优先清偿抵押权人,并不能起到保障普通债权人公平清偿的作用,也不会影响进入破产程序后对其他破产财产的处置,故抵押权人可直接获得清偿。

对于第二种情形,有观点认为,根据《全国法院破产审判工作会议纪要》第 25 条的规定,“在破产清算和破产和解程序中,对债务人特定财产享有担保权的债权人可以随时向管理人主张就该特定财产变价处置行使优先受偿权,管理人应及时变价处置,不得以须经债权人会议决议等为由拒绝。但因单独处置担保财产会降低其他破产财产的价值而应整体处置的除外”,进入破产程序后抵押权人尚且可以随时行使抵押权,“举重以明轻”,执行法院作出移送决定后,抵押权人就抵押物提起的执行程序更不应中止。对此,我们认为,最高人民法院《关于执行案件移送破产审查若干问题的指导意见》第8条第1款关于中止执行的效力等同于《企业破产法》第19条关于受理破产申请时中止执行的效力。而关于破产程序中抵押权的暂停行使问题,《企业破产法》仅在第75条第1款规定了重整期间担保物权应暂停行使,其系出于在担保物为重整企业核心资产、系重整成功关键因素的情况下,为挽救企业,实现企业继续经营的考虑。在司法实践中,"执转破"案件虽多为破产清算案件,且破产清算程序一般不存在利用担保物继续经营的状况,但基于以下两点考虑,破产清算程序中的担保物权并非完全不受限制:其一,根据《企业破产法》第70条第2款的规定,在宣告债务人破产前,相关主体有申请重整的权利;其二,就目前情况而言,企业进入破产程序时几乎没有未设定担保的财产,担保物不仅关系到担保物权人的利益,也关系到其他债权人的利益,仅为满足担保物权人的随意仓促处置可能不利于债务人财产的最大化。据此,我们认为,破产清算程序中担保物权应当受到一定限制,该种限制应当以有利于破产财产价值最大化,同时,能够为管理人进行财产状况调查和做出是否具有挽救价值的判断提供一定的时间和空间为目的。同理,移送破产审查期间,担保物权亦应受到一定限制。

(四)执行异议程序与破产程序的衔接

本报告所言执行异议程序主要是指案外人依据《民事诉讼法》第227条提起的执行异议及执行异议之诉。具体而言,执行异议程序与破产程序的衔接问题表现为两个方面:其一,作出移送决定后或受理破产申请后,已经开始而尚未终结的执行异议程序如何处理?其二,受理破产申请后,是否仍有启动执行异议程序的空间?为了讨论的方便,在此仅考虑案外人基于所有权提出异议的情形。

对于第一个问题,根据最高人民法院《关于适用〈中华人民共和国民事诉讼法〉的解释》第513条、第515条及《企业破产法》第19条、第25条的规定,作出移送决定后,应当同时裁定中止对该被执行人的执行;受理破产申请后,应该解除对被执行人财产的保全措施,债务人财产由管理人接管。基于此,因针对执行标的的处分已经中止、保全已经解除,并交由管理人接管,争议标的已成为债务人财产,而非执行标的,故对于案外人对执行标的提出的异议,应依照最高人民法院《关于人民法院办理执行异议和复议案件若干问题的规定》第2条第1款的规定,裁定驳回申请;对于案外人提出的执行异议之诉,应依照最高人民法院《关于适用〈中华人民共和国民事诉讼法〉的解释》第305条第1款第2项的规定,裁定驳回起诉。裁定驳回申请或起诉后,案外人可依照《企业破产法》第38条的规定向管理人主张取回。

上述处理方式虽符合法律规定,但因其仅系程序性驳回,实体争议仍需另案解决,实践中极易造成司法资源的浪费,影响破产审判效率。例如,受理破产申请后,已经开始并进入二审且尚未审结的执行异议之诉,若裁定驳回起诉,因标的权属问题仍未实质解决,案外人或债务人需另行提起诉讼,此前历经的执行异议、执行异议之诉一审均变为“沉没成本”。针对该问题,从解决实体争议的角度,有观点主张,依照最高人民法院《关于适用〈中华人民共和国民事诉讼法〉的解释》第312条第2款的规定,对于案外人提起的执行异议之诉,“案外人同时提出确认其权利的诉讼请求的,人民法院可以在判决中一并作出裁判”,故即使被执行人进入破产程序,针对案外人对争议标的提出的确认权属的请求,依然可以在执行异议之诉中予以裁判。[①] 我们赞赏这种不回避实质争议、减少当事人诉累的做法,但是其显然误解了案外人执行异议之诉的根本目的。因为,案外人执行异议之诉最终解决的问题,是案外人主张的实体权利能否排除对执行标的的强制执行。通常情况下,确认案外人对执行标的是否享有实体权利是需先行解决的问题,否则难以作出是否排除执行的判决,但权属确认并非案外人执行异议之诉的根本目的,其落脚点仍在于能否排除执行。既然执行已经中止,“皮之不存,毛将焉附”,也就无所谓权属确认的问题。[②]

那么,如何才能达到既节约司法成本、减少当事人诉累,又符合执行异议之诉逻辑的目的呢?我们认为,问题的关键在于强制执行措施的效力能否延续到破产程序中?在司法实践中,强制执行措施可分为保全性执行措施和处分性执

---

① 参见江苏省苏州市中级人民法院民事判决书,(2016)苏05民终6263号。

② 最高人民法院在该问题的处理上也存在两种不同的意见:一种意见认为,执行异议之诉的本质是一个独立的审判程序,虽因执行程序而产生,但并非执行程序,而是确认各方当事人的实体权益的诉讼程序,是破产程序中确认债务人破产财产范围的前提和依据之一,因此,被执行人进入破产程序的,不影响对执行异议之诉的审理。另一种意见认为,债务人进入破产程序后,针对债务人的强制执行程序应全部中止,案外人提起执行异议之诉请求排除执行的基础和前提已不复存在,相关当事人的利益可以通过破产程序实现,对执行异议之诉不再具有诉的利益。前一种意见参见最高人民法院民事裁定书(2017)最高法民终744号、(2019)最高法民终333号,后一种意见参见最高人民法院民事裁定书(2017)最高法民申3116号。

行措施,前者是以防止被执行人转移、隐藏、变卖、毁损财产为目的的执行措施,如查封、扣押,后者是以对被执行人的财产予以处分以满足申请执行人的请求的执行措施,如拍卖、变卖、折价。对于处分性执行措施,在作出移送决定后其自然应当中止,但对于保全性执行措施,虽然最高人民法院《关于适用〈中华人民共和国民事诉讼法〉的解释》第515条、《企业破产法》第19条规定保全措施应当解除,但因其不涉及对债务人财产的处分、对债务人财产的管理影响较小,故存在将执行保全效力延续至破产程序中的空间①,尤其在执行法院与破产法院为同一法院,且破产法院亦欲依照最高人民法院《关于适用〈中华人民共和国企业破产法〉若干问题的规定(二)》第6条对债务人财产采取保全措施的情况下。那么,在此情形下,已经开始尚未终结的执行异议程序便可继续进行。

对于第二个问题,我们认为,破产程序是对破产企业债权债务的全面清理和概括执行,在此程序中,管理人负有接管、管理和处分债务人财产、执行债权人会议决议变价和分配破产财产等方案的职责,故民事执行中的相关规定在破产程序中依然适用,相关单位不配合管理人履行职责的,管理人有权依据受理破产申请的裁定,申请人民法院采取相应执行措施。2020年4月发布的最高人民法院《关于推进破产案件依法高效审理的意见》第8条关于债务人财产强制接管措施的规定也持同样观点,"管理人应当及时接管债务人的财产、印章和账簿、文书等资料。债务人拒不移交的,人民法院可以根据管理人的申请或者依职权对直接责任人员处以罚款,并可以就债务人应当移交的内容和期限作出裁定。债务人不履行裁定确定的义务的,人民法院可以依照民事诉讼法执行程序的有关规定采取搜查、强制交付等必要措施予以强制执行"。但在对强制执行措施不服的救济途径上,最高人民法院上述意见又明确,"接管过程中,对于债务人占有的不属于债务人的财产,权利人可以依据企业破产法第三十八条的规定向管理人主张取回。管理人不予认可的,权利人可以向破产案件受理法院提起诉讼请求行使取回权。诉讼期间不停止管理人的接管",即不适用《民事诉讼法》第227条规定

---

① 负责起草《关于执行案件移送破产审查若干问题的指导意见》的最高人民法院法官在相关解读文章中,也主张"执行法院与破产法院管辖法院为同一法院的,执行程序中已经采取的保全措施可以不解除,其效力自然延续至破产程序中"。参见王富博:《关于〈最高人民法院关于执行案件移送破产审查若干问题的指导意见〉的解读》,载《法律适用》2017年第11期。

的案外人异议程序。[①] 我们认为,如当事人、利害关系人认为法院采取的执行措施违反法律规定的,应可以依据《民事诉讼法》第225条关于执行行为异议的相关规定进行救济。

(五)执行申请费与破产申请费的衔接

最高人民法院《关于执行案件移送破产审查若干问题的指导意见》第15条规定:"受移送法院裁定受理破产案件的,在此前的执行程序中产生的评估费、公告费、保管费等执行费用,可以参照破产费用的规定,从债务人财产中随时清偿。"之所以这样规定的原因在于,执行程序中发生的评估费、公告费、保管费等执行费用与破产程序中发生的管理、变价、分配债务人财产所支出的破产费用相同,且执行程序中实施的评估、鉴定、拍卖等行为的效力可以延续至破产程序中。[②] 但该条未就执行申请费与破产申请费如何衔接作出规定。根据《诉讼费用交纳办法》第14条第1项、第6项,第20条第2款的规定,执行申请费按照申请执行金额或价款的一定比例收取,没有执行金额或价款的,每件交纳50~500元;破产申请费依据破产财产总额计算,按照财产案件受理费标准减半交纳,但是,最高额不超过30万元;执行申请费执行后交纳,破产申请费清算后交纳。那么,在"执转破"情形下,执行程序中的执行申请费是否还需收取,已经收取的执行申请费在进入破产程序后是否应当退还?一种观点认为,执行程序中法院利用国家强制力查控、处置被执行人财产,耗费了司法资源,理应收取执行申请费;破产程序是管理人在法院监督、指导下管理和处分债务人财产的程序,与执行程序系两种不同的程序,可以分别收取执行申请费与破产申请费。另一种观点认为,执行程序和破产程序均是依法进行的、以实现债权为目的的执行性质的程序,前者针对的是对个别债权人的清偿,后者为全体债权人的清偿。执行申请费和破产申请费是当事人为启动执行程序或破产程序向人民法院交纳的诉讼费

---

① 参见林文学、关丽、郁琳、詹应国:《〈关于推进破产案件依法高效审理的意见〉的理解与适用》,载《人民司法》2020年第13期。该意见也改变了部分地方法院的做法,如江苏省高级人民法院民事审判第二庭《破产案件审理指南(修订版)》(苏高法电〔2017〕794号)第1章第6节第1条规定:"案外人对接管标的有异议的,可以依据民事诉讼法第二百二十七条关于执行标的异议的相关规定进行救济。"

② 王富博:《关于〈最高人民法院关于执行案件移送破产审查若干问题的指导意见〉的解读》,载《法律适用》2017年第11期。

用，性质相同，在“执转破”案件中处理的也是同一债务人财产的分配问题，故执行申请费与破产申请费不应重复收取。① 我们赞同后一种观点，同时，认为即使并非“执转破”案件，因受理破产申请而需移交管理人接管的尚未分配的执行款，也不能受执行程序和破产程序的双重评价。具体而言，一方面，“执转破”案件在决定移送破产审查前、一般破产案件在受理破产申请前未交纳的执行申请费，决定移送破产审查或受理破产申请后不应再交纳；另一方面，决定移送破产审查或受理破产申请前已经从被执行人财产中扣划的执行费，若该执行费所对应债权在执行程序中未获清偿或未获足额清偿，则在进入破产程序后，应当将其全部或按未受清偿比例返还给管理人，纳入债务人财产进行分配。当然，针对后一种情况，也可在将已扣划执行申请费与应交纳破产申请费相比较后，进行退还或补差价。也就是说，如执行申请费总和大于破产申请费，超出部分退还债务人；如执行申请费总和小于破产申请费，在破产程序中法院仅收取差额部分。

四、完善“执转破”制度建设与机制运行的建议

虽然现有规范性文件对于“执转破”制度的设计已相对完备，但仍存在制约“执转破”制度功能最大化的法律障碍和现实因素，从更利于“执转破”案件乃至所有破产案件审理的角度，我们提出如下建议。

（一）完善破产审判信息化建设

周强院长在“全国企业破产重整案件信息网”开通活动上强调，要充分运用信息网推动企业破产案件审理工作。② 最高人民法院2016年8月开通的“全国企业破产重整案件信息网”及其相应的法官工作平台、破产管理人工作平台，形成了“一网两平台”格局，使全国破产审判信息化建设上了一个新台阶。但在实际运行中，仍存在数据获取难、统计难、分析难、运用难的问题。为进一步完善破

---

① 参见谭学兰、吕金伟：《破产程序中诉讼费制度存在的问题和争议——兼论“执转破”程序中执行费与申请费的衔接》，载《中国破产法论坛·执行转破产暨船舶企业破产专题研讨会论文集》2018年7月14日。

② 罗书臻：《以信息化开拓破产案件审判新局面深入推进供给侧结构性改革》，载《人民法院报》2016年8月2日，第1版。

产审判信息化建设,可考虑从以下3个方面入手:首先,打通系统壁垒。目前,全国企业破产重整案件信息系统与人民法院执行信息系统、执行网络查控系统尚未实现有效对接,在一定程度上制约了执行程序与破产程序的衔接。各地方法院的点对点查控系统,破产法官也未被赋予直接操作的权限。在信息化的背景下,很多实际工作都落脚到系统的对接、信息的互通上,不通则事倍功半,畅通则问题迎刃而解。在当前执行系统的信息化建设已取得显著成效的条件下,法院系统内部首先应加强信息资源整合,将执行信息化建设成果应向破产审判开放,以提高资源利用效率,避免重复建设。① 包括目前很多法院依托已有的淘宝司法拍卖平台而专门设立的破产财产处置通道。该通道以原有平台为基础,根据破产财产处置的特殊情况设置了破产处置的主体、网拍次数和降价规则等,很好地适应了破产处置的特殊需求,已经成为破产财产处置的首选方式。② 在实现法院内部系统的有效对接后,逐步探索与工商、税务等部门系统的有效对接,实现企业破产信息的跨部门联动共享,进一步提升破产审判效率,快速出清"僵尸企业"。其次,完善破产审判大数据分析系统。全国企业破产重整案件信息系统及相关系统已可实现自动统计债权金额、表决权等辅助功能,在此基础上,可以进一步完善破产审判大数据分析系统,以期达到以下功能:(1)分析当事人执行案件信息,对于出现破产原因的被执行人,自动启动预警和提示程序;(2)自动统计、分析破产企业资产、债务的类型和金额,形成可视化数据分析图表,供法院、管理人、债权人、债务人决策参考;(3)以破产企业现有资产为依据,结合当前经济形势,分析破产企业重整或和解的可能性,最大限度激活企业潜能,为企业重整或和解创造有利条件。最后,探索"互联网+"破产审判新模式。依托全国企业破产重整案件信息网,以破产管理人工作为核心,利用"互联网+"技术实现网上立案、网上指定管理人、网上公告、网上申报债权、网上材料交换、网上债权审核、网上债权人会议、网上表决、网上监管、网上评价等功能,打造网络化、无纸化、可视化破产审判新模式,以实现节约破产费用、债权人成本,提升破产审判工

---

① 据此,刘贵祥专委在"全国法院执转破工作推进会"上也提到,最高人民法院民二庭、执行局、信息中心等部门正在共同研究为破产案件开通"总对总"执行查控系统问题,并表示今后要通过对全国企业破产重整案件信息网进行升级,实现全国企业破产重整案件信息网与人民法院执行信息系统有效对接。参见刘贵祥在"全国法院执行转破产工作推进会"上的讲话,2018年4月26日于深圳。

② 徐阳光:《新时代破产财产处置的发展趋势》,载《法制晚报》2018年2月6日,A20版。

作效率的目的。另外，相对于完全以法院主导的执行信息化建设，破产审判的信息化建设还应包括管理人作为参与主体的内容，因为管理人是破产事务的管理者和执行者。管理人的参与主要包括两个方面：一方面，其作为主体之一有权使用法院主导建设的信息平台，例如，最高人民法院已开通的“全国企业破产重整案件信息网”中便设有相对应的管理人工作平台；另一方面，管理人作为专业的社会中介机构，其完全可以利用破产管理的市场化，开展符合自身要求的信息建设。

（二）建立简易破产程序

案件总有难易之分，实现案件难易与程序繁简匹配符合多元化纠纷解决机制的原理，也是深入推进案件繁简分流的现实需要。虽然司法实践中，包括吴江法院在内的很多法院在破产案件简化审理上作出有益探索，并形成规范性文件[①]，但限于《企业破产法》未单独规定简易程序，严格上讲，这些探索只能称作普通程序的简化审理，其与“简易程序”仍有本质区别。破产法的实施一直致力于在效益与公平之间达至平衡。对于债务人财产状况简单明了、债权人数量不多、破产企业债务金额微小或者资产不足以支付破产费用的案件，应适用相应的简易破产程序来降低法律的实施成本，减少法院的司法资源消耗。

就破产简易程序的设计而言，可以从以下几个方面入手。(1)明确破产简易程序的适用条件与适用除外。适用条件区分两类企业予以分别设计。一类系因资产金额较小、企业债务关系简单、清晰，债权人人数较少故适用简易程序。对于此类应以企业无担保财产作为金额大小的衡量标准，具体适用金额的设定可以根据各地的经济发展水平予以设定。另一类则是因为客观破产不能而适用简易程序降低成本，此类情形应包括：企业财产灭失、企业财务账册或是重要凭证单据灭失、企业资产显著不足无法清偿破产费用等情形。此外，如债务总额在一定的金额范围之内，债权人或债务人自行申请适用简易程序的，经法院听证后也可以决定适用简易程序。需要注意的是，对于一些案件疑难、复杂，或是案件社会影响大、存在稳定隐患的案件，或是一方申请简易程序而另一方反对，经法院

---

① 《全国法院破产审判工作会议纪要》第29条也有相应规定，建立破产案件审理的繁简分流机制。对于债权债务关系明确、债务人财产状况清楚的破产案件，可以通过缩短程序时间、简化流程等方式加快案件审理进程，但同时也强调“不得突破法律规定的最低期限”。

听证审查后异议成立的案件,应作为简易程序的适用除外,予以明确。与类似情形的,应不予适用简易程序。(2)在审理主体和审理程序上可予以适度简化。简易破产程序可以由审判员一人独任审理,可以指定个人管理人担任简易破产案件的管理人,相应期限的可予以缩短,送达方式上可简化。例如,将债权申报期限压缩到15日,将第一次债权人会议的召开时间确定为债权申报期限届满之日起7日内,将审理期限确定为6个月等;送达方式上,可以采取捎口信、电话、短信、微信、传真、电子邮件等简便方式送达各类通知,除受理破产申请、宣告破产、终结破产程序必须公告外,其余事项可不予公告,公告仅需在全国企业破产重整案件信息网上发布。(3)对于破产相关事务的管理和处置方面可予以适度简化。例如,简易程序可以不设置债委会,同时,简化债权人会议的召开形式与次数。简易程序中债权人会议的召开次数一般不超过2次。对于企业资产较少,债权债务关系简单,债权人人数较少的案件,债权人会议可以会议表决与网络表决同步的形式进行,召集期限缩短至5日,也可将债权人会议与其他环节合并。对于客观破产不能的案件,可以以书面形式召开债权人会议,管理人对于财产管理、变价、分配方案可以在书面会议中直接发放给债权人,破产财产分配原则上实行一次性分配等。(4)部分破产费用可予以减免。根据程序与费用相当的原理,简易程序的部分破产费用可予以酌减或免除。例如,案件申请费可在《诉讼费用交纳办法》基础上再减半,对无任何财产可供分配的案件,由管理人提出申请,法院批准后可以免收申请费;管理人报酬比例不得超过最高人民法院《关于审理企业破产案件确定管理人报酬的规定》第2条规定限制范围的60%等。

(三)建立执行法官承办简易“执转破”案件机制

最高人民法院原专委杜万华在2017年12月全国破产审判工作会议上提出,应把破产审判作为民商事审判的第四个环节,形成立案、审判、执行和破产“四环节”的民商事审判工作机制,以适应打通解决部分执行难问题“最后一公里”的现实需要。虽然在先后顺序、逻辑关系上,破产审判并非一定以前三个环节为前提,例如部分法院探索的“诉转破”案件①,但从对债务人财产的调查和处置等属

① 参见《启东市人民法院关于诉讼程序与破产程序相衔接的若干意见》(启法〔2016〕11号)。

性上而言，执行程序与破产程序显然具有更强的“亲缘性”，所以转化、衔接起来也更为顺畅，也更少遭受合法性质疑。但如前所述，执行不能案件中符合“执转破”条件的案件数量非常庞大，如果这些案件在短时间内全部通过移送破产审查进入破产程序，以现有的破产审判力量根本无法承受。① 基于此，针对前文提及的无财产可供执行的“终结本次执行程序”案件，以及被执行人财产已在执行阶段变价、债权债务关系清晰的案件，可将破产程序视为执行不能程序的自然延续，并列入执行法官的职责范围，由执行法官审理。破产法官则可集中办理凸显破产程序专属效益的“执转破”繁案。由执行法官承办简易“执转破”案件，绝非回到以执行程序处理破产问题的老路，而是赋予执行法官以破产程序的“武器”，为终局解决执行不能案件提供手段和出口。反过来，由执行法官承办“执转破”简易案件，能够给执行法官以破产审判实践的锻炼，使其对破产原因的识别，移送材料的准备、破产效益的释明、破产程序对执行程序的需要等有更加深刻的理解，从而实际“执转破”制度的良性循环。在当前破产审判力量不足、专业化程度不高的情况下，该种机制设置具有更大的现实意义。现阶段，执行法官可通过参加“执转破”简易案件合议庭的方式积累破产审判经验、提升破产审判能力。②

对于所有无产可破案件，包括源于“执转破”的无产可破案件，有人提出更进一步的建议，即专门设立一个破产行政管理机构来全权负责处理此类案件，以应对大量产生的破产企业。③ 我们认为，破产程序本质属于司法程序，破产程序中的受理、宣告、终结等裁决权仍应由法院行使。以我国香港特别行政区为例，香港破产管理署行使香港特别行政区内破产和清盘相关事务的行政职责，在特定阶段和特定案件中其职责相当于内地的破产管理人，例如，法院发布破产令后成为暂行受托人（类似于内地的破产管理人）或在资产价值小于等于 20 万元港币

---

① 参见《最高人民法院民二庭负责人就〈执行案件移送破产审查若干问题的指导意见〉答记者问》，载最高人民法院网，http://www.court.gov.cn/zixun-xiangqing-35522.html，2020 年 12 月 31 日访问。

② 例如江苏省高级人民法院《关于“执转破”案件简化审理的指导意见》第 2 条第 4 款规定：“适用简化程序审理的‘执转破’案件，应由执行法官以及破产案件审理部门、执行裁判部门的法官组成审判团队，负责对‘执转破’案件进行审查及审理。”

③ 参见吴延学、翁雅怡：《无产可破企业退出市场的非市场化路径——一种法经济学的分析》，载《中国破产法论坛·破产法市场化实施的配套法律制度专题研讨会论文集（下）》2018 年 4 月 21 日，第 385～390 页。

的简易案件中担任受托人,但其同时还有接受破产申请、监察检控破产人和无力偿债公司的股东、董事不当行为,以及管理受托人等职责。简言之,香港破产管理署承担了内地法院的部分职能,从而使法院从烦琐的破产程序中解脱出来,专心做好独立、居中裁判工作。[①] 将来我国内地如果也能设立类似机构,则对提高破产案件的审理效率、改善破产管理必有重大帮助。

(四)确立个人破产制度

我国尚未建立个人破产制度,在执行领域已经建立的如参与分配制度、失信被执行人惩戒等制度,未能完全发挥个人破产制度的替代功能,在效力层次和实施效果上都不能与个人破产制度相提并论。个人破产制度并非为个人逃债提供便利,而是区分不同的主体情形分类处理:对于诚信而又不幸的个人债务人,通过个人破产制度确保其基本的生存需求,避免其受到不合理、过度索债的危害,保障其具有重新开始的机会;同时,对于具有转移、隐匿财产、跑路等行为的不诚信的债务人,通过个人破产制度中的失权制度、财产不予豁免、债务不予免责等制度予以对其不利后果的惩戒,以此也可以增强法院执行程序的力度,彻底化解执行积案,并提升破产程序的实施效果。具体而言,应从以下几个方面入手积极构建个人破产程序:第一,在适用主体层面,应区分商个人破产和消费者破产分别进行制度构建。商个人破产主要涉及的是仅赋予从事商品交易或服务提供行为以谋取利益的个人,其行为的营利性为基本特征;而消费者破产主要针对非营利性行为的个人,基于自身生活的需要而所负债务无法偿还时所适用的破产程序。两者在财产的豁免和免责制度、失权制度方面都应有所区别。第二,设置个人财产的豁免制度和债务免除制度。为保证个人有重新开始的机会,对于房屋、现金、相关资产等,应明确设置财产豁免的金额标准,以保障其有重新开始的基本生存资料和条件。同时,对于债务的免除,设置类似清算的一次性免除模式和类似重整的一段时间分期偿还部分、免除部分的模式,明确不同主体适用的模式和适用条件。第三,建立个人破产的防止滥用制度,明确财产豁免和债务免除的适用除外,建立失权制度,以此引导商个人和消费者诚信清偿债务,积极履行义

---

① 参见肖惠娜:《香港破产管理署的制度研究及启示》,载《中国破产法论坛·破产法市场化实施的配套法律制度专题研讨会论文集(上)》2018 年 4 月 21 日,第 209 ~ 214 页。

务。此外,还应推进相关社会个人信用体系、社会保障等配套制度的完善,将个人破产制度与破产简易程序设置对接,并逐步建立专门的破产法庭、破产法院,以此合力提升破产制度实施的实效,并打造出符合我国国情的、具有我国特色的市场退出机制。

吴江法院破产重整、和解案件审判报告

重整制度是现行《企业破产法》引入的新制度，是现代破产法拯救功能的集中体现；破产和解制度具备简便快速清理债权债务关系的功能，为财产变现困难的债务人提供了避免破产清算的机会，两种制度共同构成了我国的破产挽救机制。2016 年至 2021 年 5 月，吴江法院成功重整（重整计划执行完毕）15 家企业，引入投资 8.35 亿元，促成 1 家企业完成破产和解、4 家企业完成自行和解，和解清理债务 2.24 亿元。本调研报告在简要分析重整、和解案件特点，存在的问题和成因以及重整市场化背景下法院的定位后，归纳破产重整、和解案件审理中遇到的疑难法律问题，并尝试给出我们的理解和意见。

一、吴江法院重整、和解案件的特点

（一）重整、和解案件数量占比低

2016 年至 2021 年 5 月，吴江法院共受理重整申请 19 件，审结 17 件；5 件和解案件中，4 件为适用《企业破产法》第 105 条自行和解的案件，1 件为适用《企业破产法》第 98 条裁定认可和解协议并终止和解程序的案件。以重整、和解方式结案数量占同期破产案件审结数量的 5.31%。

(二)后续重整申请比例高

相对于债务人或债权人根据《企业破产法》第 7 条、第 70 条第 1 款直接向人民法院申请对债务人进行重整,在吴江法院受理的 19 件重整案件中,债务人或其出资人根据《企业破产法》第 70 条第 2 款的规定在人民法院受理破产申请后、宣告债务人破产前提出重整申请的有 12 件,占 63.16%。后续重整申请比例高,有些是因为债务人对破产程序的启动表现得较被动,多是由债权人首先提出破产清算申请;有些是因为债务人担心在《企业破产法》规定的期限内无法提交重整计划草案,故首先进入破产清算程序并实现破产程序停止计息、终止执行的保护功能,待条件成熟后再提出重整申请。

(三)平均审理时间相对较长

前述吴江法院重整、和解案件的平均审理时间是 284.5 天,而同期破产案件的平均审理时间是 207.60 天。重整、和解案件平均审理时间较长很大程度上与后续重整申请比例高有关。吴江法院直接受理重整申请并已审结的 5 件案件,用时仅 111 天。为提高重整效率和成功率,2020 年 2 月,吴江法院制定了《审理预重整案件的若干规定》。截至 2021 年 5 月,吴江法院已在重整申请审查期间决定预重整 4 件,均在预重整期间形成预重整计划方案,并正式转入重整程序。随着预重整审理方式的适用和推广,重整案件的审理周期必将大幅度缩短。

(四)重整模式多样

凹凸系企业合并重整案借鉴出售式重整经验,创新设计“股权出售式重整”模式,即债务人以其具有重整价值的资产出资设立全资子公司,之后债务人出售该子公司的全部股权,用股权的转让所得来清偿债务。苏州鑫吴钢结构工程有限公司破产重整案在清算程序中开展预重整,在内容一致的情况下对预重整计划草案的表决意见即视为对后续重整计划草案的表决意见,降低破产制度性成本,提高破产制度效率。刚松防护科技股份有限公司破产重整案,在新冠肺炎疫情暴发后果断许可恢复营业,敏锐把握市场变化,适时转入重整程序,创造性地在第一次债权人会议上表决有保底清偿率的重整计划草案,通过网络公开拍卖的方式确定重整投资人,兼顾了重整价值和重整效率。苏州市阿林染整科技有限公司破产重整案,系苏州市中级人民法院出台《适用预重整程序若干问题的实施意见》后,吴江法院审结的首例经预重整程序进入破产重整的案件。该案预重整期间,临时管理人监督债务人充分披露信息,协助债务人引入意向投资人,引导债务人制作预重整方案并获得多数出资人和债权人的同意。该案预重整方案中设置了"禁反言"规则,约定重整计划草案与预重整方案内容无实质性变动情况下,有关债权人对预重整方案的同意视为对该重整计划草案的同意,顺畅了预重整程序与重整程序的衔接,提高了重整表决效率。该案自裁定受理重整申请至批准重整计划,用时仅 42 天;自决定进行预重整到批准重整计划也仅耗时 108 天,充分发挥了预重整的成本优势和效率优势,实现了多方利益的共赢。

二、存在的问题及成因

(一)对破产挽救功能的认识仍显不足

虽然破产挽救的对象限定于具备挽救价值和可能的企业,但重整、和解程序的适用比例仍然相对较高,这与市场主体对重整、和解制度挽救功能的认识不足有关。债务人担心重整使其失去对企业的控制,或怕经由破产程序检视出自身问题,不愿主动申请,这从后续重整申请比例高也可以看出。但也正是因为债务人不愿及时主动申请,致使一些企业错失挽救良机,即使此后启动破产程序,也大大增加了挽救难度。部分债权人仍然存在将重整、和解简单等同逃废债的观念,宁愿接受终结本次执行程序的结果,留着这个企业主体,寄希望以后再恢复执行。企业所在辖区政府也因为对破产挽救功能认识不足,相应缺乏对陷入困境但仍具备营运价值企业的正确引导。

(二)重整市场体系不健全

建立完备的破产市场体系是破产重整市场化的基础,尤其是完备的破产中介机构市场,其中既包含了管理人市场也包含了各方当事人可以自行聘请的律师、会计师、资产评估师等专业服务人员。在重整程序中,许多重大决策都是经过自由协商而形成的。当事人通过聘请专业人员代表自己对企业的日常管理、债务调整、企业价值评估、重整计划制订等一系列问题进行谈判和磋商,不仅使自身利益得到了有效的保障,而且也提高了重整的成功率,并有效避免由法官做商业判断的难题。即使是已取得很大进步的管理人市场,囿于管理人指定的主要模式依然是摇号或竞争加摇号等不确定方式,从事管理人业务的社会中介机构缺乏主动自市场寻找适宜重整企业、提前介入提供重整服务的激励。从这个角度上讲,因为预重整制度允许债务人及其出资人、主要债权人推荐临时管理人,其还具有进一步活跃管理人市场进而增加重整程序适用比例的功能。

(三)重整法律制度供给不足

破产重整法律制度供给不足,主要是指当前的立法规定难以满足现实的需求,突出表现在合并重整的启动、重整模式的选择以及预重整的保护等方面。但面对破产重整实践的需求,在《企业破产法》及相关司法解释没有明确规定的情况下,有的法院已基于对破产法基本原则的理解,对解决上述问题作出了有益的探索。从法学方法论的角度讲,其实质是通过司法的"造法"功能解决了立法供给不足的问题。破产重整企业多样化特征及重整市场的多元化需求,倒逼重整制度进行创新。在法律及相关司法解释无法及时修改和出台的情况下,法院承担着在个案中创新司法举措、弥补重整制度供给不足、服务破产重整市场化需求的任务。这既考验法院的勇气,更考验法院的智慧。近两年来,最高人民法院也在总结各地法院经验的基础上,在《全国法院破产审判工作会议纪要》《全国法院民商事审判工作会议纪要》中对前述问题作出回应,对司法实践予以指导。

(四)重整配套机制仍有待完善

市场主体的充分参与对重整程序的运作发挥起着至关重要的作用,但若各方主体经过多轮谈判和磋商,自由协商出的有利于各方利益的债务调整、重整计划草案等重大决策,在具体执行中因政府政策、地方惯例遇到障碍,则重整也无法成功。例如,重整计划执行中债务人股权变更在工商上遇到的障碍,债务人信用修复上的障碍,税费债务减免[1]上的障碍以及上市公司破产重整中与国有资产管理机构、银行监督管理机构、证券监督管理机构、证券交易所的关系。诸如此类的问题,大多因为相关单位的内部规定未考虑企业破产重整的特殊情形,致使

---

[1] 针对重组破产虽出台了一些税收政策,但尚未构成专门的体系。现有税收政策介绍,具体详见国家税务总局:《对十三届全国人大一次会议第 2368 号建议的答复》,载国家税务总局,http://www.chinatax.gov.cn/n810214/n2015391/c3935092/content.html,2021 年 5 月 31 日访问。

操作上存在困难，而《企业破产法》及相关司法解释对此又无明确规定，故法院无法强制要求相关单位协助执行，只能与其他相关单位进行沟通协调，借助府院联席会议机制，通过会议纪要等形式加以解决。

三、重整市场化背景下法院的角色定位

2016年5月6日，最高人民法院发布《关于依法开展破产案件审理积极稳妥推进破产企业救治和清算工作的通知》①，强调“要以市场化为导向，积极开展破产重整”。其要旨在于，破产重整的运作应当遵循市场规律，依托市场体系。但破产重整的市场化并不代表法院作用的弱化，其只是更加强调法院司法服务提供者的角色，以及对破产程序的推动、监督与裁决功能，以此保障债务人、各类债权人、股东、投资人等市场主体在公开透明的破产程序中自由协商、充分博弈，并在特别情形下强制介入，以期实现各方利益之间的平衡。

（一）破产重整程序的保障者

法院对破产重整程序的保障，实质反映的是破产法对重整的保护规定。首先，对债权人而言，债务人财产在法院受理破产重整申请后得以概括性保全；其次，《企业破产法》第11条第2款、第127条规定了债务人及债务人相关人员提交财产状况说明、债权债务清册、有关财务会计报告的义务及拒不提交或者提交不真实的法律后果，在管理人接管债务人的财产、印章和账簿、文书等资料，并通过财务审计、资产评估等方法调查债务人财产状况后，债权人可以由此获得对债务人财产信息的全面掌握；再次，法律赋予管理人通过破产撤销权、破产解除权等手段追回债务人财产；最后，《企业破产法》第87条第2款第3项规定了债权人通过重整程序获得不低于破产清算的受偿。对已具有破产原因但又有再生希望的债务人而言，破产重整给予了通过合法程序延免债务、完成重生、恢复盈利的机会。对于重整方而言，破产重整程序为其提供了借助司法措施完善对重整企业的尽职调查、完成对重整企业的债务清理以及实施对重整企业的重整方案

① 最高人民法院《关于依法开展破产案件审理积极稳妥推进破产企业救治和清算工作的通知》（法〔2016〕169号）。

的便利。[①] 法院作为破产重整案件的审理者，当然地负有保障法律规定在审理全程中得以执行的职责。在完善破产重整市场化的目标下，法院应当着重监督债务人、债务人相关人员、管理人对信息的完整披露，监督管理人招募重整投资人的程序等，其宗旨在于为市场在资源配置中发挥决定性作用创造环境。

（二）破产重整程序的推动者

法院对破产重整程序的推动，从程序意义上讲，是指在受理重整申请、确认债权、批准重整计划等程序节点上法院对破产重整程序的推进，即体现法院在程序推动上的主导地位；从实体意义上讲，包括法院在重整申请的受理、重整计划的批准这两个“一头一尾”的节点上所作出的裁定中体现出的实质判断或强制介入，以及在破产重整程序中为推进重整事务而与相关单位进行的沟通协调。这里所说的推动，主要是指实体意义上的推动。在这个意义上，面对目前重整法律制度供给不足的状况，对法律没有禁止性规定的，法院应当从遵循市场规律、回应市场需求的角度，肯定破产重整实践中一些创新举措的合法性、合理性。例如，在重整模式的选择上，对于一些原壳价值并不大且历史遗留问题严重，但营业事业优质的企业，从降低重整成本的角度考虑，适用“换壳新建”的出售式重整模式更为恰当。我国《企业破产法》对出售式重整虽没有规定，但也没有禁止性规定，故在司法实践中，法院可基于重整的立法目的肯定其价值。因为重整的目标是企业的重生，“挽救企业，并不局限于使债务人继续存续这一种方式，更不一定要保留其外壳，特别是当其成为不利于企业营业事业更生的负担时”[②]。

四、重整相关法律问题研究

（一）重整申请的审查

针对重整申请的审查原则，学界、实务界对于债务人必须具备重整原因多无争议，有争议的是对债务人重整可能及价值的审查。一种观点认为，根据《企业破产法》第 2 条、第 7 条的规定，只需审查申请主体是否适格、债务人是否具备破

① 参见陆晓燕：《运用法治化手段化解产能过剩——论破产重整实践之市场化完善》，载《法律适用》2016 年第 11 期。

② 王欣新：《重整制度理论与实务新论》，载《法律适用》2012 年第 11 期。

产原因即可;[①]另一种观点认为,除前述两个审查方面之外,还需审查债务人是否具有重整可能及价值。[②] 我们赞同后一种观点。理由在于,重整制度的适应对象本就特定于纯因财务问题而非市场竞争本身而陷入困境的企业,审查债务人是否具有重整可能及价值应为题中之义。当然,申请破产重整之初便要求债务人或出资人提出完整、可行的重整计划不现实,法院在较短的审查期间内基于有限的信息即对一家企业做出是否能够"重生"的商业判断也过于草率,所以,对是否具有重整可能及价值的审查应当是一个宽松的初步审查。但在司法实践中,坚持这种看似不必要的初步审查,却能够有效筛选出完全不具备市场价值的重整对象,避免了重整程序的空转造成债权人的损失,符合破产重整市场化的理念。毕竟,一家真正因为财务问题而非市场竞争问题陷入困境的企业,不难举证证明自己的市场优势、独特资源,以应对重整申请的初步审查。

(二)债务人自行管理

《企业破产法》第73条规定了我国的债务人自行管理制度,与美国的DIP制度不同,我国采用的是管理人管理为原则、债务人自行管理为例外的模式,而且是管理人监督下的自行管理,债务人自行管理的职权也限于管理财产和营业事务。关于债务人自行管理的条件,《全国法院民商事审判工作会议纪要》第111条予以了明确,包括两个积极条件和两个消极条件,即"债务人的内部治理机制仍正常运转""债务人自行管理有利于债务人继续营业""债务人不存在隐匿、转移财产的行为""债务人不存在其他严重损害债权人利益的行为"。另外,该条还明确了管理人履行监督职责的方式,即管理人发现债务人存在严重损害债权人利益的行为或者其他不适宜自行管理情形的,可以申请人民法院作出终止债务

---

① 参见许德凤:《破产法论——解释与功能比较的视角》,北京大学出版社2015年版,第480~481页;邹海林:《供给侧结构性改革与破产重整制度的适用》,载《法律适用》2017年第3期。

② 该观点主要存在于实务界,参见李国光主编:《新企业破产法理解与适用》,人民法院出版社2006年版,第362~367页;《全国法院破产审判工作会议纪要》第14条,"人民法院在审查重整申请时,根据债务人的资产状况、技术工艺、生产销售、行业前景等因素,能够认定债务人明显不具备重整价值以及拯救可能性的,应裁定不予受理";江苏省高级人民法院民二庭《关于妥善审理破产案件、维护经济社会稳定若干问题的讨论纪要》第三部分第五节,重整申请审查应审查债务人是否具备继续经营的价值;《深圳市中级人民法院破产案件立案规程》第10条第5项、第11条第9项、第10项、第34条第4项,债权人、债务人申请重整的,应提交债务人具有重整价值的证据材料,债务人不具有重整价值的,重整申请不予受理。

人自行管理的决定。如果管理人怠于履行监督职责，债权人等利害关系人有权直接向人民法院申请作出终止债务人自行管理的决定。[①]

（三）重整投资人选任

根据《企业破产法》第79条、第80条的规定，重整计划草案的制作者是债务人或管理人，而重整计划草案的制作有赖于投资人的确定。但在实践中的问题是，是否必须以公开招募的方式选任投资人。有观点认为，遵循破产重整市场化的理念，招募投资人也应坚持市场化，即采取市场公开招募、公开竞价的方式。其一，通过市场公开招募，意向投资人根据管理人对债务人信息的完整披露开展专业的尽职调查后，能够自由谈判协商，迅速固定重整计划草案中的偿债方案、经营方案和出资人权益调整方案，降低谈判成本。其二，公开透明的市场化招募亦能获得债权人的信任和认可。因为经过充分市场竞价形成的偿债方案，更能够准确评估重整企业的市场价值。[②] 例如，在无锡尚德太阳能电力有限公司破产重整案中，审理法院监督、指导管理人引入市场竞争，通过公开的招募程序，从全球范围内上百家光伏企业及上下游企业中，通过报名、资格审查、尽职调查、提交投标文件、工作小组专业评议等严格的招募程序，确定最终的投资人。[③] 但在实践中，也存在以非公开谈判模式确定投资人的情形，例如，东北特钢重整案采取非公开谈判方式确定锦程沙洲和本钢板材为重整投资人，重庆钢铁重整案采取非公开谈判方式确定重庆长寿钢铁有限公司为重整投资人。尤其是在预重整程序中，考虑到保守商业秘密的因素，债务人几乎不可能公布财务状况以公开招募投资人。[④] 我们认为，无论是公开招募的形式，还是非公开谈判的方式，最终的重整计划草案都需提交债权人会议表决，公开招募投资人不是重整程序的必经程序。

---

① 最高人民法院民事审判第二庭编著：《〈全国法院民商事审判工作会议纪要〉理解与适用》，人民法院出版社2019年版，第563～565页。

② 参见陆晓燕：《运用法治化手段化解产能过剩——论破产重整实践之市场化完善》，载《法律适用》2016年第11期。

③ 《破产企业的“医生”——无锡市中级人民法院金融庭》，载微信公众号“江苏高院”2017年1月13日。

④ 池伟宏：《破产重整投资人的选任和保护》，载微信公众号“天同诉讼圈”2018年11月8日。

（四）重整模式选择

至于重整程序的选择，则也应根据债务人企业的特点，从有利于最大化实现债务人企业价值、有利于吸引市场投资、有利于压降重整成本的角度，选择实施相适应的重整程序。正如前文所言，实务中目前主要存在存续式重整和出售式重整两种模式。存续式重整主要适用于上市公司、管制行业公司等具备稀缺壳资源的企业，出售式重整则适用于整体资产优质但历史遗留问题严重的企业。新近司法实践中，出售式重整又发展出股权出售式重整和"分离式处置"的反向出售式重整。前者是指债务人以其具有重整价值的资产出资全资子公司，之后债务人出售该子公司的全部股权，用股权的转让所得来清偿债务；[①]后者是指保留债务人的外壳，以有利于使其某项特殊资质得以保留，债务人原有股东权益、资产、负债等整体移转至由债务人全资设立的较低注册资本的子公司，由该公司负责清算义务。[②] 上述重整模式的发展皆是为了适应重整市场的需要，在不违反法律禁止性规定的前提下，法院应当赋予其合法性，并应基于破产法基本原则，在投资人选定、资产价格合理评估等重点事项上履行好监督职能，以使其更具合理性。

在此，结合吴江法院2020年2月出台的《审理预重整案件的若干规定》，对吴江法院开展的预重整工作进行介绍。一是在对预重整的定义上，吴江法院采取的预重整模式，是指在立案审查破产重整申请后、受理破产重整申请前，对于具有重整原因且非明显不具备重整价值和挽救可能的债务人，经申请人、被申请人同意后，法院可决定由债务人制作包含《企业破产法》第81条规定的主要内容的方案，并征集利害关系人意见的程序。[③] 二是丰富临时管理人确定方式。决定进行预重整的，除可采用随机方式、竞争方式确定临时管理人外，也可采用推荐方式，即在债务人及其出资人、主要债权人或者有关主管部门推荐的已编入苏州法院破产管理人名册的机构中确定临时管理人。受理重整申请后，法院根据临

---

① 参见蒋瑜、孙立增：《股权出售式重整初探》，载《第七届中国破产法论坛论文集（上册）》2016年8月13日。

② 参见徐阳光、叶希希：《论建筑业企业破产重整的特性与模式选择——兼评"分离式处置"模式》，载《法律适用》2016年第3期。

③ 关于司法实践中其他几种预重整模式的介绍，详见本书第二篇典型案例"法庭内预重整的实践"部分。

时管理人履职表现决定是否转为重整案件管理人。三是限定预重整期间。将决定预重整之日起至临时管理人提交预重整工作报告之日止的期间确定为预重整期间。预重整期间为3个月,有正当理由的,经临时管理人申请,可以延长1个月。预重整期间不计入重整申请审查期限。四是明确债务人义务及临时管理人职责。预重整期间内,债务人主要承担自行管理财产和营业事务、如实披露与重整有关的信息、接受临时管理人监督、制作预重整方案的义务,临时管理人主要履行调查债务人财产、监督债务人自行管理、推动债务人与债权人等利害关系人进行协商、协助制作预重整方案、向法院提交预重整工作报告等职责。五是界定预重整期间费用和借款的性质。受理重整申请后,预重整期间临时管理人执行职务的费用、债务人为继续营业而发生的借款,可参照《企业破产法》的规定分别列入破产费用和共益债务。六是明确与重整程序的衔接。受理破产重整申请后,债务人或者管理人可直接以预重整方案为依据制作重整计划草案提交法院和债权人会议。重整计划草案的内容与预重整方案内容一致或有关权利人的权益更趋优化的,有关出资人、债权人对预重整方案的同意视为对该重整计划草案表决的同意。

(五)重整程序中的"债转股"

采用"债转股"的方式进行偿债在重整程序中已经非常普遍。[①] 关于重整程序中的"债转股"问题,王欣新教授与韩长印教授曾有过一场精彩的学术辩论。王欣新教授主张重整程序中的"债转股"具有债务清偿和债权出资的双重法律性质;由于其不是单纯的债务清偿行为,而是将转股人的债权以出资的方式转为了权利与义务性质完全不同的股权,所以必须贯彻自愿原则,不能适用债权人会议多数决的强迫原则,法院也不能以强制批准重整计划草案的方式迫使拟转股人中的反对者实施"债转股";因重整计划执行失败转入清算程序后已经转为股东的债权人无权要求恢复并清偿原债权。[②] 韩长印教授则认为,重整中的"债转

① 和解程序中同样有债转股的适用空间,具体参见王萍、曹滢钰:《破产和解语境中债转股的规范和实践——以庆盛控股等7公司破产清算转和解案为样本的考察》,载《法律适用》2019年第20期。

② 参见王欣新:《企业重整中的商业银行债转股》,载《中国人民大学学报》2017年第2期;王欣新:《再论破产重整程序中的债转股问题——兼对韩长印教授文章的回应》,载《法学》2018年第12期。

股”具备代物清偿的基本属性,不同意“债转股”的债权人也必须受债权人会议少数服从多数表决的限制,重整程序转入清算程序后已转股债权人可以请求债务人再度负担原债务。[①] 两位教授的辩论为我们从一般理论上深刻理解重整程序中“债转股”的法律性质提供了帮助。无论是王欣新教授主张的“债转股”的双重法律性质,还是韩长印教授认为的其代物清偿的基本属性,大家对其作为一种执行重整计划清偿债权的性质不存在争议。而作为清偿债权的一种方式,实务中对于具体“债转股”的数量和定价问题则更为重视。在实践中的做法多是以资产评估、财务审计报告为参考[②],由债务人、出资人、债权人委员会、投资人等各参与方考虑企业发展前景、未来盈利能力等因素,通过竞争性协商与市场化博弈确定。

在实务中,与“债转股”数量和定价问题密切相关的是如何确定转股债权人清偿率的问题,这也关系到转股债权人能否依据《企业破产法》第 92 条第 3 款继续向债务人的保证人和其他连带债务人主张权利。一种观点认为,“债转股”的清偿方式已经覆盖债权人的债权总额,其债权应视为获得完全清偿。另一种观点认为,转股债权人的实际受偿比例应以重整计划确定的评估基准日的股权价值测算,未获清偿部分有权向保证人和其他连带债务人主张权利。对此,不同的重整计划在表述上也存在区别,大致也分为以下 4 种:

1. 直接载明转股债权清偿率。例如,重庆钢铁股份有限公司重整计划:“每家债权人民币 50 万元以下的债权部分,由重钢在本重整计划执行期限内以现金方式清偿完毕;在本重整计划执行期限内,每家普通债权人超过 50 万元的债权部分,每 100 元普通债权将分得约 15.990483 股重庆钢铁 A 股股票,股票的抵债价格按 3.68 元/股计算,该部分普通债权的清偿比例约为 58.844978%。按照上述方案清偿后未获清偿的债权部分,根据《中华人民共和国企业破产法》第九十四条的规定,重钢不再承担清偿责任。”[③]

2. 载明清偿率计算公式。例如,东北特钢系重整计划:“本重整计划规定的

---

① 参见韩长印:《破产法视角下的商业银行债转股问题——兼与王欣新教授商榷》,载《法学》2017 年第 11 期。

② 也允许参考股票二级市场交易价格确定上市公司转股价格,允许参考竞争性市场报价或其他公允价格确定非上市公司的市场定价。参见杨忠孝、李冀:《破产程序中债转股的金融债权保护问题研究》,载《海南金融》2017 年第 3 期。

③ 参见湖北省高级人民法院民事判决书,(2019)鄂民终 135 号。

债转股属于债权清偿的方式,债转股完成后,权利人未实现清偿的部分不能再向东北特钢等三家公司主张,但对保证人和其他连带债务人的债权仍然可以依法主张。债转股部分的实际清偿率根据股权价格确定,清偿率可以参照如下公式计算:清偿率 = (持股数量 × 每股价格)/转股的债权金额。”其中“每股价格”是指重整后东北特钢的股权价值。①

3. 表述为全额清偿。例如,抚顺特殊钢股份有限公司重整计划:“每 100 元普通债权分得 12.626263 股转增股票,以分得的转增股票抵偿债务,股票的抵债价格按 7.92 元/股计算,该部分普通债权的清偿比例为 100% 。”②

4. 保管期内不视为清偿债权。例如,渤海钢铁系重整计划:“根据《企业破产法》第九十二条第三款的规定,债权人对债务人的保证人和其他连带债务人所享有的权利,不受重整计划的影响。债权人的债权在渤钢系企业之外存在主债务人或担保人的,且债权人拟或正在向该类主体主张权利,则该债权人依本重整计划依法获得分配的受偿现金、留债、或股权等,将由管理人自法院裁定批准本重整计划之日起依法保管 2 年,该保管不视为清偿债权。采用该种方式的债权人应在法院裁定批准重整计划之日起 15 日内按照附件 2 向管理人发出书面申请函件;若债权人逾期未申请的,视为同意按本重整计划进行清偿。在上述保管期间,债权人有权以其全部债权的金额通过追收、诉讼等方式要求渤钢系企业之外的主债务人或担保人承担相应清偿责任;若在上述保管期间,债权人未或未能向渤钢系企业之外的主债务人或担保人行使其权利,管理人将在保管期届满后依本重整计划进行提存。若在该保管期间,债权人以书面方式要求按照本重整计划进行清偿,则债权人因参与受偿而形成的相关风险由债权人承担。”③

---

① 参见《东北特钢集团有限责任公司、东北特钢集团大连特殊钢有限责任公司、东北特钢集团大连高合金棒线材有限责任公司重整计划》第 29 ~ 30 页。但关于如何界定重整后的股权价值,东北特钢系重整计划并未给予明确约定。对此,东北特钢系重整计划制作组成员撰文称:“从转股债权人角度,如果其对东北特钢未来发展看好,认为东北特钢未来股权价值的提升足以覆盖其原始债权,则可暂缓对其他连带债务人的追偿;相反,则会立即认亏并启动追偿程序。但是,从其他连带债务人的角度,则希望‘每股价格’越高越好,高到可以完全覆盖债权人的债权,进而不要来追偿自己。而在‘每股价格’的认定标准、时点和方式未明确,转股债权人与其他连带债务人利益不一致的情况下,难免会产生新的争议。”参见金成峰:《东北特钢重整案:债转股在破产重整程序中的运用》,载微信公众号“天同诉讼圈”2018 年 12 月 13 日。

② 参见《抚顺特殊钢股份有限公司重整计划》第 5 ~ 6 页。

③ 参见河北省高级人民法院民事判决书,(2020)冀民终 189 号。

（六）表决重整计划草案的分组

根据《企业破产法》第82条的规定，我国的表决分组采取法定分组与法院依职权分组相结合的模式，即在依照债权性质划分出担保债权组、职工债权组、税款债权组、普通债权组的同时，赋予法院决定是否在普通债权之外单独设立小额债权表决组的法定职权。分组表决重整计划草案的基本原理对同质债权同等处理，给予债权人公平和公正的待遇，从而能够更全面、更准确地反映不同利益的债权人的意见。① 关于能否在上述组别之外设置其他组别的问题，王欣新教授认为，“只要能够更全面、准确地体现不同债权人团体之间的利益需求，能够更好地体现表决结果的公正性，法院完全可以根据重整计划草案对债权的调整方案决定在法律规定之组别外再分设其他组别”②。我们认为，我国破产法对债权性质、顺位的规定是强制性的，同一顺位债权应平等对待，在同一顺位债权内部按照债权主体等差异再进行分类，并给予不同比例的清偿，是缺乏法律依据的。在实务中，即使如东北特钢重整案，管理人将普通债权又分为经营类普通债权、债券类普通债权、金融类普通债权，并在重整计划草案中约定经营类和债券类普通债权可选择现金清偿或者“债转股”，金融类普通债权只能实施“债转股”，但两种清偿方式的清偿比例是大致相当的，且其也没有设立新的表决组。③

关于小额债权组的设立，从前述分组表决重整计划草案的基本原理来看，其是违背同一债权同等对待规则的，因为其分组的依据并非权益性质的实质差异，而仅是债权数额的不同。④ 在由参与《企业破产法》立法的人员编写的《企业破产法释义》中，对于设立小额债权组作如下解释：“在实践中，往往存在着大额债权人人数少但是债权总额很大，而小额债权人数很多，债权总额却不大的情况。在这种情况下，如果把所有无担保的债权作为普通债权分为一类按照同一比例清偿的话，要取得出席会议的债权人过半数同意重整计划草案，是比较困难的。

---

① 参见韩长印：《从分组到分段：重整程序中的小额债权清偿机制研究》，载《法学》2019年第12期。

② 王欣新：《破产法理论与实务疑难问题研究》，中国法制出版社2011年版，第371页。

③ 参见金成峰：《东北特钢重整案：债转股在破产重整程序中的运用》，载微信公众号“天同诉讼圈”2018年12月13日。

④ 参见韩长印：《从分组到分段：重整程序中的小额债权清偿机制研究》，载《法学》2019年第12期。

如果对小额债权人提高清偿比例以取得他们的同意，不仅不会增加企业的偿债困难，对大额债权人的权益影响也很小。"[①]也就是说，设立小额债权组是基于提高重整计划表决效率的需要。[②] 但在司法实践中，设立小额债权组因违法了公平对待同一性质债权人的原则，也易引发其他债权人的不满，实际反而可能影响重整计划表决的效率。据此，实践中发展出仅设一个普通债权组，并在组内根据债权额大小而分段递减式清偿的方案。该方案虽然对于普通债权人而言仍未完全实现公平受偿，甚至分段越多，对大额债权人的保护越不利，但相对单独设立小额债权组并优惠清偿而言，其更接近债的平等受偿目标，而且也更便于重整计划的通过，所以得到更为普遍的采用。[③]

（七）重整计划的批准

重整计划的批准，是指法院代表国家对当事人民事权利处分行为进行监督审查，审查重整计划是否符合法律规定的司法活动。[④] 以债权人会议是否表决通过重整计划草案为标准，法院对重整计划的批准分正常批准和强制批准。如果把破产重整程序看作一个开放的市场，在市场的信息透明度得到充分保障的情况下，各方的谈判博弈得以充分进行，最终达致的结果应当是合理的，法院是否批准重整计划只需根据债权人会议的表决结果判断即可，无所谓强制批准的问题。也正是在这个意义上，2016 年 6 月，最高人民法院选取"深圳中华自行车（集团）股份有限公司破产重整案"作为破产典型案例时，认为这个案件的典型意义便在于，"人民法院充分尊重当事人意思自治，慎重行使强制批准权，确保市场主体充分进行博弈后，帮助企业恢复生机的典型案例。强制批准重整计划草案，主要适用于需要打破利益壁垒、平衡保护当事人利益的情形，应当慎重适用"；同时认为，在重整计划草案经第一次表决未通过的情况下，法院宜"指导管理人积极作为，以利益导向、发展导向促成债权人的态度转化，避免了司法权对

---

① 《中华人民共和国企业破产法释义及实用指南》编写组：《〈中华人民共和国企业破产法〉释义及实用指南》，中国民主法制出版社 2012 年版，第 206 页。

② 相关案例如"中核华原钛白股份有限公司破产重整案"，参见《人民法院关于依法审理破产案件推进供给侧结构性改革典型案例》，载《人民法院报》2016 年 6 月 16 日，第 3 版。

③ 参见韩长印：《从分组到分段：重整程序中的小额债权清偿机制研究》，载《法学》2019 年第 12 期。

④ 徐根才：《破产法实践指南》，法律出版社 2016 年版，第 193 页。

市场的干预”[①]。《全国法院破产审判工作会议纪要》第 18 条中也再次强调，“人民法院应当审慎适用企业破产法第八十七条第二款，不得滥用强制批准权”。

另一个值得注意的问题是，实践中法院行使强制批准权时多侧重于对债权人利益最大化、公平对待和绝对优先原则的审查，往往忽视对经营方案可行性的审查。而债务人经营方案的可行性，回应的正是重整制度的设立初衷，即让企业获得重生、恢复盈利能力。故在破产重整市场化的目标下，对债务人经营方案可行性审查应得到重视。另外，因对债务人经营方案的可行性审查实际涉及商业判断的问题，法院作为法律适用机关，往往难以判断重整后的公司是否真正具备恢复持续经营的能力。对此，法院在裁决的过程中，可主持当事人的听证，要求重整计划的制定者及投资人，对其制定的经营方案进行可行性论证并向法院提交书面的说明，必要时可以聘请有关专家解答专业技术问题，以充分听取和发现事实。[②]

（八）重整计划执行的变更

市场环境瞬息万变，在重整计划的执行过程中，难免出现新情况新问题，使得重整计划的安排无法完全贯彻，此时便会发生重整计划变更的问题。我国《企业破产法》并未对重整计划执行的变更作出明确规定，与此相关的，仅有《企业破产法》第 91 条第 3 款对延长重整计划执行的监督期限的规定，以及第 93 条第 1 款对重整计划执行不能情况下法院裁定终止重整计划的执行，并宣告债务人破产的规定。但上述与应对重整计划执行变更相关的规定过于刚性，不利于重整目标的积极实现。在司法实践中，有的管理人或债务人在重整计划草案中预先设计“重整计划的变更报债权人委员会决定，并经人民法院批准”条款，以防范重整计划执行风险。[③] 这一做法系通过债权人会议意思自治的方式弥补立法对重

---

① 参见《人民法院关于依法审理破产案件推进供给侧结构性改革典型案例》，载《人民法院报》2016 年 6 月 16 日，第 3 版。

② 参见刘敏、池伟宏：《法院批准重整计划实务问题研究》，载《法律适用》2011 年第 10 期。

③ 例如无锡市中级人民法院在无锡西姆莱斯石油专用制造有限公司破产重整案中，指导管理人在重整计划中预先设计“重整计划的修改应报告债委会，并经无锡中院批准”的条款。在重整计划执行中，原重整投资人无法按期支付偿债资金，依据上述条款，在重整计划框架不变、逾期损失得到弥补的前提下，经管理人申请、债委会同意，无锡中院批准了重整计划的修改，适当延长了偿债期限，更换了重整投资人。参见《破产企业的“医生”——无锡市中级人民法院金融庭》，载微信公众号“江苏高院”2017 年 1 月 13 日。

整计划变更规定不足的问题。《全国法院破产审判工作会议纪要》第19条、第20条关注到了该问题,并作出指导性规定,在一定程度上解决了重整计划执行变更的问题。但其仅针对“因出现国家政策调整、法律修改变化等特殊情况,导致原重整计划无法执行”的情形,未区分债权受偿方案或经营方案的变更,也未考虑变更是否影响债权人利益等不同因素。① 在实践操作中,基于重整计划的确定性原则,法院在对重整计划变更进行批准时,应当进行实质性审查。一方面,应审查是否存在使原重整计划修改正当化的情形;另一方面,还应具体区分修改所涉及的内容。若涉及债权受偿方案的变更,首先要保证重整计划规定的受偿比例不能减少,以确保若延长执行期限时债权人因此遭受的损失能够得到弥补;若涉及经营方案的调整,因一般不涉及债权人利益,可在全面听取利益相关者的意见的基础上,结合相关领域的专家对执行风险之于原经营方案的影响所进行的评估,决定是否准许适当调整经营方案。

---

① 另外,最高人民法院于2020年5月15日发布的《关于依法妥善审理涉新冠肺炎民事案件的指导意见(二)》第20条第2款规定:“对于重整计划或者和解协议已经进入执行阶段,但债务人因疫情或者疫情防控措施影响而难以执行的,人民法院要积极引导当事人充分协商予以变更。协商变更重整计划或者和解协议的,按照《全国法院破产审判工作会议纪要》第19条、第20条的规定进行表决并提交法院批准。但是,仅涉及执行期限变更的,人民法院可以依债务人或债权人的申请直接作出裁定,延长的期限一般不得超过六个月。”其将疫情或者疫情防控措施视为不可抗力,允许重整计划据此变更一次。另外,针对仅申请延长重整计划执行期限的,由于其他承诺条件不变,因而并不需要制作新的重整计划,人民法院可以依债务人或债权人的申请直接作出裁定,但延长期限一般不得超过六个月。参见郁琳、樊星:《常态化疫情防控中破产审判的法律适用问题》,载《法律适用》2020年第15期。

吴江法院合并破产案件审判报告

随着中国经济的高速增长，企业集团与关联企业的存在已成为现实经济生活中日趋重要的经济现象。关联企业经营的组织结构有利于优化资源配置，降低交易成本和商业风险，创造规模经济，符合社会化大生产的要求以及经济全球化发展的趋势。与之相对应的是，在司法实务中对关联企业提出破产申请的案件也日益增多。因关联企业之间往往存在大量的互相持股、资金划拨、人员调用、财产混同、互相担保等情况，如何处理关联企业间的债权债务，公平保护关联企业债权人的整体利益成为破产案件处理的关键。而《企业破产法》中并没有关于关联企业破产的相关规定。近年来，各级人民法院借鉴域外法经验，对关联企业进行实质合并破产的案例屡见不鲜。2016 年至 2021 年 5 月，吴江法院适用实质合并破产规则审理了 6 起关联企业合并破产的案件。本报告即全面介绍上述案件的审理情况，总结审判经验、实施举措，剖析实务过程出现的疑点难点，探求解决问题的有益路径。

一、案件审理的基本情况

2016 年至 2021 年 5 月的 5 年多时间里，吴江法院共立案登记破产审查案件 612 件，受理破产案件 493 件，审结破产案件414件。其中,受理合并破产案件6件,审结5件,即凹凸系、苏龙系、巨诚系、塞弗系、香格里拉公司和乐佳福厂合并破产案;在审1件,即静思园系企业合并破产案,共涉及45家破产企业。基本案情如下。

(一)凹凸系企业合并重整案

2015年10月13日,吴江法院分别裁定受理对吴江市液铸液压科技发展有限公司、苏州凹凸控股集团有限公司、苏州凹凸纸品有限公司、苏州伊辰物流有限公司、苏州凹凸彩印厂5家企业的破产清算申请。2016年2月17日,吴江法院裁定凹凸系企业合并破产清算,2016年3月15日,凹凸系企业被裁定合并破产重整。2017年1月17日,吴江法院裁定批准凹凸系企业的重整计划,终止企业重整程序。2017年11月27日,在重整计划执行完毕后,裁定终结凹凸系企业破产程序。

(二)巨诚系企业合并破产清算案

2017年4月11日,吴江法院分别裁定受理对吴江市巨诚喷织有限公司、江苏巨诚高新材料有限公司、苏州天玺纺织制品有限公司、钜诚纺织(苏州)有限公司、巨诚科技集团有限公司5家企业的破产清算申请。2017年7月31日,吴江法院裁定巨诚系20家企业合并破产清算。2017年10月20日,巨诚系企业被裁定宣告破产。2018年6月29日,因破产财产分配完毕,裁定终结巨诚系企业破产程序。

(三)苏龙系企业合并破产清算案

2017年12月15日,吴江法院分别裁定受理江苏苏龙纺织科技集团有限公司、吴江市苏龙纺织有限公司、苏龙漂染(苏州)有限公司、吴江声荣纺织有限公司、苏州麻立坊科技文化发展有限公司、吴江市振武绢纺原料厂6家企业的破产清算申请。2018年5月24日,苏龙系企业被裁定合并破产清算。2018年8月7日,吴江法院裁定宣告苏龙系企业破产。2019年2月19日,因破产财产分配完毕,裁定终结苏龙系企业破产程序。

(四)塞弗系企业合并破产清算案

2018 年 3 月 8 日,吴江法院裁定受理苏州塞弗电梯部件有限公司破产清算。2018 年 7 月 6 日,苏州塞弗电梯部件有限公司、苏州天行健电梯有限公司等 6 家塞弗系企业被裁定合并破产清算。2018 年 11 月 1 日,吴江法院裁定宣告塞弗系企业破产。2019 年 3 月 29 日,因破产财产分配完毕,裁定终结塞弗系企业破产程序。

(五)香格里拉公司和乐佳福厂合并重整案件

2019 年 7 月 30 日,吴江法院分别裁定受理苏州香格里拉公司、吴江市乐佳福厂破产重整。2019 年 10 月 16 日,香格里拉公司、乐佳福厂被裁定合并破产重整。2019 年 12 月 19 日,吴江法院裁定批准香格里拉公司、乐佳福厂的重整计划,终止企业重整程序。2020 年 6 月 29 日,在重整计划执行完毕后,裁定终结香格里拉公司和乐佳福厂重整程序。

(六)静思园系企业合并破产清算案件

2020 年 1 月 16 日,吴江法院裁定受理对苏州静思园有限公司的破产清算申请。2020 年 7 月 27 日,吴江法院裁定苏州静思园有限公司、苏州静思园文化旅游发展有限公司、苏州静思园园林工程有限公司、吴江静思园投资发展有限公司、吴江市庆磊实业有限公司、静思园(苏州)置业开发有限公司、吴江静思园合并破产清算。2020 年 8 月 5 日,债权人对静思园系企业合并破产清算裁定不服并申请复议。2021 年 2 月 19 日,苏州市中级人民法院驳回复议申请,维持合并破产清算裁定。

二、案件审理的特点

(一)总体情况平稳

5 年多时间里,吴江法院坚持实质合并破产的"审慎适用"和"当用则用"原则,受理合并破产案件 6 件,且审结情况基本平稳,取得了预期效果。主要原因在于:(1)对于关联企业破产的审理模式,因《企业破产法》并未有相关规定,2018

年以前最高人民法院也未出台相应司法文件，故司法实践多采取谨慎态度。2018 年 3 月，最高人民法院发布了《全国法院破产审判工作会议纪要》（本报告以下简称《会议纪要》），通过专章规范了关联企业破产问题，从司法政策上肯定了关联企业实质合并破产规则，很大程度上统一了各地人民法院关联企业合并破产问题的司法操作，使得合并破产制度有据可循。按照《会议纪要》的规定，吴江法院将符合“公司人格严重混同”这一主要受理标准的苏龙系和塞弗系企业裁定适用实质合并破产清算，充分保障了债权人公平清偿，提高了破产程序的经济效率与司法效率。(2) 司法实践对于合并破产制度的需求较为迫切。自《企业破产法》实施以来，关联企业合并破产的做法已不罕见，国内已有较多裁定合并重整或合并清算的关联企业合并破产案例。例如，闽发证券合并破产清算案、纵横集团合并重整案、怡华系合并重整案等。面对关联企业已构成人格混同的情形，合并破产显然更有利于充分保障全体债权人的利益，也更有利于实现破产程序挽救企业的价值。(3) 专业破产审判团队的成立，使吴江法院破产审判专业化建设迈上了新的台阶。吴江法院历来重视破产审判队伍建设，2016 年 9 月，更是成立了全省基层法院首家有独立编制的清算与破产审判庭，并配置了足额、综合素质高的审判员，大大提升了破产审判工作质效。专业破产审判团队成立以后，一方面，总结此前凹凸系企业合并破产理论与实践；另一方面，创新合并破产思路，探索纠纷解决新途径，攻克合并破产实践中的重点、难点问题。

（二）程序启动模式多样

在司法实践中，实质合并破产的启动模式主要包括以下 3 种：第一，关联企业先分别进入破产程序，然后再实施实质合并；第二，部分企业先进入破产程序，再以申请实质合并破产的方式，对其他企业直接启动实质合并的破产程序；第三，在破产程序启动前，各关联企业共同申请启动实质合并破产进入破产程序。① 在上述三种模式中，实践中最常见且最稳妥的模式是第一种。就吴江法院受理的 6 件合并破产案件，凹凸系、苏龙系、香格里拉公司和乐佳福厂均采用第一种启动模式，塞弗系采用第二种模式，巨诚系、静思园系则同时采用了第一种和第二种模式。

---

① 王欣新：《破产法》（第 4 版），中国人民大学出版社 2019 年版，第 405 页。

第一种模式,通过对进入破产程序的各关联企业清产核资以及债权审查,能够准确判断出关联企业是否需要合并破产,避免法院滥用实质合并制度。但是该模式在程序衔接和效率上存在一定的弊端。如需等待各关联企业均进入破产程序,再协调统一各企业的有关事项,一定程度上可能导致破产制度挽救功能和公平清偿目标的迟滞。第二种模式,最大的优点在于效率,它赋予法院和管理人较大的自主权,免去中间利害关系人多次协商的过程,能够有效促进资源配置的最大化。但其缺点在于,这种模式下法院行使的决定权过大,承担的风险也较高。第三种模式,最具有前瞻性,这种将关联企业自始至终视为一个整体的做法,可以简化工作步骤,有利于整体破产方案的制定和实施。

(三)裁判标准逐渐完善

在凹凸系企业合并破产案中,吴江法院认为凹凸系 5 家企业均为一人直接控制,其在企业运营管理、人事、财务尤其是资金等表征上高度混同,导致各自财产及债权债务无法明确区分,故各企业已丧失独立人格,构成人格混同,应当视为一个法律主体进行合并处置。

在其余 5 件企业合并破产案中,吴江法院认为各关联企业虽为形式上的独立法人,但实质上均为一人直接控制的关联企业,其在公司运营管理、人事、财务尤其是资金等表征公司法人人格的要素方面具有高度混同情形,导致各自财产及债权债务无法明确区分或区分成本巨大,故各公司已丧失独立人格,构成人格混同,应当视为一个法律主体进行合并处置。如若不予合并,单独清偿已违反《企业破产法》"公平清理债权债务"的立法宗旨,即使个别债权人单独清偿下的债权清偿率可能较高,但其与公平集中保护债权人权益相较,难谓相当。

凹凸系企业合并破产案受理于 2016 年 2 月,当时《会议纪要》还未出台,吴江法院主要依据公司法上的"法人人格混同"理念并参考国内合并破产典型案例的裁判标准认定合并破产的适用标准。《会议纪要》2018 年 3 月发布后,因其第 32 条明确规定:"……当关联企业成员之间存在法人人格高度混同、区分各关联企业成员财产的成本过高、严重损害债权人公平清偿利益时,可例外适用关联企业实质合并破产方式进行审理。"吴江法院在随后的实质合并破产裁判标准考量上,除坚持以"法人人格混同"为主要标准外,另综合了"区分各关联企业成员财产的成本过高""严重损害债权人公平清偿利益"等标准。

(四)合并清算、合并重整均有体现

吴江法院审结的5件合并破产案件,2件适用重整程序,3件适用破产清算程序。实质合并破产启动以后,是进行清算还是重整,取决于公司的资产、营业是否具有重整的价值,也即回归到重整和破产清算的区别标准上来。除此之外,根据《会议纪要》第33条的规定,相对于合并清算,在审查合并重整时,还应将合并是否增加企业重整的可能性作为考量因素之一。当然,因实质合并破产的关联企业涉及多家企业,每家企业的状态千差万别,有的具有重整价值,有的则无挽救希望,如果单一适用一种程序,忽视各关联企业个体情况,将有损于实质合并破产功能的发挥。我们认为,只要符合合并破产制度的适用规则,有利于最大化债务人财产价值,可以清算,可以重整,也可以部分清算部分重整。因为清算还是重整解决的是财产实现方式的问题,而合并破产还是单独破产,更大程度上解决的是债权人整体公平清偿利益的问题。

法院裁定关联企业进行实质合并破产后,出于公平保护全体关联企业债权人利益的需要,各关联企业成员应当将所有财产、账册等资料全部交由管理人保管,由管理人统一处理全部企业的对外债权清收和财产的取回。《会议纪要》第36条规定:"人民法院裁定采用实质合并方式审理破产案件的,各关联企业成员之间的债权债务归于消灭,各成员的财产作为合并后统一的破产财产,由各成员的债权人在同一程序中按照法定顺序公平受偿……"关联企业互相担保的,债权人将不再享有全部债权分别在各破产案件中申报的机会,关联企业之间的债权债务关系相应抵销,归于消灭。各关联企业的债权人应统一向管理人申报债权,管理人审核债权时无须区分该债权来自哪一家企业,均作为实质合并后的破产债权处理。但是,关联企业为其他关联企业的债务向关联企业外的第三人提供的物权担保并不消灭,即在外部债务关系基础上设置的物权担保依然成立,视为以同一企业的财产提供的担保,仍然在原担保财产的范围承担责任。① 伴随财产的统一处理、债权的统一清偿,实质合并还会对债权人会议决议的投票表决产生影响。各合并企业的债权人将统一对债权人会议决议投票,单个债权人对表决结果的影响力将因统一投票而改变。

---

① 王欣新:《破产法》(第4版),中国人民大学出版社2019年版,第405页。

三、合并破产遇到的实务困境

（一）合并破产的规范依据不足

在司法实务中采用合并破产制度已经10多年之久，收效显著，反响良好，但法律适用上大多数法院仍然适用的是公司法上的“法人人格否认”理论，缺乏强有力的法律依据支撑。最高人民法院《关于适用〈中华人民共和国企业破产法〉若干问题的规定（二）》第23条第3款出现了“个别债权人代表全体债权人……依法申请合并破产的，人民法院应予受理”的字样，说明在司法解释层面已经对合并破产制度予以肯定，但是除此之外再无任何规定。《会议纪要》的出台为合并破产制度搭建了一个总框架，但规定的仍然过于粗糙，体系不够完善，且会议纪要是司法政策层面的指导，对于合并破产制度来说，位阶较低。部分地区地方性司法文件中对于合并破产制度也进行了创设性的规定，但是地方性文件的司法效力始终不如法律，各地的规定也是按照具体情况进行，容易造成同案不同判的情形，影响司法公信力。

（二）合并破产适用标准宽泛

从《会议纪要》规定的适用合并破产标准来看，虽然在原则上还是限于公司法上法人人格严重混同的范围，但也开始考虑其他适用因素的影响，并重视法人人格严重混同的具体认定。需要注意的是，上述规定并没有在法人人格混同概念之外明确设立其他独立的适用标准，而仅仅是将其他因素作为对其的辅助性或补强性内容，这对充分利用实质合并法律手段解决关联企业实质合并破产问题而言还是有所不足。① 此外，在实践中，如何界定法人人格高度混同、区分各关联企业成员财产的成本过高、严重损害债权人公平清偿利益也是一大难点。

（三）合并破产具体程序设计几近留白

《会议纪要》对合并破产具体程序设计几近留白，导致各地区裁判做法千差万别。例如，依照《企业破产法》规定，破产申请受理时是申报债权利息计算、撤

① 王欣新：《〈全国法院破产审判工作会议纪要〉要点解读》，载《法治研究》2019年第5期。

销权可撤销期间、重整期限等权利行使和程序事项的有关期限起算点。在关联企业先后进入破产程序,再裁定合并破产的情况下,上述权利行使和程序事项期限起算点因关联企业成员进入破产程序时间不同以及裁定实质合并对于程序的影响使得问题趋于复杂化。有的地区采用统一确定各时间点的裁判观点,有的地区则仍然按照原法院作出的受理时间分别确定各时间点。再如,就破产事务,债权人究竟是合并表决还是分别表决,做法均不一致。实质合并规则刺破了法人人格的面纱,将关联成员视为单一企业进行破产处理,其法律效力对于各利害关系人影响甚巨,应当周密设计、谨慎对待。

(四)“利益受损”债权人反对问题突出

各关联企业之间资产债务状况各不相同,通过实质合并破产规则,将其资产和债务合并在一个破产程序中,统一用于清偿所有债权人,必然导致部分优质资产企业的债权人清偿率受到稀释。此外,享有关联企业交叉担保的债权人,在合并破产后,债权清偿来源减少,清偿额降低。上述债权人即是对合并破产的“反对声音”,他们的不满情绪,法院和管理人必须妥当处理,否则容易引发维稳风险。

四、完善合并破产制度的举措

(一)制定关联企业合并破产统一规则,指导破产审判实践

为更好回应司法实务中关联企业合并破产的制度需求,立法层面应当尽快制定相应的规则体系,但也不应将国外实质合并规则不加区分地进行照搬,而是应当根据我国关联企业的特点和破产案件的审判实践,对实质合并规则的适用条件、管辖原则、举证责任、申请主体、救济途径、具体程序等形成统一的裁判规则,制定统一的适用标准,以便指导实践。

(二)明确实质合并的适用情形,并引入其他可行性标准

首先,法人人格高度混同是前提。在此方面,最高人民法院 2013 年发布的 15 号指导案例,即徐工集团工程机械股份有限公司诉成都川交工贸有限公司等买卖合同纠纷案,对“人格混同”的认定做出了进一步的阐释,表现为关联公司的

人员、业务、财务、财产等方面交叉或混同。在司法实务中可以遵循上述方向予以认定。具体可以考察:(1)各关联企业成员的财产权属是否清晰,是否难以区分;(2)各关联企业成员之间的融资情况、互相投资参股和担保情况;(3)是否存在董事、监事等高级管理人员的混同,是否存在一人在多家关联企业任职的情况;(4)各关联企业成员是否建立了独立的会计核算体系;(5)通过审查关联企业成员之间的资金关联往来情况考虑各关联企业成员之间是否存在不当交易行为;(6)上述情形的持续时间和范围。当然,关联企业间人格混同整体上应当达到严重的程度,如果仅仅是轻微的、不严重的、可以加以区分的程度,不必适用实质合并破产。其次,就资产难以分离或者分离成本过高这一标准而言。一般对企业财产进行必要的审计和评估后,发现关联企业间财产已彻底混同,强行区分的话,经济成本和时间成本过高,那么采用实质合并破产可能是必需的选择。但在正常情况下,关联企业之间存在混同或者不当交易,可以通过行使破产法上的撤销权、取回权等法律手段解决财产的归属问题。最后,严重损害债权人公平清偿则是法人人格高度混同的结果。主要可以从债务人是否存在转移资产、虚假交易、欺诈等情形判断。如果关联关系的滥用未损及债权人的公平受偿利益,则实质合并规则没有适用的必要性。①

同时,为了更好发挥实质合并的效用,解决实际问题,应当进一步放开适用实质合并认定标准,引入欺诈标准以及债权人受益标准,以适应《企业破产法》的调整需要。欺诈,是指“法院确信企业集团成员从事欺诈图谋或毫无正当商业目的的活动,为取缔这种图谋或活动必须进行实质性合并”。② 欺诈标准不依赖于其他条件而存在,无论是否存在法人人格混同的问题都可以独立适用。债权人受益,是指实质合并比单独清算更有利于债权人。这一标准可以是独立标准,也可以是补强标准。当实质合并有利于全体债权人的时候,法院当然毫不犹豫地适用,而不用考虑其他。当然,现实生活中无人受损的情况极少,若实质合并有利于大多数债权人,在法人人格高度混同标准的前提之下,就可以采取实质合并规则。

---

① 王欣新、周薇:《论中国关联企业合并破产重整制度之确立》,载《北京航空航天大学学报(社会科学版)》2012 年第 2 期。

② 联合国国际贸易法委员会:《贸易法委员会破产法立法指南》“第三部分:破产企业集团对待办法”,联合国维也纳办事处英文、出版和图书馆科 2012 年版,第 71 ~ 72 页。

(三)审慎适用实质合并破产规则,赋予异议当事人救济权

法人人格独立和有限责任是现代公司法的基石。对关联企业采取实质合并破产规则审理,实质是否认了上述规则,若出现滥用现象,必将动摇公司法的理论基础,故审慎适用实质合并破产制度应当是原则,这也是《会议纪要》坚持的精神。只有当其他救济手段无法使所有关联企业获得合理的清算以及显失公平地损害债权人合法权益的情况下,才例外适用实质合并破产规则。

决定适用合并破产规则时,法院应当经过综合衡量、充分论证,并召开由利害关系人参与的听证程序,听取各方意见,对证据进行充分的展示,确保各利害关系人的知情权、参与权。同时,为保证程序的公正,在制度层面应允许利害关系人提出异议。《会议纪要》第 33 条、第 34 条规定:“人民法院收到实质合并申请后,应当及时通知相关利害关系人并组织听证,听证时间不计入审查时间。人民法院……在收到申请之日起三十日内作出是否实质合并审理的裁定。相关利害关系人对受理法院作出的实质合并审理裁定不服的,可以自裁定书送达之日起十五日内向受理法院的上一级人民法院申请复议。”对于上级法院认为异议成立的案件,破产法院应当终结合并程序,改为独立审理;对于异议不成立的,上级法院驳回申请的,破产法院继续合并破产审理程序。复议期间不停止合并破产程序的进行。

吴江法院房地产企业破产案件审判报告

由于房地产开发、建设和销售的环节多、周期长、专业性强、资金密集、牵涉利益主体范围广、涉及政府职能部门多,房地产企业破产案件的审理难度较之一般破产案件也较大。2015 年至2021 年5 月,吴江法院受理房地产企业破产案件11 件,审结5 件,4 件存在住宅项目复工续建问题,已有3 件竣工验收,向1100 余户购房人完成了交付。本调研报告以吴江法院房地产企业破产案件审判实际为基础,简要分析房地产企业破产案件特点,存在的问题和成因,提出并分析其中有待进一步研究的疑难问题,以期对房地产企业破产案件的审理和相关制度的完善提供参考。

一、吴江法院房地产企业破产案件的特点

(一)住宅类房企占多数

在已受理的11 件案件中,纯商业地产公司仅4 家,其余7 家均有开发的住宅项目,其中4 家存在住宅项目烂尾情形,1 家存在交付的房屋无法办理过户问题。但不容忽视的是,因商业地产项目与市场的关联更为紧密,随着市场环境的变化,加之商业项目建设的盲目扩张和不合理定位,商业地产项目出险系数增加。而对于尚未竣工验收交付的商业地产项目,破产程序中商铺买受人的权利性质一直是实践处理的难点和矛盾冲突点。另

外，因当前商业体开发模式均为开发商将商铺对外销售，再由开发商注册关联企业进行经营管理的模式，关联企业注册资本低，经营管理能力弱，且开发商投资资金及利润已全部回收，经营管理的动力不足，房租收益根本无法保障进而会引发纠纷。在售后返租租金收益无法获取的情况下，投资者要求收回购买的商铺，然而投资者购买的商铺面积很小，不具备单体出租和自用等功能。故伴随商业地产项目的出险，还涉及相应商业管理公司破产的问题。

（二）跨界投资房地产问题突出

依据法律规定，自然人、法人和其他组织均可竞拍土地进行房地产开发。在实践中，存在自然人竞拍取得国有土地使用权，然后再注册房产开发公司开发的行为，导致一些实力不足的开发主体进入房地产市场。在吴江法院受理的 9 家因资金链断裂致项目（含商业项目）烂尾或无法办理过户的破产企业中，跨界经营房地产的吴江本地企业 5 家。企业跨界经营房地产，在资本实力、开发经验、成本控制和质量把握上均存在不足。这一不足尤其体现在商业体开发中，因商业体开发除了要求开发商具备一定的建设能力，更需要其具备良好的商业运营能力。因房地产开发、建设和销售的环节多、周期长、资金密集，在跨界房地产企业所依托的实体企业陷入经营困境、出现资金紧张的情况下，开发商或大股东将预售资金、维修基金或契税挪作他用的现象就会频频发生，一旦不能回款，便出现资金链断裂而逾期交房、无法办理过户的问题。

（三）案件审理难度大、周期长

吴江法院已审结的案件中，3 件因均涉及复工续建问题，审理时长分别为 3 年、3.5 年和 4 年。即使是正常的房地产开发项目，一般也存在建设周期和竣工验收上的诸多问题，更何况因项目烂尾而进入破产程序的房地产企业。如若采用在破产程序中复工续建的方式，暂且不论破产法框架内需完成的法律程序，即使在方案的具体实施上相较正常项目，也存在多重障碍。一方面，存在与原施工单位的协商谈判问题。从施工的延续性和对工程的熟悉程度上看，选择原施工单位进行续建显然是最为合适的。但在实践中，原施工单位多以受理破产申请前仍结欠工程款为由拒绝合作，同时，会以拒绝提供前期工程资料、拒绝协助验收为要挟。这就需要管理人为其释明法律规定、分析利弊，充分协商以争取其支持。另一方面,存在验收环节程序烦琐效率低的问题。除正常开发的房地产项目在验收化解遭遇的困难外,因烂尾项目搁置多年,待续建完工后,部分环节的验收标准甚至已发生变化,需要反复协调、办理烦琐冗长的手续,耗费大量时间。除此之外,相较于其他破产案件,因为所涉财产类型特殊、利益主体范围广、关乎民生稳定,房地产企业破产案件在债务人财产接管、财产调查、债权人(购房人)权利审查、召开债权人会议、府院协调联动等方面均表现得更为复杂。

二、房地产企业破产相关法律问题研究

(一)管理人的类型和指定方式

根据《企业破产法》第24条的规定,管理人可以由有关部门、机构的人员组成的清算组或者依法设立的社会中介机构担任。房地产企业破产案件的管理人在司法实践中主要有3种类型:(1)从政府有关部门指定清算组成员,以清算组作为管理人;[①](2)指定管理人名册中的社会中介机构担任管理人;[②](3)从政府有关部门指定清算组成员的同时,指定管理人名册中的社会中介机构参加清算组,以清算组作为管理人。第一种类型是新企业破产法施行前普遍适用的类型,但随着新企业破产法的施行及管理人队伍的成熟,从管理人名册中指定社会中介机构担任管理人已成为常态和原则,指定由政府有关部门人员组成的清算组担任管理人反而成为特殊和另外。但鉴于房地产企业破产案件在地方维稳、土地规划、房产过户、税收优惠等方面需政府部门协调的事项很多,该种类型在加强政府协调作用方面效果明显。对于清算组专业知识不足的问题,在实践中,多是通过由管理人外聘法律、审计等社会服务机构解决,事务性工作也都是由这些社会服务机构完成。第二种类型符合企业破产案件审理的趋势,管理人在专业能力上具备优势,社会中介机构以管理人名义开展工作、收取报酬也更为名正言顺,但因为房地产企业破产案件需要协调的事情很多,而社会各界及政府相关部门对管理人这一角色的地位和职能认识不够,造成管理人工作推进困难,也使法院陷入被

① 例如,北京兴昌达博房地产开发有限公司破产案,参见刘宁、张庆等:《公司破产重整法律实务全程解析:以兴昌达博公司破产重整案为例》(第2版),北京大学出版社2014年版,第20~22页。

② 考虑到房地产企业破产案件的复杂性,实践中还有指定两家社会中介机构联合担任管理人的情形。

动，需要不断与各个部门协调沟通，极大地影响了审理效率。若采用这种类型，建议也应另行成立由政府相关人员组成的协调小组，配合破产案件的审理工作。第三种类型综合了上述两种类型的优势，在实践中也多有运用，部分地方高院在其制定的有关企业破产案件审理的规定中对此也有明确。[①] 我们认为，在较长一段时间内，上述第三种类型可作为房地产企业破产案件管理人的一种合理类型。

关于管理人的指定方式，主要是指从管理人名册中指定社会中介机构担任管理人或参加清算组的方式。在房地产企业破产案件中，司法实践对此已达成共识或惯例，即一般通过竞争加摇号的方式指定。具体而言，法院首先邀请管理人名册中的社会中介机构申报工作方案，然后由法院组成的评审委员会从参与竞争的社会中介机构中择优选取 3 家以上机构，最后通过摇号方式从上述择优选取的机构中随机确定管理人。[②] 这种指定方式一方面能够保证选出能力与房地产企业破产案件难度相匹配的管理人；另一方面也体现了公平、公开原则，避免了廉政风险。

（二）购房人优先权利[③]和复工续建

房地产企业进入破产程序后，普遍存在部分项目工程未施工完毕的情形，而

① 例如，江苏省高级人民法院审判委员会《关于妥善审理破产案件、维护经济社会稳定若干问题的讨论纪要》规定："对职工债权压力较大、职工情绪激烈的案件和债权人数量众多、矛盾可能激化的案件，要与政府部门协调沟通，从政府有关部门中指定清算组成员，以清算组作为管理人。同时，指定编入管理人名册的社会中介机构参加清算组。"

② 在对管理人、破产案件施行分级、分类管理的法院，一般是将房地产案件归为一类破产案件，然后从一级管理人名册中直接采取摇号等随机方式确定管理人。实质上讲，这种方式与本文所述方式是一致的，只不过其将对社会中介机构专业能力的判断由个案考察转为日常审查。例如，苏州市中级人民法院《关于审理企业破产案件指定管理人工作的若干意见（试行）》《深圳市中级人民法院破产案件管理人分级管理办法》等。

③ 特指最高人民法院《关于建设工程价款优先受偿权问题的批复》（法释〔2002〕16 号）第 2 条规定的享有优先顺位的购房人权利。但需要说明的是，在 2020 年为确保民法典实施而进行的司法解释清理工作中，该批复被废止，内容一并纳入新的建设工程施工合同纠纷司法解释，但该批复第 2 条关于建设工程价款优先受偿权不得对抗消费者购房人的规定，在新发布的最高人民法院《关于审理建设工程施工合同纠纷案件适用法律问题的解释（一）》（法释〔2020〕25 号）中未予体现，主要原因是考虑到建设工程施工合同纠纷审判中解决的是承包人是否享有工程价款优先受偿权的问题，不涉及工程价款优先受偿权与消费者购房人权利顺位的问题，且最高人民法院《关于办理执行异议和复议案件若干问题的规定》（以下简称《执行异议复议规定》）第 29 条已作出详细规定。也就是说，消费者购房人的优先权利依然有法律依据，即《执行异议复议规定》第 29 条，且根据《最高人民法院针对山东省高级人民法院就处置济南彩石山庄房屋买卖合同纠纷案请示的答复》（〔2014〕执他字第 23、24 号）的精神，"与执行程序相比，破产程序能更好地清理债权债务"，在破产程序中，"优先保护商品房买受人权利的规定也应予以适用"。

这些项目多已部分预售，且购房人又多已支付了全部或大部分房款。此时，在建工程是否复工续建，是首先需要考虑的问题。在司法实践中，出于社会稳定的考虑，无论是走破产清算程序还是破产重整程序，多决定对在建工程复工续建。[①]其理由除“维稳”的考虑之外，多是认为在建工程项目是该破产企业的核心资产，直接以在建工程现状变现难度较大，变现价值也难以保障，而复工续建可以实现在建工程项目价值的最大化。[②] 该观点不无道理，尤其是在项目即将完工或未销售房屋较多的情况下。但是若复工续建成本较高，续建完成后可用于再销售的房屋很少，那么，将其他破产财产投入复工续建，则必然会损害其他债权人的利益；若续建需外来资金，该部分资金是否一定能认定为共益债务，在法律上也不无障碍。在实践中，还存在将完成续建作为在建工程整体变价附加条件的操作，该方法表面上解决了共益债务的问题，但仍需向购房人交付房屋的负担，可能会导致投资人无利可图、望而却步，即使有人投资，该项负担也将压低变现价值，变相损害了其他债权人的利益。[③]

对此，我们认为，针对房地产企业破产而言，简单地依照普通企业破产清算顺位清偿的思路去应对购房人的诉求并非优先选择的路径，但这也并不是说无论破产企业具体情况如何，都必须要复工续建向购房人交付房屋，而是要以现行法律和政策为依据，以复工续建下各债权人清偿率测算比较为基础，以提交债权人会议（购房人会议）表决为程序保障，优先考虑复工续建，并尽可能维护和平衡各方利益。

首先，优先考虑复工续建是基于购房人的优先权利。该权利来自 2002 年施行的最高人民法院《关于建设工程价款优先受偿权问题的批复》（已废止）（以下简称《建设工程优先受偿权批复》），该批复第 2 条规定：“消费者交付购买商品房的全部或者大部分款项后，承包人就该商品房享有的工程价款优先受偿权不得

---

① 也有学者指出，基于房地产企业破产案件的复杂性，以及其所带来的社会影响，从另一个角度看，解除维稳问题带来的不利影响，换取在建工程尽快完成，易言之，以金钱换效率，并不损害债权人的利益，反而有利于债权人利益，恰恰符合利益平衡原则。因此，管理人在实践中往往并不完全以债务人财产价值最大化为目标，而是要综合考量付款比例和占有等各种因素决定是否继续履行商品房买卖合同。参见池伟宏：《房地产企业破产重整中的权利顺位再思考》，载《法律适用》2016 年第 3 期。

② 参见浙江省杭州市余杭区人民法院课题组：《涉房破产企业在建工程续建的困境与解决方法的探索》，载《法律适用》2016 年第 3 期。

③ 更为详尽的分析，参见陆晓燕：《保障生存利益与维护交易安全的平衡——房地产开发企业破产中购房人权利之顺位研究》，载《法律适用》2016 年第 3 期。

对抗买受人。”该条背后的法理是生存权优于经营权受法律保护。虽然由《建设工程优先受偿权批复》并不能必然推出复工续建，但复工续建让购房人取得房屋显然是最符合立法目的的。另外，《城市房地产管理法》关于商品房预售款必须用于有关的工程建设的规定①，也给了购房人其支付的购房款可以促成期房转化为现房的制度信赖。当然，也正是因为对购房人的特殊优待保护，在实践中需要对购房人身份进行准确认定，避免因扩大购房人范围导致其他债权人利益受损。

其次，复工及不复工下各债权人清偿率的测算比较是基础性工作。公平清偿和破产财产最大化是管理人履职所需遵守的两项原则。对购房人特殊优待保护，不能不顾及各方利益的平衡。在司法实践中，因每个破产案件的情况各不相同，复工续建下债权人清偿率的测算涉及的变量也较多，复工续建是否整体上减少了破产财产、降低了债权人清偿率，有时直观上无法判断，必须经过相关测算才能得出结论。测算比较工作既是对复工续建进行的一项可行性分析，也是此后管理人就复工续建提交债权人会议表决的依据。

最后，复工续建作为一项重大事项，属债权人会议的职权范围，需提交债权人会议表决，在实践中对此并无争议。值得讨论的是，对该事项的表决是债权人会议统一表决还是分组表决。我们认为，采取何种表决方式取决于适用何种破产程序。《企业破产法》仅规定对重整计划草案的表决适用分组表决，而对其他事项的表决均应由有表决权的债权人统一表决。例如，在破产清算程序中，若复工续建内容以债权人会议“决定继续或停止债务人的营业”的形式提交债权人会议表决，自然应由有表决权的债权人统一表决。若复工续建作为重整计划草案的内容，则应由各类债权人分组表决。在分组表决时，建设工程价款优先受偿权人和抵押权人因受影响较小，一般也不会反对，最有可能提出反对意见的是普通债权人，最终可能出现因普通债权人组未获通过导致方案整体未获通过的结果。对此，应参照破产清算中各债权清偿比例，通过商业谈判的灵活方式获得合理的利益平衡。

① 《城市房地产管理法》第45条第3款：“商品房预售所得款项，必须用于有关的工程建设。”

(三)优先权利购房人的认定

《建设工程优先受偿权批复》第2条将享有优先顺位的购房人限定为交付全部或大部分款项的消费者。在实践中对"大部分款项"指"付款额超过50%"①多无争议,有争议的是何为"消费者"。有实务界专家主张可参照最高人民法院《关于人民法院办理执行异议和复议案件若干问题的规定》(以下简称《执行异议复议规定》)第29条第2项的规定,"所购商品房系用于居住且买受人名下无其他用于居住的房屋",将消费者限定为:第一,"个人购房",由此排除公司购房;第二,"用于居住",由此排除商铺或者写字楼的购房人;第三,必须是刚性需求,即"买受人名下无其他用于居住的房屋"②。我们赞同上述关于消费者型优先权利购房人的认定标准,但实践中购房人的类型复杂多样,仅依此路径认定优先权利购房人则难以保护其他类型购房人(如改善型住房购房人)的权益。以吴江法院审理的一起房地产企业破产案件为例,该企业开发的项目均为别墅,其所涉及的购房人显然并非"刚需人群"。若依此一律不认定这些购房人的优先权利,则也不妥。我们也注意到,《全国法院民商事审判工作会议纪要》第125条第2款对《执行异议复议规定》第29条第2项的具体适用也表现出较为宽松的态度,该规定明确,"商品房消费者名下虽然已有1套房屋,但购买的房屋在面积上仍然属于满足基本居住需要的,可以理解为符合该规定的精神"。

除此之外,另一条认定优先权利购房人的适法路径,即《民法典》第221条(原《物权法》第20条)规定的预告登记制度。《民法典》第221条规定:"当事人签订买卖房屋的协议或者签订其他不动产物权的协议,为保障将来实现物权,按照约定可以向登记机构申请预告登记。预告登记后,未经预告登记的权利人同意,处分该不动产的,不发生物权效力。预告登记后,债权消灭或者自能够进行不动产登记之日起九十日内未申请登记的,预告登记失效。"预告登记的实质作

---

① 《全国法院民商事审判工作会议纪要》第125条第3款在对《执行异议复议规定》第29条第3项"已支付的价款超过合同约定总价款的百分之五十"作进一步解释时明确,如果商品房消费者支付的价款接近于50%,且已按照合同约定将剩余价款支付给申请执行人或者按照人民法院的要求交付执行的,可以理解为符合该规定的精神。依此,在房地产企业破产案件中,管理人可参照适用。

② 参见陆晓燕:《保障生存利益与维护交易安全的平衡——房地产开发企业破产中购房人权利之顺位研究》,载《法律适用》2016年第3期;池伟宏:《房地产企业破产重整中的权利顺位再思考》,载《法律适用》2016年第3期。

用在于限制现实登记的权利人行使处分权,保障预告登记权利人的权益,赋予其预告登记的请求权以物权效力。[①] 适用预告登记制度的路径认定优先权利购房人,实质也就涉及预告登记的破产保护效力问题。所谓破产保护效力,又称完全效力,是指经预告登记的请求权具有类似物权的特征,在债务人破产时,因预告登记而受保护的债权人,仍可向破产管理人请求履行,并构成对《企业破产法》第18条的限制。[②] 已办理预告登记购房人虽不能对抗在先设立的该房屋项下土地抵押权、在建工程抵押权、建设工程价款优先权,但在实践中,房屋和土地管理部门往往规定,商品房预售许可、商品房预售合同备案须经前述权利人同意,故预告登记购房人权利与在先抵押权、优先权冲突的情形并不多见。由此可见,也便能有效保护这部分非《建设工程优先受偿权批复》意义上的购房人的优先权利。

但在实践中,预告登记制度在很多地方并未施行或未全面实施,我们所在的苏州市吴江区也是该种情况,很长一段时间内,其仅对商品房买卖合同进行了登记备案,也即所谓的“网签”。网签的作用在于防止一房多卖,其仅是一种行政管理行为,具备部分公示功能,并非《民法典》规定的预告登记,也就是说,其不能适用通过预告登记认定优先权利购房人的路径。正是考虑到实践中购房人权利保护的缺乏,有学者提出应当结合一些相关法律做适当的协调。譬如,从购房人房产取回权的角度,并结合最高人民法院于2002年颁布的《关于审理企业破产案件若干问题的规定》第71条第5项的规定,论证管理人应当履行其交付商品房的义务,并办理过户手续。[③] 但我们认为,《关于审理企业破产案件若干问题的规定》系为适用1986年《企业破产法(试行)》所制定的司法解释,目前虽尚未被废止,但最高人民法院《关于适用〈中华人民共和国企业破产法〉若干问题的规定(二)》第2条已经对不应认定为债务人财产的情形作出与《关于审理企业破产案件若干问题的规定》第71条不同的规定,根据最高人民法院《关于适用〈中华人民共和国企业破产法〉若干问题的规定(二)》第48条的规定,“本规定施行前本

---

① 最高人民法院物权法研究小组编著:《〈中华人民共和国物权法〉条文理解与适用》,人民法院出版社2007年版,第104页。

② 杜万华主编:《最高人民法院物权法司法解释(一)理解与适用》,人民法院出版社2016年版,第155~157页。

③ 参见池伟宏:《房地产企业破产重整中的权利顺位再思考》,载《法律适用》2016年第3期。

院发布的有关企业破产的司法解释,与本规定相抵触的,自本规定施行之日起不再适用”,故《关于审理企业破产案件若干问题的规定》第71条不应再适用。

另外,需要说明的是,预告登记本质上是一种在将来具备本登记条件的情况下,权利人要求义务人办理本登记的请求权。如果受理破产申请后,预售商品房无法完成复工续建,则预告登记权利人要求办理本登记的请求权因履行不能转化为损害赔偿请求权,在其又不属于消费者购房人的情形下,该损害赔偿请求权属于普通债权。

(四)不动产买受人物权期待权与建设工程价款优先权、担保物权

此处所谓不动产买受人物权期待权特指最高人民法院《关于人民法院民事执行中查封、扣押、冻结财产的规定》第17条、《执行异议复议规定》第28条所规定的一般不动产买受人所享有的权利。在司法实践中,对于该物权期待权可在执行程序中对抗“金钱债权”、在破产程序中对抗破产债权,多无争议;有争议的是,其可否对抗担保物权等优先受偿权。换言之,也即《执行异议复议规定》第27条的但书是否包括《执行异议复议规定》第28条的问题,“申请执行人对执行标的依法享有对抗案外人的担保物权等优先受偿权,人民法院对案外人提出的排除执行异议不予支持,但法律、司法解释另有规定的除外”。从《全国法院民商事审判工作会议纪要》第126条的规定来看,“买受人不是本纪要第125条规定的商品房消费者,而是一般的房屋买卖合同的买受人,不适用上述处理规则”,其持不可对抗担保物权等优先受偿权的观点。① 在房地产企业破产案件中,前述一般不动产买受人较多面对的便是该房屋的建设工程价款优先受偿权、该房屋项下的土地抵押权或在建工程抵押权。在当前的商品房预售模式下,房屋和土地管理部门往往规定,商品房预售许可、商品房预售合同备案需经土地抵押权人、在建工程抵押权人同意,因此,凡经网签的商品房预售合同,一般不动产买受人与土地抵押权人、在建工程抵押权人的冲突并不存在。需要解决的是一般不动产买受人与建设工程价款优先权人的冲突,依照前述观点,一般不动产买受人不

---

① 司法审判中,在最高人民法院层面,对《执行异议复议规定》第27条的但书范围也存在不同认识:主张不在但书范围内的参见(2018)最高法民申1972号民事裁定书、(2018)最高法民申5078号民事裁定书;主张在但书范围内的参见(2018)最高法民申2704号民事裁定书、(2018)最高法民申4090号民事裁定书。

能对抗建设工程价款优先权人。在实务中,可以通过一般不动产买受人代为清偿工程款债权的方式消灭该房屋上的建设工程价款优先权,代为清偿的范围也应为该房屋对应的工程款债权。另外,值得注意的是,《执行异议复议规定》第28条第2项所谓的“在人民法院查封之前已合法占有该不动产”,应是竣工验收符合交付条件的不动产。

(五)以房抵债和破产撤销权

本报告所言的“以房抵债”,特指债务履行期限届满后,当事人约定以房屋抵偿欠款。在实践中,常见情形是债权人与房地产开发公司签订商品房预售合同,并办理网签或预告登记。所抵欠款的性质一般为工程款、民间借贷款等。江苏省高级人民法院2014年4月发布的《关于以物抵债若干法律适用问题的审理纪要》认为,当事人在债务已届清偿期后约定以物抵债,但没有办理物权转移的,如一方反悔,另一方要求履行以物抵债协议的,不应予以支持,如当事人经释明,要求履行原债权债务合同的,应予支持。其理由在于此时的以物抵债性质为代物清偿,系实践性行为,如未办理物权转移手续的,应视为抵债行为未成立,仍应按其基础关系评价双方间的权利义务。但在第八次全国法院民事商事审判工作会议上,最高人民法院认为,“先签订借款合同,借款到期后无力还债,双方又签订房屋买卖合同,将前期借款转为购房款的,就不应再定性为借款法律关系”①,“如果此时抵债物尚未交付给债权人,债务人反悔但未能提供证据证明有能力继续履行原债务,债权人请求债务人履行以物抵债约定,应予支持”②。2016年12月,最高人民法院发布的72号指导性案例③和《全国法院民商事审判工作会议纪

① 程新文:《最高人民法院关于当前民事审判工作中的若干具体问题》,载杜万华主编:《民事法律文件解读》(总第134辑),人民法院出版社2016年版,第30页。

② 杨临萍:《最高人民法院关于当前商事审判工作中的若干具体问题》,载杜万华主编:《民事法律文件解读》(总第134辑),人民法院出版社2016年版,第59页。

③ 汤龙、刘新龙、马忠太、王洪刚诉新疆鄂尔多斯彦海房地产开发有限公司商品房买卖合同纠纷案,最高人民法院指导性案例72号。该案裁判要旨:借款合同双方当事人经协商一致,终止借款合同关系,建立商品房买卖合同关系,将借款本金及利息转化为已付购房款并经对账清算的,不属于原《物权法》第186条规定禁止的情形,该商品房买卖合同的订立目的,亦不属于最高人民法院《关于审理民间借贷案件适用法律若干问题的规定》第24条规定的“作为民间借贷合同的担保”。在不存在《合同法》第52条规定情形的情况下,该商品房买卖合同具有法律效力。但对转化为已付购房款的借款本金及利息数额,人民法院应当结合借款合同等证据予以审查,以防止当事人将超出法律规定保护限额的高额利息转化为已付购房款。

要》第44条第1款[①],同样坚持了这一观点。其核心意思是,应尊重当事人的意思自治原则,遵循债的自由原理。

具体到破产案件中的“以房抵债”行为,我们认为:第一,应承认其效力,但能否列入消费者购房人应更加谨慎。第二,对于已预告登记的,按照前文论述的因预告登记而认定优先权利购房人的路径,应认定其具有对抗第三人的效力。第三,因所抵的债务发生在前,以房抵债的行为属于事后清偿,故应适用《企业破产法》第32条、最高人民法院《关于适用〈中华人民共和国企业破产法〉若干问题的规定(二)》第44条关于(以抵销方式)个别清偿撤销的规定。第四,应关注所抵之“债”是否真实、数额是否合法,以及房屋价款的约定是否属于明显不合理的低价,其涉及《企业破产法》第31条第1项、第2项,第33条以及最高人民法院《关于适用〈中华人民共和国企业破产法〉若干问题的规定(二)》第13条的适用问题。第五,对于以房抵工程款,因《民法典》第807条(原《合同法》第286条)规定:发包人逾期不支付的,除按照建设工程的性质不宜折价、拍卖的以外,承包人可以与发包人协议将该工程折价。承包人对工程款债权享有法定优先受偿权,其与发包人协议以房抵工程款皆属于优先受偿权实现的方式,故应认可其效力。但对此需要符合两个条件:一是承包人的优先受偿权能够行使,即不存在优先受偿权消灭的情形;二是所抵房屋应包括在所建工程范围之内。[②]

(六)续建资金的承担和来源

虽然管理人对优先权利购房人的合同解除权是受限的,但由此并不能直接推导出应以债务人责任财产清偿续建费用。有观点认为,购房人是复工续建的最大受益人,应承担续建费用,将其他破产财产投入房屋续建将侵害普通债权人权益。购房人对取得的期房,应以承担续建款为代价委托管理人续建,以取得房

---

① 《全国法院民商事审判工作会议纪要》第44条第1款:“当事人在债务履行期限届满后达成以物抵债协议,抵债物尚未交付债权人;债权人请求债务人交付的,人民法院要着重审查以物抵债协议是否存在恶意损害第三人合法权益等情形,避免虚假诉讼的发生。经审查,不存在以上情况,且无其他无效事由的,人民法院依法予以支持。”

② 潘军锋:《建设工程施工合同审判新类型问题研究——〈建设工程司法解释〉施行十周年回顾与展望》,载《法律适用》2015年第4期。

屋所有权。[①] 也有观点认为,根据信用授予理论,购房人无须承担续建费用。[②] 2014 年 7 月 18 日,最高人民法院针对山东省高级人民法院就处置济南彩石山庄房屋买卖合同纠纷案请示的答复(〔2014〕执他字第 23、24 号)中载明,“承包人的工程价款优先受偿权不得对抗买受人”,应当理解为既不得对抗买受人在房屋建成情况下的房屋交付请求权,也不得对抗买受人在房屋未建成等情况下的购房款返还请求权。也就是说,在房屋未建成的情况下,消费者购房人的优先权并非可要求债务人续建并完成交付的请求权。虽然如此,我们认为,破产实务中,仍应结合案件具体情况以及当地实际情况,合理确定续建资金的承担主体,尽可能维护和平衡各方利益。

三、房地产企业破产案件的风险及预防

(一)能否续建风险

在司法实践中,房地产开发企业破产案件的一般操作模式是,基于购房消费者的生存权及物权期待权理论,限制管理人对商品房预售合同的解除权,进而续建在建工程并将续建费用列为共益债务或将待履行商品房预售合同与在建工程捆绑变价。

暂且不论续建费用是否一定属于共益债务以及共益债务的责任财产范围是否一定能够及于债务人的一般责任财产。假设一房地产开发企业的房屋已经全部预售,且名下无其他任何财产,那么在其进入破产程序后,即使续建费用能够被认定为共益债务,但基于回收资金的风险,仍然无人会给该破产企业融资,也不会有投资者愿意整体收购并承接交房义务。虽然政府出于维稳的需要会先行垫资完成续建,但最终也将会承担无法收回资金的压力。在该种情形下,若政府也无力垫资,商品房预售合同便处于客观履行不能状态,购房消费者将无法取得房屋所有权,其对房地产开发公司的物权期待权只能转化为损害赔偿请求权。当然,依据最高人民法院《建设工程优先受偿权批复》,在就处置期房所得进行分配时,购房消费者应优先于工程款债权获得清偿,但购房消费者所获得的优先赔

---

① 参见陆晓燕:《保障生存利益与维护交易安全的平衡——房地产开发企业破产中购房人权利之顺位研究》,载《法律适用》2016 年第 3 期。

② 参见任一民:《期房交易合同在破产法上的效力研究》,载《法律适用》2016 年第 5 期。

偿仅是对应于以其所购商品房的现状出售价值。

(二)续建融资风险

从复工续建的资金来源上看,实践中有两种模式:一种是政府垫资模式,另一种是市场融资模式。政府垫资模式的优点在于资金投入速度快、续建成功率高,但在当前市场经济建设中,该种模式可复制性较差。市场融资模式,是指管理人代表破产企业向市场融资,具体包括债权人垫资、第三方平台筹资、金融机构贷款等类型。该种模式的优点是合理利用市场资源,但融资审批程序烦琐、时间较长且存在不确定性,同时融资银行通常也会要求政府协调各方关系,协助推进项目建设和确保各类证件办理。①

(三)续建管理风险

如果是投资人承担复工续建义务的模式,就破产案件本身而言,财产分配完成后,法院可裁定终结破产程序。但为保障房屋交付,管理人仍应继续履行职责,监督买受人履行交房义务。其间,相关职能部门也应协助买受人办理用地规划许可证、建设规划许可证、建设施工许可证、开工许可证、销售许可证的变更。如果是管理人自建,因管理人并非专业的开发商,如何有效组织施工,确保工程按照既定节点推进,如何对续建资金实施封闭式管理,均非管理人一己之力所能解决,则更需要相关职能部门的配合支持。

(四)权证变更及税务风险

房地产开发企业破产通常涉及土地分割、规划变更事宜,在适用破产程序之前,便应做好与国土、规划部门的沟通工作。同时,无论是拍卖,还是续建、再销售,对房地产开发公司而言,必然会发生土地增值税、营业税等税款的征缴,而且金额不会小。税款的征缴必然影响到破产债权特别是普通债权的清偿比例,甚至决定了续建有无意义、价值。故而也应做好与税务部门的沟通工作。在得到上述部门明确答复后,破产程序的启动才有意义。

---

① 浙江省杭州市余杭区人民法院课题组:《涉房破产企业在建工程续建的困境与解决方法的探索》,载《法律适用》2016年第3期。

基于以上风险，破产程序并不是万能的，并不能完全解决房地产开发企业的所有问题，即使某些案件可以实现开发项目的成功处置，其间也需要党委、政府的支持协调及相关职能部门的配合。我们认为，房地产开发企业属于涉及民生根本的商业主体，应与一般商业主体区别对待。如果说破产制度是畅通市场主体退出渠道的机制，那么，对于房地产企业，因其特殊性，应尽量避免对其适用，故应更加强调源头治理。

一是适当提高预售标准。《城市房地产管理法》规定申请预售许可需已投入资金占工程建设总投资的25%以上。商品房预售属于行政许可范畴，只有行政法规、地方性法规和规章才能在上位法规定的范围内，对实施商品房预售许可做出具体规定。一般而言，县区一级的政府没有权限直接通过调整已投入资金比例的方式提高预售标准。但是，“投入的资金占总投资的25%”属于事实认定，不是法律评价。地方政府可出台具体标准，通过现在通用的形象进度、工程实体进度等直观指标对“投入的资金占总投资的25%”进行等量换算，并从严控制，即根据待售楼盘的性质、层高、建设难易度，分类规定形象进度或实体进度达到相应程度才符合投入的资金占总投资的25%以上这个硬性指标。

二是落实预售资金监管制度。相关法律均明确要加快完善商品住房预售资金监管制度。各地在探索对商品房预售资金的监管过程中，探索出了银行监管、房地产协会监管、工程监理机构监管和住建部门监管四种模式。住建部门监管已经成为商品房预售资金监管的主流模式，应予以推广。

三是加强预售行为监管力度。对违规预售进行严厉打击，暂停商品房网上签约；对拒不整改的，要依法从严查处，直至取消其开发资质，并将有关信息通报国土、税收、金融、市场监管等相关部门，违法行为记入房地产信用档案，限制其参加土地竞拍、金融信贷等活动。

吴江法院破产案件简化审理的调研报告

“法治是最好的营商环境”，破产法律制度作为公平清理企业债权债务纠纷、优化经济资源配置、提升企业质效的重要法治途径，是现代市场经济体制不可或缺的重要制度。在对营商环境日益重视的大背景之下，破产审判工作愈发受到重视，破产案件数量也不断增多，破产审判司法资源日益紧张。事物有繁简之别，破产案件亦有难易之分，根据破产案件的繁简程度而采取分流措施，使破产案件的难易程度与适用的审理程序相适应，符合帕累托最优原则①，有利于提升破产程序整体效能、优化司法资源配置，也契合人民法院贯彻多元化纠纷解决机制和繁简分流程序改革的内在要求。2017 年 4 月，苏州市吴江区人民法院被江苏省高级人民法院确定为全省“执转破”案件简易程序审理工作示范法院。2017 年 8 月，吴江法院制定出台《关于执转破案件简化审理程序的规定(试行)》，并被江苏省高级人民法院简报全文刊发。

---

① 帕累托最优(Pareto Optimality)，或帕累托最适，也称为帕累托效率(Pareto Efficiency)，是经济学中的重要概念，并且在博弈论、工程学和社会科学中有着广泛的应用。其指的是资源分配的一种理想状态，假定固有的一群人和可分配的资源，从一种分配状态到另一种状态的变化中，在没有使任何人境况变坏的前提下，使至少一个人变得更好。帕累托最优状态就是不可能再有更多的帕累托改进的余地；换句话说，帕累托改进是达到帕累托最优的路径和方法。帕累托最优是公平与效率的“理想王国”。

该规定虽挂以"执转破"案件简化审理的名义，但规定倒数第3条特别明确，"其他事实清楚、债权债务关系明确的破产案件可参照适用本规定"，故其也是所有破产案件简化审理的操作指引。2018年6月，江苏省高级人民法院出台《关于"执转破"案件简化审理的指导意见》，为"执转破"案件简化审理工作提供了操作指引。2019年12月，江苏省高级人民法院民事审判第二庭制定《关于加快破产案件审理的工作指引》，将破产案件区分为简单破产案件和普通破产案件，要求简单案件快速审理。2020年4月，最高人民法院印发《关于推进破产案件依法高效审理的意见》，构建了简单案件快速审理机制，对于债权债务关系明确、债务人财产状况清楚、案情简单的破产清算、和解案件，人民法院可以适用快速审理方案审理，从全国范围层面为简化破产案件审理提供规范指引。因《企业破产法》并未规定破产简易程序，最高人民法院关于破产快速审理方式的规定于2020年4月才出台，故本报告所说简化审理程序，仅仅是对现行破产审理程序的简化，而并非法定的简易程序。本报告在介绍吴江法院破产案件简化审理工作的基础上，分析破产案件简化审理的实务操作要点，梳理存在的困难和问题，并提出对策建议。报告共分3部分：首先，对吴江法院破产案件简化审理的总体情况作介绍，并对案件特点作初步分析；其次，对吴江法院简化破产案件审理作全面总结归纳，梳理其实务操作规范和要点；最后，结合吴江法院破产案件简化审理工作的实践启示，就如何进一步完善破产案件简化审理工作机制提出建议。

一、审理概况与案件特点

吴江法院始终重视破产审判工作，在总结审判经验的基础上，依照本院或者上级法院制定出台的破产案件简化审理规定，对无产可破或已执行变价的"执转破"案件广泛适用简化审理，对债权人或债务人申请的破产案件，在立案受理时通过排查债务人资产及涉及诉讼情况，确定其是否适用简化审理程序①，在《企业破产法》规定的框架范围内简化程序，通过压缩弹性期间，简并破产程序，尽量将

① 2016年至2021年5月31日，吴江法院审结案件中共有18件破产案件在立案时决定适用简化审程序审理，后在案件审理过程中发现其不适用简化审程序情形，及时转为普通方式进行审理。

破产简易案件的审理期限压缩至90天内,最多不超过6个月。通过破产简案快办,有效降低程序成本,优化破产审判资源配置,提高案件审理效率,满足破产参与人的需求,实现“僵尸企业”快速出清。

(一)审理概况

2016年至2021年5月,吴江法院审结简单破产案件216件,平均审限70.41天,最短用时39天,涉及执行案件4453件、标的159.2亿元,其中,终本案件2579件;清理债务2580笔共计164.68亿元,清偿债权共计1068笔共计3.16亿元。

(二)特点分析

1.案件数量逐年攀升

从适用简化程序审结破产案件的数量来看:2016年审结1件,2017年审结2件,平均审限65天;2018年审结29件,平均审限58.69天;2019年审结51件,平均审限64.55天;2020年审结81件,平均审限71.89天;2021年1~5月审结52件,平均审限80.79天。从适用简化程序审结案件在破产案件中的占比来看:2016年占比为11.1%,2017年占比为10%,2018年占比为47.5%,2019年占比为47.2%,2020年占比53.64%,2021年1~5月占比69.33%。根据现有的简化审理规范和操作指引,适用简化程序审结的破产案件中“执转破”案件达到156件,占比达72.22%。一方面,是因为随着“执转破”工作的不断推进,执行移送破产审查已然成为启动破产程序的主要途径。2016年至2021年5月,“执转破”案件占吴江法院破产案件受理总数的67.95%。另一方面,也与“执转破”案件中简单案件占比较高有关。正如本书前文的统计,2016年至2021年5月,在吴江法院已受理的335个“执转破”案件中,简单案件228件、难度适中案件68件、复杂案件39件,简单案件占比68.06%。这也是吴江法院首先在“执转破”案件中推广简化审理程序并出台相应规定的原因。

2.审理时间短

2016年至2021年5月,吴江法院共适用简易程序审结破产案件216件,平均审理期限70.41天,其中60天内(含60天)审结的107件,最短用时39天。2016年至2021年5月,吴江法院共审结破产案件420件,平均审理期限207.60天,其中2年以上审结的案件共15件。

3. 债权清偿率低

适用简化程序审结的216件案件中，涉及职工债权的有40件，平均清偿率48.35%；涉及税款债权的有93件，平均清偿率43.48%，其中56件清偿率为0。与此相对，普通债权清偿率更低，平均仅为1.06%，有165件清偿率为0。职工债权、税款债权虽因受偿顺位在前，清偿比率相对于普通债权较高，但与适用普通方式审理的破产案件相比，其清偿比率亦明显较低。

4. 债务人财产不足以清偿破产费用终结破产程序比例高

已审结的简单破产案件中，1个案件为终止和解程序，215个案件为终结破产程序①，其中144件依照《企业破产法》第43条第4款的规定，破产财产不足以支付破产费用终结破产程序，占比达66.67%。这主要与在决定适用简化程序审理的案件中，无经营资金、无营业场所和企业管理机构、人员下落不明的"三无"案件，即无产可破案件较多有关。

二、破产案件简化审理的主要做法

吴江法院推行破产案件简化审理，实现破产案件繁简分流，搭建符合现实需求的程序规则，明确简化审案件适用范围，排除适用简化审范围，深耕"执转破"吴江经验，强化配套设置及制度保障，优化破产审判司法资源配置，最终达到了有效平衡破产案件中公平和效率的关系，发挥破产制度在优化资源配置、规范市场秩序、实现市场出清、优化营商环境等方面的作用。

（一）确定适用简化审理程序的范围

根据繁简分流原则，吴江法院确定适用简化审理程序的破产案件是事实清楚、债权债务关系明确、财产状况明晰的案件。具体而言，包括下列情形：(1)债务人无财产或财产较少，可能不足以支付全部破产费用的；(2)债务人为"三无"企业或类"三无"企业的，即债务人账簿、重要文件等灭失，债务人下落不明，债务人无营业场所或者无人员安置问题，债务人已经停工停产等；(3)债务人财产已

① 其中1个案件为债务人与全体债权人自行达成和解，依据《企业破产法》第105条规定终结破产程序。

经处置变现或者财产易于变价或无须变价的;(4)债务人为中小微企业或个人独资企业的;(5)申请人、被申请人及其他主要破产参与人协商一致同意适用简化审理程序的。对于财产处置存在重大困难或者法律关系疑难复杂的破产案件,不宜适用简化程序审理,例如,涉及债务人破产重整、职工安置、资产难以变现、存在未决诉讼或可能存在多个衍生诉讼等情形的案件。出现上述情形的破产案件本身就不简单,需要花费更多的时间、精力协调处理,与破产案件简化审理的初衷相违背,不宜适用简化审理程序,已经适用简化审理程序的也应及时转为普通方式进行审理。

(二)缩短并限定审理期限

吴江法院通过对破产程序中所涉审理期限的梳理,在依法简化原则的基础上,通过缩短有关程序性事项的审理期限和明确管理人履行职务的有关期限,全面压缩弹性期间,切实缩短适用简化审程序破产案件的审理期限。

1. 缩短有关程序性事项的审理期限

一是受理破产申请的通知期间。吴江法院在适用简化审理程序的破产案件中,通知已知债权人的时间由《企业破产法》第 14 条第 1 款规定的自裁定受理之日 25 日内限定为 5 日内。二是债权申报的期限。吴江法院将简化审理的破产案件债权申报期限由《企业破产法》第 45 条规定最短不得少于 30 日最长不得超过 3 个月的弹性期间明确缩短为 30 日,自法院发布公告之日计算。三是第一次债权人会议的召开时间。《企业破产法》第 61 条第 1 款规定了第一次债权人会议自债权申报期限届满之日起 15 日内。吴江法院适用简化审理的破产案件一般自债权申报期限届满之日起 5 日内召开第一次债权人会议。四是宣告破产的审查期间。《企业破产法》对于人民法院裁定宣告破产的期间没有规定,鉴于简化审理破产案件的特点,根据管理人提交的申请报告,吴江法院自收到申请之日起 5 日内裁定宣告破产。五是终结破产程序的审查期间。《企业破产法》第 120 条第 3 款规定人民法院收到终结破产程序的请求之日 15 日内作出是否终结破产程序的裁定。吴江法院在收到管理人申请之日起 5 日内裁定终结破产程序。

2. 明确管理人履行职务的有关期限

管理人履职勤勉程度直接影响破产案件的审理进程,吴江法院在破产案件简化审理中对管理人履行职务的有关期限进行了明确。一是明确了管理人在接受指定之日起5个工作日内接管债务人财产、印章、账簿、文书等资料。二是明确管理人债权审查及资产调查的期限,要求管理人在接受指定后30个工作日内完成债权审查及财产调查工作,并在债权申报期限届满之日起5个工作日内提交债务人财产状况报告。

3. 限定案件审理期限

根据吴江法院《关于执转破案件简化审理程序的规定(试行)》的规定,适用简化审理程序的案件应在6个月内审结;江苏省高级人民法院出台的《关于"执转破"案件简化审理的指导意见》规定适用简化审理程序的"执转破"案件应在裁定受理之日起3个月内审结;江苏省高级人民法院民二庭《关于加快破产案件审理的工作指引》规定无产可破简单破产案件应在4个月内审结,其他简单破产案件应在6个月内审结;最高人民法院《关于推进破产案件依法高效审理的意见》规定适用快速审理方式审理的案件应在6个月内审结。通过对程序性事项的审理期限进行缩短,明确管理人履职期限,吴江法院将适用简化审理程序审结的破产案件审结时间严格控制在3个月内,有特殊情况需要延长审理时间的,审理周期不超过6个月。

(三)简化审理程序

1. 简化送达方式

一是可以采用电话、短信、微信、电子邮件、传真等简便方式传唤相关人员以及送达除民事裁定书以外的其他法律文书。二是除受理破产申请、宣告破产、终结破产程序必须公告外,其余事项可不予公告,在公告方式上,吴江法院适用简化审理程序的破产案件均通过全国企业破产重整案件信息网发布公告。

2. 简并破产程序

吴江法院适用简化审理程序的破产案件均在第一次债权人会议上就债务人财产管理方案、破产财产变价方案进行表决,债权债务关系明确、债务人财产清晰且无须变价的,原则上要求管理人在第一次债权人会议上提请法院宣告破产,并将分配方案提交债权人会议表决,或将确定分配规则的分配方案提交第一次债权人会议预设表决。通过并联程序,可减少债权人会议召开次数,加快破产案件审理进程。吴江法院首例适用简化审理程序审结的丽宏喷织(苏州)有限公司破产清算案,第一次债权人会议召开时,在全体债权人对管理人编制的债权表均无异议的情况下,依管理人的申请吴江法院口头裁定确认债权表并宣告债务人破产。在确认债权表、宣告债务人破产后,管理人将拟定的破产财产分配方案提交第一次债权人会议表决。最终,债权人会议高票通过破产财产分配方案。最高人民法院印发《关于推进破产案件依法高效审理的意见》后,吴江法院审理的江苏鑫吴投资发展集团有限公司破产清算案,在第一债权人会议上合并程序事项,当场裁定确认债权表、宣告债务人破产,同时,表决债务人财产变价方案和确定分配规则的分配方案,待债务人财产实际变价后,管理人根据债权人会议决议通过的分配规则计算具体分配数额,向债权人告知后进行分配,提升债权人会议召开和表决效率。

3. 简化债权人会议

一是债权人会议召开方式的灵活性。因第一次债权人会议由法院召集,吴江法院一般采取现场会议方式召开第一次债权人会议。即使在新冠肺炎疫情期间,吴江法院也均通过"锐破"破产案件管理系统召开在线视频网络债权人会议。但对于以后的债权人会议,均是在经第一次债权人会议决议通过后,采用书面或者非在线视频通信群组等其他非现场方式召开。二是在表决方式上,为最大限度地保护中小债权人及异地债权人合法权益,更好适应信息社会的发展需要,管理人在第一次债权人会议前即与债权人进行沟通,通过电子邮件、传真、短信、书面确认等方式在场外提前表决、预先核查临时债权表等,提高会议效率。三是债权人委员会的省略。适用简化审理程序的破产案件债权人数量一般较少,吴江法院引导债权人会议作出不设立债权人委员会的决议。

4. 审判组织的简化

对于决定适用简化审理程序审理破产案件的,吴江法院在裁定受理破产申请的公告中明确载明适用简化审理程序①,同时,对案件进一步区分,对于债权债务关系简单、债务人无财产或者仅有零星资产的简单破产案件,审判组织予以简化,由审判员独任审理。适用审判员独任审理的依据主要源于江苏省高级人民法院民二庭《关于加快破产案件审理的工作指引》第 6 条的规定。2019 年至

① 根据最高人民法院《关于推进破产案件依法高效审理的意见》的规定,2020 年 4 月后,吴江法院简化审理的破产案件在裁定受理破产申请的公告载明"本案适用快速审理方式审理",名称叫法由"简化程序"变更为"快速审理方式"。

2021 年 5 月,吴江法院由审判员独任审结简单破产案件 69 件,在适用简化审理程序的破产案件中占比 31.94%,平均审限 75.2 天。

(四)管理人履职监督保障制度

管理人是破产事务的主要执行者,管理人工作能力和履职态度直接影响破产案件的审理进程和审理效果。2018 年 5 月,吴江法院同区委、区政府办公室联合出台《关于建立府院联动处置"僵尸企业"工作机制的实施意见》,通过"府院联动"机制,为管理人执行职务提供外部保障。另外,吴江法院先后制定出台《破产管理人工作规范》、《破产管理人个案反向考评规定》以及管理人个案履职手册等文件和指引,为管理人执行职务提供内部业务指引,并构建相应监督考核机制。适用简化程序审理的破产案件,债务人财产数量少,无产可破案件占比高,债务人财产难以支付管理人报酬。为进一步提高管理人履职积极性,提高简化破产案件审理效率,吴江法院制定并修订了《破产专项基金管理办法》,加大管理人报酬补偿力度、简化补偿流程,规定破产案件中债务人财产不足以支付管理人报酬情况下可补助管理人报酬 5 万元。截至 2021 年 5 月 31 日,吴江法院通过破产基金共补助适用简化程序审理的破产案件管理人报酬 172 笔,合计 790 万元,极大地提高了管理人积极性。

三、完善破产案件简化审理工作机制的建议

在总结各地司法实践经验的基础上,最高人民法院 2020 年 4 月发布的《关于推进破产案件依法高效审理的意见》第 13 条至第 19 条,从适用范围、公告通知、程序简并、审理期限等方面,构建了简单案件快速审理机制,为全国法院推进破产案件简化审理工作提供了指引。吴江法院结合自身工作实际,对进一步完善破产案件简化审理工作机制,提出如下建议。

(一)设立破产案件的简易程序

我国《企业破产法》未规定破产案件的简易程序,虽然《全国法院破产审判工作会议纪要》第 29 条规定"建立破产案件审理的繁简分流机制……对于债权债务关系明确、债务人财产状况清楚的破产案件,可以通过缩短程序时间、简化流

程等方式加快案件审理进程,但不得突破法律规定的最低期限”,《关于推进破产案件依法高效审理的意见》也初步构建了简单破产案件快速审理机制,但在立法层面仍未设立破产简易程序。因破产程序的终局性、不可逆性,我国现行《企业破产法》在程序设置上谨守程序正义,程序复杂,当事人参与成本高,而包括吴江法院在内的很多法院在破产案件简化审理上制定的规范性文件和探索都是对现行破产审理程序的简化,虽在程序上有所精简,但与“简易程序”仍有本质区别。因此,应在立法层面设置破产简易程序,实现一般正义与个别正义的统一。①

在设置破产简易程序时,应包含以下几个方面:一是明确破产简易程序的适用范围和排除适用情况。根据《民事诉讼法》的规定,可适用简易程序的应当是事实清楚、债权债务关系明确、争议不大的案件,现有法院的实践经验及相应规范指引也基于此明确简化审理的破产案件范围。适用破产简易程序的应是事实清楚、债权债务关系明确、债务人无财产、财产便于处置或执行中已处置完毕的破产案件。另外,对于具有重大社会风险隐患、涉及未决诉讼、债务人资产处置困难等情形的案件应同时排除适用。二是审判组织简化。破产简易程序可由审判员一人独任审理。破产案件中的破产申请立案登记审查、第一次债权人会议召开主持、管理人报酬确定、宣告破产裁定、终结破产程序等各个环节都是法院审理职责。随着破产案件数量不断攀升,法官审理任务不断加重,简单破产案件债权债务关系简单,财产处置情况不复杂,可适用独任审理方式,对此各地法院也已进行探索和尝试。② 三是审理期限限定。《企业破产法》对于进入审理阶段的破产案件并未规定审理期限,在缩短有关程序性事项的期限、明确管理人履职期限的基础上,可以限定破产简易程序案件的总体审理期限为裁定受理之日起6个月内。四是简化审理方式及简并破产程序。对送达和公告方式予以简化,对于裁定书以外的文书通知等可以采用电话、微信等电子送达方式予以送达,对于公告事项,可以通过全国企业破产重整案件信息网发布公告,提高效率,降低成本。

---

① 参见张世君、王晔:《简易破产程序构建研究》,载《北京政法职业学院学报》2020年第2期。

② 吴江法院《关于执转破案件简化审理程序的规定(试行)》第6条规定:“适用本规定的执转破案件可以由审判员一人独任审查。”江苏省高级人民法院民二庭《关于加快破产案件审理的工作指引》第6条规定:“人民法院审理简单破产案件,可以由审判员一人独任审理。”此外,重庆市高级人民法院、成都市中级人民法院等出台的关于破产案件简化审理的规范文件都规定简化审理的破产案件可以由法官独任审理。

（二）发挥“执转破”衔接程序的优势

相对于破产程序，执行程序在财产调查、处置等方面具有独特的优势，相较于债权人申请或债务人申请的破产案件，“执转破”案件具有其独特的简化优势，可以将执行程序已有的成果直接归入破产程序。具体而言：一是可以简化财产调查。近年来，执行指挥中心的建设和执行信息查控平台的搭建，大大提高了执行调查、查控财产的全面性和准确性，执行部门在调查、控制被执行人财产方面与管理人相比优势明显，效率高。江苏省高级人民法院出台的“执转破”案件简化审理指导意见、吴江法院出台“执转破”案件简化审理规范中对管理人申请通过执控系统调查债务人财产均要求执行部门予以配合，进行相应查控。另外，对于“执转破”案件，执行部门在移送案件前应当对债务人的财产状况重新进行一次调查，并制作财产线索清单一并移送。二是简化财产处置。执行部门已经对债务人财产采取的价值评估，在客观条件未发生变化的情况下，可以直接提交债权人会议讨论，无须再委托中介机构进行价值认定。对于已经采取变价措施的，所得价款可按照债权人会议通过的或法院裁定通过的分配方案直接进行分配。因而，在构建破产简易审理机制中，应充分发挥“执转破”程序优势，提高“执转破”类简易案件的审理效率。

（三）完善管理人制度

管理人是破产程序中各项具体事务的执行者，全程参与债务人企业破产处理，在破产程序终结后仍要负担相应的工作和职责，在破产程序中发挥着至关重要的作用。破产简易程序审理，注重程序简易，快速审理，对管理人的业务素质和执业操守提出了更高要求，为充分发挥管理人在破产程序中的职能作用，可以在以下方面予以探索：一是指定个人担任破产简易程序中的管理人。个人担任管理人具有成本低、责任清晰等优势。最高人民法院《关于审理企业破产案件指定管理人的规定》第 17 条规定：“对于事实清楚、债权债务关系简单、债务人财产相对集中的企业破产案件，人民法院可以指定管理人名册中的个人为管理人。”该条款明确了个人管理人的适用范围和方式。但是在实践中，人民法院办理破产案件时仍比较慎重，指定个人管理人的情况较为少见。以吴江法院为例，2016 年至 2021 年 5 月，吴江法院适用简化审理方式审结破产案件 216 件，仅有 4 件指定个人担任管理人。二是完善管理人选任机制。现行管理人的选任机制不同地区法院有不同做法,但基本上都适用分级管理。但是大多数法院的分级管理制度因指定时间早,规定过于原则化,不能很好地满足现行破产审判工作的需求。建议完善管理人指定制度,建立与破产简易程序审理相对应的管理人名册,该类管理人应具有简易审理的操作经验,业务素质较高,时间和精力有保障。破产案件普通程序管理人与简易程序管理人分类管理。同时,还可强化管理人准入、考评和保障机制建设,建立管理人个案跟踪机制,通过常态化的考评制度,实现管理人名册的动态管理,不断优化管理人队伍,充分发挥管理人作用,促进破产案件审判质效提升。

(四)建立完善破产审判"府院联动"机制

破产案件涉及的利益主体多、协调事项广,因而破产案件审理具有很强的外部性,在司法实践中,企业破产需要地方党委与政府的支持,更需要发挥政府在政策制定、环境营造、社会保障、统筹协调等方面的作用,建立完善的破产审判"府院联动"机制已经成为破产学界和实务界的共识,在实务操作中也已有法院在探索建立破产审判"府院联动"机制。探索建立在党委领导下,经政府牵头搭建,由法院、经信、国资、财政、人社、税务、工商、公安、金融监管等多部门共同参与的"府院联动"破产机制,可以协调解决在破产案件中产生的职工安置、社会保险、税收优惠、保全解除、查控办理、招商引资、企业注销、信用恢复、破产费用保障、民生权益保障等方面存在的问题,从而优化管理人履职环境,完善企业破产配套制度,快速处置"僵尸企业",推动供给侧改革,优化营商环境。建立完善破产审判"府院联动"机制,同样有利于破产简易案件的审理,加快破产案件审判进度,进一步促进企业破产审判市场化、常态化。

(五)破产简易程序与普通程序的转化

法院受理破产案件后,适用简易程序审理破产案件过程中,发现案件不符合适用简易程序的条件的,法院应及时终止简易程序,将案件转化为普通程序,把程序转化文书送达管理人,处理公告等相关事宜,并通知债权人、债务人,原已进行的破产程序继续有效。同时,法院在适用普通程序审理破产案件时发现适合适用简易程序的情况,亦可转为简易程序审理。

吴江法院破产衍生诉讼调研报告

破产审判是促进市场经济健康发展的法治手段，事关经济发展全局、所涉利益重大、关系社会和谐稳定，备受政府和社会各界的高度关注。基于破产审判独立性、专业化的特点，设立专门的清算与破产审判庭，有利于保障破产审判工作的常态化、规范化、法治化发展。而破产衍生诉讼作为破产审判派生的诉讼，围绕着债务人财产争议和债权人债权争议展开，其审判质量直接关系着破产审判专业化、法治化建设的进程。本报告梳理了吴江法院2016年至2021年5月的破产衍生诉讼的审理情况，总结提炼审理经验和裁判规则，以供实务参考。

一、破产衍生诉讼的概念与类型

（一）概念

破产衍生诉讼，也可称为破产派生诉讼，是指以债务人（管理人）为一方当事人，以实体权利义务为内容的民事诉讼。破产衍生诉讼一般是围绕债务人财产争议和债权人债权争议展开的诉讼，可分为人民法院受理破产申请时已经开始尚未审结的有关债务人的民事诉讼案件和人民法院受理破产申请后就有关债务人的实体权益之争新提起的民事诉讼案件两大类。前一类型可称为破产衍生诉讼的旧案件，这类案件在案件性质上包含了各种民商事案件,只要一方当事人是债务人的,原则上都归属于该类型。后一种类型可称为破产派生诉讼的新案件。[①] 这些新案件应当说是破产衍生诉讼的主要组成部分。本报告所言破产衍生诉讼特指后一种类型,即人民法院受理破产申请后就有关债务人的实体权益之争新提起的民事诉讼案件。

破产衍生诉讼与其他诉讼案件相比,具有以下特征:(1)案件的诉讼参与人中一方当事人是债务人(破产企业)或管理人。这是破产衍生诉讼最基本的特征。这里的债务人和管理人的诉讼主体包括原告、被告、有独立请求权的第三人、无独立请求权第三人。只要一方是债务人或管理人的诉讼,均可以称为破产衍生诉讼,适用相应的诉讼规则。(2)案件适用集中管辖制度。根据《企业破产法》第21条的规定,人民法院受理破产申请后、破产程序终结前,当事人提起的有关债务人的第一审民事诉讼,由受理破产申请的人民法院专属管辖。[②] (3)破产衍生诉讼调整的权利义务关系涉及面广泛,涉及民法、商法、劳动法等各个领域。在审理过程中,在法律适用上,要基于基础性实体法律关系予以判断,在民事诉讼制度的基础上,根据破产程序的特点、原则加以变更,对当事人的权利、义务予以必要的扩张和限制,同时需兼顾对社会利益的维护。

(二)类型

破产衍生诉讼案件的类型,集中体现在最高人民法院出台的《民事案件案由规定》第8部分第23项"与破产有关的纠纷"中的第289~301分类项目,一共13种类型,包括破产债权确认纠纷、请求撤销个别清偿行为纠纷、请求确认债务人行为无效纠纷、对外追收债权纠纷、追收未缴出资纠纷、追收抽逃出资纠纷、追收非正常收入纠纷、取回权纠纷、破产抵销权纠纷、别除权纠纷、破产撤销权纠纷、损害债务人利益赔偿纠纷、管理人责任纠纷。

破产衍生诉讼是一个综合性诉讼,其中的实体性规范主要源于民法中的债权制度、物权制度的有关规定,并在具体适用于破产情况时,在法律规范的内容上加以扩张与限制,对相关制度进行补充和发展。按照基础关系法律规范的性

---

① 杜万华主编:《企业改制、破产与重整案件审判指导》,法律出版社2018年版,第458~459页。

② 根据江苏省高级人民法院民事审判第二庭《破产案件审理指南(修订版)》第二章第六节第7条的规定,债务人作为无独立请求权第三人的不适用集中管辖。

质,我们将破产衍生诉讼案件类型划分为两大类型:(1)与破产有关的民商事纠纷,这类案件法律适用的基础主要是民商事法律,包括破产债权确认纠纷、对外追收债权纠纷、追收抽逃出资纠纷等;(2)与破产法有关的纠纷,这类案件法律适用的基础主要是破产法律法规,包括请求撤销个别清偿行为纠纷、请求确认债务人行为无效纠纷、破产抵销权纠纷、破产撤销权纠纷等,也可将其称为狭义的破产衍生诉讼。

二、破产衍生诉讼案件的总体情况

(一)案件具体情况

2016 年至 2021 年 5 月,吴江法院收立破产衍生诉讼案件共计 353 件,其中 2016 年收案 8 件、2017 年收案 17 件、2018 年收案 49 件、2019 年收案 111 件、2020 年收案 139 件,2021 年 1 ~5 月收案 29 件。在这 5 年多以来收结的案件中,请求撤销个别清偿行为纠纷 48 件、请求确认债务人行为无效纠纷 7 件、对外追收债权纠纷 168 件、追收抽逃出资纠纷 6 件、追收未缴出资纠纷 8 件、破产债权确认纠纷 98 件、取回权纠纷 8 件、破产抵销权纠纷 1 件、别除权纠纷 1 件、破产撤销权纠纷 7 件、管理人责任纠纷 1 件。已结案 333 件,结案方式情况:以撤诉结案 116 件,以调解结案 59 件,以驳回起诉结案 8 件,以判决结案 150 件(见图 13、图 14、图 15)。

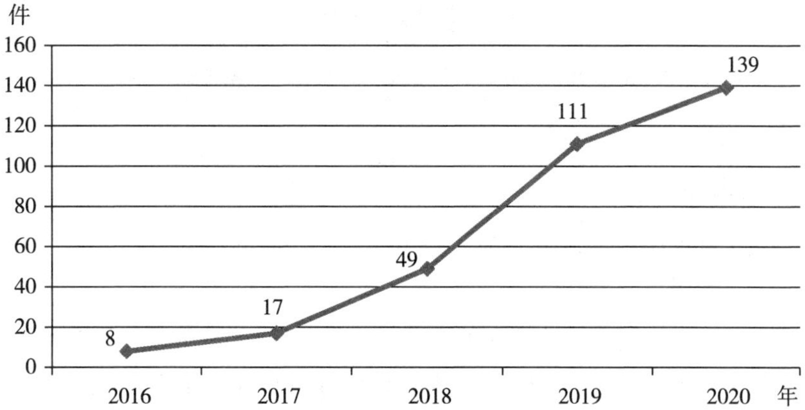

图 13 2016 ~2020 年破产衍生诉讼受理数量变化

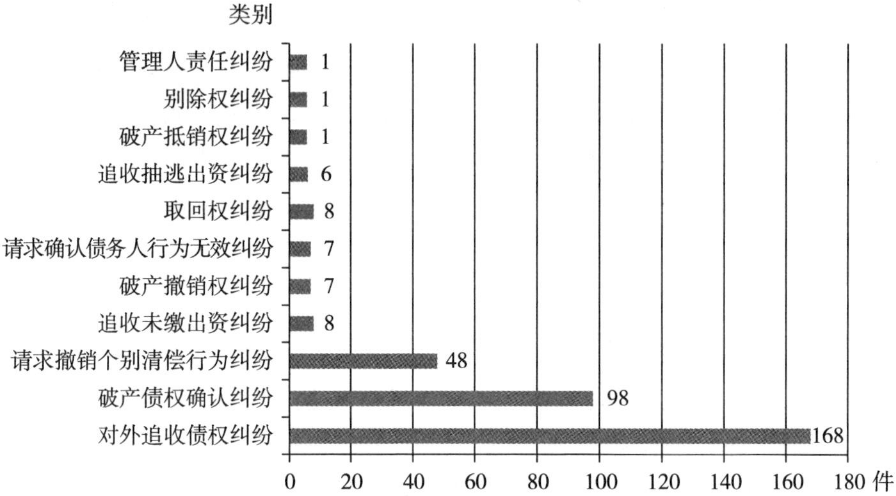

图 14 2016~2021 年 5 月破产衍生诉讼案由分布

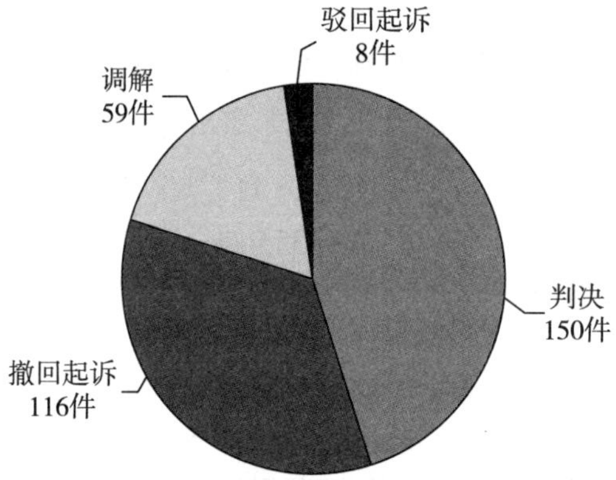

图 15 2016~2021 年 5 月破产衍生诉讼结案方式分布

(二)审理特点

基于上述数据,吴江法院的破产衍生诉讼呈现以下特点:

1. 案件数量急剧上升

破产衍生诉讼顾名思义是由破产案件衍生而来,其数量也是伴随破产案件数量的增加而增加。随着债权人、债务人破产意识的增强,特别是执行案件移送破产审查制度的设立,吴江地区破产案件收案数量逐年攀升。2016 年吴江法院破产案件收案 13 件,2017 年收案 35 件,2018 年收案 85 件,2019 年收案 125 件,

2020 年收案 147 件,2021 年 1 ~ 5 月收案 88 件。与此对应,2016 年吴江法院破产衍生诉讼收案 8 件、2017 年收案 17 件、2018 年收案 49 件、2019 年收案 111 件、2020 年收案 139 件,2021 年 1 ~ 5 月收案 29 件。

2. 案件类型以与破产有关的民商事案件居多,与破产有关的纠纷案件较少

从 5 年多的收立案件数量可以看出,对外催收债权纠纷和确认破产债权纠纷案件数量最多,共计 266 件,占总数量的 75.35%。而请求撤销个别清偿行为纠纷、请求确认债务人行为无效纠纷、破产抵销权纠纷、破产撤销权纠纷、管理人责任纠纷这五类典型的适用破产法的破产衍生诉讼,案件数量仅为 64 件,占总数量的 18.13%。

3. 判决率相对较高

从结案方式上来看,扣除集中以调解、撤诉结案的 62 件涉及江苏七宝光电集团有限公司对外催收债权系列案件,破产衍生诉讼的判决率为 55.35%,而同期全院民事案件判决率为 42%。破产衍生诉讼判决率相对较高,主要有以下两个方面的原因:一方面,破产程序本身具备概括清理债权债务关系的功能,只有破产程序本身无法吸收的纠纷才会导致衍生诉讼,也就是说,破产衍生诉讼所涉纠纷系经破产程序本身过滤后的纠纷,故相对而言,该类纠纷矛盾冲突程度也较大。另一方面,启动破产衍生诉讼后,管理人对诉讼本身的处分权受到限制,从避免自身风险考虑,多不愿意调解或撤诉,即使经审理后案件事实和法律适用已比较清楚明确。

三、提升破产衍生诉讼审判品质的举措

(一)破产衍生诉讼分工精细化管理

目前,吴江法院实行破产衍生诉讼分工办理,其中,与破产有关的民商事纠纷由各个业务庭按职责范围审理,与破产法有关的纠纷由清算与破产庭专职审理。这主要是为了和两种不同类型纠纷的特点相对应,与破产有关的民商事纠纷法律适用多为基础的民商事法律关系,由各个业务庭审理,问题不大。而与破产法有关的纠纷,专业性较强,收归清算与破产庭专门审理,便于统一裁判尺度,提高审判效率。同时,与破产法有关纠纷的审理和破产案件的审理实行分离原则,即破产案件和破产衍生诉讼分别由不同的合议庭审理,防止审理破产案件的

合议庭同时审理破产衍生诉讼案件导致的先入为主。

(二)完善破产衍生诉讼审判队伍管理

吴江法院已实行人员分类管理改革和法官员额制改革,建设了一支专业化的破产审判队伍。2016 年 9 月,清算与破产审判庭设立伊始,配备了 4 名员额法官、2 名法官助理和 4 名书记员,充实了审判力量,以案件审理为抓手培养后备人才。此外,吴江法院通过定期召开法官会议,针对疑难复杂的案件,跨庭邀请业务部门的庭长及副庭长参加,汇集集体智慧,拓宽审判思路;借助法官课堂,由破产法官集中讲授破产衍生诉讼审理思路与裁判规则,统一裁判标准,推进经验交流和理论总结,提升审判质效。

(三)加大破产衍生诉讼调研力度

吴江法院与律协、高校、兄弟法院共同举办了多期专题研讨会、座谈会,交流总结实务经验,共同研判法律难题,加强审判实务与破产理论互动研究,借鉴先进经验和学界最新理论成果,推动破产衍生诉讼审判再上新台阶。同时,不断加强前沿问题研究,重视审判总结工作,切实指导审判实践。自 2017 年开始,吴江法院清算与破产审判庭以双月刊《破产审判动态》为载体,通报法院破产审判工作和典型案例,并设“业务探讨”专栏,专题研究破产衍生诉讼的难点、热点问题,明确裁判规则和司法政策导向。

四、破产衍生诉讼的基本理念

(一)债权平等原则

债权平等原则是破产法的立法基石和核心准则,强调债权平等,既是出于效率的考量,更是出于公平的考量。坚持债权平等,要求相同性质债权应当按相同比例行使表决权、按相同比例获得清偿。应当注意的是,平等具有相对性,即所谓“相同情况相同对待,不同情况不同对待”①。这里的“相同”或“不同”取决于

① 参见许德风:《论担保物权的经济意义及我国破产法的缺失》,载《清华法学》2007 年第 3 期。

权利本身所包含的顺序性特征,取决于破产法外的实体规范或当事人的特殊约定①,也就是说破产衍生诉讼研究的对象范畴。破产衍生诉讼也需遵循债权平等原则,因为其是在破产程序的笼罩下开展的诉讼,具体的审理除应符合纠纷的一般裁判规则外,还应考虑破产程序的立场。

(二)禁止个别清偿原则

企业破产涉及职工债权、普通债权、担保债权、税收债权等不同利益,通过自行协商难以富有效率地达成最为妥当的结果,破产程序则为以最小成本达成最优结果提供了公正、透明的博弈平台,要求所有债权人必须在法治的平台和框架内实现债权集体、最终的清偿。这即是破产法上集体清偿原则的要求,映射到破产衍生诉讼中即禁止个别清偿。为了保护债务人财产的整体价值和债权人的整体受偿,对债务人优先清偿个别债权人的行为必须加以限制。破产衍生诉讼中的禁止个别清偿原则主要表现以下 3 个方面:(1)破产撤销权的规定。破产撤销权指管理人对于债务人在破产申请受理前的法定期限内进行的欺诈或损害全体债权人公平清偿利益的行为,有申请法院予以撤销并追回财产的权利。(2)代位权诉讼的区别处理。破产申请受理前,债权人对债务人财产提起的代位权诉讼,在破产宣告以后,应当予以驳回;破产申请受理以后,债权人提起对债务人财产的代位权诉讼,人民法院不予受理。(3)人民法院受理破产申请后,债权人新提起的要求债务人清偿的民事诉讼,人民法院不予受理。破产程序本身就是债权实现程序,所以在破产这个集体的给付程序启动后,债权的个别清偿给付程序就必须中止,否则必然会出现两个法律程序的冲突。在破产程序中,债权人要实现债权的给付,只需申报债权并使债权得到确认,无须也不允许再提出单独的给付请求。换言之,所有债权人的个别给付诉讼请求,依法被破产集体清偿给付程序所吸收。在这种情况下,债权的争议就只涉及确认问题,不再涉及给付问题,给付问题统一由破产程序解决。②

---

① 参见许德风:《破产法基本原则再认识》,载《法学》2009 年第 8 期。

② 王欣新:《破产债权争议诉讼的性质与收费标准》,载《人民法院报》2014 年 7 月 16 日,第 7 版。

(三)有限的意思自治原则

基于债权平等、集中清偿原则,在处理破产衍生诉讼过程中,法院对于管理人行使处分权时应当适当进行审查。主要包括:(1)管理人在诉讼中对事实的自认应当有相应的事实依据,否则可能损害债权人的利益,产生管理人责任的问题,对此法院应当及时向管理人释明。(2)在破产衍生诉讼的调解过程中,法官应当注意管理人权限以及调解方式的选择问题。在确认债权以及减少债务人财产方面的诉讼审理过程中,为了避免引起不必要的争议,应当避免采取调解书的方式结案,尽量引导管理人通过债权人自治的方式解决纠纷。破产衍生诉讼的调解应更多地从调解理念贯彻及调解方法运用的角度理解,而非仅关注结案方式。

五、破产衍生诉讼的裁判规则

(一)一般的程序性规则

1. 当事人列示

在审理有关债务人的民事诉讼中,应当根据基础法律关系,指导当事人正确列示诉讼主体。

(1)以债务人作为当事人的纠纷类型包括破产债权确认、取回权、抵销权等纠纷。此类案件,诉讼代表人的表述方式根据管理人性质区别处理。管理人为社会中介机构或者清算组的,由人民法院指定的管理人负责人作为诉讼代表人代表债务人参加诉讼,表述为,“诉讼代表人:×××,该企业管理人负责人”;管理人为社会中介机构中具备相关专业知识并取得执业资格的人员的,由该人员作为诉讼代表人代表债务人参加诉讼,表述为,“诉讼代表人:×××,该企业管理人”。

(2)以管理人作为当事人的纠纷类型包括破产撤销权、请求撤销个别清偿行为、请求确认债务人行为无效、管理人责任等纠纷。在此类案件中,管理人为中介机构的,应列为担任管理人的律师事务所、会计师事务所或者破产清算事务所;管理人为清算组的,应列为(债务人名称)清算组,身份标明为该企业管理人。律师事务所等中介机构或者清算组作为当事人的,还应当将中介机构管理人负责人或者清算组组长列为诉讼代表人;管理人为个人的,当事人应列为担任管理人的律师或者注册会计师。

2. 中止诉讼

（1）一般诉讼的中止。受理破产申请后，已经开始而尚未终结的有关债务人的民事诉讼应当中止，在管理人接管债务人财产后，该诉讼继续进行。

（2）个别诉讼的中止。最高人民法院《关于适用〈中华人民共和国企业破产法〉若干问题的规定（二）》第21条所列诉讼案件，若破产申请受理前已经立案，且破产申请受理时案件尚未审结，应当中止审理：①主张次债务人代替债务人直接向其偿还债务的；②主张债务人的出资人、发起人和负有监督股东履行出资义务的董事、高级管理人员，或者协助抽逃出资的其他股东、董事、高级管理人员、实际控制人等直接向其承担出资不实或者抽逃出资责任的；③以债务人的股东与债务人法人人格严重混同为由，主张债务人的股东直接向其偿还债务人对其所负债务的；④其他就债务人财产提起的个别清偿诉讼。债务人破产宣告后，应当依照《企业破产法》第44条的规定判决驳回债权人的诉讼请求。但是，债权人一审中变更其诉讼请求为追收的相关财产归入债务人财产的除外。债务人宣告破产前，法院依据《企业破产法》第12条或者第108条的规定裁定驳回破产申请或者终结破产程序的，上述中止审理的案件应当依法恢复审理。

3. 不予受理的案件类型

（1）破产申请受理后，债权人新提起的要求债务人清偿的民事诉讼，人民法院不予受理。此类型案件不予受理的原因是基于《企业破产法》第44条、最高人民法院《关于适用〈中华人民共和国企业破产法〉若干问题的规定（三）》第8条的规定，在破产申请受理后，对债务人享有债权的债权人应当依照《企业破产法》的规定先向管理人申报债权。若债权人对管理人制作的债权表有异议的，应当经过债权确认这一前置程序，经管理人解释或者调整后仍然不服，或者管理人不予解释或者调整的，异议人可以在债权人会议核查结束后15日内向人民法院提起债权确认的诉讼。

（2）破产申请受理后，就债务人财产提起的个别清偿诉讼，人民法院不予受理。其主要是指最高人民法院《关于适用〈中华人民共和国企业破产法〉若干问题的规定（二）》第21条所列诉讼案件。

4. 法律适用

《企业破产法》除了程序性规定外，还有很多关于实体内容的规定，例如，附利息债权自破产申请受理时停止计息，以及破产撤销权、抵销权的规定等。因此，在审理有关债务人的破产衍生诉讼时，《企业破产法》有规定的，应当优先适用《企业破产法》的规定，《企业破产法》没有规定的，适用其他有关的民商事法律规范。

（二）具体案件的裁判方法

1. 受理破产申请后已经开始而尚未终结的以债务人为被告的诉讼

受理破产申请前，其他法院已受理有关债务人的民事诉讼，且在受理破产申请时尚未审结的，其他法院应中止审理；在管理人接管债务人的财产后，该诉讼继续进行，其他法院一般不能依破产专属管辖的规定将该案向受理破产申请的法院移送。债权人已经对债务人提起的给付之诉，破产申请受理后，人民法院应当继续审理，但是在判定相关当事人实体权利义务时，应当注意与《企业破产法》及其司法解释的规定相协调。上述裁判作出并生效前，债权人可以同时向管理人申报债权。上述裁判生效后，债权人应当根据裁决中认定的债权数额在破产程序中依法统一受偿，且其对债务人享有的债权利息应按照《企业破产法》第46条第2款的规定停止计算。

对于人民法院受理破产申请后，已经受理而尚未终结的以债务人为被告的债权给付之诉是否能够继续审理的问题。江苏省高级人民法院在《破产案件审理指南》中要求需将案由由给付之诉变更为确认之诉。但是《全国法院民商事工作会议纪要》否定了上述做法，认为人民法院没有必要向当事人释明让其改为确认之诉。一是根据给付之诉判决，管理人也能够确认债权数额，不是必须根据确认之诉判决管理人才能够确认；二是因为已经生效的给付之诉判决，管理人可以根据《企业破产法》的规定确认债权数额，此类判决完全可以照做。据此，人民法院可以根据当事人提出的诉讼请求进行裁判，但是需在裁判项目中说明，权利人只能在破产程序中依法申报债权，不得据此获得个别清偿。

2. 受理破产申请后新提起的以债务人为被告的诉讼

根据《企业破产法》第21条的规定，受理破产申请后，有关债务人的民事诉讼，只能向受理破产申请的法院提起。之所以如此规定，目的在于保障破产事务的协调处理。但是债务人系无独立请求权第三人的，不适用前述规则。受理破产申请的法院，例如，对有关债务人的海事纠纷、专利纠纷、证券市场因虚假陈述引发的民事赔偿纠纷等案件不能行使管辖权的(主要因受理破产申请的人民法院因专业性不足等原因不能行使管辖权),可以依据《民事诉讼法》第37条的规定,由上级人民法院指定管辖。

六、典型的破产衍生诉讼

(一)破产债权确认纠纷

1. 前置条件——债权确认程序

债权确认程序包含以下内容:首先,已依照《企业破产法》的规定向管理人申报债权;其次,应当是针对经债权人会议审核之债权表,而非仅由管理人制定、确认乃至解释或调整后的债权表;再次,必须对债权有异议;最后,必须首先向管理人提出,对"管理人解释或调整后"仍不服或其"不予解释或调整"时,异议人可以在债权人会议核查结束后15日内向人民法院提起债权确认的诉讼。

2. 关于受理破产申请前迟延履行期间利息的问题

第一种观点认为,生效法律文书对此已予以明确,故亦应将其计算至破产申请受理的前一天。第二种观点认为,加倍部分债务利息属于惩罚性债权,在破产程序这一特殊情形下,为平衡保护全体债权人的利益,不应予以保护。我们赞同后一种观点,但确实难以找到相应法律依据,可类推适用的是最高人民法院《关于税务机关就破产企业欠缴税款产生的滞纳金提起的债权确认之诉应否受理问题的批复》中对将税款滞纳金列为普通破产债权的规定。税款滞纳金与加倍部分债务利息同属惩罚性债权,税款滞纳金相对税务债权劣后,那么,加倍部分债务利息相对普通破产债权也应劣后。在更大意义上,该种观点是破产法平衡保护原则的体现。同时,对迟延履行期间一般债务利息的计算已能够保护该部分债权人的利益,若再计算加倍部分债务利息,相对其他普通债权人则有过分保护之嫌。另外,需要说明的是,对于银行主张的贷款罚息、复利,一般情况下不应归入前述意义上的惩罚性债权,而应相应计算至破产申请受理的前一天。

3. 保证责任纠纷的处理

保证责任有一般保证和连带责任保证之分。两种保证责任的区别在于责任范围不同,一般保证只对债务人无力清偿的部分承担补充性的清偿责任,也称为补充责任保证。破产程序中保证责任的问题,主要区分以下几种情形:

（1）债务人进入破产程序。例如，保证责任已经到期的，在保证期间内，法院受理债务人破产案件的，对于负连带责任的保证人，债权人有权直接要求其清偿保证债务，也可以先向进入破产程序的债务人追偿，然后再以未受偿的余额向保证人追偿，还可以同时向债务人和保证人追偿。保证人清偿债权人的全部债权后，可以代替债权人在破产程序中受偿；在债权人的债权未获全部清偿前，保证人不得代替债权人在破产程序中受偿，但是有权就债权人通过破产分配和实现担保债权等方式获得清偿总额中超出债权的部分，在其承担担保责任的范围内请求债权人返还。保证人承担保证责任后，不得再向破产清算、和解或者重整后的债务人行使求偿权。

此时，对为债务人提供保证担保的保证人，债权人是否应当停止计息，即产生了保证人的责任范围问题。一种观点认为，根据主从合同关系，保证合同作为从合同，保证人承当的责任范围不应大于主债务，也即"停止计息说"。另一种观点认为，为强化对债权人的保护，保证责任的从属性应受到一定限制，也即"不停止计息说"。两派观点在学术界和实务界争议不休，直到2021年1月1日施行的最高人民法院《关于适用〈中华人民共和国民法典〉有关担保制度的解释》，选择了"停止计息说"的观点。该司法解释第22条规定，"人民法院受理债务人破产案件后，债权人请求担保人承担担保责任，担保人主张担保债务自人民法院受理破产申请之日起停止计息的，人民法院对担保人的主张应予支持"。之所以如此规定，与立法坚持担保从属性的原则密不可分。关于担保范围的从属性。担保责任本质上系担保人替债务人承担责任，担保人承担责任后可以向债务人追偿。如果担保人承担的责任范围大于债务人所应承担责任的范围，或者针对担保责任约定专门的违约责任，那么担保人承担责任后，超出部分将无法向债务人追偿，从而违反了担保的从属性。鉴于此，该解释规定，担保责任超出主债务范围的，担保人对超出部分不承担责任。①

（2）保证人进入破产程序。保证债务已经到期，债权人有权申报保证债权。保证人被确定应当承担保证责任的，保证人的管理人可以就保证人实际承担的清偿额向主债务人或其他债务人行使求偿权。主债务未到期的，保证债权在保

---

① 林文学、杨永清、麻锦亮等：《〈关于适用民法典有关担保制度的解释〉的理解和适用》，载《人民司法》2021年第4期。

证人破产申请受理时视为到期。一般保证的保证人主张行使先诉抗辩权的，人民法院不予支持，但债权人在一般保证人破产程序中的分配额应予提存，待一般保证人应承担的保证责任确定后再按照破产清偿比例予以分配。

（3）债务人和保证人同时进入破产程序。债权人有权向债务人、保证人分别申报债权。债权人向债务人、保证人均申报全部债权的，从一方破产程序中获得清偿后，其对另一方的债权额不作调整，但债权人的受偿额不得超过其债权总额。保证人履行保证责任后不再享有求偿权。

（二）对外追收债权纠纷

1. 总体思路

对外追收债权是管理人接管债务人财产这一事务工作的要求，主要依据是《企业破产法》第 17 条，破产申请受理后，债务人的债务人应当向管理人清偿债务或者交付财产。因此，管理人向债务人的债务人提出清偿要求是法定破产程序的题中之意。该诉讼活动法律依据主要是其他民商事法律规定，破产法对此仅有部分规则需注意。

2. 诉讼时效

法院受理破产申请后，由管理人接管债务人的财产、印章、账簿和文书等资料，调查债务人的财产状态，代表债务人参加诉讼、仲裁或者其他法律程序，替代债务人原管理层进行有关债务人财产的管理、处置、变价、分配等工作，切实保障债务人利益。但是，由于管理人并未参与企业原经营管理活动，其完成接管客观上需要一定时间。为避免管理人接管过程中因诉讼时效超过导致债务人财产减损，最高人民法院《关于适用〈中华人民共和国企业破产法〉若干问题的规定（二）》第 19 条第 1 款规定，诉讼时效自破产申请受理之日起重新计算。

关于债务人无正当理由未对到期债权及时行使权利，导致对外债权在破产申请受理前一年内超过诉讼时效期间的问题。债务人放弃债权的行为包括积极的放弃行为和消极的放弃行为。积极的放弃行为，管理人可以行使破产撤销权予以撤销。但对于不及时主张对外债权的消极的放弃行为，客观上并无可以撤销的行为，无法通过破产撤销权予以撤销。为实现对债务人恶意减少其财产的消极放弃债权行为产生类似撤销其积极放弃债权行为的法律效果，最高人民法院《关于适用〈中华人民共和国企业破产法〉若干问题的规定（二）》第 19 条第 2

款从重新计算诉讼时效的角度做出了制度安排。

3. 次债务人的抗辩理由

破产申请受理后，债务人的债务人应当向管理人清偿债务、交付财产。但是若债务人的债务人享有法定或者约定的抗辩权，如何处理？例如，债务人的债务人享有期限利益，在管理人向债务人的债务人主张权利时，其提出抗辩尚未至履行期限。虽然《企业破产法》第46条第1款规定，未到期的债权在破产申请受理时视为到期，但是并不能反推出未到期的债务在破产申请受理时也视为到期的结论。因为债务人的债务人并未出现支付不能的情况，对债务人的清偿义务并不具有加速到期的法定理由，否则将侵害其应享有的利益。因此，对于债务人的债务人的抗辩理由，法官应从基础法律关系审查，不因债务人进入破产程序而有所区别。但从破产案件审理进程角度考虑，管理人应当从债权人的利益最大化出发，制订最优的财产管理方案，征得债权人会议的认可，追回对外债权，这对管理人的履职能力提出了很高的要求。

（三）破产抵销权纠纷

破产程序中的抵销并不限于破产抵销权，在破产财产分配完成后，债权人的破产财产分配额已经确定，可以与其对破产人的债务相抵销，此时债权人和破产人均可主张抵销权，这是民法上的抵销，由此引发的纠纷不属于破产抵销权纠纷。破产抵销权，是指债权人在破产申请受理前对债务人负有债务的，无论是否已到清偿期限、标的是否相同，均可在破产财产最终分配确定前向管理人主张互相抵销的权利。破产抵销源于民法上的抵销制度，是民法上的抵销制度在债务人破产情形下的扩张适用。

1. 行使破产抵销权的债权性质

理论上，破产债权人的债权为主动债权，债务人的债权为被动债权。根据《企业破产法》的规定，主动债权和被动债权均应当是债权人在破产申请受理前发生，那么，对于破产申请受理后发生的债权债务就应当不得抵销。也就是说，发生在破产申请受理前的债权债务的抵销性质只能是破产抵销权，因为破产抵销权的行使范围较民法上的抵销广，可以说已经吸收了民法上的抵销；而发生在破产申请受理以后的债权债务的抵销性质只能是民法上的抵销，因为此时已经没有破产抵销权适用的空间。在实践中，双方均未履行完毕的合同，管理人可以选择继续履行或者解除。管理人决定继续履行合同的，由此发生的债务将被认定为共益债务，自不用谈；管理人决定解除合同的，需要区分为两个方面看待：其一，部分履行中已经履行部分因合同解除而产生的相互返还问题；其二，因合同解除而产生的损害赔偿请求权问题。对于前者，我们认为，解除后的相互返还双方应当同时履行，若双方当事人债务的种类和品质相同，债权人可以主张抵销，即部分履行中债权人对待给付返还请求权。[①] 对于后者，债权人只能根据《企业破产法》第53条的规定按照普通债权按比例获得清偿。

2. 行使方式

债权人的债权必须经过依法申报、确认程序。破产抵销人仍然是债权人，必须依照《企业破产法》关于债权人参加破产程序的规定才能行使权利。债权人依法申报，管理人审查，最终由法院裁定确认的债权人才有行使破产抵销权的资格。同时，债权人行使破产抵销权应当向管理人提出，管理人不得主动抵销。

3. 对抵销不服的异议权

（1）管理人认可抵销。管理人收到债权人提出的主张债务抵销的通知后，经审查无异议的，抵销自管理人收到通知之日生效。管理人和抵销债权人对此结果均不会存在异议，问题是，若其他债权人有异议的，如何处理？对此，相关的法律法规均没有做出规定。我们认为，抵销使得个别债权人取得优先受偿的权利，其个体利益得到了相对优先的实现，如若滥用将会损害其他债权人公平受偿的权利。故从《企业破产法》立法的精神出发，参照债权异议的途径，应当允许其他债权人对破产抵销权提出异议，并通过诉讼方式来解决。（2）管理人不认可抵销。管理人不认可抵销的，应当在约定的异议期限内或者自收到主张抵销的通知之日起3个月内向人民法院起诉。但是，如果管理人怠于行使异议权，债权人的抵销权利如何行使，法律没有规定。对此，我们认为，应从最高人民法院《关于适用〈中华人民共和国企业破产法〉若干问题的规定（二）》第42条规定出发，管理人超过3个月未行使抵销异议权的，即使起诉至法院，法院也不予支持。此刻，应当认定破产抵销权自管理人收到抵销通知之日起生效。若其他债权人对破产抵销权的成立有异议的，可以参照上文行使异议权；债权人可以向人民法院反应管理人未勤勉尽责的情况，由人民法院督促管理人进行抵销；若债权人认为

① 许德风：《论破产中尚未履行完毕的合同》，载《法学家》2009年第6期。

管理人对此存在责任的,可以向法院起诉管理人责任纠纷。

4. 关于银行行使破产抵销权的问题

债务人结欠银行贷款,在破产受理前,银行扣划债务人银行账户内的资金用以归还贷款,是否为行使破产抵销权的表现? 常见的情形有以下两种:(1)扣划保证金。最高人民法院发布的54号指导案例中,中国农业银行安徽省分行诉张大标、安徽长江融资担保集团有限公司执行异议之诉纠纷一案,即对银行保证金采用了动产质押说的观点。最高人民法院认为,根据法律规定,当事人之间签订质权合同且已将质押财产交付质权人时,动产质押已经设立。债务人或者第三人将其金钱以特户、封金、保证金等形式特定化后,移交债权人占有作为债权的担保,债务人不履行债务时,债权人可以以该金钱优先受偿。据此在满足特定化和移交债权人占有两个条件后,金钱可以成立动产质押。因保证金作为金钱,其本身不需要经过折价或者拍卖、变卖等处置程序,而直接表现为债权人可以实现优先受偿权的最终数额,不存在处置他人之物的环节,而双方又事先约定银行就保证金享有优先受偿权,故银行扣划保证金的行为实际上是依据出质人同意实现优先受偿权的方式。(2)扣划普通账户的资金。最高人民法院民二庭在第七次法官会议纪要中认为,银行债权人利用其对债务人银行账号的控制地位,扣划债务人银行账户资金清偿其债务的,属于《企业破产法》第32条规定的"对个别债权人进行清偿"的行为,管理人请求人民法院撤销的,人民法院应当支持,但符合除外情形"使债务人财产受益的除外"。破产抵销权并不鼓励和纵容个别债权人在债务人出现破产原因时,依靠其优势地位进行个别清偿,进而否定银行划扣行为。[①] 而赞同抵销者的意见,多认为银行存款账户的资金构成银行对债务人的债务,在银行与债务人互负债务的前提下,银行可以行使破产抵销权,扣划债务人银行账户内的资金。我们同意前一种观点,《商业银行法》规定银行有义务保护存款人存款安全,在银行现实处于绝对优势地位的情形下,银行若任意行使抵销权扣划资金,将使客户对银行存款丧失信赖,动摇国家的金融秩序。

① 贺小荣主编:《最高人民法院民事审判第二庭法官会议纪要:追寻裁判背后的法理》,人民法院出版社2018年版,第180页。

吴江法院个人债务清理案件审理报告

近年来,个人破产立法逐渐成为社会共识。个人破产制度具有公平合理调整债权债务关系,赋予过度负债的债务人经济重生机会的功能。建立个人破产制度,对于完善我国破产法律体系,保障经济健康稳定发展,化解社会风险是非常必要的。2019 年 2 月,最高人民法院发布《关于深化人民法院司法体制综合配套改革的意见——人民法院第五个五年改革纲要(2019—2023)》,把研究推动建立个人破产制度和相关配套机制,着力解决以个人为被执行人的执行不能案件作为改革任务之一。2020 年 8 月,广东省深圳市已通过个人破产条例,标志着个人破产立法的破冰起航。与此同时,全国多家法院也相继开展与个人破产功能相当工作的探索实践。2019 年 10 月,吴江法院被江苏省高级人民法院确定为"开展与个人破产制度功能相当的试点工作"试点法院,积极探索个人债务清理工作。本报告介绍吴江法院成为试点法院以来具体开展的工作,总结相应经验做法,梳理存在的困难问题,并提出对策建议,以期为开展个人破产制度立法提供生动的实践样本。

一、开展个人债务清理工作的意义

开展个人债务清理工作有极强的现实意义和深远的

制度贡献,为开展个人破产制度立法提供了生动的实践样本。个人债务集中清理制度践行了宪法对公民生存权的保障,同时,也在激发市场主体创新创业热情、彻底破解执行难困局、推动重塑金融生态等方面起到重要作用。

一是践行宪法对公民生存权的保障。我国宪法规定了公民的基本生存权,人应当享有维持正常生活所必需的基本条件和权利。但"身死债消"的社会观念一直困扰着一些不幸背负巨额债务的人,他们因终身负债而无法享有公民基本的生存权利。个人债务清理制度的开展,赋予了这些"诚实而不幸"的个人以重生的机会,使其摆脱巨额负债,重新开始生活,践行了以人为本的宪法价值。

二是激发市场主体创新创业热情。通过个人债务清理程序的不断开展,一方面,让尝试创新的人认识到,创新活动可能带来的负债风险会得到合理化解,解除创业者的后顾之忧,激发市场主体的活力;另一方面,对于已经开展创业且不幸负债的人,通过个人债务清理程序,振奋其偿债信心,"解绑"对其经济活动的限制,激励其通过个人奋斗获得经济再生,充分发挥个人优势和能力,为整个社会经济带来新的发展动力。

三是彻底破解执行难困局。大量"执行不能"案件通过终结本次执行程序进入执行案件"终本库",面临着无法终局出清的局面。针对被执行人为企业法人的,可通过"执转破"程序导入破产后彻底出清。但对于被执行人为自然人的,案件仍旧无法化解。通过个人债务清理程序的债务免除制度,该类案件便可终结执行。在破产程序以及与破产程序功能相当的制度支撑下,执行终本程序的适用范围将大大缩小,有利于促进执行终结制度的规范与科学,从而彻底化解执行难困局。

四是推动重塑金融生态。个债清理程序不仅能较好地解决涉自然人不良资产清理问题,还能通过对守信自然人债务的适当豁免,正向激励债务人诚信履约,实现终局责任明晰化,避免层层追偿。在倒逼金融机构提升风险防控能力,提升金融机构对不良债权容忍度的同时,促进各市场主体专注创新创业,塑造良好金融生态环境。

二、个人债务清理案件审理情况

截至 2021 年 5 月 31 日,受理个人债务清理 35 件。受理的案件共涉及商个人20人,一般自然人15人,涉及执行案件237件,债权人249人,债权金额6.76亿元;审结20件,其中11件适用更生程序结案(其中7件成功通过清偿计划),9件适用清算程序结案(其中6件因债务人不履行配合义务终止清算程序、3件因未能通过财产状况报告终止清算程序),平均审理天数71.96天。吴江法院个人债务清理工作得到《人民法院报》《新华日报》等媒体专题报道,引起较大社会反响。

(一)案件来源需法院主动推进

由于个人债务清理试点工作是法院系统进行的实践创新,吴江法院虽已出台相关操作运行规范,但很多当事人并不了解详情。若法院不主动推进开展,很难取得实践效果。吴江法院在试点初期,主动对本院执行案件的被执行人进行统一识别筛选,对初步符合债务清理条件的被执行人进行重点约谈,阐明个人债务清理的条件、程序及后果。经过多次约谈沟通,部分被执行人向吴江法院提出个人债务清理申请。在成功审结个人债务清理案件后,吴江法院也加大宣传力度,促使社会大众加深对新制度的了解。随后,也陆续有债权人向法院申请对债务人进行个人债务清理。

(二)债务清理涉及金额较大

在吴江法院已受理的35件个人债务清理案件中,已受理案件平均涉及债务近1931万元,其中,沈某案件涉及债务金额最大,总计近2.1亿元。债务清理案件涉及金额较大,也导致相应案件调查沟通的难度加大。

(三)案件债务人类型多样

吴江法院个人债务清理规定采用一般个人破产主义,即商个人和一般自然人均可成为个人债务清理对象。从已受理案件情况看,债务人陷入经济困境的原因不尽相同。以商主体为例,其中,周某系经营装修生意,因工人受伤赔偿问题引发诉讼,随后多家供应商也相继起诉,导致资金链断裂无法清偿全部债务。而范某系原来经营一家纺织公司,个人为纺织公司金融借款提供担保,但纺织公司又因为其他企业承担担保责任而陷入困境,后进入破产清算程序,范某早已无力偿还巨额金融债务。而以一般自然人为例,朱某系为朋友担保而承担巨额债务，而倪某系因夫妻共同债务承担责任。出现不同类型的案件，充分体现出现实经济生活形式的多样性，也为试点工作提供了丰富的样本。

三、主要做法

（一）规范指引先行，创新工作理念

在学习借鉴浙江台州、温州等先进法院经验，结合本院审判执行实际，起草个人债务清理的规范性文件，并向部分高校学者征求意见后，吴江法院于2019年10月21日出台《关于个人债务清理的若干规定（试行）》，被江苏省高级人民法院简报刊发推广。在经过前期实践探索后，吴江法院于2021年4月及时对已出台的规定进行修订，主要在适用范围、与执行程序的衔接、对债权人的效力约束、信用考验期的设置、债务免除的模式等方面进行完善，以更好适应现实需要，保障个人债务清理工作顺利开展。

（二）严格适用范围，防止制度异化

明确以“诚实但不幸”的、无法清偿到期债务的个人或个体工商户为实施对象，因赌博、挥霍消费等不良原因导致不能清偿债务的，或有履行能力而拒不履行生效法律文书确定义务的债务人排除适用清理程序。扎牢审查受理关口，坚决杜绝债务人意图借此程序逃废债务。例如，吴江法院在审查金某申请个人债务清理案件中，发现其在执行程序中存在规避、对抗执行的行为，故裁定不予受理其个人债务清理申请；在受理苗某个人债务清理申请后，经管理人调查其存在不如实申报财产的行为，故裁定终止个人债务清理程序并恢复原法律文书的执行，同时，对苗某进行罚款1万元。

（三）多重筛选甄别，做细释明工作

优先从已进入执行程序，经调查无财产可供执行或财产不能清偿全部债务的个人，或为企业提供保证担保且企业已进入破产程序的经营者中，进行初步筛查。约谈个人债务人40余次，详细介绍个人债务清理的条件、程序及后果，询问其意见。组织金融机构座谈3次，探讨内部审批难点。在债务人提出清理申请，取得全部已知债权人同意后，裁定受理个人债务清理申请。在个人债务清理规

定进行修订后，申请主体已由债务人扩展到持有 10 万元以上到期债权的债权人，同时，采用书面方式征求已知债权人意见，从而扩大清理程序的启动途径。

（四）区别程序类型，匹配司法需求

设置两种债务清理程序，无个人收入或收入不足以维持基本生活水平的债务人适用清算程序；有个人收入且超过维持基本生活水平的债务人适用更生程序，需以制定债务清偿计划方式申请债务清理。根据债务人有无执行案件，区分“执清”“个清”两个案号，并分别交由执行部门、破产审判部门审理，吸收执行成果，发挥各自优势，体现职能分工和协调配合。

（五）简化审理程序，突出审理效果

相对企业破产，提供更为简洁、快速的救济程序。压缩申报期限，债权申报期限自人民法院发布受理债务清理申请公告之日起计算，最短不得少于 30 日，最长不得超过 2 个月，债权人申报债权的，接受个人债务清理规定的约束。以召开一次债权人会议为原则，申请更生程序的债务人需在第一次债权人会议前向管理人提交债务清偿计划，同时，限制清偿期限，分期清偿计划的履行期最长不得超过 5 年。因不可归责于债务人的原因导致无法按期执行清偿计划的，给予债务人一次延长执行期限的机会，但债权人因延期清偿所受的损失应当得到合理补偿，从而实现债务人与债权人利益的平衡。若涉及减少债权清偿率的，应经利益受损的债权人的一致同意。

（六）灵活指定管理，确保管理效率

对企业债务承担民事责任且该企业已进入破产程序的企业经营者或其他有关人员申请债务清理的，指定企业破产管理人担任个人债务人管理人，简化选任方式的同时发挥企业破产管理人熟悉案情的优势。针对个人债务清理程序简洁、快速的特点，推广个人管理人制度，发挥个人管理人权责集中、灵活高效的优势。

（七）明确表决规则，公平清理债务

参照《企业破产法》针对重整计划草案设置不同于财产管理、变价、分配方案表决规则的制度安排，对于更多体现当事人意思自治的债务清偿计划，适用全体债权人一致同意规则;对于强制性色彩较浓的个人财产管理、变价、分配方案,适用2/3多数的表决规则,实现个体权利保护与团体决策效率的平衡。

(八)注重利益衡平,引导宽容失败

保护债权人公平受偿的同时,增强债权人对个人债务清理程序赋予债务人重新开始机会的认同,停止适得其反的追债行为,赋予债务人及其家庭喘息和修复的时间和空间,促使债权人作出追偿的合理妥协。债权人会议中增加债务人诚信承诺环节,回应债权人心理需求,最大程度争取债权人的理解和支持。

(九)规定自由财产,保障基本生活

参照执行程序关于不得查封、扣押、冻结财产的规定,明确豁免财产范围,维持债务人及其所抚(扶)养家庭成员基本生活水平的必要费用与生活用品,准予债务人保留,债务人工作的必要工具以及与债务人有特定人身关系的财产,确保债务人的基本生存需求。明确豁免财产的确定程序,豁免财产清单应经债权人会议2/3多数表决通过,未获债权人会议表决通过的,由人民法院裁定。

(十)确立免责功能,强化信用监督

受理个人债务清理申请的,同时作出限制债务人行为的决定。因债务人无财产可供分配或财产分配完毕或债务清偿计划执行完毕而裁定终结债务清理程序的,经过信用考验期后可申请法院许可免除其未予偿还的债务。根据债务清偿率的高低设置最长6年的信用考验期,信用恢复前,债务人不得有高消费行为,不得担任任何企业的法定代表人、股东、董事、监事。信用恢复前或信用恢复后2年内,发现债务人存在逃废债行为的,要求其按照原债务额进行清偿。在公共信用平台公示清偿计划、信用限制,接受社会各界对债务人的监督。

四、个人债务清理案件审理中存在的问题

由于我国尚未建立个人破产制度,个人债务清理工作只能在参与分配、执行和解等现有制度框架内“闪转腾挪”“迂回前进”,在效力层次和实施效果上尚不能与个人破产制度相提并论,在审理过程中也遇到一些问题。

（一）适格债务人筛选难

适用个人债务清理程序的债务人，应不存在转移财产、规避执行等损害债权人利益的行为，但在审查是否符合受理条件时，判断债务人的诚信情况缺乏明确的证据标准。鉴于执行法官对债务人诚信情况有一定了解，现优先从执行案件中筛选适格主体。但上述筛选形式范围有限，且需要得到执行法官的支持配合。此外执行法官对于债务人诚信的判断也存在感性因素。

（二）管理人身份定位难

相对于《企业破产法》对于管理人身份的明确规定，个人管理人的身份在处理债务人对外事务上难以获得认同。例如，个人管理人无法刻制印章、开立账户，涉及债务人的诉讼中管理人无法被列示为诉讼代表人。在实践中，多以使用管理人负责人或债务人银行账户的方式解决资金管理问题，以授权委托的方式解决参与诉讼问题，但均属权宜之计。

（三）债务人接受难

部分债务人很难接受个人及家庭成员财产情况被公示并接受社会监督，认为脸面不光彩。部分债务人对清偿计划能否通过缺乏信心，直接面对债权人沟通协调清理方案时，存在较大心理压力。部分债务人认为自身已无能力偿还债务，消极面对债务困境，不愿意投入精力申请进行个人债务清理。

（四）债权人理解难

部分债权人对债务人缺乏信任感，认为债务人不会主动配合法院、管理人如实申报财产，个人债务清理程序有可能会被债务人滥用进行逃废债。部分债权人认为只有通过司法强制力才能迫使债务人履行义务，不相信债务人有诚意付出真实行动主动解决债务。部分债权人即使明知债务人已付出全部能力制作清偿方案，却滥用更生程序一致决原则，提出不合理要求，导致清偿方案无法通过。对于生活困难已无法偿还债务的个人，若债权人在债务清理程序中未能获得任何实际利益，往往也不会表决通过财产状况报告从而免除其债务。

（五）表决机制突破难

因无个人破产立法支撑，个人债务清理工作无法适用“多数决”制度强制约束持异议的个别债权人，在债权人人数较多、债权种类复杂的案件中，清理方案很难获得通过，极大地影响了审理效率和效果。此外，部分金融机构对参与个人债务清理程序态度消极，机构内部没有明确的对接人员和决策领导。涉及债务减免事项，地方分支机构没有决策权，需要上级部门进行明确授权同意。即使逐级上报，因缺乏明确的法律依据，工作人员担心承担不合规的责任，会对所有表决事项都放弃投票。

（六）监督机制落实难

根据吴江法院的规定，债务人履行债务清偿计划以及信用考验期内的行为由管理人负责监督，实际上除非债务人已因执行案件被限制高消费，否则管理人无法对债务人消费行为进行有效监督。同时，现阶段也缺乏国家统一的信用公示平台，很难对债务人做到广泛的社会监督。另外，执行案件中的失信被执行人名单制度可以对债务人进行大范围的信用惩戒，而在个人债务清理程序中进行行为限制仍然缺乏配套方法及实现路径。

五、下一步计划

虽然存在种种困难和问题，但吴江法院始终认为，开展个人债务清理工作有极强的现实意义和深远的制度贡献，其为开展个人破产制度立法提供了生动的实践样本，为建立个人破产配套监督机制作出了有益探索，也为营造宽容失败、鼓励创新的社会氛围起到先导、启蒙作用，同时，可以大大缩小执行终本程序的适用范围，在破产程序和与破产程序相当的制度支撑之下，让执行终结程序回归客观、真实与科学。结合前期工作，吴江法院提出了下一步工作计划。

（一）提高执行规范化水平，建立判断诚信客观标准

现阶段还需要从案件被执行人中筛选出适格债务人，因为通过执行程序可以对债务人的行为进行考察，同时，也能掌握其资产负债的整体情况。要获取判

断债务人诚信的明确证据，就要求执行程序中严格落实财产申报制度，加大财产调查力度，与当事人及时联系沟通，确保对债务人诚信的判断是客观真实的。

（二）推进配偶合并清理，彻底摆脱债务困境

企业经营者及其配偶为企业债务承担连带保证责任是吴江地区涉金融执行案件的显著特点。企业经破产清算后，经营者家庭仍无法从巨额债务中摆脱出来。企业经营者家庭成员申请债务清理的，吴江法院将尝试合并审理，统一解决债务难题，消除“过度负债”“过度索债”对家庭成员尤其是未成年子女的影响。

（三）及时出台法律规范，全面巩固创新成果

个人债务清理程序需要社会认同配合，多项事务的运行离不开相关部门的协同。基层法院在试点工作中深感仅依据本院作出的规范，很难推动协助部门通力配合。希望上级法院及时出台相关规范性文件，为深入探索创新提供坚实制度保障，总结提炼类个人债务清理吴江经验，为个人破产立法提供丰富实践素材，推动个人破产制度早日出台，使个人债务清理归入独立的法律程序。

（四）争取金融机构支持，解决一致行动难题

协调争取金融监管部门支持，出台高层级的联合文件或备忘录，指导金融机构解决投票难题。建议金融机构可将涉及个人债务人的不良资产打包出售，通过市场化方式，提高债务清理案件的办结成功率。

（五）加大案例宣传力度，引导大众观念更新

在债务清理案件审结后，加大宣传力度，延伸审理效果，更新社会公众理念，增加对新制度的认同。发布正反两类典型案例：一类是诚信债务人通过清理程序，经济上获得重生；另一类是驳回存在规避执行行为债务人的清理申请，进行相应司法制裁。

第二篇　典 型 案 例

股权出售式重整模式的适用
——凹凸系企业合并破产重整案

【裁判要旨】

股权出售式重整模式，即债务人以其具有重整价值的资产出资设立全资子公司，之后债务人出售该子公司的全部股权，用股权的转让所得来清偿债务。该种模式在保留了“出售式重整”具有的避免余债风险的优势外，因其系以原债务人企业财产出资设立新公司，然后由出资人购买新公司全部股权的形式完成出售及事业存续，使债务人与新公司存在较高的关联度和承接性，所以一定程度上有效利用了债务人的壳资源（如相关许可经营资质、客户资源等），另外还降低了直接转让财产所产生的税务成本。

【案号】

（2015）吴江商破字第11～15号

【案情】

2017年11月27日，根据管理人的申请，吴江法院裁定宣告吴江市液铸液压科技发展有限公司、苏州凹凸控股集团有限公司、苏州凹凸纸品有限公司、苏州伊辰物流有限公司、苏州凹凸彩印厂5家企业（以下简称凹凸系企业）破产并终结其破产程序。至此，历时2年，一个集印刷、包装、代理进出口、仓储、货运于一体，合作客户包括多家央企在内，但身陷担保圈和民间借贷困境，且负债

8.61亿元的系列企业,通过"股权出售式重整"模式成功引入战略投资2.29亿元,并最终实现了企业经营事业的延续,使328名职工得到了妥善安置,295家债权人债权得到了清偿,取得了良好的法律效果、经济效果和社会效果。该案也是吴江法院审结的首例关联企业合并破产重整案件。

【审理】

2015年10月13日、11月4日,吴江法院根据债务人的申请,分别裁定受理对上述凹凸系企业的破产清算申请,并指定由辖区政府有关部门人员组成的清算组担任管理人,清算组同时聘请破产实践经验丰富的律师团队担任法律顾问。案件受理之初,面对因工资逾期3个月未能发放致使职工全体罢工的不利局面,吴江法院积极寻求辖区政府的支持,指导管理人及时筹措资金首先解决职工工资问题。在工资得以陆续发放的情况下,工人激烈情绪随之缓解并回到自己的工作岗位,这也为债务人实现"破产不停产"奠定了基础。

管理人接管时,债务人尚有较多未完成订单,且与主要客户保持较为稳定的业务关系,但因现金流短缺,只能利用少量回收款购买原材料进行生产。经管理人调查研究,并经专业审计机构的分析预测,管理人认为继续营业有利于增加债务人财产,同时,确保债务人客户稳定也是进行重整的重要前提,故在第一次债权人会议前,管理人向吴江法院提出许可债务人继续营业的申请,吴江法院经研究后复函予以许可。后管理人继续聘用债务人原经营管理人员开展经营,并积极与意向投资人接洽,以最低成本引入资金1500万元用于生产经营所需的必要支出。同时,为解决因破产申请受理前债务人欠缴税款而无法继续开票的问题,吴江法院还积极与税务部门沟通,向其释明破产申请受理前欠缴税款应由税务机关申报税务债权,破产申请受理后因继续营业所产生税费可作为共益债务随时清偿的法律关系,经释明,税务部门表示了理解和支持。在此期间,吴江法院还指导管理人召开由债务人主要供应商、物流商、清关商业务代表参加的座谈会,向他们介绍破产案件的进展及下一步的打算,并承诺可按新业务量的一定比例先行支付保证金,以解除他们的疑惑,修复债务人的信誉。经充分的沟通协调,主要合作单位均表示愿与债务人共渡难关。

经过上述努力,2015年11月,债务人实现单月净利润131万余元、整体盈利达23%的经营业绩。同时,也正是因为继续营业最大限度保护了全体债权人的利益,在随后凹凸系企业分别召开的第一次债权人会议上,高票通过了《债务人继续营业方案》。

履职过程中,管理人发现上述凹凸系企业没有各自明确的规章制度,无论在资产配置、资金筹措使用、财务管理上,还是在业务承揽、人员调配使用上,均受一人直接控制,人、财、物上存在高度混同。针对这一问题,管理人聘请在审查企业关联方面有丰富经验的会计师事务所进行专业审计,会计师事务所在全面审计后,出具了《凹凸系企业混同专项财务分析报告》。报告证实凹凸系企业经营管理混乱,资产混同,存在大量关联方资金往来及关联交易,对外债务无法区分。

2016 年 1 月 15 日,凹凸系企业的管理人向吴江法院申请对 5 家企业予以实质合并破产。2016 年 1 月 26 日,吴江法院召开由债务人实际控制人、管理人代表、各债权人委员会成员、职工代表及部分主要债权人参加的听证会,听取各方意见。除一名债权人委员会成员表示异议外,其他与会人员均对合并破产无异议。另外,还有共计 163 家债权人向法院提交了同意凹凸系企业合并破产的书面意见。经审查,吴江法院认为 5 家企业均为一人所直接控制,其在企业运营管理、人事、财务尤其是资金等表征上高度混同,导致各自财产及债权债务无法明确区分,故各企业已丧失独立人格,构成人格混同,应当视为一个法律主体进行合并处置。从有利于推动企业破产、公平清理债权债务的角度考虑,吴江法院于 2016 年 2 月 17 日裁定 5 家企业合并破产清算。

在基本查清债权债务,完成资产审计评估等基础性工作后,债务人向吴江法院申请凹凸系企业合并破产重整。吴江法院从申请人主体资格、重整原因、重整可能、重整价格 4 个方面进行审查后,于 2016 年 3 月 15 日裁定凹凸系企业合并破产重整。

重整期间内,管理人通过报纸、网站、微信公众号等媒体发布凹凸系企业重整投资人招募公告,并最终与一母公司为中国民营企业 500 强的企业签订重整投资协议。考虑到凹凸系企业中的苏州凹凸彩印厂为个人独资企业,且投资人明确表示不接受保壳式重整。管理人参照破产学界广泛论及的"出售式重整"模式,设计了"股权出售式重整"模式:首先,将凹凸系企业与生产经营有关的财产,以出资或转让的方式注入新设立的苏州新凹凸食品供应链管理有限公司;其次,由投资人购买苏州新凹凸食品供应链管理有限公司全部股权,凹凸系企业以获得的股权转让价款清偿债务;再次,将与生产经营无关的财产直接变价出售,所得价款另行进行分配;最后,待重整计划执行完毕后,凹凸系企业依法进行注销。

该种模式在保留了“出售式重整”具有的避免余债风险的优势外，因其系以原债务人企业财产出资设立新公司，然后由出资人购买新公司全部股权的形式完成出售及事业存续，即债务人与新公司存在较高的关联度和承接性，因此，在一定程度上有效利用了债务人的壳资源（如相关许可经营资质、客户资源等），并且降低了直接转让财产所产生的税务成本。

根据以上重整投资协议及重整路径设计，管理人于2016年12月15日向吴江法院提交重整计划草案。2017年1月10日，凹凸系企业召开第二次债权人会议对重整计划草案进行表决。根据重整计划草案，投资人将投入资金2.29亿元，优先债权、职工债权、税收债权的清偿率均为100%，普通债权10万元（含）以下部分按30%的比例清偿、10万元至50万元（含）部分按20%比例清偿，依此计算，普通债权平均清偿率约为10%，其中，50万元以下小额债权清偿率最高达30%、最低不少于22%。经现场统计，优先债权组、职工债权组、税收债权组、普通债权组、小额债权组5个组别均通过了重整计划草案。2017年1月17日，吴江法院根据管理人的申请，裁定批准凹凸系企业重整计划，终止凹凸系企业重整程序。

后在管理人的监督下，债务人执行该重整计划，各债权人按照重整计划受到清偿，管理人同时协助投资人办理苏州新凹凸食品供应链管理有限公司的股权变更手续以及包括印刷经营许可证、道路运输许可证等在内的证照手续，最终实现了新老企业经营业务的无缝对接，保证了生产经营不中断、职工不失业以及重要客户在新老企业之间的顺利过渡。重整计划执行完毕后，管理人以无其他财产可供分配向吴江法院申请宣告凹凸系企业破产并终结破产程序，吴江法院依此作出如上宣告凹凸系企业破产并终结破产程序的裁定。

吴江法院于2017年1月17日作出的（2015）吴江商破字第0011～0015号之三民事裁定书认为：凹凸系企业第二次债权人会议依如下组别对《凹凸系企业重整计划草案》进行表决：（1）优先债权组；（2）职工债权组；（3）税收债权组；（4）普通债权组；（5）小额债权组，即债权额50万元以下（含50万元）的普通债权。经现场统计，以上5个表决组，每个表决组中出席会议的债权人均过半数同意《凹凸系企业重整计划草案》，并且其代表的债权额也均占所在组债权总额的2/3以上。根据《企业破产法》第84条的规定，以上5个表决组均通过《凹凸系企业重整计划草案》。根据《企业破产法》第86条第1款的规定，各表决组均通过重整计划草案时,重整计划即为通过。凹凸系企业债权人会议各表决组的分设符合《企业破产法》第82条的规定,表决过程公开、透明,对债权的调整最大限度实现了公平受偿,重整路径的选择不违反法律强制性规定,具有可行性,故裁定批准凹凸系企业重整计划,终止凹凸系企业重整程序。

吴江法院于2017年11月27日作出的(2015)吴江商破字第0011～0015号之七民事裁定书认为:凹凸系企业重整计划确定的重整路径是将凹凸系企业与生产经营有关的财产以出资或转让的方式注入新设立的苏州新凹凸食品供应链管理有限公司,然后由投资人购买苏州新凹凸食品供应链管理有限公司全部股权,凹凸系企业以获得的股权转让价款清偿债务;与生产经营无关的财产直接变价出售,所得价款另行进行分配;重整计划执行完毕后,凹凸系企业依法进行注销。凹凸系企业重整计划现已执行完毕,除预留的用于税务、工商注销等的费用外,现无其他财产可供分配,根据凹凸系企业重整计划确定的重整路径,管理人申请宣告凹凸系企业破产并终结本案破产程序不违反法律规定,应予准许,故裁定宣告凹凸系企业破产并终结凹凸系企业破产程序。

【评析】

本案主要涉及两个问题:一个是重整模式的选择,另一个是实质合并破产的启动与审查,但现行法对该两个问题均未作出明确规定。在破产重整法律制度供给不足的背景下,面对日益增长、多元的破产重整需求,人民法院应当在精准把握企业破产法基本原则的基础上,勇于担当,积极探索,依法服务破产重整市场化需求,实现法律效果、经济效果和社会效果的统一。

一、重整模式的选择

在重整模式的选择上,我国《企业破产法》规定的重整程序实系存续式重整,即在保留原企业法人资格的基础上,通过经营、债权、出资人权益的调整,实现原企业的重生和再建。在司法实践中,有的法院已经在借鉴美国出售式重整模式经验的基础上,采用了有别于存续式重整的重整模式,即不保留原企业法人资格,将原企业尚具活力的营业全部或部分让与他人,使之在新企业中营业,并以转让对价及剩余财产清算所得清偿原企业债权人的重整模式。存续式重整主要适用于上市公司、管制行业公司等具备稀缺壳资源的企业,出售式重整则适用于整体资产优质但历史遗留问题严重的企业。新近司法实践中,出售式重整又发展出"分离式处置"的反向出售式重整,即保留债务人的外壳,以有利于使其某项特殊资质得以保留,债务人原有股东权益、资产、负债等整体性移转至由债务人全资设立的较低注册资本的子公司,由该公司负责清算义务。本案所采取的"股权出售式重整",可视为出售式重整下发展的又一新模式,即债务人以其具有重整价值的资产出资设立全资子公司,之后债务人出售该子公司的全部股权,用股权的转让所得来清偿债务。

从结案方式上看,本案以宣告破产并终结破产程序结案,实系破产清算的结案方式,这也是出售式重整又被称为"清算式重整"或"重整式清算"的原因。重整的实质在于经营事业的延续,而经营事业的延续不应拘泥于保留原企业法人资格这一种方式。我们应根据债务人企业的特点,从有利于最大化实现债务人企业价值、有利于吸引市场投资、有利于压降重整成本的角度,选择实施相适应的重整模式。

二、实质合并破产的启动与审查

在司法实践中,实质合并破产的启动模式主要包括以下 3 种:第一,关联企业各自单独进入破产程序,后基于相互之间的关联关系,再进行合并破产;第二,部分企业先进入破产程序,后法院直接裁定将其他关联企业并入破产程序;第三,关联企业先行合并,再一并进入破产程序。在上述 3 种模式中,实践中最常见且最稳妥的模式是第一种;第二种模式有法院依职权启动破产程序的嫌疑,但在已进入破产程序的企业与未进入破产程序的关联企业高度混同,且企业本身及其债权人、出资人可能都不愿意进入破产程序的情形下,为实现公平清偿,该种模式依然有其合理性;第三种模式最有效率,但其对法院的初步审查要求较高。本案采取的是第一种模式,申请合并的主体是管理人。

虽然在裁定凹凸系企业合并破产时,全国范围内实质合并破产的案件并不鲜见①,但相关法律、司法解释对此却并无明确规定。在审查方式上,吴江法院组织召开了由债务人实际控制人、管理人代表、各债权人委员会成员、职工代表及部分主要债权人参加的听证会,此举与 2018 年 3 月《全国法院破产审判工作会议纪要》中的规定也不谋而合。具体到实质合并审查的具体标准,从实践来看,

---

① 参见史和新、张帆:《纵横集团"1+5"公司合并破产重整案——关联公司合并破产重整法律问题》;陈剑:《关联企业合并重整的操作模式——浙江溢佳香食品集团有限公司等四公司破产重整案》。均载最高人民法院中国应用法学研究所编:《人民法院案例选》2013 年第 4 辑,人民法院出版社 2014 年版。

最为重要的标准仍然是“公司人格严重混同”。认定公司人格混同,核心在于审查法人意志和法人财产是否独立,表征因素上一般主要从人员、业务、财务等上考虑,包括:关联企业是否受同一实际控制人控制,董事和高级管理人员、普通雇员是否存在交叉任职,是否存在合并财务报表的情形,资产在关联企业之间的非正常转移情况,企业资产是否无法区分或区分难度较大,是否使用共同的办公地址,关联企业之间的交易业务情况等。

虽然“公司人格严重混同”是法院裁定实质合并的主要标准,但区别于正常状态下集中依据关联企业人格混同而要求关联企业承担连带清偿责任的诉讼判决,破产状态下,法院裁定是否实质合并,还应当关注关联企业进行实质合并是否有利于实现破产程序挽救企业和充分保障债权人公平清偿的价值,是否有利于提高破产程序的经济效率与司法效率等辅助标准。

三、其他需要说明的问题

因预见到本案审理过程中需要相关政府部门协调的事项较多,同时,受理本案时本院所在地区尚未建立常态化的破产审判“府院联动”机制,故在指定管理人的方式上,选择了指定由政府有关部门人员组成的清算组担任管理人。对于清算组专业知识不足的问题,通过由管理人外聘法律、审计等社会服务机构解决。实践证明,该种方式对案件的审理发挥了重要作用,取得了良好效果,特别是在重整计划执行阶段。重整计划执行期间,清算组召集管理人法律服务团队、投资人及其他相关职能部门人员召开了10余次协调会,内容涉及证照变更、股权变更、开具发票、税费征收等各个方面,保障了重整计划的顺利执行。

法庭内预重整的实践
——苏州鑫吴钢结构工程有限公司破产重整案

【裁判要旨】

在清算程序中表决预重整计划草案，开展预重整工作，并由债权人做出"在内容一致情况下对预重整计划草案的表决意见即视为对后续重整计划草案的表决意见"的承诺，有利于提高重整成功率，提高破产制度效率，降低破产制度性成本。

【案号】

（2016）苏 0509 破 1 号

【案情】

苏州鑫吴钢结构工程有限公司（以下简称鑫吴钢构公司）成立于 1999 年 9 月 30 日，公司注册资本为 10，000 万元，主营业务为各类钢结构工程（包括网架、轻型钢结构工程）的设计、制造与安装，通信塔制造、销售以及机电设备安装等。鑫吴钢构公司具有住房和城乡建设部核准的"钢结构工程专业承包壹级""轻型钢结构工程设计专项甲级"资质，并已形成较为完整的钢结构建造施工专业能力，先后承建了中国南极长城考察站多层钢框架、京津城际轨道武清站管桁架、上海世博会大舞台多层钢框架等重点工程及其他工业和民用领域钢结构工程，在钢结构行业具有一定优势和竞争力。2015 年，因跨界投资房地产失误陷入债务危机。2016 年 9 月 5 日，吴江法院受理债权人对鑫吴钢构公司的破产清算申请。

受理破产清算申请后,因鑫吴钢构公司仍具营运能力和价值,为了保障众多职工的稳定,在消化人力资源成本的同时可以实现部分盈利,基于管理人的申请,吴江法院复函准许鑫吴钢构公司继续营业,后经第一次债权人会议表决通过。2016 年度,鑫吴钢构公司营业收入达 2650 万元,缴纳税收 106 万元。

【审理】

第一次债权人会议结束后,管理人在继续审查债权、组织生产、催收账款、审计关联方交易的同时,基于鑫吴钢构公司仍具有营运价值,重点开展了投资人预招募工作。但因当时钢结构行业不景气等多方面原因,管理人在招募期内并未招募到合适的重整投资人。2019 年 4 月 16 日,管理人向债权人会议主席提议召开鑫吴钢构公司第二次债权人会议讨论破产财产变价方案,会议时间为 2019 年 5 月 24 日,并通知了已知债权人。会议通知发出后,有意向投资人于 2019 年 4 月 30 日向管理人提交重整投资方案、交纳保证金 200 万元,并提供相应担保。2019 年 5 月 18 日,鑫吴钢构公司向吴江法院申请对鑫吴钢构公司进行重整。为提高重整工作效率及成功率,吴江法院指导管理人在审查重整申请过程中开展预重整工作,即在对鑫吴钢构公司重整申请进行审查的同时,由管理人与意向投资人充分磋商重整投资对价及投资条件,并根据投资人提交的重整投资方案及债务人的经营情况、债权确认情况,参照重整计划草案制作要求制订预重整计划草案,该方案内容即作为后续的重整计划草案内容。根据预重整计划草案,债务人资产价值 4070 万元,负债总额 2.8 亿元,意向投资人承诺提供的偿债资金为 5723 万元,依此,有财产担保债权、职工债权、税款债权将获得全额清偿,普通债权 30 万元以下部分全额清偿,30 万元以上部分按 13.55% 的比例清偿,普通债权平均清偿率由模拟清算状态下的 4.54% 提升至 15.38% 。担保债权、职工债权、税款债权自法院批准重整计划之日起 2 个月内以现金方式一次性清偿完毕,普通债权自法院批准重整计划之日起 3 个月内以现金方式分两次清偿完毕。

在随后召开的第二次债权人会议上,管理人及时调整会议议程,债权人、出资人对预重整计划草案进行了表决,并同时书面承诺“在内容一致的情况下对预重整计划草案的表决意见即视为对后续重整计划草案的表决意见”。预重整计划草案经表决高票通过。2019 年 5 月 18 日,吴江法院裁定受理对鑫吴钢构公司的重整申请。裁定重整后,因无其他投资人提出更优的重整投资方案,2019 年 6

月4日,管理人将与预重整计划草案内容一致的重整计划草案通过邮寄的方式提交债权人会议及出资人表决,在10天的异议期及重新表决期限内,仅有1家债权人对重整计划草案重新进行了表决。结合债权人会议和出资人对预重整计划草案的表决意见,重整计划草案获有财产担保债权组、职工债权组、税款债权组、出资人组100%通过,获普通债权组89.32%通过,重整计划获得通过。2019年6月26日,吴江法院裁定批准鑫吴钢构公司重整计划,同时终止鑫吴钢构公司重整程序。

根据重整计划,重整计划执行期间和监督期间均为6个月,自吴江法院裁定批准重整计划之日起计算。重整计划执行期间内,在管理人的监督下,鑫吴钢构公司按照重整计划清偿了债权、开展了经营、调整了出资人权益,并向管理人报告了财务状况,重整计划执行完毕。2019年12月26日,根据管理人的申请,吴江法院裁定终结鑫吴钢构公司重整程序。

【评析】

自2019年5月24日受理重整申请至2019年6月26日批准重整计划,本案重整程序虽仅历时34天,但若以2016年9月5日受理破产清算申请开始计算,本案审理周期已近3年,主要原因是受同期关联企业江苏鑫吴输电设备制造有限公司破产案件审理进程的影响。两家企业虽不符合实质合并破产条件,但基于业务的相关性及工作场所的统一规划,在意向投资人的招募上,仍存在紧密关联。事实也证明,在江苏鑫吴输电设备制造有限公司于2018年年底重整成功后,鑫吴钢构公司随后确定的重整投资人与其为同一实际控制人。在3年多的审理过程中,为避免审理周期给债务人财产价值和债权人清偿利益带来不利影响,法院指导管理人继续帮助债务人营业,充分保障债权人的知情权和决策权,并在投资人招募出现转机后,通过法庭内预重整提高重整工作效率及成功率,最后在重整计划执行完毕后,首次作出终结重整程序的裁定,解决了债务人、债权人在重整计划执行完毕后办理相关事宜无直接依据的难题。

一、保持债务人持续经营

在世界银行营商环境评估的“办理破产”一级指标中,其下又具体分为“回收率”和“破产框架力度指数”两个二级指标。破产框架力度指数主要涉及对一国破产法律制度充分性和完整性的评估,回收率则是通过对假设案例的调查问卷进行统计分析,并根据相应公式计算得出。而回收率的高低又取决于办理破产案件的时间(年数)、成本(资产价值百分比)和结果(分拆出售还是持续经营)。

其中,企业持续经营还是分拆出售,对债权回收率影响较大。在我国司法实践中,保持债务人持续经营主要涉及两个大的方面:其一,《企业破产法》第 26 条、第 61 条第 1 款第 5 项、第 69 条第 1 款第 3 项关于法院或债权人会议决定债务人继续营业、全部库存或者营业的转让的规定;其二,《企业破产法》第 8 章规定的重整制度,其中,包括了重整期间内债务人的自行管理,以及结果意义上的重整模式选择,即"续壳式重整"或是实践中发展出来的"出售式重整""清算式重整"。从企业破产法的体例上来看,前一个方面的内容适用于破产的所有程序类型。

当然,我们关注持续经营并不代表所有破产企业均要持续经营,持续经营仅是提高债权清偿率的手段,而非目的。而判断是否需持续经营,要根据债务人的经营条件,以有利于增加债务人财产为原则。具体到经营模式上,管理人可结合破产程序类型及债务人资质、资金、生产设备、管理团队、生产人员的实际情况,灵活选用债务人自行经营、管理人聘任原企业人员经营、委托经营、承包经营等方式。在本案中,鑫吴钢构公司仍具营运能力和价值,继续营业在消化人力资源成本的同时可以实现部分盈利,故基于管理人的申请,吴江法院依据《企业破产法》第 26 条的规定,许可鑫吴钢构公司继续营业,后又经第一次债权人会议表决通过。事实上,继续营业期间,鑫吴钢构公司也确实实现了盈利。在继续营业模式上,因鑫吴钢构公司的生产设备、管理团队、生产人员等要素均齐备,管理人选择了聘任原企业人员继续经营的模式,管理人具体负责投标、财务、印章的管理和审批等工作。

二、清算程序中开展预重整

在司法实践中,广义上的预重整包括 3 种模式:第一种是当事人提出破产申请前,债务人、出资人、主要债权人已经自行达成协议,确定了重整方,并将其作为证明重整可行性的证据提交法院,法院据此受理重整申请,并按照常规程序开展重整审理工作;第二种是法院受理清算申请后、宣告债务人破产前,管理人招募投资人,并在条件成熟后提出重整申请,由清算程序转入重整程序;第三种是立案登记重整申请后、受理重整申请前,经当事人同意,在审查期间内,法院决定预重整,并确定临时管理人开展债务人资产负债调查,推动债务人与其出资人、债权人、意向投资人等利害关系人进行协商,协助债务人制作预重整方案并征询利害关系人意见,后将意见效力延伸到重整程序。其中,第一种模式是当事人完全自主下的协商，第二种模式是在破产程序法定效力影响下的预重整，第三种模式则兼具当事人谈判协商和破产程序效力双重色彩，该种模式也是全国多地法院目前普遍采用的预重整模式。

本案采用的是第二种模式。在司法实践中，该种模式在复杂的破产案件中较为常见。其优势在于，一方面，能够实现因进入破产程序而带来的中止执行、停止计息等强制效力；另一方面，能够避免规定期限内无法提交重整计划草案的风险。但该种方案也可能会变相拖延破产程序，损害部分债权人的利益，特别是在《全国法院破产审判工作会议纪要》已明确规定，“人民法院受理破产清算申请后，第一次债权人会议上无人提出重整或和解申请的，管理人应当在债权审核确认和必要的审计、资产评估后，及时向人民法院提出宣告破产的申请”，以及“在破产清算和破产和解程序中，对债务人特定财产享有担保权的债权人可以随时向管理人主张就该特定财产变价处置行使优先受偿权”的情况下。所以，在本案审理过程中，吴江法院指导管理人在第一次债权人会议上即汇报接下来将要开展的预招募工作，并随时向债权人会议汇报招募进展，特别是要取得有财产担保债权人的同意。也正是因为对债权人知情权和决策权的保障，管理人的工作获得了债权人的理解和支持，其间没有发生债权人投诉信访事件。

另外，因为本案意向投资人提交重整投资方案的时间恰好发生在拟表决破产财产变价方案的第二次债权人会议之前，区别于其他在清算程序中开展预重整的案件，法院指导管理人利用法院审查重整申请的时间，根据意向投资人提交的重整投资方案制作包含重整计划内容的预重整计划草案，并及时调整会议议程，在清算程序中即表决预重整计划草案，并由债权人做出“在内容一致情况下对预重整计划草案的表决意见即视为对后续重整计划草案的表决意见”的承诺。虽然上述预重整计划草案并非“庭外重组协议”，但该种做法与《全国法院破产审判工作会议纪要》第 22 条关于“探索推行庭外重组与庭内重整制度的衔接”的规定相契合，也与 2019 年 11 月印发的《全国法院民商事审判工作会议纪要》第 115 条关于“庭外重组协议效力在重整程序中的延伸”的规定一脉相承。

三、首次作出终结重整程序的裁定

现行《企业破产法》未对重整计划执行完毕需经人民法院裁定作出规定，其仅规定在重整计划监督期间内，债务人应当向管理人报告重整计划执行情况，监督期届满时，管理人应当向人民法院提交监督报告，自监督报告提交之日起，管理人的监督职责终止。因无人民法院出具的确认重整计划执行完毕的裁定,在司法实践中,债务人、债权人缺少确认债务重组收益或债权损失,以及申请信用修复等事宜的直接依据,带来了诸多不便。本案重整计划执行期间内出台的《全国法院民商事审判工作会议纪要》第114条第3款规定:"……重整计划执行完毕后,人民法院可以根据管理人等利害关系人申请,作出重整程序终结的裁定。"该规定实质回答了重整计划执行期间仍属于重整程序组成部分的问题,建立重整程序终结制度,解决了债务人、债权人在重整计划执行完毕后办理相关事宜无直接依据的困难。据此,在鑫吴钢构公司重整计划执行完毕后,根据管理人的申请,吴江法院作出终结鑫吴钢构公司重整程序终结的裁定。这也是《全国法院民商事审判工作会议纪要》印发后,吴江法院首次在重整计划执行完毕后作出终结重整程序的裁定。

执行转破产与清算转重整的衔接

——苏州海阔业致精密五金有限公司破产重整案

【裁判要旨】

《企业破产法》确立了破产撤销权、无效行为、出资义务加速到期、高管等非正常收入的追回等制度措施来实现债务人财产价值的最大化，而执行程序并无此功能。宣告债务人破产前，有投资人向管理人表达重整意向，综合债权人意见、投资人提供偿债资金对债权人的偿债比例提升程度、投资人未来的经营方案等因素，基于债务人的申请，由清算转入重整，实现债权人利益最大化。

【案号】

(2017)苏0509破26号

【案情】

苏州海阔业致精密五金有限公司(以下简称海阔公司)设立于2013年7月19日，企业类型为有限责任公司(自然人独资)，住所地为苏州市吴江经济技术开发区同兴村。经营范围：五金、电子元器件、金属模具及治具、冲压件加工、销售；自营和代理各类商品及技术的进出口业务。

在执行过程中，吴江法院分别向各金融机构、区不动产登记中心、区车辆管理部门查询被执行人海阔公司的开户存款情况、房地产登记情况、车辆登记情况，但未查询到其可供执行的财产线索。与此同时,根据申请人提供的线索,海阔公司对苏州永腾电子制品有限公司享有到期债权 234,279.4 元。执行法官根据申请执行人提供的线索,前往苏州永腾电子制品有限公司进行保全。第一次前往该公司后,该公司工作人员表示负责人在外出差,可以等负责人回来了再进行保全。在执行法官第二次前往该公司后,该公司负责人虽认可上述债务,但认为该债务的债权人在两周前已经向其发函告知由海阔公司转让给另一家公司,并向执行法官提供了相关的债权转让的凭证。执行法官坚持进行了保全,但告知案外人可以提出异议。后接受转让的债权人以案外人的身份向吴江法院提出执行异议,认为吴江法院不应查封现已经归其所有的债权。吴江法院在执行异议审查中认为债权转让的凭证真实有效,故裁定解除查封。但申请执行人对此持有很大的意见,经执行局与破产庭沟通,该类债权转让在个案中虽然有效,但如果进入破产程序,实际系通过债权转让的方式实施个别清偿已经侵害到其他债权人的利益。再结合截至 2017 年 9 月 4 日执行法官对海阔公司的财产调查,作为被执行人的海阔公司在吴江法院尚有未执结或以终结本次执行程序结案的执行案件有 2 件,执行标的额合计 25 万余元,已经不能清偿到期债务且资产不足以清偿全部债务,符合《企业破产法》第 2 条第 1 款规定的情形,可以移送破产审查。通过将海阔公司"执转破",可以撤销个别清偿行为,对全体债权人进行公平清偿。据此,2017 年 9 月 4 日,吴江法院以被执行人海阔公司资不抵债为由,根据最高人民法院《关于适用〈中华人民共和国民事诉讼法〉的解释》第 513 条、最高人民法院《关于执行案件移送破产审查若干问题的指导意见》第 4 条的规定,在及时征得申请执行人吴江区同里镇恒耀精密模具厂、吴江经济技术开发区婷钰机械厂的同意移送破产审查意见后,决定将海阔公司移送破产审查。执行局在移送的执行报告中详细载明了查封债权的过程以及案外人提出执行异议的情况,以便管理人在破产程序中有针对地提起撤销权诉讼。

【审理】

2017 年 9 月 5 日,吴江法院立案登记海阔公司执行案件移送破产审查一案。2017 年 9 月 28 日,吴江法院裁定受理对海阔公司的破产清算申请,并于同日通过随机摇号方式指定江苏拙正律师事务所担任管理人。管理人接管海阔公司后,对海阔公司的财产进行了全面的调查。通过对海阔公司银行流水、税务发票、全国范围内涉诉案件、工商登记信息等的详细调查,以及债权人提供的财产线索,发现海阔公司在破产受理前存在个别清偿、放弃应收账款、隐匿经诉讼确权的债权、抽逃出资等不正当行为。管理人发现海阔公司在执行程序中个别清偿债权23万元、放弃应收账款70万元、隐匿经安徽省郎溪县人民法判决确认的债权215万元的不正当行为,另外,存在股东抽逃注册资本100万元的情况。针对上述情况,管理人拟定了管理方案,准备分类、分步进行诉讼追收、撤销。2017年11月9日,海阔公司召开第一次债权人会议,到会全体债权人以全票通过上述财产管理方案。与此同时,管理人在债权审核过程中,结合银行流水、工商信息资料等分析,对疑似实际控制人申报的90万元债权、疑似关联公司申报的140万元债权均未认定,并向其出具了详细的不予认定理由告知书,并在第一次债权人会议中予以披露不予确认的原因。上述两位债权人在异议期间内均未提出异议。2018年3月20日、5月25日,吴江法院分两批裁定确认了无争议债权,涉及债权人数共计22家,金额合计3,182,930.99元。

第一次债权人会议后,管理人分阶段通过提起撤销权诉讼、对外追收债权诉讼、追收抽逃出资等方式对个别清偿、放弃应收账款、隐匿经诉讼确权的债权、抽逃出资等不正当行为予以纠正。管理人于2017年11月通过诉讼的方式撤销海阔公司转让23万元债权的行为,后经调解,被转让人同意返还上述转让款项。经诉讼确认的海阔公司215万元对外债权,管理人于2017年10月26日向安徽省郎溪县人民法院申请执行,后经管理人多次沟通以及吴江法院的实地调查,发现该案被执行人因系房地产公司,名下虽有多处房产,但因负债巨大,房产已被多次查封,且涉及购房人权利问题,故涉案房产目前并不能处置。安徽省郎溪县人民法院于2018年5月3日裁定终结本次执行程序。2018年4月,管理人通过多次协商,催收回海阔公司对苏州聚力电机有限公司的加工款20,131.51元。2018年5月,管理人与昆山莹帆精密五金有限公司、苏州璟庆机械设备有限公司进行多轮协商,最终苏州璟庆机械设备有限公司放弃了海阔公司转让给其的对昆山莹帆精密五金有限公司的债权,向管理人补充申报了其对海阔公司的债权。同时,管理人也与昆山莹帆精密五金有限公司进行了对账并达成了付款协议,由昆山莹帆精密五金有限公司将50万元款项直接支付到管理人账户。2018年2月,管理人向吴江法院提起诉讼,要求现股东及前股东共同承担抽逃注册资金的责任。2018年3月,管理人向吴江法院提起诉讼,要求撤销海阔公司转让其债权给苏州创聚信电子科技有限公司的行为。2018年4月,管理人向吴江法院提起诉讼,要求确认海阔公司对苏州创聚仁电子科技有限公司的转账行为无效,对实际控制人的转账行为无效。截至2018年8月1日,管理人通过协商和诉讼手段共计追回财产合计75万余元,扣划银行存款25万元,合计100万元,另有100万元的追收债权诉讼、100万元的追收抽逃出资诉讼在进行中。

海阔公司"执转破"后,从执行程序中的无财产可供执行的企业变成了破产程序中有100万元可分的债务人。2018年8月2日,海阔公司以其已经招募到意向投资人为由向吴江法院申请重整。2018年8月11日,海阔公司管理人就重整申请召开债权人委员会会议,管理人向债权人委员会成员分析了清算前提下可分配比例为24%,在引入投资人1,375,000元偿债资金后,在重整程序中的分配比例可达65%。全体债委会成员一致同意对海阔公司进行重整。2018年8月20日,吴江法院裁定对海阔公司进行重整。2018年8月26日,管理人向社会公开招募重整投资人。2018年9月7日,管理人与投资人苏州巨仁电子科技有限公司签订了投资框架协议,苏州巨仁电子科技有限公司将投入1,375,000元用于清偿海阔公司债务,作为对价,苏州巨仁电子科技有限公司将作为海阔公司的独资股东对海阔公司进行经营。2018年9月26日,海阔公司第二次债权人会议召开,会议高票通过了重整计划草案。次日,吴江法院裁定批准了上述重整计划,管理人于裁定批准重整计划的次日,将重整计划规定的首批款项分配给债权人。2018年9月28日,海阔公司清算转重整一案结案。

【评析】

破产程序相较于执行程序,有其自身独特的价值。海阔公司破产清算转重整一案,无论是管理人在运用破产法赋予其的撤销权等权利,还是自破产清算转至破产重整程序,均体现了破产法独特的功能。就本案而言,有以下3点体会。

一、运用破产撤销权,有效解决个别清偿行为

吴江法院执行部门将海阔公司移送破产审查的动因,是海阔公司在执行过程中以债权转让的方式对某一债权人进行了个别清偿,使得申请执行人不能公平受偿。在实践中,被执行人一旦出现资不抵债的情形,总会为自己寻求退路。其往往与熟悉的、关系密切的债权人串通,实施个别清偿,或者采取虚假清偿、虚构债务的方式转移企业资产。被执行人的上述行为必然导致部分债权人合法利益受到侵害。海阔公司在执行程序中以债权转让的形式个别清偿了两笔债务,也正因执行程序中对个别清偿没有妥善的解决办法,才使得海阔公司有机可乘

实施上述行为。如果不及时转入破产程序,海阔公司经营者可能还会实施其他行为,加速海阔公司财产的流失。而当海阔公司进入破产程序后,管理人可以通过破产程序来对海阔公司的上述行为进行撤销。《企业破产法》确立了破产撤销权、无效行为等制度措施来实现债务人财产价值的最大化,并且使得各债权人公平受偿,而执行程序并无此功能。撤销权制度体现了法律的公平价值取向。债权人依法自债务人处主张权利,获得债权的清偿,是民法所确立的社会秩序。而《企业破产法》是以国家公权力为后盾,对民法上的"合同相对性""意思自治原则"进行适当的干预,其本身具有正当性。民法中的上述原则,追求的是效力不及于第三人,而第三人也不得随意进行干预。但是,正如前述所言,一旦企业具有资不抵债的情形,就极容易出现失范行为,如不对这种情况进行干预,必然会出现部分债权人利益受损而无法获得救济的情形。基于此,破产撤销权的存在显得尤为重要。吴江法院在裁定受理海阔公司破产清算后,管理人运用破产法赋予的撤销权撤销了两笔个别清偿行为,合计追回财产金额 73 万元,保障了全体债权人公平受偿的权利,并向社会彰显破产程序的价值。

二、适用破产财产调查制度,严厉打击逃废债行为

在海阔公司破产案审理中,管理人根据法院的指导,系统调查海阔公司名下财产,并对海阔公司破产前一年内所有发生的资金往来进行梳理,针对涉嫌逃废债的行为进行打击。在破产案件审理中,借破产逃废债务的行为屡有发生。企业主从最开始简单的一跑了之,到借助各种方式逃债,手段明显升级。诸多企业主会纠结他人利用侵占债务人财产、低价转让债务人财产、欺诈性清偿、隐匿财务资料、关联交易等方式转移资产,进行逃废债务。上述行为,不仅损害了其他债权人的利益,也让社会大众对破产程序的功能和价值产生了怀疑和误解。吴江法院破产庭为打击逃废债务的行为,着重开展以下几个方面工作:(1)加大破产案件立案审查力度。尤其是针对债务人申请破产的,从严要求其举证义务。债务人必须向法院全面提供可以证明其资不抵债的债权债务清册、财务账册、资产负债表、审计报告等材料。(2)加强对关联企业之间资金往来的审查,如发现关联企业具有实质合并破产条件的,启动合并破产程序,以防止债务人借破产程序逃债。(3)发挥管理人的能动性,加强对管理人履职的协助和激励。对于相关单位不配合管理人工作的,法院及时出具调查令,或者直接由承办法官前往相关单位调取材料。对于管理人在破产程序中行使撤销权、追回权等追回债务人财

产的，给予报酬折扣上的上浮。(4)针对有逃废债务线索的，在破产案件受理后，将相关涉及犯罪的线索及时移送侦查机关。通过上述方法，吴江法院在破产程序中有效打击了借破产逃废债务的行为，有效避免了债务人借破产程序逃债的情况。这一做法也有效扭转了部分社会人士对目前破产程序的"功能"就是帮助部分企业主进行"破产逃债"的错误观念，将破产案件审理价值回归到保护债权人公平、有序分配财产上来，对不负责任的企业经营者进行有效追责。

三、充分尊重全体债权人意愿，实现"执转破"重整程序价值

"执转破"程序设计的本意是让部分丧失清偿能力、符合破产条件的被执行人依法通过破产程序有序退出市场，具有化解执行积案的功效。就此而言，"执转破"案件具有一定的职权主义成分。在"执转破"案件的审理中，有部分观点认为，"执转破"案件因已经执行程序，故而该类案件仅系利用破产清算程序来达到化解执行积案和市场出清的目的。我们并不否认"执转破"案件的上述功能，但从破产案件的"准入"方式来看，"执转破"只是破产案件的启动方式之一，是对当事人申请主义的一种有效补充，无论以何种方式进入破产程序，破产案件最终的落脚点应是准确适用破产法审理案件。从破产法的制度设计而言，破产清算程序、和解程序和重整程序，构成了破产法律制度的三个基石。这三部分内容在一定意义上说是共生共存、缺一不可的。破产程序是一个包含清算、重整、和解三层含义的综合概念，而远非"破产还债"这一层含义。故此，"执转破"并非代表破产清算，不能简单地将二者等同。一方面，法院要遵循效益化原则，依法审视"执转破"案件的立案与受理，既不能"以执代破"，也不能为"为破而破"。另一方面，法院在审理"执转破"案件时，需要立足于破产法的规定，根据债务人的具体情况进行实质性的审慎识别和理性裁判。对于具备重整能力及挽救可能的企业，应基于破产重整制度，对债务人企业的重整的可能性进行判断，积极推动债务人企业进行重整。只有对于"病入膏肓"的企业，才通过破产清算程序实现市场出清。在海阔公司破产清算过程中，宣告破产前有投资人向管理人表达重整意向，债务人就此向吴江法院申请重整。破产重整程序为综合平衡债务人、各类债权人、企业职工利益，促进各方利益主体共生共赢的社会整体利益提供了最佳平台，但法院需对债务人是否适用破产重整程序进行相应审查。破产重整的对象应当是具有挽救价值和可能的困境企业，破产重整也应当被多数债权人认可。基于此，吴江法院根据海阔公司的技术工艺、生产销售、行业前景等因素以

及债权人对债务人进行重整的意愿等，裁定海阔公司进行重整，实现吴江法院“执转破”清算转重整零的突破。在具体的实务操作中，破产清算、破产和解与破产重整，这三者之间在破产程序中可以进行转化。在吴江法院的指导下，海阔公司于 2018 年 9 月 26 日成功召开第二次债权人会议，债权人会议表决通过了重整计划草案，吴江法院也随即裁定批准重整计划。海阔公司系执行转破产清算案件，吴江法院首先按照破产清算程序开展一系列的债权审查、资产调查、追回财产等活动。在清算程序中，海阔公司寻找到潜在投资人愿意出资对海阔公司进行重整，吴江法院依法裁定进行重整后，整个破产程序均严格按照重整相关规定进行，并最终在裁定批准重整计划后结案。海阔公司由破产清算转破产重整，展现了破产程序中清算、重整程序的衔接和转化，整个过程均体现了破产程序对全体债权人意愿的尊重。

破产自行和解的法律适用

——纺中纺(苏州)织造有限公司破产自行和解案

【裁判要旨】

《企业破产法》第105条规定的自行和解,是民事和解制度在破产程序的具体体现,须债务人与全体债权人达成一致协议,不适用债权人会议的强制多数决规则。自行和解可适用于破产清算、和解、重整任意一个程序,不受是否宣告破产的限制。债务人应就所有债权的清偿比例、期限、财产来源以及破产费用、共益债务的种类、数额及支付期限统一制作协议。自行和解协议应遵循债权平等清偿原则,债务人与全体债权人一致协议排除债权平等原则的,亦应当予以认可。自行和解协议不约束未申报的债权人,自行和解协议无效或执行不能的,债权人可以原债务主张权利,若重新启动对债务人的破产程序,需另行提出破产申请。

【案号】

(2019)苏0509破5号

【案情】

纺中纺(苏州)织造有限公司(以下简称纺中纺公司)成立于2004年5月12日,注册资本600万美元,系台港澳法人独资企业,经营范围为高档织物面料的织造和销售。自2015年7月以来,吴江法院陆续受理纺中纺公司作为被执行人的案件。截至 2019 年 1 月，纺中纺公司作为被执行人的案件有 12 件，执行标的额为 1.33 亿元。经执行调查，除价值约 4620 万元的厂房和设备外无其他财产，且厂房已对外出租给多家承租人，并存在大量转租。在执行过程中，案外人提出多个执行异议，执行标的一时无法处置。2019 年 1 月 25 日，根据债权人的申请，吴江法院裁定受理对纺中纺公司进行破产清算。

【审理】

管理人接受指定后对债务人财产展开调查，经评估，债务人资产价值共计 4750 余万元。另在债务人法定代表人的配合下，管理人经过多次谈判协调，在第一次债权人会议召开前与所有租户达成协议，所有租户均承诺在纺中纺公司厂房拍卖成交后一个月内搬离，并交纳了保证金。2019 年 4 月 10 日，纺中纺公司召开第一次债权人会议，会议表决通过了债务人财产管理方案、破产财产变价方案。另因债权人、债务人当会均表示对管理人编制的债权表无异议，吴江法院同日作出(2019)苏 0509 破 5 号之一民事裁定书，裁定确认无争议债权表，债权金额合计 1.67 亿元，其中，担保债权 2661 万元、职工债权 40 万元、税收债权 75 万余元、普通债权 1.4 亿元。

2019 年 5 月 20 日，管理人根据财产调查状况及债权确认情况，向吴江法院申请宣告纺中纺公司破产。同日，吴江法院作出(2019)苏 0509 破 5 号之一民事裁定书，认为在受理本案后至第一次债权人会议结束，债务人及债务人出资人未向法院提出破产重整申请，债务人亦未向法院提出和解申请，现纺中纺公司停止清偿到期债务呈连续状态，并且资产已不足清偿全部债务，又不存在其他破产障碍事由，依此裁定宣告纺中纺公司破产。

2019 年 7 月 15 日，在管理人实施破产财产变价前，纺中纺公司以其已与全体债权人就债权债务的处理自行达成协议为由向吴江法院提出申请，请求认可该协议。

吴江法院经审查查明，纺中纺公司于 2019 年 7 月 11 日拟定债权债务处理协议，并取得全体债权人的书面同意。根据该协议，纺中纺公司承诺筹集偿债资金 61,979,800 元分两期清偿债权，其中，担保债权、职工债权、税款债权全额清偿，普通债权清偿率 22.7275%，偿债资金分两期(第一期 1000 万元已于 2019 年 6 月 17 日付至管理人账户，余款于 2019 年 7 月 20 日前支付)付至管理人账户，由管理人实施分配。吴江法院认为，根据《企业破产法》第 105 条的规定，人民法院受理破产申请后,债务人与全体债权人就债权债务的处理自行达成协议的,可以请求人民法院裁定认可,并终结破产程序。纺中纺公司与全体债权人自行达成的和解协议系各方真实意思表示,不违反法律规定,应予认可。2019 年 7 月 16 日,吴江法院作出(2019)苏 0509 破 5 号之三民事裁定:(1)撤销法院(2019)苏 0509 破 5 号之二民事裁定书;(2)裁定认可纺中纺公司与全体债权人自行达成的协议;(3)终结纺中纺公司破产程序。

【评析】

本案系法院裁定宣告破产后,债务人与全体债权人就债权债务的处理自行达成协议,法院依照《企业破产法》第 105 条的规定,在裁定认可债权债务处理协议的同时撤销宣告破产的裁定,并终结破产程序的自行和解案例。

一、自行和解与破产和解

关于破产程序中自行和解的性质,学界已有共识,认为其系民事和解制度在破产程序的具体适用,而非破产程序上的特殊和解。①《民事诉讼法》第 50 条关于双方当事人可以自行和解的规定,是民事和解制度的直接法律依据。破产程序作为民事纠纷解决程序的一种②,自然也不排斥民事和解制度的适用。区别于破产和解"少数服从多数"的表决规则③,民事和解的要义在于各方当事人间的自愿协商,这就决定了破产程序中的自行和解需要获得全体债权人的一致同意,而不能适用债权人会议的强制多数决规则,否则所达成的协议就没有普遍约束力。所以,虽然在体例安排上,《企业破产法》第 105 条在和解章节下,但其与破产和解有着本质区别。

二、自行和解的法律适用

基于自行和解的自治性,《企业破产法》仅在第 105 条做了原则性规定,这虽然为自行和解的灵活实施留下了广阔空间,但也带来了法律适用上的几个具体问题。

---

① 参见王欣新:《破产法》(第 4 版),中国人民大学出版社 2019 年版,第 272 页;齐明:《中国破产法原理与适用》,法律出版社 2017 年版,第 183 页。

② 《企业破产法》第 4 条:"破产案件审理程序,本法没有规定的,适用民事诉讼法的有关规定。"

③ 《企业破产法》第 97 条:"债权人会议通过和解协议的决议,由出席会议的有表决权的债权人过半数同意,并且其所代表的债权额占无财产担保债权总额的三分之二以上。"基于此,《日本破产法》称破产和解为强制和解。

(一)自行和解的适用范围和阶段

适用范围回答的是自行和解适用于何种破产程序类型。虽然自行和解的规定出现在“和解”章节中,但根据民事和解制度贯穿民事纠纷解决全过程的原则,其可适用于破产清算、和解、重整任意一个程序。该种观点也已获得广泛认同。[①]存在争议的是自行和解的适用阶段问题,具体为宣告破产后还能否适用自行和解。有的观点认为,自行和解的达成不受债务人是否被宣告破产的影响[②];有的观点认为,自行和解协议须在法院受理破产申请后,破产宣告前达成。[③] 我们赞同第一种观点,本案中法院也坚持了这一观点,主要理由有三:首先,民事和解制度贯穿民事纠纷解决全过程的原则同样决定了自行和解适用于破产程序的各个阶段。另外,按照经济学中的企业“剩余索取权和剩余控制权对应”理论[④],在企业无力还债的情况下,股东已丧失对企业的权益,实际承担企业最后风险的是债权人。此时,债权人不仅是债权利益的享有者,也是债务人企业的控制者,全体债权人通过与债务人自行达成协议的方式一致同意债务人存续,本质上系利害关系人的自由处分行为,不损害第三人利益,亦不妨碍社会公共利益,理应予以准许。其次,最高人民法院在印发的《人民法院破产程序法律文书样式(试行)》通用类92号文书样式(认可债务人与全体债权人自行达成的协议用)中也有如下说明:若宣告破产后裁定认可协议的,应在裁定书的首部增加宣告破产的事实,并在裁定主文中一并撤销宣告破产的裁定。最后,根据《企业破产法》第70条、第95条的规定,和解和重整只能在宣告破产前启动;《全国法院破产审判工作会议纪要》第24条又特别强调,债务人被宣告破产后,不得再转入重整程序或和解程序。由此,债务人被宣告破产后,难逃清算注销的命运。但现实总是千变万化的,破产程序的进程也并非时刻与债务人企业实际情况相契合,对于错过和解和重整、但有挽救价值的企业,不受宣告破产影响的自行和解可以为其提供一条重生路径,不失为一个好的制度安排。

---

① 参见王卫国:《破产法精义》(第2版),法律出版社2020年版,第331页;齐明:《破产法学:基本原理与立法规范》,华中科技大学出版社2013年版,第169页。

② 参见王欣新:《破产法》(第4版),中国人民大学出版社2019年版,第272页。

③ 参见王卫国:《破产法精义》(第2版),法律出版社2020年版,第330页。

④ 参见张维迎:《企业理论与中国企业改革》,上海人民出版社2015年版,第100~105页。

（二）自行和解协议的达成方式与内容

关于债务人与全体债权人自行达成协议的方式，分两种：一种是债务人与每一位债权人逐个达成协议，最终形成多份双方协议；另一种是债务人就所有债权的清偿比例、期限制作一份协议，后取得全体债权人的一致同意。我们倾向于后一种方式，本案采用的也是统一制作协议的方式。这种方式的优势在于，债权人可以清楚地看到所有债权的清偿情况，包括与自己性质相同的债权以及顺位优先的债权。在此情形下，债权人作出的同意表示也才更符合其真实意思，尤其在协议对其作出不平等安排的情况下。同时，这也可避免债权人事后以欺诈、重大误解等为由主张协议无效或撤销。从破产法理论上而言，采用统一制作协议的方式也是更为恰当的。不同于诉讼中双方当事人的自行和解，破产程序是一个概括清偿、集中清偿的程序，其处理的不仅是某一个债权人与债务人之间债权债务关系，更涉及各债权人之间的关系，整体展示、充分披露全部债权债务关系的处理结果，符合企业破产法公平清理债权债务的立法目的。

关于自行和解协议的内容，一般应包括两部分：其一，清偿债务的比例、期限及财产来源；其二，破产费用、共益债务的种类、数额及支付期限。具体到清偿债务和破产费用、共益债务的约定，值得注意的问题也有两个：一是自行和解协议是否可排除债权平等清偿原则。我们认为，自行和解协议原则上应遵循平等清偿原则，但基于意思自治、自由处分原则，若债务人与全体债权人一致协议排除债权平等原则，包括经受不利条件者也同意的前提下，应当予以认可。[①] 但在司法实践中，需要特别注意的是，在债权人系另案被执行人且无财产可供执行或财产不足以清偿全部债务的情况下，对于该债权人自愿接受不平等清偿的问题，应保持警惕。因为在此情形下，该债权人的处分权是受限制的，为避免事后产生债权人撤销权纠纷进而影响自行和解协议的履行，破产审理法官应及时向债务人释明，建议以平等清偿为底线，以实现自行和解协议的顺利履行。二是自行和解协议中是否需载明管理人报酬方案的内容，还是由管理人与债务人自行协商。我们认为，虽然自行和解协议系由债务人与全体债权人就债权债务的处理达成的协议，但如同重整计划、和解协议本质上也属于债务人与债权人就债务清偿形

---

① 在实践中对此也确有需求，例如生产型企业破产时，当事人自愿达成的给供应商债权人更高清偿比例的协议。参见许德风：《破产法论——解释与功能比较的视角》，北京大学出版社2015年版，第85页。

成的合同一样,自行和解协议也应参照最高人民法院《关于审理企业破产案件确定管理人报酬的规定》第10条的规定,将管理人报酬方案内容列入其中。正如前文所言,自行和解是民事和解制度在破产程序中的具体适用。换言之,自行和解协议的达成系在破产程序的笼罩之下进行的。管理人作为破产程序的必设机构,自人民法院受理破产申请时便开始相应履职,管理人执行职务的报酬系必然发生的破产费用,理应获得相应清偿。当然,在债务人与全体债权人自行达成协议的情况下,人民法院在确定管理人报酬方案时应根据最高人民法院《关于审理企业破产案件确定管理人报酬的规定》第9条的规定,根据管理人的实际履职情况和债务人提供的偿债资金,合理确定管理人报酬。在程序上,除应征求债权人会议意见外,还应征求债务人的意见。

(三)自行和解协议的效力

关于自行和解协议的效力,主要涉及两个方面的问题:第一,自行和解协议是否约束未申报的债权人。第二,协议无效或执行不能的法律后果。

对此,王卫国教授在《破产法精义》一书中认为,《企业破产法》第100条第1款所称的"经人民法院认可的和解协议",不仅包括该法第97条规定的经债权人会议表决通过的和解协议,也包括第105条的自行和解协议。也就是说,经人民法院裁定认可的自行和解协议与破产和解协议具有相同的法律效力,同样适用《企业破产法》第100条第3款、第103条、第104条关于未申报债权人的清偿、协议无效或执行不能的法律后果的规定。[①] 根据《企业破产法》第100条第3款的规定,未申报的债权人在和解协议执行期间不得行使权利,在和解协议执行完毕后,可以按照和解协议规定的清偿条件行使权利。根据《企业破产法》第103条、第104条的规定,协议无效或执行不能的,人民法院应当宣告债务人破产。

我们认为,对于上述两个问题的回答,依然要回归到对自行和解的性质认定上来。前文已明确,自行和解是债务人与全体债权人基于自愿原则,经协商自行达成协议,不适用少数服从多数原则,不能强制未达成协议的少数债权人接受债务人与其他多数债权人达成的协议。这也是自行和解与破产和解的本质区别。

从这个意义上讲,关于第一个问题,因未申报的债权人本就没有参加自行和解协议的协商,自然也不受自行和解协议的约束。关于第二个问题,因人民法院

① 参见王卫国:《破产法精义》(第2版),法律出版社2020年版,第320、331页。

裁定认可自行和解协议的同时,一并终结破产程序①,也就是说,此后,自行和解协议的履行进入完全私法意义上处理事务的阶段,不受破产法的直接规制。那么,当发现自行和解协议存在债务人的欺诈或者其他违法行为时,当自行和解协议执行不能时,人民法院已不能直接在原破产案件中裁定协议无效或宣告债务人破产。如发现自行和解协议存在债务人的欺诈或者其他违法行为的情形,债权人可以依据《民法典》关于合同无效、可撤销的规定,通过诉讼方式主张权利。如出现执行不能的情形,对于此前已申请执行的债权人,可以参照《民事诉讼法》第 230 条、最高人民法院《关于适用〈中华人民共和国民事诉讼法〉的解释》第 467 条的规定,恢复对原生效法律文书的执行,但自行和解协议已履行的部分应当扣除;对于已取得生效法律文书但尚未申请执行的债权人,可以参照最高人民法院 2 号指导性案例(吴某诉四川省眉山西城纸业有限公司买卖合同纠纷案)确定的规则②,以生效法律文书申请执行,但自行和解协议已履行的部分应当扣除;对于尚未取得生效法律文书的债权人,也可以依据《民法典》关于合同解除的规定,以原债权数额向债务人主张权利,但自行和解协议已履行的部分应当扣除。

如若重新启动对债务人的破产程序,则需要债权人重新提出破产申请。值得注意的是,重新启动破产程序后,依据自行和解协议已进行的清偿是否应纳入个别清偿撤销范围的问题。我们认为,依据自行和解协议对全体债权人进行的同步清偿,不应适用个别清偿撤销的规定,但若对个别债权人存在偏袒性清偿的,则亦符合个别清偿撤销的条件。

三、结语

破产自行和解的私法自治性质,淡化了法院对该程序的主导,也淡化了管理人在其中的作用。但为避免自行和解协议在履行中再次产生纠纷,在司法实践中,在协议的内容约定上,管理人应加强指导,通过完善协议约定的方式避免纠纷。例如,对前文提及的协议执行不能的情况下债务的恢复等可能存在争议的问题,可在协议中予以明确。为保障协议的执行,也可以在协议中增加债权人监

---

① 根据《企业破产法》第 98 条,人民法院裁定认可债权人会议通过的和解协议的同时,是终止和解程序,而非第一百零五条的"终结破产程序"。

② 该案裁判要旨:民事案件二审期间,双方当事人达成和解协议,人民法院准许撤回上诉的,该和解协议未经人民法院依法制作调解书,属于诉讼外达成的协议。一方当事人不履行和解协议,另一方当事人申请执行一审判决的,人民法院应予支持。参见最高人民法院《关于发布第一批指导性案例的通知》(法〔2011〕354 号)。

督措施条款,对债务人的财产经营状况进行监督,或在财产管理和处分权利方面,对债务人进行适当限制。虽然在法院裁定认可并终结破产程序后,管理人的履职也相应终止,但经管理人同意后,债务人与债权人也可以委托管理人具体实施债务的清偿,以实现清偿的公开透明、进程同步。在本案中,协议便约定偿债资金由债务人汇至管理人账户,并最终由管理人实施分配完毕,实现了快速解决债权债务关系的目的,取得了良好的法律效果和社会效果。

执行转破产制度功能分析

——方圆化纤有限公司破产清算案

【裁判要旨】

破产程序具有概括清理债务人企业所有债权债务关系的制度优势，可终局性化解执行积案，实现债权公平清偿。在破产程序中，接管、调查、管理、变价、分配债务人财产等具体的事务性工作均由管理人完成，法院仅需扮好程序保障者、推动者和监督者的角色，有利于节约司法资源。

【案号】

(2017)苏0509破17号

【案情】

方圆化纤有限公司（以下简称方圆化纤公司）于2002年10月29日设立，工商注册地为苏州高新区，注册资本为10,000万元人民币，主要办事机构所在地为苏州市吴江区盛泽镇，股东为戴某某、俞某某、吴某某、振亚有限公司，法定代表人为戴某某，经营项目为生产销售丝绸化纤织物、丝绸复制品、服装、化学纤维、纺织机械及器材等。

2016年10月9日，吴江法院立案受理江苏银行股份有限公司苏州盛泽支行（以下简称江苏银行盛泽支行）申请执行方圆化纤公司等金融借款合同纠纷一案，案号为(2016)苏0509执8183号。在该案执行过程中发现，方圆化纤公司作为被执行人在吴江法院尚有未执结或以终结本次执行程序结案的执行案件271件,执行标的额约2.6亿元,其中,涉及职工工资案件242件、263人、标的额634万元,而已查明的资产市场估值仅6000余万元,其资产已不足以清偿全部债务,符合《企业破产法》第2条第1款规定的情形。在已查明的财产中,因方圆化纤公司名下位于吴江区盛泽镇东环路的房地产上设有租赁,且承租人提出的案外人执行异议之诉正在审理当中,执行程序一时难以推进。经向申请执行人江苏银行盛泽支行释明,征得其同意后,吴江法院执行局决定将方圆化纤公司移送破产审查。在决定移送破产审查前,考虑到方圆化纤公司涉及大量职工工资案件,进入执行程序期间职工多次至政府和法院索要工资,为稳定职工情绪,缓解进入破产程序后破产审理法官和管理人的压力,吴江法院在执行程序中先期处置了方圆化纤公司名下部分较易变现且未设定抵押的机器设备,并以拍卖款集中统一清偿了部分的职工工资。在执行法官制作的执行移送破产审查报告中,也对此作出特别提示,并告知执行程序中因被执行人法定代表人戴某某不配合解决职工工资问题,而可能导致的职工与公司负责人矛盾激化风险,以及职工内部和股东、管理层内部存在分化的信息。2017年5月2日,吴江法院立案登记方圆化纤公司执行案件移送破产审查一案。

【审理】

经审查,2017年5月17日,吴江法院裁定受理对方圆化纤公司的破产清算申请。同时,组成由执行法官参加的混合合议庭,以便做好执行程序与破产程序的衔接工作,另于同日通过竞争加摇号的方式指定江苏剑桥人律师事务所担任管理人。管理人接受指定后,在吴江法院的组织下,接管了方圆化纤公司的两处房地产、机器设备、公章、财务章、法定代表人印鉴章等印章以及部分证照。执行过程中一直未露面的方圆化纤公司法定代表人戴某某,在吴江法院向其送达债务人相关人员履行义务通知书后,接受了管理人的询问,但未能提交账簿、财务原始凭证等资料。管理人履职中,还查询到方圆化纤公司在盛泽、安徽铜陵设有两家分公司,调查到方圆化纤公司持有铜陵方圆化纤有限公司等3家公司的股权以及“舒纶”等8个商标,后管理人分别接管了两家分公司的公章及方圆化纤公司的对外投资和商标。2017年6月6日,吴江法院在《人民法院报》刊登公告,通知全国范围的未知债权人在2017年7月17日前向管理人申报债权及第一次债权人会议召开的时间、地点等事项。

2017 年 7 月 27 日,方圆化纤公司召开第一次债权人会议。会议核查了债权、选任了债权人委员会、高票通过了管理人制作的财产管理方案、财产变价方案。在选任债权人委员会的过程中,因受理破产申请之初即了解到职工内部分化的问题,在推选职工代表时,吴江法院指导管理人提前与各职工群体代表接触,最终推选出各群体均认可的职工代表,避免了职工对债权人委员会成员合法性、代表性的质疑,保障了第一次债权人会议的顺利进行。第一次债权人会议结束后,管理人认为,根据审计机构出具的审计报告,截至 2017 年 5 月 17 日,方圆化纤公司资产总额为 91,016,962.64 元,负债总额为 362,166,749.42 元,净资产为 -271,149,786.78 元,其资产已不足以清偿全部债务,故于 2017 年 8 月 15 日向吴江法院申请宣告方圆化纤公司破产。吴江法院认为,在受理本案及第一次债权人会议后,债务人及债务人出资人未向法院提出破产重整申请,债务人亦未向法院提出和解申请,方圆化纤公司停止清偿到期债务呈连续状态,并且资产已不足清偿全部债务,又不存在其他破产障碍事由,故于 8 月 21 日裁定宣告方圆化纤公司破产。

随后,管理人依照财产变价方案,通过吴江法院在淘宝网开通的破产专用账户对破产财产进行变价。2017 年 9 月 21 日、10 月 8 日,方圆化纤公司名下机器设备及其中一处房地产分别以评估价 63,525 元、38,850,900 元作为起拍价进行第一次拍卖,并最终分别以 69 万元、6505 万元的价格拍卖成交。考虑到方圆化纤公司对外投资的铜陵方圆化纤有限公司等 3 家公司,或已长期停止营业,被纳入经营异常名录,或经强制执行无可供执行的财产,被列入执行失信名单,2017 年 10 月 8 日至 9 日,管理人依照财产变价方案对上述 3 个股权均以 100 元作为起拍价进行第一次拍卖,并最终分别以 41,320 元、21,486 元、16,032 元的价格拍卖成交。对于方圆化纤公司持有的 8 个商标,管理人依照财产变价方案对 8 个商标以其清算价值(以目前申请一个新商标的注册费 2000 元作为每个商标的评估价值,以评估价值的 6 折作为清算价值)的 7 折即 6700 元作为起拍价打包进行第一次拍卖,最终以 70,600 元的价格拍卖成交。

另一处在执行程序中,因承租人提出执行异议而一直未处置的位于盛泽镇东环路的房地产,进入破产程序后,经管理人与承租人反复沟通协调也达成了协议。承租人承诺于 2018 年 7 月 1 日前清除仓库内所有的次承租人,向管理人或者该资产的买受人腾退并移交其承租的全部房屋,配合管理人做好移交手续。

管理人参照评估价1,729,200元对承租人添附的财产进行补偿,并预留30万元作为搬迁保证金。管理人于2018年1月19日就拟定的盛泽东环路不动产资产管理及变价方案提交债权人会议进行非现场表决。2018年2月7日,该方案经债权人会议表决通过。2018年5月7日,管理人以评估价18,645,009元为起拍价对该处房地产进行第一次拍卖,因承租人已出具搬迁承诺并交纳保证金,解决了潜在竞买人的后顾之忧,经过51轮竞价,最终以21,045,009元成交,溢价率为12.8%。2018年6月底,承租人依据协议约定,配合管理人做好资产移交工作,管理人亦依约从拍卖款中向其支付补偿款。

2018年7月6日,基于管理人的申请,吴江法院裁定确认方圆化纤公司债权表,债权额合计4.39亿元,其中,职工债权459万元,涉及职工236人。2018年8月1日,管理人将其制作的分配方案通过非现场的形式提交债权人会议表决。经表决,管理人制作的分配方案获得通过。经管理人申请,吴江法院于2018年8月28日裁定认可方圆化纤公司破产财产分配方案。根据该方案,职工债权、税收债权均获得全额清偿,普通债权的分配比例为8.1954%。8月31日,管理人向吴江法院提出申请,称破产财产分配方案已执行完毕,最后分配已完结,破产人现已无破产财产可供分配,请求吴江法院终结方圆化纤公司的破产程序。吴江法院于同日裁定终结方圆化纤公司的破产程序,同时,在裁定书中载明方圆化纤公司股东怠于履行清算义务的事实,告知债权人可另行提起诉讼要求方圆化纤公司股东对方圆化纤公司的债务承担相应民事责任。

【评析】

本案充分体现了"执转破"之于化解执行积案的作用、破产程序概括清理债务人企业所有债权债务关系的制度优势,以及管理人制度的价值功能。破产程序终局性化解执行积案是相对于终结本次执行程序的结案方式而言的,概括清偿则相对于执行程序的个别清偿,而管理人的破产管理职责则又是与执行程序中法院的强制执行行为相比较。这3点恰好反映出执行程序与破产程序在制度功能和行为模式上的差异。另外,在移送破产审查过程中,执行法官向破产法官充分说明了本案在职工应对、处理案外人承租或占用债务人厂房等方面可能存在的风险和难点,使得破产法官对破产审判的走向和着力点有了较为准确的判断,为案件的顺利审结奠定了坚实基础。

一、"执转破"化解执行积案的作用

最高人民法院《关于执行案件移送破产审查若干问题的指导意见》在阐明执行案件移送破产审查工作的目的时，明确将"有利于化解执行积案"作为目的之一。所谓"执行积案"具体指作为被执行人的企业法人不能清偿债务因而终结本次执行程序案件。"终结本次执行程序是执行法院在被执行人确无财产可供执行的前提下，对符合规定条件的案件暂时裁定作结案处理，但在发现被执行人有财产可供执行的时候，人民法院可以根据债权人的申请恢复执行，案件又能重新进入执行程序。"[①]由此便可能产生"终结执行—恢复执行—再终结执行—再恢复执行"的"抽屉案件"，反复查询财产和反复恢复执行，陷入"执行难"的困境，浪费司法资源的同时也损害了司法公信力。[②] 根据最高人民法院《关于适用〈中华人民共和国民事诉讼法〉的解释》第515条的规定，待破产法院裁定宣告被执行人破产后，执行法院即应裁定终结对该破产企业的执行，由此可见，"终结本次执行程序"案件得到彻底消化。尤其是在最高人民法院将"无财产可供执行案件终结本次执行程序标准和实质标准把握不严、恢复执行等相关配套机制应用不畅的问题得到基本解决"作为基本解决执行难"四个基本目标"之一、将"无财产可供执行案件终结本次执行程序合格率达到90%以上"作为"三个90%战略目标"之一的情况下，破产程序彻底消化终本案件的效益更加明显。[③]

二、破产程序的概括清偿功能

关于执行程序与破产程序的价值追求、功能定位，学界和实务界已形成如下共识：执行程序以个别清偿为目的，追求效率价值，并以"先到先得"为原则；破产程序以概括清偿为宗旨，注重公平价值，贯彻普通债权平等受偿原则。[④] 但执行程序以债务人有财产可供执行为基础，在无财产可供执行或财产不足以清偿全部债务的情况下，则需要借助破产程序解决债务清偿的问题。"执转破"制度的

---

① 江必新主编：《新民事诉讼法理解适用与实务指南》，法律出版社2012年版，第1048页。

② 参见刘旭东、陆晓燕：《效益法则框架下"执转破"之功能透视及其制度建构》，载《法律适用》2017年第11期。

③ 最高人民法院《关于严格规范终结本次执行程序的规定（试行）》（法〔2016〕373号）第11条对此亦有明确，"案件符合终结本次执行程序条件，又符合移送破产审查相关规定的，执行法院应当在作出终结本次执行程序裁定的同时，将执行案件相关材料移送被执行人住所地人民法院进行破产审查"。

④ 参见徐阳光：《执行与破产之功能界分与制度衔接》，载《法律适用》2017年第11期。

目的也正是在于,在发现被执行企业法人存在破产原因时,推动将其转入破产程序,以实现全体债权人的概括清偿。

具体而言,在破产程序中,包括未到期债权在内的在法院受理破产申请时对债务人享有债权的债权人,均可向管理人申报债权,同时,也只有依法申报债权的债权人才能够通过破产程序行使权利,如此也就覆盖了尚未进入诉讼程序的潜在纠纷。在本案中,在所有申报的债权中,即包含了尚未进入诉讼程序的隐形纠纷 29 件,涉及标的额 1.06 亿元。在节约当事人诉讼成本的同时,也降低了司法成本。同理,债务人企业享有的债权,在进入破产程序后,也将由管理人代表债务人进行主张。由此,涉债务人企业的所有债权债务关系得到集中、有序、高效的清理。另外,通过破产清算程序并最终强制消灭债务人的法律人格,在终局解决债务人企业的所有债权债务关系的同时,也为将来的交易安全奠定基础。[①]

三、管理人制度的专业优势

在破产程序中,实施债务人财产接管、调查、管理、变价、分配等行为的主体是管理人,法院仅负责指导和监督。而在执行程序中,强制执行行为是一种公法行为,实施的主体是人民法院。二者在法律行为模式上存在差异。管理人制度是 2006 年《企业破产法》设立的一项重大制度,其取代了原来的清算组,被认为是 2006 年《企业破产法》的一大"亮点"。[②] 其原则上由律师事务所、会计师事务所、破产清算事务所等具有较高社会诚信度的专业机构担任。相较于执行程序中法院作为实施主体的行为模式,管理人制度的优势主要体现在 3 个方面:第一,在破产程序中,具体的事务性工作均由管理人完成,法院仅需扮好程序保障者、推动者和监督者的角色,压力得以极大减轻。第二,专业的社会中介机构在财务审计、特殊财产调查等领域,比法院执行更为专业、细致。第三,虽然相较于执行程序中法院行使的强制执行权,破产程序中管理人对外的权力行使力量较弱,但在协调各方利益上具有制度优势,在保障债权人、债务人合理利益的前提下,其活动的自由度、创新性也更强。以对债务人财产管理、变价的处置为例,其可以与相关当事人进行谈判、协商,根据债权人自治原则,协商的方案只需经债权人会议通过即可实施。具体到本案中,对于一直困扰执行拍卖的租赁问题,在

---

① 参见徐阳光:《执行与破产之功能界分与制度衔接》,载《法律适用》2017 年第 11 期。

② 参见王欣新:《破产法》(第 3 版),中国人民大学出版社 2011 年版,第 63 ~ 64 页。

进入破产程序后，管理人从提高财产处置效率出发，在合法、合理的前提下兼顾各方利益，与承租人进行谈判、协商，并最终达成协议，后经债权人会议表决通过，圆满地解决了问题。再如，管理人对于破产企业对外投资的处置，为提高财产处置效率，经过前期调查，同时借助淘宝网拍卖平台市场化程度更高、竞价更充分的特点，大胆制作以100元作为起拍价的变价方案，经债权人会议表决通过后，取得了很好的实施效果。当然，在当前的审判工作格局下，执行程序中的手段更为丰富，强制性更为突出，在“执转破”制度下，如何实现执行程序中的管理与破产程序中管理人的管理相互配合、相互弥补，应当是最大化“执转破”制度功能的关键。

四、执行信息向破产程序的传递

相对于其他破产案件，“执转破”案件的特别之处就在于债务人进入破产程序前经历了执行程序。[①] 这是它的特点，也是它的优势。通过执行信息的充分传递，受理破产申请前，破产审理法官能够掌握比其他破产案件更多的信息，也就能够更好地判断破产程序的走向。所谓执行信息当然包括被执行人及被执行人有关人员的信息、已查明的资产状况、已处置的资产情况、已采取的强制措施情况、已分配财产清单情况以及已掌握的账簿、财务、印章等内容，除此之外，还应包括案件执行过程中发现的风险。这类风险包括执行过程中申请执行人尤其是职工的情绪是否稳定、被执行企业有关人员是否配合、被执行企业有关人员间是否存在矛盾、资产处置存在何种障碍等。基于此，吴江法院在《执行案件移送破产审查操作规程》中特别强调，执行法官在制作执行案件移送破产审查报告时，应注明执行过程中发现的风险。破产程序是各类利益主体参与、协商、谈判、博弈的程序，也是一个不可逆的程序，若不能很好地预判风险并相应制定对策，必然会造成审理上的被动。移送破产审查时，执行法官将执行程序中发现的风险告知破产审理法官，破产审理法官便能提前做准备，指导管理人在履行职务中加以关注、在制定方案时予以考虑，从而把风险予以化解。若执行法官未能告知已发现的风险，在破产程序中，风险不可能自然消失，随着时间的延续，反而会进一步扩大，并随时可能爆发。基于破产程序不可逆的特征，反过来再去化解风险的

---

① 在这个意义上，有观点主张申请执行人以债权人身份或被执行人以债务人身份依照《企业破产法》第7条第1款、第2款申请债务人破产的案件也属于“执转破”案件。

难度就会很大,甚至可能无法化解。在本案中,执行法官在决定移送破产审查时,便及时将职工对破产企业有关人员积累的不满情绪以及200余名职工内部又分多个派别的信息告知破产审理法官,破产审理法官在指导管理人推选职工代表的过程中,便利用该信息,推选出多个派别均认可的中间人,极大地稳定了职工情绪。当然,也可以通过由执行法官与破产法官组成合议庭的形式,将执行信息传递至破产程序,本案也采取了这种形式。① 但是,在司法实践中,是否必然采用该种形式,应当具体分析。如果申请执行人或被执行人在执行程序中已对执行法官有较大抵触情绪,便不宜再将执行法官编入破产审判合议庭,甚至应当回避。此时,执行信息的传递则主要靠执行法官移送时的主动披露,和破产审理过程中破产审理法官与执行法官的随时沟通。进一步讲,除信息传递外,对执行法官而言,在发现风险时,更高的要求应当是能动地以恰当的方式尽可能缓解风险,以避免风险在进入破产程序后难以控制。例如,在本案中,执行法官在了解到职工对公司拖欠工资反应很激烈后,在移送破产审查前,先期单独处置了部分较易变现且不会降低其他破产财产价值的财产,并以拍卖款集中统一清偿了部分的职工工资,在一定程度上稳定了职工的情绪,也缓解了进入破产程序后破产审理法官和管理人的压力。在“执转破”的司法实践中,具体到个案,这种衔接过程中的信息传递和全局思维,尤其考验执行法官的责任和担当,也是“执转破”走向良性循环的内在驱动力。

---

① 对此,江苏省高级人民法院《关于规范执行案件移送破产的若干规定》(审判委员会会议纪要〔2018〕2号)第26条也予以了规定,“执行程序移送破产程序的,破产审判团队可以由破产审理部门和执行局法官共同组成”。

执行程序与破产程序的深度衔接*

——巨诚系企业合并破产清算案

【裁判要旨】

决定移送破产审查的，执行法院可综合利用搜查、拘传、拘留、扣押、强制审计等措施实现对人、物、印章、账册的控制，全面收集债务人资料；涉嫌刑事犯罪的，及时移送犯罪线索，为受理破产申请后管理人接管债务人财产、印章和账簿，调查和清理债务人财产提供便利。受理破产申请后，债务人拒不配合管理人履职的，管理人有权依据受理破产申请的裁定，申请人民法院采取相应执行措施，执行部门应予以配合；破产审判部门可运用执行网络查控系统、网络司法拍卖平台及时查控、变现破产财产；发现债务人相关人员存在妨害清算、隐匿销毁会计凭证账簿等犯罪行为的，及时移送犯罪线索，保障破产程序有序运行。

【案号】

(2017)苏0509破11、12、13、14、15号

【案情】

吴江市巨诚喷织有限公司(以下简称巨诚喷织公司)、江苏巨诚高新材料有限公司(以下简称巨诚高新公司)、苏州天玺纺织制品有限公司(以下简称天玺纺织公

---

* 本文曾发表于《人民司法》2020年第11期。

司)、钜诚纺织(苏州)有限公司(以下简称钜诚纺织公司)、巨诚科技集团有限公司(以下简称巨诚科技公司)等5家巨诚系公司曾为吴江盛泽地区有影响力的纺织企业。巨诚科技公司注册资本7亿元,其中,王某出资占80%,王某妻子朱某出资占20%。巨诚喷织公司、巨诚高新公司、天玺纺织公司的注册资本分别为10,080万元、4.2亿元、9100万元,巨诚科技公司的出资分别占50.4%、90%、50.55%,其余出资分别为王某个人或其控制的香港公司。钜诚纺织公司注册资本978万美元,独资股东为王某控制的香港公司。5家公司分布于3个厂区,经营范围关联度高,业务交叉混同,高管人员交叉任职,公司资金由实际控制人王某、朱某统一调配,相互之间存在大量关联债务及担保。

因盲目扩大生产规模、风险管理意识薄弱,5家公司资金链断裂,陷入"担保链"风险,多家银行提起诉讼并申请执行。自2016年1月起,吴江法院陆续立案执行5家公司作为被执行人的案件46件,执行标的额达5.8亿元,另有作为被告的诉讼案件31件,立案标的额达6.65亿元。执行程序中,吴江法院查明,5家公司名下财产包括房地产、机器设备、存货、对外投资等多项资产。在执行房地产过程中,吴江市瀚诚纺织有限公司(以下简称瀚诚纺织公司)等提起执行异议,主张保护其及相关公司的租赁权。经初步审查,吴江法院发现,相关租赁企业与被执行人的职工、财务、实际控制人高度一致,租赁企业疑似被执行人的关联公司,企图设置防火墙对抗、规避执行。

2017年3月11日,吴江法院执行局开展统一集中行动,对5家公司实施执行搜查,对实际控制人王某、朱某采取限制出境措施。根据搜查所得账册进行强制审计,证实瀚诚纺织公司等租赁企业均为被执行人企业的关联公司,被执行人存在设立新公司并以新公司收入选择性清偿个别债权人的情况。

经向实际控制人王某、朱某调查,其确认5家公司全部资产已不足以偿付全部负债。2017年3月29日,经申请执行人江苏吴江农村商业银行股份有限公司同意,吴江法院执行局将巨诚喷织公司作为被执行人的执行案件移送破产审查。巨诚高新公司等其他4家公司的债权人亦同时向吴江法院提出对4家公司进行破产清算的申请。2017年4月11日,吴江法院分别裁定受理对巨诚喷织公司等5家公司的破产清算申请。

【审理】

首先,关于执行案件移送破产审查的问题。执行程序以个别清偿为目的,追求效率价值,并以“先到先得”为原则;破产程序以概括清偿为宗旨,注重公平价值,贯彻普通债权平等受偿原则。在案件执行阶段,吴江法院发现被执行人存在设立关联企业、换壳经营、选择性清偿个别债权人等规避执行的行为。吴江法院通过综合采取限制出境、搜查、强制审计等强制措施,以“组合拳”予以全面打击。在采取财产调查措施并经债务人确认后,吴江法院发现被执行人等5家公司均出现不能清偿到期债务,且资产不足以清偿全部债务的情形,符合《企业破产法》第2条第1款的规定。根据最高人民法院《关于适用〈中华人民共和国民事诉讼法〉的解释》第513条的规定,吴江法院执行局就此询问当事人是否同意将案件移送破产审查并释明法律后果,经申请执行人同意后,吴江法院及时将执行案件移送破产审查。

其次,关于执行程序与破产程序的衔接问题。执行案件移送破产审查中,应充分发挥执行程序和破产程序各自功能和优势,实现两个程序有序对接、高度配合,放大程序叠加效益;要建立“执行程序破产跟进、破产程序执行跟进”的工作机制,实现执行部门与破产审判部门之间高度协调、深度融合。一方面,决定移送前,吴江法院充分利用执行程序的效率和强制力,扣押了被执行人的账簿、财务凭证等资料,为受理破产申请后管理人接管债务人财务资料、调查债务人财产状况、审计判断关联公司混同程度提供了便利、打好了基础。另一方面,裁定受理破产清算申请后,因债务人实际控制人拒绝向管理人提交债务人未履行完毕订单及新接收订单的完整资料,甚至未经管理人同意继续承接新的订单,自行收取客户支付的加工费,自行对外支付电费、员工工资及其他费用,并暗中唆使员工不要听从管理人命令,造成破产申请受理后近一个月的时间内,管理人未能实质接管债务人的营业事务。管理人认为继续营业会实质造成债务人财产的流失以及利润的转移,故于2017年5月8日向吴江法院申请停止债务人的营业。2017年5月22日,吴江法院经研究复函许可。次日,吴江法院清算与破产审判庭与执行局联合采取民事执行措施,实施管理人对企业进行强制接管,保障破产审判顺利进行。停止营业方案后亦经第一次债权人会议表决通过。

与此同时,吴江法院以债务人实际控制人涉嫌拒不执行判决将其移送公安机关立案侦查,管理人另将在破产案件审理中发现的实际控制人妨碍清算、隐匿会计凭证账簿等犯罪线索提供给公安机关,随后经审理,实际控制人及相关人员均被判处刑罚。

再次,关于实质合并破产问题。在案件审理过程中,管理人经过全面的调查和审计,发现巨诚喷织公司等5家公司及其他15家关联企业形式上为独立的法人主体,但实际都是在一个实际控制人的控制下作为一个整体在运营,人格高度混同,主要表现为:(1)20家企业的实际控制人为王某和朱某,除王某、朱某外其他自然人股东均为受王某、朱某安排的挂名股东。企业董事、监事、高级管理人员交叉任职现象严重,其中一个财务主管同时负责多家公司的资金收付和贷款资金往来。企业职工劳动关系、工资发放、人事调配无相关变更手续,企业员工混同。(2)企业经营范围关联度高、业务混同,统一承接客户订单,统一安排生产、销售。在巨诚喷织公司等公司进入执行程序后,以委托加工的名义将业务转移至其他公司。(3)企业资产高度混同。固定资产虽然登记在各关联公司名下,但占有使用收益难以区分。一家企业取得银行贷款后由各关联企业共同使用,并以营业收入相互偿还对方的银行贷款本息、原材料、电费、工人工资等,相互之间担保频繁。(4)企业财务高度混同。关联企业间资金往来频繁且数额巨大,运营资金由王某、朱某统一调配,且相互之间的调配使用无任何对应的基础法律关系。12家贸易公司的设立目的便是为配合其他8家实际经营公司走账,本身无任何经营。巨诚喷织公司、钜诚纺织公司使用一本账套核算。

2017年7月12日,管理人以巨诚喷织公司等20家公司人格高度混同为由,向吴江法院申请对该20家公司进行实质合并破产清算。2017年7月25日,吴江法院依法组织听证会对合并破产清算申请进行了审查。

吴江法院经审查后认为,巨诚喷织公司等20家公司虽为形式上的独立法人,但实质上均为一人所直接控制的关联企业,其在公司运营管理、人事、财务尤其是资金等表征公司法人人格的要素方面具有高度混同情形,导致各自财产及债权债务无法明确区分或区分成本巨大,故各公司已丧失独立人格,构成人格混同,应当视为一个法律主体进行合并处置。如若不予合并,单独清偿已违反《企业破产法》"公平清理债权债务"的立法宗旨,即使个别债权人单独清偿下的债权清偿率可能较高,但其与公平集中保护债权人权益相较,难谓相当。2017年7月31日,吴江法院裁定巨诚喷织公司等20家公司合并破产清算。

最后,关于终结破产程序的问题。裁定合并破产清算后,吴江法院于2017年9月27日主持召开合并后的第一次债权人会议。2017年10月20日,吴江法院根据管理人的申请,裁定宣告巨诚喷织公司等20家公司破产。宣告破产后,管理人依照债权人会议通过的财产变价方案,对案涉20家公司名下财产进行变价,拍卖成交金额为11.81亿元。2018年1月16日,管理人将其拟定的破产财产分配方案通过非现场会议的形式提交债权人会议表决。2018年1月25日,破产财产分配方案获得通过。2018年2月11日,根据管理人的申请,吴江法院裁定认可该方案。2018年6月29日,管理人申请终结案涉20家公司破产程序。吴江法院经审查认为,管理人已将变现所得货币按破产财产分配方案全部分配完毕,现案涉20家公司确也暂无其他货币财产可供分配,管理人申请终结本案破产程序符合法律规定,应予准许。2018年6月29日,吴江法院裁定终结巨诚喷织公司等20家公司破产程序。

【评析】

本案属于借助关联企业实质合并破产制度化解执行难题、借助执行强制措施和刑事手段保障破产审判的典型案件,充分体现了"执转破"制度中破产程序对执行程序的融合利用,以及在打击逃废债过程中法院与公安的协调联动。另外,其所涉及的破产财产变价问题也值得关注。

一、破产程序对执行程序的融合利用

从字面意义上来看,"执转破"仅指执行案件移送破产审查,侧重的是破产程序的启动问题。但若将"执转破"的意义仅局限于在当事人直接提出破产申请之外,新增了一条带有司法职权辅助色彩的启动破产程序路径,则会忽略"执转破"的丰富内涵。因为"执转破"不仅包括破产程序的启动,更涉及破产程序对执行程序的融合利用,即如何利用执行程序的举措、成果,发挥执行程序的功能作用,以提升破产案件的审理效率。

在本案中,破产程序对执行程序的融合利用主要体现在两个阶段:其一,移送破产审查前,执行强制措施的充分行使,为进入破产程序做准备;其二,进入破产程序后,对民事执行措施的运用,可以保障破产审判的顺利推进。关于前者,即要求执行法官在决定移送破产审查前,应利用搜查、拘传、拘留、限高、失信惩戒、限制出境等执行措施控人、控物、控印章、控账册,发现犯罪线索及时移送公安机关立案侦查,为受理破产申请后管理人接管债务人财产、印章和账簿,调查债务人财产状况提供便利。为充分发挥执行程序财产处置效率高、破产程序财产分配更公平的优势,在司法实践中,对于无重整可能的被执行企业法人,吴江法院鼓励执行局在移送破产审查前,通过网络司法拍卖平台先行处置债务人资产,并在处置完成后移送破产审查,把财产分配环节留到破产程序中进行,最终实现全体债权人的公平清偿。

关于后者,根据《企业破产法》第4条的规定,“破产案件审理程序,本法没有规定的,适用民事诉讼法的有关规定”。破产程序是对破产企业债权债务的全面清理和概括执行,同时也是法院主导下的司法程序,在此程序中,管理人负有接管、管理和处分债务人财产、执行债权人会议决议变价和分配破产财产等方案的职责,故民事执行中的相关规定在破产程序中依然适用,相关单位、个人不配合管理人履行职责的,管理人有权依据受理破产申请的裁定,申请人民法院采取相应执行措施。在本案中,对于债务人拒绝配合管理人接管的情况,吴江法院基于管理人的申请,采取相应执行措施强制接管,便集中体现了这一点。

二、破产程序与刑事程序的协调配合

由于民营企业公司治理不规范、财务管理混乱、法人独立性欠缺、企业财产与股东个人财产混同的问题较为突出,部分破产企业和企业主涉嫌犯罪。之前对于涉嫌隐匿会计账簿、妨害清算等犯罪行为打击不力,使企业主恶意逃债、转移资产、妨害清算行为的违法成本大大降低,直接影响破产审判的质量和效果。在本案中,吴江法院充分认识到刑事手段对保障破产审判顺利进行的重要意义。在案件受理初期,便及时将债务人实际控制人涉嫌拒不执行判决裁定的犯罪线索移送公安机关立案侦查,同时,管理人也将全面清查、审计债务人财产、账册过程中发现的债务人实际控制人妨害清算、隐匿会计凭证账簿等犯罪线索提供给公安机关。

也正是基于本案的审理,吴江法院在向区委、区政府报送关于建立企业破产处置“府院联动”机制的报告中,特别提出进一步加强公检法3家打击破产逃废债的协调机制。2018年5月,吴江区委办公室、区政府办公室联合印发《关于建立府院联动机制处置“僵尸企业”工作机制的实施意见》,其中,对打击恶意逃废债行为作出明确要求,“区公安局依法受理查封财产被非法处置、被盗、挪用及侵占公司资产、隐匿会计账簿、妨害清算、拒不执行法院判决裁定等刑事案件,加大侦查力度,及时破案。在对破产企业债权核查以及破产企业流失资产的追查中,需要相关涉案人员配合的,相关部门应予以必要的协助”。

三、破产财产的高效处置

破产财产的变价一直是破产案件审理的关键,也是造成破产审理周期长的重要原因之一。本案所涉资产数量多、类型广泛，包括房地产、机器设备、存货、对外投资、专利、字画、锦鲤鱼等财产20余项，如何实现资产的快速变价，将直接影响案件审理效率。针对此，吴江法院充分运用了债权人意思自治原则，从以下3个方面指导管理人制作变价方案：第一，灵活变价方式。例如，布匹等存货，因其品种类型较多、质量有优有劣，且长时间放置贬值较大，同时考虑到破产企业原业务员对管理人工作配合程度较高，有一定的客户资源，故在变价方案中设定，若变价方案通过后一个月内，有买家以不低于评估价的价格购买布匹，则管理人可不通过拍卖程序直接变价。第二，灵活确定起拍价。例如，对于机器，以评估价的70%作为第一次拍卖的保留价；对于破产企业持有的股权，第一次拍卖的保留价根据被投资企业最新一期资产负债表中所有者权益确定，3次拍卖流拍后，经债权人委员会决定后可以100元起拍；对于经市场调查价值不大的专利，可不予评估，直接以2000元起拍。第三，缩短拍卖周期。在第一次拍卖的公告中即载明本次拍卖流拍后第二次、第三次拍卖的时间，将不动产的拍卖公告期间确定为15天、动产的为7天。依此制作的财产变价方案经债权人会议表决通过后，管理人自2017年10月中旬开始，借助吴江法院在淘宝网开通的破产专用账号进行变价，短短一个半月的时间内便成交拍品11件，成交总价款11.6亿元。

本案历时14个月，清理债务54.44亿元，清偿债权11.58亿元。在当前企业经营严重失范，公司治理制度落地艰难的环境下，本案的审理对企业经营者而言，无疑是一场生动的，并极具警示意义的“破产公开课”。

破产程序化解担保圈链风险的功能与局限

——炜华集团有限公司破产清算案

【裁判要旨】

企业之间因互保联保所形成的担保链,极易将个别企业的风险传导到整个担保链条,波及优质企业。若担保圈链中的所有企业均不具有营运价值、盈利能力,则可通过将担保圈链所有企业有序引入破产程序,从根本上加以整体破除,系统出清执行领域的"僵尸企业"。针对尚具有营运价值但深陷担保链的企业,通过发挥破产保护功能,自破产申请受理之日起停止计算债权利息,允许破产期间继续经营,推动破产重整或和解,可帮助企业彻底脱离担保链风险。对于深陷担保圈链的企业经营者,真正解决个人债务危机,还需建立个人破产制度。

【案号】

(2016)苏0509破8号

【案情】

炜华集团有限公司(以下简称炜华集团)于2003年9月11日设立,住所地为苏州市吴江区黎里镇,股东为炜华发展有限公司,法定代表人为徐某某,经营项目为生产销售高档织物面料及服装等。

炜华集团为炜华系担保圈链中的企业之一,在该担保圈链中,其作为主债务人的债务为3.27亿元,为其提供保证担保的企业达12家,其为其他企业提供保证担保的债务达13.95亿元。经梳理,炜华系一级担保圈链包括苏州炜华置业发展有限公司、苏州炜华纺织科技有限公司、吴江市劲立印染有限公司、苏州美得亿制衣厂等企业,二级担保圈链包括盛友集团有限公司、吴江绵亿纺织有限公司、江苏友谊科技有限公司、江苏派利帝纺织科技有限公司等企业,在炜华集团进入破产程序前,上述企业多已进入破产程序。为整体破除该担保圈链,彻底出清执行领域的"僵尸企业",2016年11月10日,经江苏龙成建设工程有限公司等6位申请执行人的同意,吴江法院决定将炜华集团移送破产审查。2016年11月24日,吴江法院立案登记炜华集团执行案件移送破产审查一案。

【审理】

经审查,炜华集团作为被执行人在吴江法院尚有未执结或以终结本次执行程序结案的执行案件59件,执行标的额约9.68亿元,但经执行调查,其名下仅有一处房地产及若干机器设备、存货,价值约1.1亿元。2016年12月23日,吴江法院裁定受理对炜华集团的破产清算申请,并于同日指定炜华集团清算组担任管理人。2017年1月6日,吴江法院组织管理人一同前往炜华集团住所地,接管了炜华集团证照、公章、部分财务资料、机器设备等,现场张贴了受理破产申请的民事裁定书、债务人履行相关义务通知书等材料。2017年1月12日,吴江法院在《人民法院报》刊登公告,通知全国范围的未知债权人在2017年3月6日前向管理人申报债权及第一次债权人会议召开的时间、地点等事项。

2017年3月16日,炜华集团召开第一次债权人会议。会议核查了债权、表决通过了管理人制作的财产管理方案、财产变价方案、债权人会议表决规则。第一次债权人会议结束后,管理人认为,根据审计机构出具的专项审计报告书,炜华集团审计调整后的期末资产总额为1,844,153,044.2元,负债总额为1,847,071,053.14元,净资产为-2,918,008.94元,上述期末资产总额尚包含待处理财产损溢555,060,424.02元,其资产已不足以清偿全部债务,故于2017年7月31日向吴江法院申请宣告炜华集团破产。吴江法院认为,在受理本案及第一次债权人会议后,债务人及债务人出资人未向法院提出破产重整申请,债务人亦未向法院提出和解申请,炜华集团停止清偿到期债务呈连续状态,并且资产已不足清偿全部债务,又不存在其他破产障碍事由,故于2017年8月1日裁定宣告炜华集团破产。

在案件审理过程中,共有75家债权人向管理人申报债权,涉及金额31.1亿元，经管理人审查、债权人会议核查，吴江法院裁定确认了江苏龙成建设工程有限公司等69家债权人及谌某等43名职工的债权，金额合计18.95亿元。与此同时，管理人依据债权人会议通过的财产变价方案，对炜华集团名下位于苏州市吴江区黎里镇的房地产、机器设备、存货及其持有的内蒙古天红椒业股份有限公司等9家公司的股权等全部财产进行了变价，最终可供分配的破产财产数额为126,986,393.18元。

2018年1月9日，管理人制作的破产财产分配方案经债权人会议表决通过，后基于管理人的申请，吴江法院于2018年1月30日裁定认可上述破产财产分配方案。根据该方案，职工债权、税收债权均获得全额清偿，普通债权的分配比例为3.79%。2018年2月28日，因破产分配方案已执行完毕，且现无其他财产可供分配，基于管理人的申请，吴江法院裁定终结炜华公司破产程序。至此，炜华系一级担保圈链内核心企业均已经破产程序处置完毕，炜华系担保圈链从根本上得以破除。

【评析】

自2009年开始，江浙地区的企业主为获得更多银行融资，采用互保联保方式，相互之间为对方企业的贷款进行担保承担连带责任，形成盘根错节的网状担保链。在解决资金燃眉之急的同时，也埋下了巨大的隐患。从2011年开始，受国家宏观经济环境以及企业盲目扩大规模、跨行业投资、经营不善等因素的影响，一大批企业出现资金链断裂，连同为其提供担保的企业，最终一起被银行、小贷公司、担保公司诉至法院，由此在执行案件中出现大范围担保圈链重叠交织的情况。① 吴江作为苏南地区民营经济发达的代表，也未能幸免。本案借助执行案件移送破产审查制度，将担保圈链企业引入破产程序，充分发挥破产程序化解担保圈链风险的功能，但因我国尚未建立个人破产制度，陷入担保圈链的企业经营者尚无法经由破产程序清理债务。

一、"执转破"制度功能与实践操作

关于执行程序与破产程序的价值追求、功能定位，学界和实务界已形成如下共识：执行程序以个别清偿为目的，追求效率价值，并以"先到先得"为原则；破产

---

① 参见鞠海亭：《温州"两链"金融风险司法化解与破产审判实践》，载《法律适用》2016年第5期。

程序以概括清偿为宗旨，注重公平价值，贯彻普通债权平等受偿原则。① 但执行程序以债务人有财产可供执行为基础，在无财产可供执行或财产不足以清偿全部债务的情况下，则需要借助破产程序解决债务清偿的问题。

尽管学界和实务界一直存在法院依职权移送破产程序的主张，②但基于《企业破产法》已确立当事人申请主义模式的现实，司法解释对此无法作出突破，但为解决当事人主动申请破产动力不足的问题，2015 年最高人民法院《关于适用〈中华人民共和国民事诉讼法〉的解释》第 513 ~ 516 条确立了"执转破"制度，即执行程序转破产程序，又称执行案件移送破产审查，是指在执行过程中，作为被执行人的企业符合《企业破产法》第 2 条第 1 款规定情形的，执行法院经申请执行人之一或者被执行人同意，将执行案件相关材料移送被执行人住所地法院，由被执行人住所地法院裁定是否受理破产申请的制度。该制度坚持"经申请执行人之一或被执行人同意"的当事人申请主义为主导的同时，增添了司法职权辅助的色彩。结合最高人民法院《关于执行案件移送破产审查若干问题的指导意见》第 4 条的规定，该种职权辅助包含 3 个方面的内容：对破产原因的调查识别；及时询问当事人的义务；充分披露破产效益信息。

在本案中，经执行法官调查，炜华集团作为被执行人的申请执行标的总额已超过可供执行财产市场价值总额，符合《企业破产法》第 2 条第 1 款规定的情形，故及时询问申请执行人的意见，并向其释明如不能进入破产程序，执行中就要适用《关于适用〈中华人民共和国民事诉讼法〉的解释》第 516 条按查封顺序清偿债权的规则，以及进入破产程序后的债权受偿顺位规则、股东出资义务的加速到期等规则。经询问，江苏龙成建设工程有限公司等 6 位申请执行人均同意移送破产审查，执行部门随即作出移送破产审查的决定，并将材料移送破产审判部门审查。

二、破产程序系统出清担保圈链"僵尸企业"

所谓系统出清，是指当担保圈链中的所有企业均不具有营运价值、盈利能力时，通过将相关企业均有序引入破产程序，整体彻底清算，斩断所有债务和担保

---

① 参见徐阳光：《执行与破产之功能界分与制度衔接》，载《法律适用》2017 年第 11 期。

② 参见王欣新：《破产法前沿问题思辨》（上册），法律出版社 2017 年版，第 101 ~ 104 页；刘贵祥、黄金龙：《平等分配制度与破产制度的分工》，载《人民法院报》2014 年 4 月 30 日，第 8 版；李帅：《论执行案件中法院职权主义破产启动程序的构建》，载《法律适用》2015 年第 11 期。

圈链。相较于执行程序,破产程序的优势主要表现在3个方面:

(一)财产处置更全面

在司法实践中,在财产调查、控制方面,虽然执行程序的手段较为丰富、强制力度更大,执行力量的配置也更为充足,但受限于执行领域案多人少矛盾更为突出的原因以及执行效率优先的理念,执行程序中对被执行人财产的查询往往集中于被执行人名下的银行存款、车辆、房产信息,对被执行人所持有的债权、所拥有的知识产权、所持有的其他公司的股权以及股票证券等财产性权利难免遗漏。在本案中,管理人除对执行程序中既已查明的炜华集团名下房地产及机器设备进行变价外,另外,调查到炜华集团持有内蒙古天红椒业股份有限公司等9家公司的股权。根据债权人会议通过的变价方案,管理人借用淘宝网司法拍卖平台对炜华集团持有的上述9家公司的股权进行拍卖,拍卖所得款项共计150万元。

(二)债权清偿更公平

本处所言公平特指担保企业之间代偿后的追偿问题。在实践中,担保圈链中的企业多系关联企业,一家企业履行保证责任后少有或怠于向债务人追偿,对履行保证责任企业的债权人而言,这显然是不公平的。虽然履行保证责任企业的债权人可以提起代位权诉讼,但无疑增加了债权人的成本。而若担保圈链内的企业均进入破产程序,此时由管理人接管债务人企业,则各企业的管理人可根据代偿的实际情况申报债权或主张抵销。① 在本案中,在炜华集团进入破产程序前,担保圈链中的关联企业苏州炜华置业发展有限公司、苏州炜华纺织科技有限公司均已进入破产程序,并在炜华集团进行破产财产分配前完成分配,两公司作为炜华集团的保证人代偿了部分款项。代偿后,两公司的管理人分别向炜华集团管理人申报债权,并最终参与分配,保障了两公司债权人的合法权益。另外,若担保圈链中关联企业成员之间存在法人人格高度混同、区分各关联企业成员财产成本过高的情形,还可适用关联企业实质合并破产方式进行审理。合并破产后,各关联企业成员之间的债权债务归于消灭,各成员的财产作为合并后统一

---

① 需要特别说明的是,债务人、保证人同时进入破产程序的,根据2019年3月28日施行的最高人民法院《关于适用〈中华人民共和国企业破产法〉若干问题的规定(三)》第5条的规定,债权人有权向债务人、保证人分别申报债权。债权人向债务人、保证人均申报全部债权的,从一方破产程序中获得清偿后,其对另一方的债权额不作调整,但债权人的受偿额不得超出其债权总额。保证人履行保证责任后不再享有求偿权。

的破产财产,由各成员的债权人在同一程序中按照法定顺序公平受偿。

（三）债务清理更彻底

金融借款案件,因无财产可供执行而终结本次执行程序的,根据财政部《金融企业呆账准备提取及呆账核销管理办法》第3条的规定,可作为核销呆账的依据,但仍面临恢复执行的可能,债权债务关系始终处于不稳定的状态,而破产程序是终局性程序,在破产程序终结后,所有未清偿的债权宣告消灭。所以,以破产程序化解担保圈链对不良贷款进行核销应当是核销金融不良资产最彻底的途径。在本案中,金融债权数额为4.42亿元,占债权总额的67.17%。加上炜华系担保圈链中的其他7家此前已进入破产程序的核心企业,炜华集团“执转破”案的审结使债务担保金额高达55.2亿元的炜华系担保圈链从根本上得以破除。吴江法院通过破产程序先后破除炜华系、巨诚系、苏龙系等担保圈链,有力助推了区内银行不良贷款率从2016年的4.56%降为2021年2月末的0.81%,减轻了区域经济压力,重塑了金融生态环境。

三、破产程序挽救担保圈链中的困境企业

系统出清之后,对于担保圈链中主营业务良好的保证企业,将核心债务企业先行引入破产程序进行彻底清算,虽然主债务人进入破产程序不影响对保证人的执行①,但首先,无论是保证企业在代替债务人清偿债务后以追偿权申报债权,还是对债权人破产程序中未受清偿的部分承担保证责任,均可一定程度上缓解担保链风险的影响;其次,其可以给债权人以期待,为主营业务良好的保证企业同债权人协商创造空间;最后,重破核心债务企业,具有良好的示范效应,可变保证企业对执行的情绪抵触为积极配合,有力提升执行效果。当然,对于尚具有营运价值的保证企业而言,更有效的方式是通过破产重整或破产和解程序,引入投资,盘活企业资产,以彻底脱离担保链风险。具体而言,破产重整或破产和解程序的保护功能主要表现为3点:(1)自破产申请受理之日起停止计算债权利息,有效阻隔担保圈链影响的扩散;(2)经由法院许可或债权人会议同意,债务人可在破产期间继续营业,从而维持其营运价值;(3)通过重整程序引入外来资金,通过重整计划草案或和解协议草案合法减免债务。

---

① 江苏省高级人民法院《关于“执转破”案件简化审理的指导意见》(苏高法电〔2018〕392号)第8条第3款,“对移送破产审查的被执行人中止执行的,不影响对同一执行案件中其他被执行人的执行”。

首先,根据《企业破产法》第46条第2款的规定,附利息的债权自破产申请受理时起停止计息。由此,受理破产申请自动冻结了债务人负债的效果,有效阻隔担保圈链影响的扩散。其次,根据《企业破产法》第26条、第61条第1款第5项的规定,在第一次债权人会议召开之前,管理人经人民法院许可可以决定继续债务人的营业,后亦可在债权人会议表决通过后继续债务人营业。对于重整期间内的债务人,其还可以根据《企业破产法》第73条的规定,向人民法院申请在管理人监督下自行管理财产和营业事务。最后,《企业破产法》除规定按照重整计划或和解协议减免的债务,自重整计划或和解协议执行完毕时起,债务人不再承担清偿责任外,其还为债务人信息披露、投资人招募、重整模式选择提供程序保障、司法保护,创造出一个公开、透明、遵循市场化理念的场域,供各利益主体在其中协商谈判,并最终促成合理方案。

四、破产程序尚无法适用于担保圈链中的自然人

出于对企业信用的担忧,金融机构在向企业发放贷款时,多要求自然人股东、董事等企业经营者提供保证,由此使企业经营者亦陷入担保圈链,导致个人债务危机。但因为我国尚未建立个人破产制度,致使陷入危机的个人债务人无法通过个人破产程序获得免责,个人债务人的债权人亦无法借助个人破产程序获得公平清偿。在司法实践中,参与分配制度、失信被执行人惩戒制度等虽然一定程度上替代了个人破产制度的功能,一方面,参与债务人执行程序的债权人往往是有限的,不能真正实现全体债权人的公平受偿;另一方面,对于确无财产可供执行的诚实而不幸的个人债务人,被执行人惩戒制度未能提供个人重新开始的通道,故无法真正解决深陷担保圈链的个人债务危机。在没有个人破产制度的情况下,企业经营者保证债务难以豁免。在司法实践中,一些案件采取以下两种方式解决了部分问题:一是通过法庭外重组实现个人债务和企业债务“一揽子”解决;二是符合一定条件的,通过企业的法庭内重组(重整、和解)将经营者的保证责任和个人财产一并处理。[①] 但不同于《企业破产法》所规定的债权人会议多数决原则,无论是法庭外重组还是法庭内重组,除非全体债权人均无异议,否则对个人债务的豁免必然遭遇多数决原则能否剥夺少数人权利的合法性质疑。

---

① 参见池伟宏:《企业经营者与个人破产制度》,载《人民法院报》2016年11月16日,第7版。司法实践中,部分法院还探索了执行程序中的个人债务清理机制,创新被执行自然人退出执行路径,如台州市中级人民法院制定出台的《执行程序转个人债务清理程序审理规程(暂行)》。

反过来,也正是因为缺失个人破产制度,企业经营者也难以通过企业破产程序豁免保证责任,使企业经营者不愿意主动启动企业破产程序,由此形成大量“僵尸企业”。①

在司法实践中,一方面,自然人被执行人至少占到被执行人总数的一半;另一方面,企业法人作为单一被执行人的案件在执行案件中的比重并不高。也就是说,作为被执行人之一的企业法人通过“执转破”进入破产程序,并不能帮助执行法官终结对整个执行案件的执行,这也成为影响执行法官移送破产审查积极性的重要原因之一。在“基本解决执行难”的背景下,随着工作的深入推进,建立个人破产制度的现实需求日益强烈、呼声也越来越高。2018 年 10 月,最高人民法院院长周强在向十三届全国人大常委会第六次会议报告关于基本解决执行难工作时强调,“基本解决执行难”正处于攻坚克难、决战决胜的最后关键时期,也到了推动长远解决执行难问题的窗口期,并为此建议完善执行立法,推动建立个人破产制度,畅通“执行不能”案件依法退出路径。2019 年 7 月,在国家发展和改革委员会等 13 个部委联合印发的《加快完善市场主体退出制度改革方案》中,也提出要研究建立个人破产制度,逐步推进建立自然人符合条件的消费负债可依法合理免责,最终建立全面的个人破产制度。当然,目前仍不乏认为我国个人破产立法时机尚不成熟的声音,主要理由是我国目前个人征信体系、财产登记制度、现金交易管控制度还不完善,担心个人破产制度极易成为诱发个人债务人逃债的工具。暂且不论我国目前在上述制度建设方面已取得的进展,正如有的学者所言,启动个人破产立法,反而可以倒逼配套制度的改革与完善。② 对于上述担心的声音,一方面,将破产视为逃债的观念本身就是值得商榷的,因为现代国家的个人破产法对免责制度的适用有着严格的条件和限制;另一方面,若仍担心个人借此逃债,在个人破产制度建立之初,我们可设计较之更为严格的控制机制,待相关配套机制成熟后,再行调整。

① 参见池伟宏:《企业经营者与个人破产制度》,载《人民法院报》2016 年 11 月 16 日,第 7 版。

② 参见徐阳光:《个人破产制度的人文关怀与价值追求》,载《光明日报》2018 年 4 月 1 日,第 7 版。

破产程序中的清租方式

——吴江绵亿纺织有限公司破产清算案

【裁判要旨】

从实现债权人利益最大化的角度出发,《企业破产法》第18条第1款赋予了破产管理人对双方均未履行完毕合同的挑拣权,而执行程序并无此制度安排。在本案中,管理人通过行使该权利解除了债务人作为出租人的房屋租赁合同,同时,借助"府院联动"机制完成清场,极大地提升了债务人财产的价值。另外,在对债务人财产的处理过程中,经执行法官同意,利用债权人自治规则,管理人将债务人财产上添附的涉及其他被执行人的财产一并进行处置,解决了其他被执行人财产处置难的问题。

【案号】

(2017)苏0509破35号

【案情】

吴江绵亿纺织有限公司(以下简称绵亿公司)设立于2003年9月18日,企业类型为有限责任公司(台港澳与境内合资),住所地为苏州市吴江区盛泽镇南环二路(红洲村)。公司经营范围:高档织物面料、家纺用品的生产;公司自产产品的销售以及从事同类商品的收购出口业务。

在执行过程中,吴江法院查明作为被执行人的绵亿公司名下有3块土地使用权及相应的房产。2015年,吴江法院执行局通过淘宝司法拍卖平台处置了绵亿公司名下的两块土地使用权及地上房产，并进行了执行分配。但对第三块土地使用权一直未作处置，原因在于第三块土地上的房产有11家租户占有使用，吴江法院执行局在涤除租赁方面遇到了极大的阻碍。一方面，承租户以自己系合法租赁为由拒不搬出；另一方面，上述租户不间断的以提出执行异议的方式来阻碍司法拍卖。执行工作一时难以推进，财产处置陷入僵局。另外，被执行人绵亿公司未处置的房地产内仍有部分属于另案被执行人吴江百度纺织整理有限公司名下的锅炉设备。因该批设备附着在房屋墙体上，仅在不拆卸的情况下才有使用价值，但因房产不能处置，也导致该设备经多次拍卖均流拍，该批设备的处理也陷入僵局。与此同时，截至2017年12月28日，绵亿公司作为被执行人在吴江法院尚有未执结或以终结本次执行程序结案的执行案件59件，执行标的额4.7亿余元，被执行人绵亿公司已经不能清偿到期债务且资产不足以清偿全部债务。吴江法院执行局及时与破产庭进行了沟通，鉴于此前破产案件的审理中，破产法官积累了在破产程序中对承租人的清租经验，双方一致认为，将绵亿公司移送破产审查有利于案件的继续推进。对绵亿公司进行“执转破”，可以有效解决绵亿公司名下房地产上租赁带来的处置僵局，也可以尝试解决其房产附着的其他被执行人的财产。据此，2017年11月29日，吴江法院以被执行人绵亿公司资不抵债为由，根据最高人民法院《关于适用〈中华人民共和国民事诉讼法〉的解释》第513条、最高人民法院《关于执行案件移送破产审查若干问题的指导意见》第4条的规定，在及时征得申请执行人吴江市中国东方丝绸市场农村小额贷款股份有限公司同意移送破产的意见后，决定将绵亿公司移送破产审查。

【审理】

2017年12月29日，吴江法院裁定受理对绵亿公司的破产清算申请，并于同日指定江苏剑桥人律师事务所担任管理人。裁定受理破产申请后，2018年1月2日，吴江法院组织管理人一同前往绵亿公司所在地协助管理人进行交接，同时，在现场张贴了受理破产申请的民事裁定书、公告、债务人及债务人相关人员履行义务通知书，并对绵亿公司厂区内的11家租户进行了逐户沟通，阐明《企业破产法》赋予了管理人对双方均未履行完毕的合同的挑拣权，且根据现有状况，管理人要解除租赁合同，故要求租户承诺搬离时间，但短时间内未能达成一致意见。此后，吴江法院在指导管理人进行工作中，明确绵亿公司的工作重点为清除绵亿公司厂区内的租户。具体而言,要求管理人首先选择高效的协商谈判清租方式,无法谈判协商的再选择诉讼手段清租。一是做到与每位承租户进行法律释明,给予搬迁的合理时间;二是与绵亿公司负责人进行沟通核实,剔除虚假租赁合同;三是针对真实合同,区分未交租金与已交租金进行不同方式的谈判;四是及时向当地政府汇报情况,启动"府院联动"协助清租;五是有特殊情形的,可以在解除合同的前提下签订新的租赁合同,新的合同期限至拍卖成交之日止,但需要缴纳到期搬离的保证金。据此,管理人按照上述思路开展清租工作,在第一债权人会议前通过谈判清租7家。通过"府院联动",联合政府相关部门对绵亿公司厂区涉及安全生产、违法排污的租户进行清场3家。剩余1家租户因搬迁后的场地正在维修,故与管理人重新签订了新的租赁合同,延期至2018年5月中旬,并交纳了清场保证金。与此同时,管理人持法院出具的对各相关单位的调查令,前往各相关单位对绵亿公司的财产进行全面清查。2018年1月9日,吴江法院在《人民法院报》刊登公告,通知全国范围的未知债权人于2018年3月2日前向管理人申报债权及第一次债权人会议召开时间等事项。截至申报期满,共有27位债权人向管理人申报了债权,申报债权的总额达到7亿元,管理人另主动调查公示了职工债权。

2018年3月15日,绵亿公司第一次债权人会议在吴江法院召开。管理人在第一次债权人会议上提交了财产管理方案和财产变价方案。因管理人在清查绵亿公司厂区内的财产时发现,绵亿公司厂区内的部分房产内加装有属于吴江百度纺织整理有限公司的废气回收机等设备,因吴江百度纺织整理有限公司也系被执行人,故上述设备此前也经吴江法院执行局拍卖,但因上述设备拆除后价值贬损严重,故流拍。基于此,为避免上述机器设备价值贬损,吴江法院指导管理人将绵亿公司的房地产与上述设备合并拍卖,管理人也据此制定了相应的变价方案。经协调,吴江法院执行局也发函给管理人同意其合并处置的方案。因系清租拍卖房地产,故上述两方案均高票获得通过。

第一次债权人会议后,管理人认为,债务人资产已不足以清偿全部债务,故向吴江法院申请宣告绵亿公司破产。吴江法院认为,绵亿公司停止清偿到期债务呈连续状态,并且资产明显不足清偿全部债务,又不存在其他破产障碍事由,于2018年4月2日裁定宣告绵亿公司破产。在破产财产变价过程中,因绵亿公司的房地产上无租户,房地产拍卖竞价激烈,从起拍价3300万元直至5600万元成交,大大提升了债务人财产的价值。变价完成后,管理人申请吴江法院裁定确认无争议债权表,吴江法院于2018年7月11日裁定确认了无争议债权表,债权总额达6亿元。2018年7月17日,绵亿公司管理人制作了吴江绵亿纺织有限公司财产分配方案,并通过非现场会议的方式让全体债权人进行表决。该方案载明截至本分配方案作出时,清偿抵押债权后,破产财产总额为203,857,20.98元,在扣除相关破产费用后,剩余17,441,779.60元可供清偿普通破产债权634,566,554.98元。2018年8月14日,管理人向吴江法院提出申请,称分配方案已经表决通过。吴江法院出具裁定认可上述分配方案。2018年8月21日,绵亿公司管理人向吴江法院提出申请,称破产财产分配方案已执行完毕,最后分配已完结,破产人现已无破产财产可供分配,请求吴江法院终结绵亿公司的破产程序。吴江法院于同日裁定终结绵亿公司的破产程序。

【评析】

绵亿公司破产清算一案,用时9个月,将绵亿公司名下所有财产均处置完毕,所有抵押债权均获得全额清偿。普通债权若以评估财产价值衡量,其清偿率几乎为0,但因债务人财产在清租之后变价获得的大幅度增值,6亿元普通债权的清偿率也近3%,全体债权人对清偿比例均表示满意。绵亿公司在破产程序中处置的财产此前在执行程序中用时2年之久并未有效果,而在破产程序中迅速得以处置,这也体现了借助破产程序破除执行梗阻的效果。对于该案,有以下几点体会:

一、破产法赋予管理人的挑拣权,是涤除租赁的前提条件

绵亿公司名下在破产程序中处置的房地产,吴江法院执行局早在2015年开始就已经着手进行处置,但一直未能上架拍卖。主要原因在于该房地产上有11家租户一直占有使用该房地产,吴江法院执行局在清除租赁方面遇到了极大的阻碍。承租户大多认为自己系合法租赁,合法的租赁可以对抗执行,执行部门并不能要求其搬迁,对抗情绪较为激烈,致使执行局在清租工作中遇到极大阻力,一旦采取强制措施可能会引发大规模群体性事件。与此同时,上述租户在部分律师的指导下,不间断地以执行异议的方式来阻碍执行局的拍卖。吴江法院在近2年的时间里,每当该房地产上架拍卖,就会有租户以执行异议为由要求停止拍卖,从执行异议到异议之诉再到上诉,这一过程非常漫长。而根据法律规定,案外人自提出执行异议开始,法院应当停止执行,故吴江法院执行局一直未能处

置上述财产。实际上,以执行异议为由来“阻碍拖延执行”这一现象实践中已经较为常见,这也成为吴江法院执行局在财产处置时遇到的最大难题。而转入破产程序后,可以很好地化解这一困境。依《企业破产法》第 18 条赋予管理人的挑拣权,管理人视债务人的情况有权解除租赁合同,从而化解上述执行困境。所谓破产管理人的合同解除权,是指在破产程序开始后,法律赋予破产管理人对于债权人与债务人在破产程序开始前签订的、双方均未履行或者均未履行完毕的双务合同,行使解除的权利。其目的是在于通过管理人的这种解除权的行使,使可供债权人分配的债务人财产最大化,以最大限度保护一般债权人利益。包括我国破产法在内的几乎所有的国家破产法都规定了管理人的合同解除权或者说是拒绝履行的权利。故此,管理人的挑拣权在破产程序中成为管理人解除租赁合同的核心武器,也是管理人在破产程序中解除部分租赁合同的法理基础。绵亿公司破产案件中共有 11 家租户,在受理破产申请后,经法院和管理人释明,有近一半的租户已经做好搬迁的准备,只是与管理人争取搬迁的合理期限。事实上,吴江法院在破产程序中要求管理人坚决行使破产法赋予其挑拣权来解除租赁合同已经成为常态,而这种常态也反过来影响承租人的心理预期,大部分承租人已经意识到,在破产程序中无法利用租赁权来对抗资产的处置,这也为吴江法院在破产程序中解决租赁问题奠定了基础。

二、破产程序中管理人的自主谈判,是涤除租赁的主要手段

管理人的自主谈判权源于《企业破产法》规定的破产企业债权人自治原则。《企业破产法》将债权人会议作为债权人自治的基本形式。需要说明的是,债权人会议不是债权人参加破产程序的临时集会,而是债权人全体成员在破产程序中取得独立地位的意思表示机关。一方面,债权人会议是债权人参加破产程序表达其意思、行使权利的基本形式。《企业破产法》对债权人会议的组成、召集、职权范围及其决议的执行等事项都作了专门规定,充分肯定了债权人会议在破产程序进行中不可或缺的地位。另一方面,债权人会议在破产程序中有独立的意思表示能力。债权人会议虽不是民法上的权利主体或者非法人团体,不能从事民事活动。但根据《企业破产法》的规定,债权人会议可以决定债务人财产的管理、变价和分配。相对于管理人而言,债权人会议具有监督的职能,相对于法院而言,债权人会议是独立表达意愿的自治共同体。据此,在破产程序中,管理人虽系法院指定的管理人,但其主要代表的系全体债权人的利益,而全体债权人

通过债权人会议的方式来监督和要求管理人履职。管理人在财产管理以及变价等方面，均系严格按照债权人会议通过的财产管理方案和变价方案来履职，而这些方案均系管理人在执行职务中根据债务人财产不同情况而制定。故此，可以发挥破产程序中管理人自主谈判的灵活优势，从而避免了通过诉讼清租带来的低效率和高成本。在破产程序中涤除租赁，管理人作为破产程序中各项事务的执行者，具有一定的自主权和灵活性，可以灵活多变的以债务人的主体身份与承租户进行谈判，在解除合同的时间、占有使用费的收取、搬迁时间的确定、重新签订合同与否等多方面具有主动权。而管理人的这一角色相对于只能严格依照法律规定处置被执行人财产的执行法官具有明显的优势。管理人借此为优势与承租户进行谈判，不仅可以有效地清除租赁，而且很大程度上可以提升债务人财产的价值。在绵亿公司破产案件中，管理人在给予合理搬迁期方面和占有使用费方面进行了灵活的调配，面对不同的承租人提出的要求，采取了不同的模式。在近2个月的谈判中，清租7家，另有1家因特殊原因需要继续租赁，管理人与其重新签订了租赁合同，并收取了保证金，在变价前也妥善清租完毕。从实际效果来看，破产程序中清租的效率也明显高于执行清租。绵亿公司在未进入破产前的资产处置时间长达2年而未见成效，在进入破产程序后，管理人综合利用各种手段，仅用时4个月就全部清租完毕。

三、“僵尸企业”处置“府院联动”机制，是涤除租赁的有力保障

“府院联动”机制是目前各地法院在破产审判工作中解决企业破产衍生社会问题的一种新生机制。破产法是一个社会外部性极强的实践性法律，在企业破产过程中除了要解决债权认定、债务人财产管理与处置、债权分配等法律问题外，还需要涉及一系列需要政府部门履职的社会衍生问题。例如，债务人企业职工的安置、重整企业信用的修复、涉破产案件中税费的缴纳、工商注销登记，而在房地产企业破产中，还需涉及政府相关部门的规划与设计、竣工验收、办证等问题。在我国相关破产法市场化实施的各种社会配套法律与制度未能建立的前提下，上述问题的解决不可能离开地方党委政府的支持。据此，在当前情形下，“府院联动”机制必不可少。但正如王欣新教授在《府院联动机制与破产案件审理》一文中所言，我们需要注意到，一方面，“府院联动”机制是为破产审判的衍生问题解决而生，不能异化为行政权的不当干涉；另一方面，“府院联动”机制应当

向制度化、常态化转变，而不能仅仅局限于一事一解决的模式。[①] 基于此，吴江法院在破产审判中一直致力于建立常态化的“府院联动”的机制。2018 年 5 月，区委办公室、区政府办公室联合印发《关于建立府院联动处置“僵尸企业”工作机制的实施意见》，并成立以区委副书记、区长担任组长，常务副区长为常务副组长，分管住建、工业经济、公安的副区长和法检两长为副组长，相关职能部门、镇（区）政府负责人为成员的总领导小组，下设由 4 个分管副区长兼任组长的 4 个专业工作组、由 8 个镇（区）政府负责人兼任组长的 8 个地方工作组，搭建了级别层次高、参与部门广的“一总四分八纵”组织体系。区、镇两级政府从加强风险监测预警、做好职工安置保障、加大财政支持力度、落实税收优惠政策、优化管理人履职环境等 24 个方面与法院进行联动。在绵亿公司破产案件中，针对 3 家谈判无果的承租人，管理人在走访调查中发现了其中 1 家存有安全生产的隐患，1 家印染企业可能存在偷排污水的情况。管理人将上述承租人的违法情况向当地政府部门进行书面汇报，并主动启动“府院联动”机制，积极与地方政府相关部门沟通，会同安监、环保、综治、城管等部门，制定联合方案，一同强制清租。在经过一个月沟通和准备后，绵亿公司厂区内的 3 家企业在收到地方政府相关部门的告知函后，于一周内全部自动搬离清场。就本案而言，“府院联动”机制在破产程序中发挥着不可或缺的作用。

四、破产程序“反哺”执行程序，打通执行程序财产处置梗阻

从财产处置的角度而言，执行程序中对财产的处置与破产程序中对财产的处置有两大不同：一是主体不同。执行程序中，处置财产的主体为人民法院。而破产程序中处置财产的主体为管理人。二是性质不同。执行程序中，处置财产具有强制性，强制性在某种程度上而言，执行法官必须依照法律规定进行财产处置是其应有之义。破产程序中，处置财产具有自治性，财产的处置方案均由债权人会议表决，由管理人具体实施，这也代表着财产处置的自由度更大，方式更灵活。相比较而言，对于在执行程序中某些单独变价有难度的财产，破产程序就可以发挥其优势。在绵亿公司破产审理中，因绵亿公司厂区内有另案被执行人吴江百度纺织整理有限公司的设备，部分设备与建筑物已结合成为一体，如拆除不仅将破损房屋，而且该设备在拆除后也几乎无任何价值。此前，该设备正系前述

---

① 参见王欣新：《府院联动机制与破产案件审理》，载《人民法院报》2018 年 2 月 7 日，第 7 版。

原因,在执行过程中经多次拍卖后流拍,在执行过程中拍卖无法体现其真正的财产价值。鉴于上述情况,破产庭主动与执行局沟通,提出该部分财产与绵亿公司的房地产合并处置,不仅可以发挥物尽其用的价值,也可以利用破产程序中的财产处置为执行拍卖提供有效的路径。故绵亿公司的管理人在制定变价方案时,就设定了经执行法官同意后将房屋与设备整体拍卖的方式,该变价方案经全体债权人表决通过后由管理人实施。最终,上述机器设备随房地产一并变价,再由执行局取回相应的变价款进行分配。该种方式同时解决了其他被执行人财产处置难的问题,在"执转破"案件中不仅系由执行到破产,也可以由破产再到执行。一般意义而言,"执转破"案件在财产和信息的利用来看,均系由执行向破产延续,且系破产吸收执行成果。但在本案中,吴江法院探索找到了破产"反哺"执行的路径,真正实现了破产与执行的有效互动,最大限度保护了债权人和申请执行人的合法权益。

企业破产清算中的税务筹划

——苏州好纳针织有限公司破产清算案

【裁判要旨】

税务筹划，是指在纳税行为发生之前，在不违反法律、法规的前提下，通过对纳税主体的经营活动或投资行为等涉税事项做出事先安排，以达到少缴税或递延纳税目标的一系列谋划活动。税务筹划的直接目的就是降低税负，减轻纳税负担。管理人在破产案件的处理过程中聘请专业税务从业人员参与，做到税务筹划方案先行，有利于降低税务成本，提高资产处置效益，提升破产案件的审判质效。

【案号】

(2019)苏0509破19号

【案情】

苏州好纳针织有限公司(以下简称好纳公司)前身名为吴江长城服饰实业有限公司(以下简称长城公司)，设立于2004年1月6日，企业类型为有限责任公司(自然人投资或控股)，注册资本为800万元，其中，徐某出资占65%，顾某出资占35%，法定代表人为吴某。在执行过程中发现，好纳公司作为被执行人在本院尚有未终结或者以终结本次执行程序结案的执行案件14件，执行标的额共计约5559万元。2019年1月22日，吴江法院评估、拍卖了好纳公司名下的房地产，成交金额3709万元。

2019 年 3 月 19 日，经申请执行人沈某同意，吴江法院执行局决定将好纳公司移送破产审查。2019 年 4 月 18 日，吴江法院裁定受理了对好纳公司的破产清算申请，并通过随机摇号方式指定上会会计师事务所（特殊普通合伙）担任管理人，同时，确定债权人申报债权的截止期限为 2019 年 6 月 4 日。

【审理】

2019 年 4 月 29 日，管理人收到执行局转交的税务部门的协助扣税通知书，要求法院从房地产的拍卖款中扣缴 15,665,695.36 元税费入库。经管理人调查了解，好纳公司拍卖处置的不动产系其前身长城公司从科立奇电子（苏州）有限公司（以下简称科立奇公司）购入。管理人立即向吴江法院申请开具调查令，查得以下证据：①付款方为长城公司的门临发票（经营项目为销售不动产，金额为 4,741,958 元）；②纳税人为长城公司的两份契税完税证（计税金额为房屋款 4,741,958 元，应纳税额为 189,678 元。计税金额为土地款 5,650,082 元，应纳税额为 226,003 元）；③纳税人为科立奇公司的税收通用完税证（涉及营业税、城建税、教育费附加、附征所得税，金额合计 414,921,33 元。涉及土地增值税，计税金额显示为 4,741,958 元，实缴金额为 284,517.48 元）；④房地产买卖契约（涉及长城公司以 450 万元向科立奇公司购买房屋建筑面积为 8609.68 平方米的房地产）；⑤国有土地使用权转让合同（涉及长城公司以 5,650,082.29 元向科立奇公司购买面积为 29,618.80 平方米的土地）；⑥土地、房屋买卖协议书（商定出卖财产总价为 1100 万元，其中土地 225 万元、房屋建筑物为 450 万元、其他配套设施为 425 万元）。

上述证据材料相互冲突矛盾。例如，门临发票显示，长城公司向科立奇公司购买不动产的价格为 4,741,958 元，但两份契税完税证可以推导出上轮交易科立奇公司销售不动产价格为 10,392,040 元。保存在不动产统一登记中心和国土部门的合同关于交易对象、金额亦不相同。面对相互矛盾的成交数据，税务部门在确认好纳公司不动产原始取得成本时，选择以门临发票上销售不动产金额 4,741,958 元为准。故好纳公司不动产成交溢价巨大，被征收了巨额土地增值税，导致整体税负居高不下。而管理人认为好纳公司前身长城公司取得不动产的真实成本为 1100 万元，土地增值税应相应予以下调。就此，管理人与税务部门产生了纳税争议。

依托吴江法院与吴江税务部门“府院联动”的机制平台，经管理人抽丝剥茧的调查和不懈的努力,税务部门最终同意了好纳公司税款缴纳的初步方案:因税款抵扣的前提是上一轮交易过程中科立奇公司必须全部缴纳交易价款1000余万元所对应的营业税、土地增值税等税费。而管理人只能提供一份交易金额为4,741,958元门临发票。如果找不到对应全部金额的发票,科立奇公司必须补缴剩余税款,管理人方可主张在本轮交易中抵扣。而科立奇公司已被工商部门吊销营业执照,可以由好纳针织公司代为补缴欠税。

2019年6月14日,在好纳公司第一次债权人会议上,全体债权人通过了好纳公司的财产管理方案、财产分配方案:在收益大于支出且税务部门允许的情况下,由管理人用破产财产代科立奇公司缴纳上轮欠缴营业税、土地增值税以及相关滞纳金,将好纳公司原始不动产取得成本在本轮计税过程中予以扣除。故本次分配先提存税务部门通知应缴纳的税费15,665,695.36元,剩余破产财产按照《企业破产法》第113条规定进行分配,普通债权人受偿率暂为13.17%。若代缴方案成功实施,在扣除相应增加的破产费用和共益债务后,管理人按照已经通过的分配方案的原则再行分配剩余金额。同时,管理人也进行了风险提示,代缴税费方案虽理论可行,但涉及税务问题异常复杂,如实际无法操作,则管理人将按税务部门协税通知单金额缴纳税款。

债权人会议决议通过后,经管理人多次与吴江区镇两级税务部门沟通,终于落实了代缴税费的方案。通过在破产清算程序中嵌套税务筹划程序,管理人以代科立奇公司补缴税费、滞纳金1,644,241.54元,缴纳本轮过户税费8,908,838.87元为代价,完成了全部的交易缴税义务。代缴税费方案的总成本较原税负成本节省了5,112,614.95元。管理人及时制定破产财产补充分配方案,普通债权人受偿比例在原来的13.17%基础上,又提升了近9个百分点,合计受偿率超过22%,取得了良好的法律效果和社会效果。

【评析】

破产程序是解决企业产业深层次矛盾,优化资源配置,提升企业产业质效的重要法治途径。在破产程序中,涉税事项的处理是其中重要的一环。最高人民法院《关于人民法院为企业兼并重组提供司法保障的指导意见》指出,“要积极协调解决破产程序中企业税款债权问题,要在与税务机关积极沟通的基础上,结合实际依法减免相应税款”。在统计企业破产案件相关数据时发现,江苏法院8年以上长期未结案件占有一定比例,税务处理问题已成为影响破产进程的重要因素之一。①

税务筹划,即是指在纳税行为发生之前,在不违反法律、法规(税法及其他相关法律、法规)的前提下,通过对纳税主体(法人或自然人)的经营活动或投资行为等涉税事项做出事先安排,以达到少缴税或递延纳税目标的一系列谋划活动。税务筹划的直接目的就是降低税负,减轻纳税负担。企业一旦进入破产程序即表明其已经进入资不抵债的状态,若管理人接管后,仍然机械地适用税法的相关规定缴纳各项税费,必定会增加破产成本,降低债权清偿率,激发其他债权人的不满情绪;若在破产程序中嵌套税务筹划程序,有效节约税务成本,会实现债权人、债务人合法权益与税收权益的协调与平衡,加快破产案件的审理进度。

一、企业破产中的税收优惠政策

企业涉税范围主要包括增值税、消费税、营业税、房产税、城镇土地使用税、印花税、土地增值税、契税、企业所得税等。法院裁定企业进入破产清算状态后,企业已经资不抵债,进入紧急状态,原有的法律规则应当受到限制和改变。若税务部门仍对破产企业按照正常经营企业对待,那么,企业破产法坚持的挽救困境企业以及“僵尸企业”有序退出市场的目标将无法达成;若税务部门建立破产领域是“课税特区”的意识,将有利于减少与民争利、缓和社会矛盾,又有利于涵养税源、增进市场活力。

目前,我国很多涉及破产程序的税收优惠政策都是源于财政部或者国家税务总局的批复、通知,现行法律法规框架和体系内并没有形成一套完整的涉破产税收优惠法律体系。经整理,主要税收优惠政策有:(1)财政部、国家税务总局《关于全面推开营业税改征增值税试点的通知》(财税〔2016〕36号)明确,纳税人在资产重组过程中,通过合并、分立、出售、置换等方式,将全部或者部分实物资产以及与其相关联的债权、负债和劳动力一并转让给其他单位和个人,不属于增值税征税范围,其中涉及的货物、不动产、土地使用权转让行为,不征收增值税。(2)根据财政部、国家税务总局《关于企业清算业务企业所得税处理若干问题的通知》(财税〔2009〕60号)的规定,企业的全部资产可变现价值或交易价格 - 资产的计税基础 - 清算费用 - 相关税费 + 债务清偿损益等后的余额,并在依法弥补亏损后可作为企业清算所得。(3)财政部、国家税务总局《关于继续支持企业

---

① 参见夏正芳、李荐、张俊勇:《破产企业纳税分析及筹划》,载《法律适用》2018年第15期。

事业单位改制重组有关契税政策的通知》(财税〔2018〕17 号)明确,承受破产企业土地、房屋权属、原企业职工的可以享受契税减免优惠。

二、企业破产中的税务筹划建议

(一)企业增值税方面的税务筹划

在计算破产企业土地增值税过程中,税务部门普遍要求管理人提交原始取得的成本凭证。由于管理人接管破产企业时,很多企业都账目混乱,成本资料、费用凭证残缺不全,难以取得原始凭证,相关政府部门保留的原始材料亦相对简单。税务部门对管理人核定的真实发生的成本不予认可,直接导致计算的破产企业土地增值税过高。本案即是由此引发的争议。

对于因历史原因造成增值税计税标准困难的,税务部门应当贯彻破产"课税特区"理念,在核定条件上面适当放宽,甚至可以采纳核定征收办法。例如,在常熟市人民法院处理的常熟市锦绣经纬编有限公司破产案件中,常熟市税务部门对债务人资产处置中的土地增值税直接核定为 5%,减少了破产企业大额的税务支出,实现了债权人利益的最大化,维护了社会的稳定。2020 年 10 月,江苏省高级人民法院与江苏省税务局联合印发的《关于做好企业破产处置涉税事项办理优化营商环境的实施意见》(苏高法〔2020〕224 号)中也特别规定,因破产企业土地成本历史资料缺失,无法确定成本扣除项目金额的,由管理人出具相关情况说明,税务机关可对破产企业土地增值税采用核定征收的方法,核定征收率不低于 5%。

(二)企业所得税方面的税务筹划

在实践中,税务部门以破产企业税收账户非正常为由,在破产管理人资产变价过程中优先核定并扣除企业所得税。这是典型的将破产企业视为正常经营企业的做法。财政部与国家税务总局对亏损的弥补制定了大量的规范性文件,这些规定也导致管理人明知企业资不抵债,却无力向税务机关要求减免企业所得税。

一般来说,在破产案件处理过程中,管理人可以要求会计师事务所出具以整个清算期间作为独立的纳税年度的见证报告,并根据《企业所得税法》第 18 条规定,将破产企业的前 5 年亏损,用于对清算期间所得的弥补。但是最为直接的,是可以参照浙江地区的做法,对破产企业财产处置不征收企业所得税。具体做法是,在破产案件受理后,管理人前往税务部门进行企业所得税清算备案,破产企业进入企业所得税清算期,这是不预缴企业所得税的前提;对执行程序处置财产但是处置所得由破产分配的案件,执行阶段由法院与税务部门事先沟通后,出具证明材料,在执行程序中不征收企业所得税。

(三)企业重整中契税方面的税务筹划

契税是以在我国境内转移土地、房屋可能性为征税对象,向产权承受人征收的一种财产税。严格意义上来说,契税的征收对象是受让破产企业资产方,不属于破产企业可以适用的税收优惠政策。但是在企业破产重整时,若管理人提供有效的节税筹划设计,有助于提高重整投资人的积极性,促使破产重整方案有效推进。

三、结语

当然,税务筹划是一项政策性、可操作性很强的工作,而目前我国破产法律中关于管理人的选任范围,规定由具有律师、会计师资质的社会中介机构从业人员担任,他们具备的知识层面以法律、经济知识为主,要求他们精准把控复杂的税收政策和税务问题处理,实在是强人所难。因此,我们建议管理人在复杂破产案件的处理过程中,聘请专业税务从业人员参与,做到税务筹划方案先行,并与税务机关保持有效沟通,努力降低税务成本,提高资产处置效益,提升破产案件的审判质效。

破产案件简化审理的实践和规则
——苏州宝德隆实业有限公司破产清算案

【裁判要旨】

债务人主要财产经执行程序完成变价，但不足以清偿所有执行案件，执行法官应及时启动执行案件移送破产审查程序，将财产分配环节留到破产程序中进行，以在最大限度上实现公平与效率的平衡。在具体审理中，可从省略债权人委员会、压缩弹性周期、债权人会议当场裁定确认债权、当场宣告债务人破产、第一次债权人会议表决破产财产分配方案等方面简化审理程序。

【案号】

(2017)苏0509破24号

【案情】

苏州宝德隆实业有限公司(以下简称宝德隆公司)于2002年3月21日设立，住所地为苏州市吴江区平望镇联丰村，独资股东兼法定代表人为王某某，经营项目为纺织品、服装、玩具、转移印花布生产加工销售等。

自2014年5月开始，吴江法院陆续受理宝德隆公司作为被执行人的执行案件。执行过程中，吴江法院执行局分别于2016年7月、2017年6月将宝德隆公司名下位于吴江区平望镇联丰村的房地产、机器设备拍卖变价，成交价分别为24,567,965元、513,480元。在支付相应评估费，并清偿对特定财产享有优先权的债权及职工债权后，剩余执行款823.12万元。另经查询，截至2017年8月，宝德隆公司作为被执行人在吴江法院尚有未执结或以终结本次执行程序结案的执行案件41件，执行标的额约1.25亿元，其财产已不能清偿所有债权。根据最高人民法院《关于适用〈中华人民共和国民事诉讼法〉的解释》第508条、第513条的规定，在作为被执行人的企业法人符合《企业破产法》第2条第1款规定情形时，应适用执行移送破产审查制度，而非参与分配制度。2017年8月10日，经申请执行人江苏奇力康皮肤药业有限公司同意，吴江法院执行局决定将宝德隆公司移送破产审查，并同时裁定中止对宝德隆公司的执行程序。

【审理】

经审查，2017年9月6日，吴江法院裁定受理对宝德隆公司的破产清算申请，并通过随机摇号方式指定江苏百年英豪律师事务所担任管理人。次日，吴江法院向宝德隆公司独资股东、法定代表人王某某邮寄送达受理破产申请的民事裁定书、债务人及债务人相关人员、债务人股东履行义务通知书，要求债务人提交财产状况说明、债务清册、债权清册、有关财务会计报告以及职工工资的支付和社会保险费用的缴纳情况，并告知怠于履行清算义务的法律后果。2017年9月16日，吴江法院在《人民法院》报刊登公告，通知全国范围的未知债权人于2017年10月21日前向管理人申报债权及第一次债权人会议召开时间等事项。

接受指定后，管理人接管了吴江法院尚未分配的执行款及银行账户余额共计8,239,391.82元，并在吸收执行调查成果的基础上，对宝德隆公司财产再次进行全面调查，以免发生遗漏。经调查，另发现宝德隆公司名下有3个商标(非知名商标)、229项专利(均因未实审或未缴年费而失效)，以及在苏州平道国际贸易有限公司的2%股权(出资额2万元)。但管理人未能接管到宝德隆公司的公章、证照及财务账簿、凭证等材料。据王某某陈述，公章、证照已被其本人销毁，财务账簿、凭证不知下落。因宝德隆公司主要财产已在执行程序中拍卖变价，且管理人未能接管到财务资料，案件受理之初，合议庭便确定了依照该院已制定出台的吴江法院《关于执转破案件简化审理程序的规定》简化审理该案的思路，通过压缩时间节点、简化管理组织、简并程序等方式加快审理进程。据此，吴江法院将债权申报期限压缩至35天，将原本在第一次债权人会议后裁定确认债权的事项提前到第一次债权人会议上，将原本属于第二次债权人会议表决的财产分配方案并至第一次债权人会议表决。根据上述要求，吴江法院指导管理人在债权申报截止日期后第一次债权人会议召开前,将债权表以及财产管理方案、财产分配方案送达全体债权人,给予债权人核查债权表、审查财产管理方案和财产分配方案的充裕时间,为第一次债权人会议上直接裁定确认债权表和表决通过财产管理方案、财产分配方案做好充分准备。

2017 年 10 月 31 日,宝德隆公司召开第一次债权人会议。会上,吴江法院首先指定了债权人会议主席,同时,基于本案主要财产已经处置完毕,后续需处理事项较少,经债权人会议同意,不再设立债权人委员会。接下来,除招商银行股份有限公司苏州分行、苏州塞弗电梯部件有限公司申报的债权,因需补充提交证据,而由管理人列为待定外,对于管理人审查认定的其他债权,在债权人、债务人现场核查债权并表示均无异议后,根据管理人的申请,吴江法院当场裁定确认了苏州市吴江地方税务局等 33 家债权人的债权数额(共计 141,670,301.8 元)及性质。其次,由管理人作阶段性工作报告,全面汇报第一次债权人会议前管理人履职情况,重点披露债务人资产调查情况,并当场申请法院宣告宝德隆公司破产。经审查,吴江法院认为,经管理人查明并接管的宝德隆公司资产总额为 8,239,391.82元,法院已裁定确认的债权数额为 141,670,301.8 元,故宝德隆公司停止清偿到期债务呈连续状态,并且资产已不足清偿全部债务,又不存在其他破产障碍事由。因此,当场裁定宣告宝德隆公司破产。再次,管理人向债权人会议通报管理人报酬方案,经征求债权人会议意见,吴江法院确定管理人报酬方案。最后,管理人将破产财产管理方案(包括将前述商标、专利、对外投资作清算损失处理等内容)、破产财产分配方案提请债权人会议表决,经表决,同意破产财产管理方案和破产财产分配方案的均为 30 票,占出席会议有表决权的债权人人数比例为 93.75%,其所代表的债权额占无财产担保的债权总额的比例为 87.11%,两个方案均获得通过。

2017 年 11 月 1 日,管理人申请认可破产财产分配方案。同日,经审查,因管理人提请认可的破产财产分配方案,已经债权人会议讨论通过,程序合法,且在财产处理及分配上能够贯彻保护全体债权人公平受偿原则,对于待定债权的分配额亦予以提存,符合《企业破产法》的规定,吴江法院裁定认可破产财产分配方案。该方案载明:可供分配的破产财产数额为 8,239,391.82 元,优先清偿破产费用 663,542 元(包括破产申请费 34,737 元、管理人报酬 620,487 元等),清偿税款 569,705.04 元,以上合计 1,233,247.04 元;余款 7,006,144.78 元用于清偿普通债权,因普通债权为206,816,815.79元(含招商银行股份有限公司苏州分行、苏州塞弗电梯部件有限公司的待定债权65,716,219.03元),故普通债权的分配比例为3.3876%。对于招商银行股份有限公司苏州分行、苏州塞弗电梯部件有限公司的待定债权,管理人将在该两家债权人补充提交证据后作出最终认定,并重新提交债权人会议核查,管理人将根据债权人会议核查的结果或诉讼结果做相应处理。

11月6日,管理人执行完毕分配方案后申请终结破产程序,吴江法院于同日作出终结破产程序裁定。该裁定书同时载明:因宝德隆公司股东王某某怠于履行清算义务,致使法院只能就宝德隆公司现有财产进行公平清偿并裁定终结破产清算程序,而无法对宝德隆公司进行完整清算,故宝德隆公司债权人可另行提起诉讼要求宝德隆公司股东对宝德隆公司的债务承担相应民事责任。

【评析】

从实践探索到规则制定,再到实践中完善,吴江法院摸索出了一套行之有效的"执转破"简化审规则,实现了"执转破"案件审理公平与效率的双赢。本案属于典型的"执行变价、破产分配"的"执转破"案件,程序衔接紧密,期限控制有效,实体处理公平。对于债务人主要财产已经执行变价完成的破产案件,吴江法院于2016年11月曾探索适用简化程序审结一件,用时62天,积累了相应经验。2017年8月,在总结经验的基础上,吴江法院制定出台了《关于执转破案件简化审理程序的规定》。所以,在受理本案之初,合议庭便确定了适用前述规定快速审结案件的方案。最终该案自裁定受理破产申请至裁定终结破产程序仅用时2个月,成功实现执行程序效率与破产程序公平的有序衔接,同时,也被评为江苏法院2017年度十大破产案例。在办理该案中,主要有以下4点体会。

一、破产程序公平清偿债权的功能得到充分发挥

"执行程序是个别执行制度;破产程序是概括执行制度。"①执行程序以个别清偿为目的,追求效率价值,并以"先到先得"为原则;破产程序以概括清偿为宗旨,注重公平价值,贯彻普通债权平等受偿原则。在被执行企业法人财产不足以清偿全部债务的情况下,破产程序下的财产分配显然更符合公平正义的理念。一方面,《企业破产法》确立了破产撤销权、无效行为、出资义务加速到期、高管非

---

① 王欣新:《破产法》(第3版),中国人民大学出版社2011年版,第3页。

正常收入的追回等制度措施来实现债务人财产价值的最大化,而执行程序并无此功能;另一方面,执行程序涉及的仅是取得执行依据的债权,而破产程序涵盖了债务人企业所有的债权债务关系,包括全部已到期及未到期、已起诉及未起诉、已执行及未执行、金钱及非金钱的债务。最高人民法院《关于适用〈中华人民共和国民事诉讼法〉的解释》第 513 条、第 516 条排除了执行参与分配制度在企业法人作为被执行人案件中的适用,其目的在于倒逼后顺位查封人申请被执行企业法人破产。同时,为真正激活该倒逼机制,最高人民法院《关于执行案件移送破产审查若干问题的指导意见》第 4 条明确规定,执行法院发现被执行企业法人符合《企业破产法》第 2 条第 1 款规定情形的,"应当及时询问"申请执行人、被执行人是否同意将案件移送破产审查,并对不同意移送的法律后果作释明。该种制度设计,实质构建了一种"当事人申请破产的职权辅助模式",与国外强制性破产制度的功能不谋而合。① 但不得不承认的是,在司法实践中,该项制度的实施效果并不十分理想,其中一个很重要的原因是,在被执行企业法人出现破产原因的情形下,参与分配制度的适用仍未得到禁止。激励后顺位申请执行人移送破产审查的制度设计,反倒成为逼迫前顺位申请执行人同意让渡部分利益,从而变通适用参与分配制度的手段。顺位在后的申请执行人因可以参与执行程序的分配而获益,自然不愿启动破产程序;首封申请执行人考虑到其虽作出让渡,但依然获得高于进入破产程序后的清偿率,故一般也无异议;执行法官在所有申请执行人达成一致协议的情况下,可能也就不再那么坚持适用最高人民法院《关于适用〈中华人民共和国民事诉讼法〉的解释》第 516 条的规定,从而使执行移送破产审查制度的目的落空,客观上仍未改变参与分配制度严重影响破产法顺利实施的弊端。有专家建议,除了在后续关于参与分配制度的司法解释中,"进一步明确在任何情况下都要禁止对企业法人等破产法调整对象适用参与分配制度外",在制度设计上,还可将参与分配请求视为启动移送破产审查的条件,即一旦有申请人"因认为被执行人已知财产不足以清偿符合条件的全部申请执行人债务而提出参与分配请求,则视为符合转破产程序条件"②。但我们认为,现行司法解释关于参与分配制度不再适用于具备破产资格的企业法人的规定,已经相当

① 参见林祖彭、李浩:《建议在司法执行中建立强制性破产制度》,载《政治与法律》1998 年第 5 期。

② 曹守晔、杨悦:《执行程序与破产程序的衔接与协调》,载《人民司法》2015 年第 21 期。

明确,更重要的可能是如何落实责任追究的问题。

二、执行程序推动破产程序简化的效益得到充分发挥

相对于一般破产案件中通常适用的简化机构设置、压缩弹性期间、简化送达手续等简化审理方式,基于衔接执行程序的特点,“执转破”案件的简化审理有其独特的优势。其一,通过执行程序,能够识别被执行企业法人能否适用简易破产程序。执行程序对被执行企业法人资产负债及经营情况的调查,能够作为认定债务人企业符合简易破产程序适用条件的主要依据。以无财产可供执行的“终结本次执行程序”案件为例,在破产程序中,其可被理解为“债务人确无财产可供分配”“债务人财产不足以清偿破产费用”,其为进入破产程序后依此宣告债务人破产并终结破产程序提供了便利。其二,破产程序可吸收利用执行程序的成果。执行成果不仅包括执行阶段已经固定的当事人送达地址、已经查控的债务人、已经保全的债务人账簿资料、已经掌握的债权人名单、已经形成的审计评估结论等,基于破产清算程序与执行程序在财产变价处置上的共性,更为重要的是,完全可以在执行阶段先行变价处置债务人企业的财产,减少破产程序中还需要由债权人会议表决通过破产财产处置方案等烦琐程序,只将财产分配环节留到破产程序中进行。尤其在网络拍卖已成为司法程序处置资产原则的情况下,执行和破产两个程序首选的拍卖方式均为网络拍卖,网络拍卖已成为社会共识。也就是说,一般情况下,即使管理人未经债权人会议同意,便依照网络拍卖的规则先行变价破产财产,事后债权人会议也不会予以反对并同意追认其效力。在“执转破”案件中,执行程序是破产程序的前置,前期扎实的执行工作为破产案件的简化审理奠定的基础,不仅体现在对企业破产原因的识别上,更广泛地反映在对执行成果的吸收和运用上。本案便集中体现了执行变价、破产分配的特点,实现了执行程序效率与破产程序公平的完美结合。

三、债权人意思自治原则得到充分尊重和运用

“执转破”程序的启动,是源于任一申请执行人或被执行人的同意,进入破产程序后,债权人的意思仍然需要得到充分尊重。保障全体债权人的合法权益,是破产法的使命。“执转破”案件简化审,当然也不能违背债权人的意思自治。审理期限的压缩和审理环节的整合,仅有法院的全盘谋划和管理人的勤勉尽职是不够的。在该案的财产管理方案中,管理人基于宝德隆公司“商标非知名商标,专利均已失效,如需处置还需经评估、拍卖等法定程序,其间还会产生评估费用”

以及其对外投资的目标公司苏州平道国际贸易有限公司系空壳公司,“无固定资产、无机动车、无应收债款、无银行存款”的客观情况,对上述商标、专利、对外投资等作清算损失处理,并经债权人会议表决通过。该种处置方式,既充分利用了债权人自治原则,又保障了债权人的知情权、处分权,也提高了案件审理效率。另外,因申报债权中相当一部分系宝德隆公司提供保证担保而产生的保证债务,故存在破产财产分配后的追偿问题。但经管理人调查,主债务人或其他保证人均在法院涉及众多诉讼,且在执行程序中,经强制执行也未发现财产,对此管理人提出放弃追偿的意见,并在财产管理方案中载明,亦经债权人会议表决通过。由此可见,本案能够在 60 天内顺利审结,全体债权人的意志起着关键性作用。吴江法院在案件审理过程中,充分运用了债权人意思自治原则,有效斩断了破产企业的未了债权,才使财产分配方案在第一次债权会议上得以通过从而实现快速结案。

四、确立股东清算责任后续诉讼的告知原则

最高人民法院《关于适用〈中华人民共和国公司法〉若干问题的规定(二)》第 18 条第 2 款规定:“有限责任公司的股东、股份有限公司的董事和控股股东因怠于履行义务,导致公司主要财产、账册、重要文件等灭失,无法进行清算,债权人主张其对公司债务承担连带清偿责任的,人民法院应依法予以支持。”该条实质确立了清算义务人的范围及在公司解散时清算义务人怠于履行清算义务的法律责任。[①] 根据《企业破产法》第 7 条第 3 款的规定,“企业法人已解散但未清算或者未清算完毕,资产不足以清偿债务的,依法负有清算责任的人应当向人民法院申请破产清算”,清算义务人履行清算义务的情境,不仅包括公司法下狭义的解散,还包括破产法下的清算。最高人民法院《关于债权人对人员下落不明或者财产状况不清的债务人申请破产清算案件如何处理的批复》对此亦予以了明确,“债务人的有关人员不履行法定义务,人民法院可依据有关法律规定追究其相应

① 相关裁判规则参见上海存亮贸易有限公司诉蒋某某、王某某等买卖合同纠纷案,最高人民法院指导性案例 9 号。另外,值得注意的是,原《民法总则》第 70 条第 2 款规定,“法人的董事、理事等执行机构或者决策机构的成员为清算义务人。法律、行政法规另有规定的,依照其规定。”关于该条与最高人民法院《关于适用〈中华人民共和国公司法〉若干问题的规定(二)》第 18 条的关系,尚存在争议。参见沈德咏主编:《〈中华人民共和国民法总则〉条文理解与适用》(上册),人民法院出版社 2017 年版,第 527~528 页;陈政:《论法人之清算义务人及其清算责任——从〈公司法〉的视角谈〈民法总则〉第 70 条》,载《信阳师范学院学报(哲学社会科学版)》2018 年第 2 期。

法律责任;其行为导致无法清算或者造成损失,有关权利人起诉请求其承担相应民事责任的,人民法院应依法予以支持”。这也是该案中法院在终结裁定中载明清算义务人怠于履行清算义务的事实,并告知债权人可对清算义务人另行提起诉讼的法律依据。上述原则的确立,不仅实现了破产程序与清算义务人责任的有效衔接,而且对于督促债务人的有关人员向人民法院提交财产状况说明、债权债务清册等有关材料,保障破产程序依法顺利进行也具有重要意义。

无产可破案件的审理方式*

——江苏天匠建筑装饰工程有限公司破产清算案

【裁判要旨】

根据“先易后难、循序渐进、逐步推开”的“执转破”工作方针，应该率先启动对“三无”企业，即无经营资金、无营业场所和企业管理机构、人员下落不明的企业执行转破产工作。管理人在第一次债权人会议前查明债务人财产不足以清偿破产费用的，不停止对申报债权的审查及对职工债权的调查公示，并应在债权申报期限届满后或第一次债权人会议上询问债权人或其他利害关系人是否愿意垫付破产费用，无人垫付的，管理人应当提请人民法院裁定终结破产程序，能够申请人民法院裁定确认债权表的，管理人应当先申请人民法院裁定确认债权表。

【案号】

（2018）苏 0509 破 45 号

【案情】

江苏天匠建筑装饰工程有限公司（以下简称天匠公司）于 2003 年 6 月 12 日设立，工商注册地为吴江经济开发区，注册资本为 550 万元人民币，股东为张某某、王某某，法定代表人为张某某，经营范围为承接建筑装饰装潢

---

* 本文曾发表于《人民司法》2019 年第 23 期。

工程、幕墙工程等。

2017年2月22日,吴江法院立案受理江苏吴江农村商业银行股份有限公司(以下简称吴江农商行)申请执行天匠公司等金融借款合同纠纷一案,案号为(2017)苏0509执2076号。因在执行过程中未发现天匠公司名下有可供执行的财产,2017年5月27日,吴江法院裁定终结本次执行程序。另经查询,天匠公司作为被执行人在吴江法院尚有未执结或以终结本次执行程序结案的执行案件17件,执行标的额约8073万元。经申请执行人吴江农商行同意,2018年5月14日,吴江法院立案登记天匠公司执行案件移送破产审查一案。

【审理】

经审查,2018年6月11日,吴江法院裁定受理对天匠公司的破产清算申请,并于同日通过随机摇号的方式指定江苏华星会计师事务所有限公司担任管理人。因在执行过程中未发现天匠公司有可供执行的财产,根据江苏省高级人民法院2018年6月1日印发的《关于"执转破"案件简化审理的指导意见》①,合议庭确定本案适用简化程序审理。2018年6月12日,吴江法院在全国企业破产重整案件信息网上发布受理破产申请的公告,通知全国范围的未知债权人在2018年7月16日前向管理人申报债权,并将第一次债权人会议召开的时间确定为2018年7月20日,全面压缩弹性期间,提高审理效率,同时,载明本案适用简化审理的内容。根据江苏省高级人民法院2018年6月5日印发的《全省法院"执转破"案件法律文书样式》②,吴江法院还在上述公告中载明清算义务人应履行的清算责任,以及不履行的法律后果,"江苏天匠建筑装饰工程有限公司的股东、实际控制人、董事、理事等执行机构或者决策机构的成员以及其他法律、法规规定的清算义务人应配合江苏天匠建筑装饰工程有限公司管理人进行清算,否则应依法承担相应法律责任"。案件审理期间,吴江法院还向天匠公司股东张某某、王某某送达了载明具体清算义务的通知书。

接受指定后,管理人根据吴江法院出具的调查令,对天匠公司及其南京分公司的财产展开了更为细致的调查,但仅查询到天匠公司尚余银行存款357.76元。在此期间,天匠公司也未向管理人移交公司财务账簿、会计凭证等资料。第

① 《关于"执转破"案件简化审理的指导意见》(苏高法电〔2018〕392号)。

② 《全省法院"执转破"案件法律文书样式》(苏高法电〔2018〕402号)。

一次债权人会议召开前,管理人已垫付刻制管理人印章费、差旅费等破产费用共计3066.87元。因此时债权申报期限尚未届满,管理人无法确定申报债权人范围,且在管理人未向债权人会议作履职报告并接受监督的情况下,债权人也无法理性表达垫付破产费用的意愿,故吴江法院指导管理人继续债权审查和职工债权的调查公示工作,做好第一次债权人会议的准备工作。

2018年7月20日,天匠公司召开第一次债权人会议。会上,吴江法院首先指定了债权人会议主席,同时基于本案无财产需要处置,债权人人数也较少,经债权人会议同意,不再设立债权人委员会。接下来,管理人将编制的债权表提交债权人会议核查,到会债权人对债权表记载的债权均表示无异议,因未到会债权人会前也已向管理人提交无异议的书面意见,故管理人当场向吴江法院申请裁定确认债权表,吴江法院当场裁定确认了苏州市吴江区地方税务局等13家(含韩某某等6名职工)债权人的债权数额(共计4,511,171.4元)及性质。然后,管理人向债权人会议作履职报告,全面汇报第一次债权人会议前管理人履职情况,重点披露债务人资产调查情况。管理人作完履职报告后,吴江法院现场询问债权人对管理人履职报告的意见,并释明目前债务人财产已不足以支付破产费用,若无债权人或其他利害关系人垫付破产费用,管理人有权依照《企业破产法》第43条第4款的规定,申请人民法院宣告破产并终结破产程序。在债权人均表示对管理人履职报告无异议,且不愿垫付破产费用后,管理人当场提请吴江法院终结破产程序。经审查,吴江法院认为,经管理人调查,天匠公司无经营场所、无经营人员,仅有银行存款余额357.76元,而法院已裁定确认的债权数额为4,511,171.40元,且本案已发生破产费用3066.87元,故天匠公司停止清偿到期债务呈连续状态,并且资产已不足清偿全部债务,已达到宣告破产的条件,同时,天匠公司财产已不足以清偿破产费用,应当终结破产程序。因此,当场裁定宣告天匠公司破产并终结天匠公司破产程序。裁定书同时载明:因天匠公司股东张某某、王某某怠于履行义务,致无法对天匠公司进行清算,故天匠公司债权人可另行提起诉讼要求张某某、王某某对天匠公司的债务承担相应民事责任;如在破产程序终结后2年内发现有依法应当追回的财产或者有应当供分配的其他财产的,债权人可以请求人民法院追加分配。

另外,因天匠公司无财产支付管理人报酬,担任本案管理人的江苏华星会计师事务所有限公司作为吴江法院的破产专项基金成员,向法院提出补偿管理人报酬的申请，吴江法院根据修正后的《破产专项基金管理办法》，最终一次性补偿其管理人报酬5万元。

【评析】

一、“无产可破”案件审理的具体问题

根据最高人民法院提出的“先易后难、循序渐进、逐步推开”工作方针，率先启动执行转破产的应当是“三无”企业，即无经营资金、无营业场所和企业管理机构、人员下落不明的企业，本案即属于该类案件。① 对于该类案件的审理，在适用简化审理程序及债务人财产不足以支付破产费用时管理人应当提请人民法院终结破产程序等方面，对此多无争议；有争议的问题是，在第一次债权人会议前，管理人查明债务人财产不足以清偿破产费用的，是否仍需要召开债权人会议，以及是否仍需要申请法院裁定确认债权表。

关于第一个问题，江苏省高级人民法院《关于“执转破”案件简化审理的指导意见》第6条第7款规定：“无财产可供分配或破产财产不足以支付破产费用，或者债务人没有财务账册或者财务账册不齐、无法审计，或者债务人人员下落不明或财产状况不清，管理人未追收到财产或者未发现有财产可供分配的，且债权人或其他利害关系人不愿意足额承担破产费用或其垫付的费用不足以支付破产费用的，可以不召开债权人会议，提前终结破产程序”；无锡市中级人民法院《关于“执转破”案件简化审理程序的规定》第10条第1款也规定：“管理人查明债务人财产不足以清偿破产费用的，可提请法院裁定终结破产程序，不受债权申报期限是否已满、第一次债权人会议是否召开的限制。”但我们认为，在第一次债权人会议前，管理人查明债务人财产不足以清偿破产费用的，一般仍需召开债权人会议。主要理由有三：

首先，根据最高人民法院《关于审理企业破产案件确定管理人报酬的规定》第12条第2款的规定，“债务人财产不足以支付管理人报酬和管理人执行职务费用的，管理人应当提请人民法院终结破产程序。但债权人、管理人、债务人的出资人或者其他利害关系人愿意垫付上述报酬和费用，破产程序可以继续进行”。也就是说，管理人根据《企业破产法》第43条第4款提请人民法院终结破

① 参见《最高人民法院民二庭负责人就〈执行案件移送破产审查若干问题的指导意见〉答记者问》，载最高人民法院网，http://www.court.gov.cn/zixun-xiangqing-35522.html，2020年12月31日访问。

产程序前,应当首先询问债权人、债务人的出资人等利害关系人是否愿意垫付破产费用,只有在利害关系人不愿垫付破产费用的情况下,管理人才可以提请人民法院终结破产程序。但债权人等利害关系人作出是否垫付破产费用的决定,应基于对债务人状况的了解及破产程序走向的预估,而这又有赖于管理人的调查和报告。根据《企业破产法》第 23 条、第 25 条的规定,管理人履行接管、调查、管理和处分债务人财产的职责,向债权人会议报告职务执行情况,并回答询问。若在管理人未向债权人会议报告职务执行情况时,即要求债权人作出是否愿意垫付破产费用的判断,难免有强人所难之嫌,亦存在未充分保障债权人知情权的问题。例如,经管理人调查,债务人没有财产,但存在受理破产申请前 6 个月个别清偿的行为,第一次债权人会议召开前,管理人认为其不符合《企业破产法》第 32 条规定的要件,无胜诉可能,故不愿垫付诉讼费用提起相应诉讼。此时,管理人显然不能以债务人财产不足以支付破产费用为由提请人民法院终结破产程序,而应将该情况向债权人会议报告,询问有无债权人愿意垫付该费用。只有在无债权人等利害关系人垫付该费用时,管理人提请人民法院终结破产程序的理由才足够充分。

其次,根据《企业破产法》第 44 条、第 56 条第 2 款的规定,人民法院受理破产申请时对债务人享有债权的债权人依照本法规定申报债权,并依照本法规定的程序行使权利。而在人民法院确定的债权申报期限尚未届满时,因申报债权人的范围是不确定的,管理人也就无法确定询问垫付破产费用的人员范围,此时以债务人财产不足以支付破产费用且无利害关系人愿意垫付破产费用为由提请裁定终结破产程序,逻辑上显然不够严谨。

最后,在司法实践中,管理人当然可以在债权人申报期限届满后、第一次债权人会议召开前,通过书面、电话、短信等方式向申报债权人通报执行职务情况,并询问其垫付破产费用的意见,并在无人愿意垫付费用的情况下提请法院裁定终结破产程序。但对本就适用简化审理程序的案件而言,第一次债权人会议多在债权申报期限届满之日起 5 日内召开①,间隔时间很短,从实务操作上而言,召开第一次债权人反而比单个通报、询问债权人更便捷。

---

① 江苏省高级人民法院《关于"执转破"案件简化审理的指导意见》第 6 条第 3 款:"第一次债权人会议自债权申报期限届满之日起 5 日内召开。确需召开第二次债权人会议的,管理人应当提前 15 日通知已知债权人。"

关于第二个问题，是否仍需申请法院裁定确认债权表？我们认为，并非一定需要申请法院裁定确认债权表，因为在简化审理程序中，要求管理人在较短时间内完成所有债权的审查工作并获得债权人认可确有难度，但如果管理人已完成债权审查工作，经债权人会议核查，债务人、债权人对债权表记载的债权均无异议的，则应当申请法院裁定确认债权表。在司法实践中，我们要求管理人尽可能完成该项工作。因为根据《企业破产法》第123条的规定，自破产程序终结之日起2年内，发现破产人有应当供分配的其他财产的，债权人可以请求人民法院按照破产财产分配方案进行追加分配。对于依照《企业破产法》第43条第4款而终结的“三无”企业破产案件而言，其涉及两个问题：其一，可以请求人民法院追加分配的债权人范围如何确定；其二，参加破产财产分配的债权人范围如何确定。在案件审理过程中，如果法院基于管理人的申请出具了确定债权表的裁定书，其便可以成为确定请求追加分配和参加追加分配之债权人范围的依据，从而可以顺利开展追加分配工作。当然，如果因各种原因，案件在审理过程中法院未能出具确定债权表的裁定书，则追加分配工作也应当以破产程序终结前申报债权的情况为基础，破产程序终结后补充申报的债权，管理人不应再接收，更不应再参加追加分配。因为根据《企业破产法》第56条的规定，补充申报债权应在破产财产最后分配前进行。如此安排，对于已在人民法院确定的债权申报期限内申报债权、参加到破产程序里的债权人而言，也是公平的。

综上所述，“三无”企业“执转破”案件看似简单，但在司法实践中，若想要真正做到高效审理，在实现出清“僵尸企业”的制度目的外，还能产生较好的实际效果，为解决今后可能出现的问题做好铺垫，避免该类案件的审理演变为完全的“走过场”，则仍需要审理法官和管理人认真对待。

二、管理人报酬的补偿方式

根据最高人民法院《关于审理破产案件确定管理人报酬的规定》，在破产程序中，管理人的报酬根据债务人最终向债权人清偿的财产价值总额的一定比例确定。就此而言，管理人可以实际收取报酬的前提是债务人有足够的财产支付，而“执转破”案件大多无产可破或者是少产可破，这就造成了管理人在担任此类案件的管理人时其报酬无法获得的问题。近些年来，理论界和实务界均尝试了不同的方案，大致有以下4种方式：(1)“肥瘦搭配”法，将有产可破的案件与无产可破的案件进行组合，选定一个管理人，从而使管理人在两个案件中的报酬平衡;(2)选任“公共管理人”,专门担任无报酬可供支付的债务人企业破产管理人,报酬由财政支出;(3)设置“破产管理人基金”,从管理人已经收取的报酬中按照报酬的数额进行一定比例的提取,今后用于补贴无报酬可供支付的破产案件;(4)由地方政府财产拨款,专门用于支付无产可破案件的管理人报酬。我们认为,方式(1)由于在某种程度上改变了随机指定管理人的原则,也与最高人民法院《关于审理企业破产案件指定管理人的规定》有一定的差异,在实践中采取此种方式会引起部分争议。方式(2)、(4)均高度依赖地方政府的配套财政支持,仅凭法院一己之力在目前情况下难以在短时间内实现,需要一定的时间。吴江法院实践中采取的是方式(3)的办法,在2015年4月就已经制定了《破产专项基金的管理办法》,办法主要规定了基金从有产可破案件的管理人报酬中提取,今后用于无产可破案件的管理人报酬补偿,以解决无产可破案件中管理人报酬的问题。自2017年开始,随着吴江法院“执转破”案件数量增多,无产可破的案件数量也随之增多,但原有的基金管理办法在补偿管理人报酬方面规定的手续过于严格和烦琐,不利于快速有效的补偿管理人报酬。2018年上半年,吴江法院对《破产专项基金管理办法》进行了修正,修正后的办法简化了无产可破案件的管理人报酬的申报手续和流程,并将报酬的标准提高到5万元每件。在本案中,天匠公司的管理人在结案后,向吴江法院提出管理人报酬补偿的申请,最终吴江法院一次性补偿其管理人报酬5万元。基于上述有效的管理人报酬补偿制度,吴江法院的无产可破案件管理人参与度大幅提升。自2018年以来,吴江法院的每件无产可破案件发出随机摇号邀请后,参加摇号的管理人家数均超过了10家,自2020年以来,每个案件参加随机摇号的家数更是增加至40余家。吴江法院的无产可破案件办理呈现出数量多,但管理人工作积极性高、审理周期短的良好态势,有力推动了“僵尸企业”快速出清。

由个人债务集中清理看个人破产制度的构建

——朱某某个人债务清理案

【裁判要旨】

个人债务集中清理的司法实践为个人破产立法提供了丰富素材。以个人债务集中清理的实践经验为参照和借鉴,我国个人破产制度的构建,在主体选择方面应坚持一般个人破产主义,在审查个人破产原因时应以个人现有财产为判断标准,在程序类型上可设置清算、重生与和解 3 种程序,在免责模式上以许可免责模式为宜,确定自由财产范围时应与现行执行规定协调一致。传统文化观念的羁绊、社会信用体系的完善,并非阻碍个人破产立法的当然理由。

【案号】

(2020)苏 0509 执清 5 号

【案情】

申请人:朱某某。

自 2015 年起,朱某某为朋友的借款提供担保,因主债务人到期未能清偿债务,致其承担担保责任。朱某某作为中学教师,虽有近 15 万元的年收入,但面对 130 万元的债务,仍显力不从心。为清偿债务,朱某某先后透支 5 家银行的信用卡,但终因无力足额偿还陷入债务危机,债权人纷纷将其诉至法院并申请强制执行。陷入债务危机后,朱某某一直租住在苏州市吴江区某小区,月租金2500元,家中无价值较大财产,仅有电动自行车一辆用于平时上下班代步。另外,朱某某已与妻子离婚,子女均已成年,年逾70岁的父母在老家务农,由其兄弟赡养。2020年6月28日,朱某某向吴江法院提出个人债务清理申请。

【审理】

经审查查明,朱某某确已无法清偿全部债务,且在诉讼、执行程序中无妨害诉讼、规避执行的行为。在征得债权人同意后,吴江法院于2020年6月30日裁定受理了朱某某个人债务清理一案,并指定北京大成(苏州)律师事务所担任管理人。

经管理人调查,朱某某个人及家庭情况与其申请书中陈述一致,除去担任教师的工资及对外享有的3笔债权外,无其他财产。3笔债权中,两笔合计60万元的债权已经在执行阶段(其中一笔40万元的债权因被执行人无履行能力而终结本次执行程序,一笔20万元的债权正在协商之中),另一笔25万元的债权,因缺乏相应证据未能起诉,经管理人催讨后亦无结果。在债权申报期限内,共有8家债权人向管理人申报债权,申报金额共计1,342,423.05元,性质均为普通债权。鉴于朱某某的预期收入和偿债能力,根据吴江法院《关于个人债务清理的若干规定(试行)》[以下简称《若干规定(试行)》]第7条第2款的规定,朱某某应当适用重生程序,以制订债务清偿计划的方式清偿债务。第一次债权人会议前,管理人协助制订了朱某某的个人债务清偿计划。根据清偿计划,朱某某出租屋中的衣服、简易家具、餐具等生活用品以及用于上下班的电动自行车,朱某某房租、生活费以及赡养父母的必须费用合计每月3800元作为自由财产予以保留;首先,朱某某以自筹资金的方式在3个月内清偿10万元。其次,用每月工资中的6200元分11期在5年内偿还44万元。最后,其作为申请执行人可能执行到位的18万元将在到账后及时用于清偿,普通债权最终清偿率为47.12%;信用考验期为终结债务清理程序后5年,经过6年信用考验期,朱某某可向吴江法院申请免除未予偿还的债务并恢复个人信用。

2020年8月27日,吴江法院组织召开第一次债权人会议,管理人通报了债务人的现有财产、债权债务情况及生活现状,并将编制的债权表提交债权人会议进行核查。后朱某某当会郑重承诺,其不存在隐匿、转移财产等行为,并将积极履行债务清偿计划,定时向管理人报告财产状况,自愿接受社会各界的监督。管理人将朱某某的个人债务清理清偿计划交由债权人审议表决。经表决,2家债权人同意,4家债权人不同意,2家未到会表决,清偿计划未获通过。根据《若干规定(试行)》第31条的规定,管理人可在一个月内召集债权人对清偿计划进行第二次表决。2020年9月23日,在第二次债权人会议上,朱某某提升了其清偿额度,原第一期自筹资金增加至159,665.72元,原应收债权除去已经确定的18万元,其余债权今后只要能够收回,全部用于清偿债务。最终该清偿计划得到全体债权人的一致通过。同日,吴江法院裁定批准清偿计划,终止朱某某个人债务清理程序。

【评析】

2019年2月27日,最高人民法院在《关于深化人民法院司法体制综合配套改革的意见——人民法院第五个五年改革纲要(2019—2023)》中提出"研究推动建立个人破产制度及相关配套机制,着力解决针对个人的执行不能案件"。为构建切实解决执行难长效机制,为诚信的创业失利者提供重生机会,吴江法院在江苏省高级人民法院的统一部署指导下,自2019年10月起积极开展与个人破产制度功能相当的试点工作,并顺利办结江苏首例个人债务清理案件,为个人破产制度的建立积累了实践经验。本案是吴江法院已审结案件中具有较强代表性的案件,我们以该案的审理为基础,结合吴江法院和浙江法院关于个人债务清理的整体实践,从主体选择、受理条件、程序类型、免责模式、自由财产5个方面探讨我国个人破产制度的构建。

一、个人破产的主体选择

何人可以适用个人破产,是建立个人破产制度首先面临的问题。从域外经验来看,主要有两种模式:商个人破产主义和一般个人破产主义。商个人破产主义仅将商个人划定为个人破产制度的适用主体,只有商个人发生破产的情形才可以适用个人破产制度寻求重生,非商个人则被排除在外;一般个人破产主义则不区分商个人与非商个人,将个人破产制度一般地适用于所有个人。从个人破产制度的发源地英国来看,个人破产立法经历了由商个人扩展至非商个人的过程。[①]

---

① 参见齐砺杰:《债务危机、信用体系和中国的个人破产问题》,中国政法大学出版社2017年版,第143~144页。

吴江法院制定的《若干规定(试行)》,采取了一般个人主义的原则。该规定第4条规定了下列个人可以申请债务清理:因法定或约定原因对企业债务承担民事责任且该企业已进入破产程序的企业经营者或其他有关人员;因生活困难无力偿还债务的个人。浙江省高级人民法院于2020年12月出台的《浙江法院个人债务集中清理(类个人破产)工作指引(试行)》(以下简称《浙江个债清理工作指引》)也采取了一般个人主义原则,该规定第6条载明:具有浙江户籍,在浙江省内居住并参加浙江省内社会保险或缴纳个人所得税连续满3年的自然人不能清偿到期债务,资产不足以清偿全部债务或者明显缺乏清偿能力,可以依照本指引申请开展个人债务集中清理工作。我们主张我国个人破产立法应坚持一般个人破产转移的主要理由如下:其一,无论是商个人还是非商个人,均系平等的民事主体,应当予以同等保护。另外,如果采用商个人破产主义,也无法解决不特定人群因遭遇自然灾害而陷入债务危机的问题。其二,鉴于当前市场经济发展,个人参加商业活动的形式多样,有直接投资经营,有间接投资经营,有个人兼具劳动者与投资者身份,商个人身份的认定极其困难。商业主体的多形态化导致商个人与非商个人的边界正在不断模糊,无法明确区分。正如本案债务人朱某某,其虽有稳定工作,但其因担保债务而陷入经济困境(替他人担保也可获取一定收入),很难界定其是否为商个人,但其又迫切需要个人破产制度来获得重生,摆脱债务危机。

二、个人破产的受理条件

吴江法院制定的《若干规定(试行)》第4条规定,不能清偿到期债务,并且资产不足以清偿全部债务或者明显缺乏清偿能力的个人可以适用个人债务清理,《浙江个债清理工作指引》也同样采用该种表述。该受理条件实际系参照《企业破产法》关于企业破产受理条件的规定。个人破产原因是个人破产案件受理的实质性要件,借鉴企业破产的受理条件比较妥当,但需要明确个人财产的界定标准,即仅指现有财产还是包含将来可能获得的财产。企业破产审查中,采用企业现有财产说,不包括未来可能获得的财产。因企业系法人,经清算后法人将会被注销,未来获得财产的基本不存在。而在个人破产中,个人是存续的,正如本案债务人朱某某,作为中学教师,未来有稳定的预期收入,该部分收入是否计算在内,直接决定了其是否可以进入个人破产程序。我们认为,应当以个人的现有财产为准。如果包含未来收入,一方面,无法达到通过个人破产程序保护有稳定预期收入的个人,而这部分人恰恰最需要通过破产程序获得重生;另一方面,未来可能的资产受到诸如不可抗力、意外事件、情势变更等影响,预期的未来收入具有风险。退一步说,即使存在极其稳定的未来资产,也可以认为债务人系明显缺乏清偿能力,因未来资产无法立即变现清偿债务。在该案中,法院以朱某某现有财产为判断标准,确认其财产确已不足以清偿全部债务,应受理其个人债务清理的申请。

三、个人破产的程序类型

与企业破产法的清算、重整与和解 3 种程序相比较而言,个人破产的程序类型在世界各地的立法中表现各异。就模式而言,个人破产也有清算、重生与和解 3 个程序。吴江法院《若干规定(试行)》第 28 条、第 29 条,根据债务人的经济情况不同,分别设置了清算程序和重生程序,没有规定和解程序。清算程序的设置无须赘述,设置重生程序主要针对有个人预期收入且超过维持基本生活水平的债务人,债务人需以制订债务清偿计划方式申请债务清理。重生程序建立在债务人未来有稳定收入的基础之上,因有免债的预期结果,激励债务人此后积极缩减开支尽全力偿还债务,一方面,提高债务清偿率维护债权人利益;另一方面,债务人在可预见的时间内能彻底摆脱债务泥潭,增加其偿还债务的动力。在本案中,朱某某系中学老师,有稳定收入,故吴江法院决定对其适用重生程序,并指导管理人制订符合其实际收入的债务清偿计划。

之所以未设置和解程序,是因为在无个人破产立法支撑的情况下,需经债权人一致同意债务清偿计划的重生程序,与和解程序并无本质区别。这也意味着实践中的重生程序实际上就是理论上的和解程序。在本案中,朱某某的清偿计划系全体债权人一致表决通过后才由法院裁定认可,类似于和解程序,但其过程又是由法院主导,由管理人具体操作,最终演变为形式上的重生程序和表决上的和解程序的混合体。基于《深圳经济特区个人破产条例》的实施,我们认为,个人破产立法在程序的选择上也应当设置清算、重生与和解 3 种程序,以全体债权人一致决的和解程序强调债权人意思自治,以多数决的重生程序提升效率,以有法院强裁为保障的清算程序突出对债务人的保护。

四、个人破产的免责模式

免责是个人破产制度的核心功能,是个人重生的关键,没有免责,个人破产便无存在的意义。按照免责的条件不同,可将免责模式分为当然免责和许可免责。当然免责,系破产程序终结后,对未清偿的债务自动免责;许可免责是经法院审查后符合条件的裁定免责。在实践中,浙江法院个债清理主要是探索为债务人提供退出强制执行措施的路径,故而其免责体现在具体的执行案件中。如《浙江个债清理工作指引》第 56 条第 1 款规定,人民法院裁定终结个人债务清理程序后,对于同意免除债务人剩余债务的执行案件,以《民事诉讼法》第 257 条第 6 项为由终结对债务人的执行。吴江法院《若干规定(试行)》确立了许可免责的模式。选择许可免责模式,系基于传统文化和现实的考量。在个人破产破冰之初,鉴于我国目前个人信用体系不完善以及社会监督体系不健全,法院需要采用职权主义的模式来主导免责,以保证个人破产不会成为逃债的通道,避免引发大众过度举债的道德风险。债务获得许可免责的条件包括经过较长时间的考验期、已经履行了清偿计划和做出了相应的承诺自愿接受不利后果等。在朱某某案中,法院裁定免债,需要审查以下几个环节:第一,债权人会议上朱某某当会做承诺,宣誓自身债务的正当性,自身行为不存在规避执行、逃避债务等情形,违反承诺愿意接受惩罚;第二,朱某某按期履行完毕清偿计划;第三,清偿计划规定的朱某某考验期期满;第四,朱某某前述考验期内不存在规避执行、逃避债务以及未违反限制消费等情形;第五,吴江法院《若干规定(试行)》第 40 条规定的不免责债务,债务人负继续清偿责任,但债权人同意减免的除外;第六,朱某某积极配合管理人的监督工作,按时汇报自身财产等情况;第七,朱某某自愿接受债权人和社会公众的监督。

五、个人破产的自由财产

自由财产制度是个人破产制度的重要组成部分,体现了宪法对公民生存权的保障。我国宪法规定了公民的基本生存权,人应当享有维持正常生活所必需的基本条件和权利。一般而言,自由财产主要包括债务人维持(含扶养人)基本生活的财产、重新生活的财产和特定精神价值的财产。自有财产的界定有两种模式:一种是概括式,赋予法官自由裁量权;另一种是列举式,明确自有财产范围。吴江法院《若干规定(试行)》采用列举式,第 22 条规定了以下几项自由财产:债务人及其所抚(扶)养家庭成员必需的衣服、家具、餐具等生活用品,但具有较大经济价值的财产除外;债务人及其所抚(扶)养家庭成员必需的生活费用;债务人或债务人所抚养家庭成员完成义务教育所必需的费用与物品;债务人及其所抚(扶)养家庭成员因身体缺陷和治疗当前疾病所必需的资金、辅助工具、医疗物品;债务人作为职工工作的必要工具,但具有较大经济价值的财产除外;专属于债务人人身权利的抚恤金、扶助金;债务人所得的勋章及其他荣誉表彰等具有纪念意义但经济价值不大的动产。

但在案件审理过程中,我们发现3类自由财产存在需要注意的地方:第一,生活基本财产范围应与执行法律规定保持一致,以免引发公众质疑。《民事诉讼法》第244条规定了需要给被执行人及其所抚养的家属保留必要的生活费。最高人民法院《关于人民法院民事执行中查封、扣押、冻结财产的规定》第3条规定了被执行人及家属生活必需品、必要品等不得查封、扣押、冻结。上述规定在执行中已经实施多年,公众已经接受,个人破产立法中无须突破。《浙江个债清理工作指引》第22条,更是直接明确人民法院可以依照《民事诉讼法》第244条的规定认定自由财产。需要特别注意的是,有观点认为自由财产应包含唯一住房,但这与现行执行法律规定中针对唯一住房的理念并不一致,个人破产立法中不宜采纳。第二,针对用于重生的财产,因争议较大,吴江法院《若干规定(试行)》未予涉及。但在个案的审理中,针对用于重生的财产,可以交由债权人会议表决,既防止法官滥用自由裁量权,又充分考虑到个案的不同情况。在江苏首例个人债务清理案——周某个人债务清理案中,经债权人会议表决通过以下事项:周某用于经营的价值2万元的小型汽车在偿债期间作为自由财产暂予以保留,待清偿计划执行完毕后对该财产进行变价后再分配。第三,针对具有纪念意义的财产要明确价值限制。该类自由财产如果超过一定价值,予以保留会损害债权人的利益,应不属于自由财产范围。价值标准的判断,一般应按照当地社会的经济生活水平来进行判断。

六、结语:需要纠正两个观念误区

第一,个人破产引发道德风险过大。多数观点认为,我国个人破产制度难以建立,主因是我国传统文化中“欠债还钱,天经地义”的观念,破产免债会引发社会公众的道德谴责。实际上,在我们审理的多起案件中,经过与债权人沟通,收集社会公众意见,邀请代表委员见证等,我们发现免债并非公众抵制个人破产的核心原因。抵制个人破产的主因,是担忧个人破产会引发逃废债、个别清偿。例如,在吴江法院审理的范某某个人债务清理案件中,普通债权清偿率仅为1.07%,但全体债权人基于债务人前期的诚信表现和实际偿债能力,对于免债没有提出反对意见。在本案中,第一次未获通过的清偿计划确定的清偿率为

47.12%,第二次获得通过的清偿率为62.58%,这反映出债权人关注的核心是债务人是否已经全力以赴的清偿债务。

第二,个人破产制度不能先行启动。有的观点认为,根据域外立法经验,成熟的社会信用体系是建立个人破产制度的前提,而目前我国社会信用体系尚不完善,无法推行个人破产制度。在执行案件和个人债务清理案件的审理中,我们发现,因为社会信用不完善导致部分债务人逃废债,导致大众抵制个人破产制度,而个人破产制度的难以落地,使得债务人在陷入偿债危机后发觉没有重生的机会,又会功利地选择利用信用体系不完善的漏洞来实施逃废债。如此循环往复,最终“劣币驱逐良币”,故只有个人破产制度先行,让债务人看到只要在陷入债务危机时保持诚信,就有重生的希望,如此方能打破困局。

个人债务清理的优先适用对象和表决机制*

——范某某个人债务清理案

【裁判要旨】

在债务清理程序中,可指定企业破产案件的管理人担任个人债务清理案件的管理人,以发挥其熟悉案情的优势。债务清理程序应注重吸收利用执行成果和措施,同时,有效弥补执行程序查找财产的不足,实现对债务人诚信度的有效甄别,尽力促成免除债务的法律效果,彻底破解执行难困局。现阶段,应协调争取金融监管部门支持,指导金融机构解决投票难题,或建议金融机构将涉及个人债务人的不良资产打包出售,通过市场化方式,提高案件办结成功率。长远来看,应积极推动个人破产法早日出台,以从根本上解决表决困境。

【案号】

(2020)苏0509执清2号

【案情】

申请人:范某某。

自2016年开始,范某某实际控制的吴江市天地喷织有限公司(以下简称天地喷织公司)因在经营中为他人提供担保而陷入困境,后被债权人陆续诉至法院并进入执行程序。执行过程中,吴江法院依法拍卖了天地喷织

---

* 本文曾发表于《人民司法》2021年第20期。

公司名下所有财产,同时,因天地喷织公司已出现破产原因,将其移送破产审查。2018年8月27日,吴江法院裁定受理对天地喷织公司的破产清算申请。经破产分配,普通债权最终清偿率为0.9%。2018年12月25日,吴江法院裁定终结天地喷织公司的破产清算程序。

因范某某在天地喷织公司经营过程中,作为经营者为企业债务提供担保,并以个人名义对外借款用于企业经营,其早已无力偿还全部债务。经查,其在苏州法院有未执结或以终结本次执行程序结案的案件16件,申请执行标的额总计3000余万元。2019年10月,吴江法院在全省率先制定《关于个人债务清理的若干规定(试行)》[以下简称《若干规定(试行)》],探索与个人破产制度功能相当的个人债务清理程序,并特别注明因法定或约定原因对企业债务承担民事责任且该企业已进入破产程序的企业经营者或其他有关人员优先适用个人债务清理程序。2020年3月5日,范某某向吴江法院提出个人债务清理申请。

【审理】

经审查查明,范某某除每月退休收入9700元及一辆价值1万元的汽车外,无其他可供执行的财产;其本人患有淋巴恶性肿瘤需长期服药治疗,租房居住,另有88岁的母亲需要赡养,每月必需的生活费用和医疗费用合计6500元;所负债务系在正常生活、经营中形成,非因赌博、挥霍消费等不良原因导致,且在诉讼、执行程序中无妨害诉讼、规避执行的行为,虽其在吴江辖区外有5件作为被执行人的案件,但该5个案件的申请执行人均书面表示同意参与范某某的个人债务清理程序。2020年3月15日,吴江法院裁定受理范某某个人债务清理一案,并指定天地喷织公司的管理人担任范某某债务清理案的管理人。

债权申报期间内,共有23家债权人向管理人申报债权,经管理人审查,认定债权人19家,债权数额合计1870万元,性质均为普通债权,其中,金融机构债权人14家,债权数额合计1659万元。2020年5月20日,吴江法院组织召开第一次债权人会议,管理人通报了债务人的现有财产、债权债务情况及生活现状,并将编制的债权表提交债权人会议进行核查。会上,范某某郑重承诺,其不存在隐匿、转移财产等行为,并将积极履行债务清偿计划,定时向管理人报告财产状况,自愿接受社会各界的监督。随后,管理人将范某某的个人债务清偿计划提交债权人会议表决。根据清偿计划,范某某名下汽车交由管理人处置(后经拍卖变价8000元)用于清偿债务,其另分两期筹集20万元清偿债务,第一期于债务清偿计划通过后20个工作日内偿还10万元,第二期于2020年12月31日前偿还10万元,普通债权最终清偿率为1.07%;信用考验期为终结债务清理程序后6年。经表决,该清偿计划未获通过。根据《若干规定(试行)》第31条的规定,个人债务清偿计划可提起债权人会议表决两次。在第二次表决中,范某某的个人债务清偿计划获得债权人一致同意。2020年7月16日,根据管理人的申请,吴江法院裁定批准范某某个人债务清偿计划、终结范某某个人债务清理程序。截至2020年12月,清偿计划已执行完毕。经过6年信用考验期,范某某可向吴江法院申请免除未予偿还的债务并恢复个人信用。

【评析】

本案是吴江法院开展与个人破产制度功能相当的试点工作后,受理并顺利审结的第二例个人债务清理案件,也是首例因担保等原因对企业债务承担责任且该企业已进入破产程序的个人债务清理案件。根据《若干规定(试行)》第5条、第6条的规定,该类已进入执行程序的债务人系优先启动债务清理程序的对象。因系为企业债务提供担保而负债,所以在债务类型方面,本案金融机构债权人的人数和债权数额分别占总数的73.68%和88.71%。本案有助于我们了解金融机构参与个人债务清理程序的态度,寻找争取金融机构支持的方法。

一、企业破产与经营者个人债务清理

自2009年开始,江浙地区的企业主为获得更多银行融资,采用互保联保方式,相互之间为对方企业的贷款进行担保承担连带责任,形成盘根错节的网状担保链。在解决资金燃眉之急的同时,也埋下了巨大的隐患。出于对企业信用的担忧,金融机构在向企业发放贷款时,同时要求自然人股东、董事等企业经营者提供保证,由此使得企业经营者亦陷入担保圈链,导致个人债务危机。但因为我国尚未建立个人破产制度,致使陷入危机的个人债务人无法通过个人破产程序获得免责,个人债务人的债权人亦无法借助个人破产程序获得公平清偿。在司法实践中,参与分配制度、失信被执行人惩戒制度等虽然一定程度上替代了个人破产制度的功能,但一方面,参与债务人执行程序的债权人往往是有限的,不能真正实现全体债权人的公平受偿;另一方面,对于确无财产可供执行的诚实而不幸的个人债务人,被执行人惩戒制度未能提供个人重新开始的通道,故无法真正解决深陷担保圈链的个人债务危机。在没有个人破产制度的情况下,企业经营者保证债务难以豁免。在司法实践中,一些案件采取以下两种方式解决了部分问题：一是通过法庭外重组实现个人债务和企业债务一揽子解决；二是符合一定条件下，通过企业的法庭内重组（重整、和解）将经营者的保证责任和个人财产一并处理。[①] 但不同于《企业破产法》所规定的债权人会议多数决原则，无论是法庭外重组还是法庭内重组，除非全体债权人均无异议，对个人债务的豁免必然遭遇多数决原则能否剥夺少数人权利的合法性质疑。

正是看到企业经营者对破产保护的现实迫切需求，在国家发展和改革委员会等13个部委于2019年6月联合印发的《加快完善市场主体退出制度改革方案》中提出，要分布推进建立自然人破产制度，即首先“重点解决企业破产产生的自然人连带责任担保债务问题。明确自然人因担保等原因而承担与生产经营活动相关的负债可依法合理免责。逐步推进建立自然人符合条件的消费负债可依法合理免责，最终建立全面的个人破产制度”。这也是部分学者所主张的我国个人破产立法应采取分步走的方式，即先适用商自然人，再适用消费者。[②] 特别强调对企业经营者的破产保护，是因为个人破产具有可激发人的创业和创新热情，最大限度鼓励企业家参与投资、发挥人力资本作用的特殊制度功能。[③] 虽然在制定《若干规定（试行）》时，关于适用主体的问题，吴江法院最终采用了一般个人主义，即不区分商自然人和消费者，但在具体列举适用对象时，仍将“因法定或约定原因对企业债务承担民事责任且该企业已进入破产程序的企业经营者或其他有关人员”列为第一类适用人群，并在实践中将其作为优先适用对象。而所谓“法定或约定原因”主要包括：（1）个人独资企业等非法人企业的股东、经营者为破产企业债务承担无限责任的；（2）个人财产与企业财产混同的；（3）为企业债务提供担保的。另外，之所以限定“企业已进入破产程序”，主要有两点考虑：其一，相对于企业破产而言，个人债务清理案件的法律关系通常不太复杂，财产规模不大，有些甚至无法支付必要费用，由此也导致社会中介机构参与管理人选任的积极性不高。若经营者所属企业已进入破产程序，则可相应指定企业破产案件的管理人担任该个人债务清理案件的管理人，一方面发挥其熟悉案情的优势，另一方面实现两个案件间报酬上的补充和平衡。其二，因为在债务类型上，经营者与其所属企业基本一致，通过破产程序对企业进行全面体检，纠正个别清偿、

---

① 参见池伟宏：《企业经营者与个人破产制度》，载《人民法院报》2016年11月16日，第7版。

② 参见赵万一、高达：《论我国个人破产制度的构建》，载《法商研究》2014年第3期。

③ 参见许德风：《论个人破产免责制度》，载《中外法学》2011年第4期。

不合理低价转让财产、追加担保等不正当行为,实现债权公平受偿,有利于获得债权人对经营者个人债务清理的认同和支持。

二、执行程序与个人债务清理程序

根据《若干规定(试行)》第6条的规定,优先启动个人债务清理程序的债务人还应是已进入执行程序的被执行人,主要目的在于以下三个方面:

第一,彻底破解执行难困局。学界和实务界关于建立个人破产制度的实质性讨论和探索,实际是以"基本解决执行难"为背景的。2018年10月,最高人民法院院长周强在向十三届全国人大常委会第六次会议报告关于基本解决"执行难"工作时强调,"基本解决执行难"正处于攻坚克难、决战决胜的最后关键时期,也到了推动长远解决执行难问题的窗口期,并为此建议完善执行立法,推动建立个人破产制度,畅通"执行不能"案件依法退出路径。2019年2月,最高人民法院发布的《关于深化人民法院司法体制综合配套改革的意见——人民法院第五个五年改革纲要(2019—2023)》,也将"研究推动建立个人破产制度及相关配套机制"的落脚点放在"着力解决针对个人的执行不能案件"上。根据《若干规定(试行)》第43条的规定,依照本规定"清算"方式裁定终结债务清理程序的,以《民事诉讼法》第257条第6项为由终结对债务人的执行;依照本规定制订清偿计划方式裁定终结债务清理程序的,以和解长期履行为由终结对债务人的执行。也就是说,通过个人债务清理程序实现债务免除,相应执行案件便可终结执行,执行终本程序的适用范围将大大缩小,从而彻底化解执行难困局。即便因在债务清理程序中发现债务人存在逃废债行为或失信问题,而终结清理程序并恢复执行的案件,也体现出了管理人开展的财产调查、债务清理工作对执行程序在查找被执行人财产方面的帮助,以及对债务人诚信度的有效甄别。从这个角度看,债务清理程序也是执行程序的延续和强化,即使并非每个个人债务清理案件都能实现债务免除的效果,其对执行程序也并非毫无价值。

第二,吸收利用执行成果和措施。在当前"大执行、小破产;强执行、弱破产;简执行、繁破产"的审判工作格局,以及个人破产制度尚未建立的背景下,个人债务清理程序在强制措施的适用和效力层级上存在天然缺陷,需要借助执行程序予以弥补。首先,利用执行程序的查控措施调查债务人财产。其次,在财产处置方面,可以在执行阶段先行变价处置债务人的财产,减少个人债务清理程序中还需要由债权人会议表决通过债务人财产处置方案等烦琐程序,只将财产分配环节留到个人债务清理程序中进行。再次,适用执行程序中带有个人破产色彩的强制执行制度。例如,财产申报制度、限制被执行人高消费行为措施以及不得查封、扣押、冻结的被执行人财产等。财产申报制度属于典型的破产制度,也是债务人申请个人债务清理时必须提交的材料和履行的义务;限制被执行人高消费行为措施则对应个人债务清理程序中的失权制度;最高人民法院《关于人民法院民事执行中查封、扣押、冻结财产的规定》第 3 条关于不得查封、扣押、冻结的被执行人财产的规定,则与个人破产制度中的豁免财产制度基本一致。最后,通过执行案件的终结实质性达到破产制度中债务免责的法律效果。上文提及的根据《若干规定(试行)》第 43 条的规定而终结执行的案件,是以债权人均同意免除债务人剩余债务为前提,自然也不会存在争议。但我们同时注意到,浙江省高级人民法院于 2020 年 12 月出台的《浙江法院个人债务清理(类个人破产)工作指引(试行)》对此又向前迈进一步,其第 56 条第 2 款规定,"对于不同意免除债务人剩余债务的执行案件,在符合设置了五年行为考察期等条件的情况下,可以裁定终结执行"。若能如此,个人债务清理程序将能体现出更多的个人破产制度的因素。

第三,从实际操作层面考虑,可依托已经成熟的"执转破"吴江经验,由已积累简单"执转破"案件审理经验的执行指挥中心"执转破"团队,负责个人债务清理适格主体的筛选、约谈、对债权人意见的征询,以及案件的审查、审理工作,有助于个人债务清理工作的快速推进。从最终效果上考虑,历经执行程序中的财产申报、财产查控等强制措施,可使债务人财产见底,并基本掌握债务人诚信状况,再加上进入债务清理程序后管理人的进一步调查,有助于赢得债权人的理解和支持,促进债务免除方案的通过。另外,根据审理经验,对于可启动债务清理程序且名下有财产的诚信经营者,应坚持及时释明移送原则,执行程序中对债务人名下财产暂不予变价,或先变价但暂不分配,将其留至债务清理程序中统一处理,有利于提高案件办理的成功率。

三、金融机构债权人与表决机制

因无个人破产立法支撑,个人债务清理工作无法适用"多数决"制度强制约束持异议的个别债权人,虽然吴江法院制定的《若干规定(试行)》针对强制性色彩较浓的个人财产管理、变价、分配方案采用了 2/3 多数的表决规则,作出适当突破,但对于更多体现当事人意思自治的债务清偿计划、债务免除方案,仍只能采用全体债权人一致同意规则。在债权人人数较少、债权债务关系简单的案件中,债务清偿计划相对容易通过;债权人人数较多、债权种类复杂的案件,则很难获得通过。特别是金融机构债权人,受限于内部管理和审批机制的原因,参与个人债务清理程序态度消极,具体表现为:机构内部没有明确的对接人员和决策领导;涉及债务减免事项,地方分支机构没有决策权,需要上级部门进行明确授权同意;即使逐级上报,因缺乏明确的法律依据,工作人员担心承担不合规的责任,对所有表决事项都放弃投票。也正是意识到金融机构债权人在表决上的困难,温州市中级人民法院 2019 年 8 月出台的《关于个人债务集中清理的实施意见(试行)》第 5 条特别规定了金融债权一致行动原则,“鼓励金融债权案件的债权人采取一致行动,积极参与个人债务集中清理程序。金融债权执行案件的申请执行人在个人债务集中清理程序中可以根据法律、法规和人民法院或者债务清理管理人的建议,对债务清理、清偿计划等相关事项采取一致行动”。但切实解决金融机构债权人表决难题绝非易事。

该案第一次表决的情况是,9 票同意、7 票弃权、3 票不同意,投弃权票的均是金融机构,这反映出金融机构债权人并非对债务人的不认可,也不关乎对收益成本的理性考量,而只是受限于内部硬性规定无法自主投票,最终造成纷纷投弃权的结果。也正是基于这一判断,在第一次表决后,法院和管理人再次与相应金融机构沟通交流,并促成第二次表决时的一致同意。但也应当看到,这种沟通仅是个案上的,并未形成长效机制,很难从整体上改善债务清理程序的审理效率和效果。为此,现阶段可先从两个方面着手:一方面,借助破产审判“府院联动”机制,协调争取金融监管部门支持,出台高层级的联合文件或备忘录,指导金融机构解决投票难题;另一方面,建议金融机构可将涉及个人债务人的不良资产打包出售,通过市场化方式,提高案件办结成功率。但从长远来看,还应依赖个人破产法早日出台,以从根本上解决表决困境。

个人债务清理程序对债务人不诚信行为的规制

——苗某某个人债务清理案

【裁判要旨】

能够适用个人债务清理程序的债务人，必须符合诚实且不幸的标准，而最终实现免责的效果还需经过信用考验期。在债务清理程序中，管理人需对债务人经济生活情况做详细调查，一旦发现债务人存在严重不诚信行为的，应申请法院终结清理程序。审理法院应根据债务人不诚信行为情节，采取相应惩戒措施，以增强债权人对清理程序的认同，体现清理程序的价值目标。

【案号】

(2021)苏 0509 执清 1 号

【案情】

申请人：苗某某。

苗某某在苏州吴江经营一家服饰公司，通过购买原材料加工成衣服对外销售。自 2018 年开始，因大量销售款未能收回，导致公司资金链紧张，拖欠供应商款项，苗某某以个人名义承诺在一定时间内还款。后因未按期付清货款，供应商纷纷向吴江法院提起诉讼，并申请对苗某某名下的房产进行财产保全。大量案件进入执行程序后，苗某某尝试与各债权人进行执行和解，但没有达成一致意见。此后，多名职工也通过申请司法确认调解协议的方式取得法律文书,并向吴江法院申请强制执行。吴江法院对苗某某名下位于吴江横扇的房产进行司法拍卖,拍卖成交后扣除其配偶的共有份额,尚余拍卖款项518,148.64元有待分配。2021年1月20日,苗某某向吴江法院申请个人债务清理,并提供了财产及收入状况报告、债务清册、债权清册、请求保留的自由财产清单、承诺书等申请材料。因苗某某收入已超过维持家庭基本生活水平,其同时提交了初步的债务清偿计划。

【审理】

根据苗某某的申请,其个人工资收入每月8000元左右,必要生活费用每月3000元,其与妻子共同抚养两名未成年子女需教育费用每年2万元,其患有糖尿病还需花费一定的治疗费用。苗某某有银行存款2万余元,对外有债权12万元,名下房产已被拍卖,其负债为在吴江法院作为被执行人的15件案件,执行标的额合计170万余元。吴江法院分别向15名作为申请执行人的已知债权人征求意见,债权人均对吴江法院受理苗某某的个人债务清理申请无异议,并同意适用吴江法院《关于个人债务清理的若干规定(试行)》。吴江法院审查后认为,苗某某不能清偿到期债务,其资产已不足以清偿全部债务,已出现个人债务清理原因,其所负债务系在正常生活、经营中形成,非因赌博、挥霍消费等不良原因导致,在诉讼、执行程序中未发现有妨害诉讼、规避执行的行为,并且已知债权人对其申请债务清理亦无异议,故于2020年1月29日,裁定受理对苗某某的个人债务清理申请,指定江苏震宇震律师事务所担任苗某某的管理人,并裁定中止对被执行人苗某某案件的执行。

受理申请后,吴江法院指导管理人及时开展债权申报审查、财产调查、财产接管等相关工作。管理人履行职务过程中发现,苗某某存在多个不诚信行为。首先,申报财产不实。管理人调查发现苗某某所经营的服饰公司有24台套口机,苗某某先是声称机器为其配偶所有,后又陈述仅有16台机器。苗某某个人除了工资的固定收入外,还存在从事羊毛衫、电脑制版等不固定收入。其次,未能如实陈述个人负债情况。管理人通过查询最高人民法院执行信息公开网,发现苗某某在浙江有2件在诉、在执案件,另在2家银行有大额信用卡欠款。通过对已拍卖房产的登记信息进行梳理,发现该房产除有银行按揭贷款外,还因对外借款做了二轮抵押。再次,隐瞒实际住所。经管理人多次询问,苗某某承认其已搬离原申报住址。最后,苗某某收入已超过其家庭基本生活支出,但一直未向管理人提交明确可行的债务清偿计划,并且沟通态度消极。综合上述情况,管理人于2021年3月24日,向吴江法院申请终结苗某某的个人债务清理程序。吴江法院经审查认为,苗某某已违反其在个人债务清理程序中应履行的诚信义务,故于2021年3月25日,裁定终结苗某某的个人债务清理程序,恢复原生效法律文书的执行。执行法官对债务清理程序中发现的服饰公司名下24台套口机采取了查封措施。2021年4月1日,针对苗某某的不诚信行为,吴江法院作出决定书,对苗某某罚款10,000元。苗某某表示已认识到错误,将主动配合执行履行还款义务。

【评析】

一、诚信是个人债务清理程序的适用前提

个人破产制度具有公平合理调整债权债务关系、赋予过度负债的债务人经济重生的机会的功能。建立个人破产制度,对于完善我国破产法律体系,保证经济持续健康发展,防范、化解社会风险具有重要意义。深圳特区已出台《个人破产条例》,深圳法院按照条例规定在特区范围内开展个人破产审理工作。江苏法院和浙江法院也已开展与个人破产制度功能相当的试点工作,探索个人债务集中清理。但受理个人债务清理并不必然发生免除剩余债务,实现免责效果必然要受到严格限制,防止制度滥用。除申请个人债务清理时,债务人需要充分披露个人财产和收入状况外,在清理程序中还有如下限制性条件:

(1)并非所有类型的债务都能够免责。某些特殊债权并不能因个人债务清理而免责,除非债权人同意减免。主要包括:罚款、罚金;因故意侵权行为产生的人身损害赔偿债务;税款债务;因履行法定抚养、扶养义务的费用;因不可归责于债权人的事由导致该债权人未申报债权,债务人对该债权清偿数额未达到已申报债权受偿比例的部分。

(2)清理程序中发现债务人存在不诚信行为的,不予受理清理申请或者直接终结清理程序。债务人有如下妨害行为的,构成不诚信行为:赌博、挥霍消费等不良原因导致不能清偿债务;有履行能力而拒不履行生效法律文书确定义务;以伪造证据、暴力、威胁等方法妨碍案件审理、抗拒执行;以虚假诉讼、虚假仲裁或者以隐匿、转移财产等方法妨害诉讼、规避执行;违反限制消费令;无正当理由拒不履行执行和解协议等。另外,债务人及其家属在清理程序中也有配合管理人工作的义务。

(3)需要通过信用考验期和法院的许可才能免责。根据债务清偿比例的高低,设置了1~6年信用考验期,为识别或者追究遗漏财产、发现免责前的其他不诚信行为等留出时间。同时,在信用考验期满后,并非自动免除责任,债务人需向法院申请出具免责裁定才能免除未清偿债务。

二、考察债务人行为的具体方式

吴江法院探索的个人债务清理程序由债务人申请,经法院审查后,裁定是否受理清理申请。已受理的个人债务清理案件,参照企业破产程序,由管理人按照吴江法院出台的规定开展工作,法院负责指导监督推进清理流程。在整个清理程序中,需要以诚实信用为标准对债务人行为进行考察。吴江法院创新"个人执转破"模式,依托已积累简单"执转破"案件审理经验的执行指挥中心"执转破"团队一体负责案件审查、审理工作,由执行法官对符合条件的个人被执行人进行债务集中清理。该操作模式的优势有:(1)准确识别适格清理主体。经过执行程序,被执行人的财产及负债情况已比较清楚,法院审查判断债务人是否具备破产原因及诚信情况时已掌握初步的证据。(2)充分吸收执行成果。在试点初期,当事人对个人债务清理程序不甚了解。应优先从已进入执行程序的被执行人中,进行初步筛查。详细向被执行人介绍个人债务清理的条件、程序及后果,询问其意见。债务人提出清理申请后,法院取得全部已知债权人同意后,裁定受理个人债务清理申请。(3)与执行顺畅衔接。这一操作模式可使法官全面获取债务人财产处置情况,了解申请执行人的想法,有利于清理程序顺利推进。该模式还可将清理程序的进展及时向执行法官反馈,告知其中止执行或恢复执行等事项。

法院在审查是否符合债务清理受理条件时,判断依据主要是诉讼、执行中的证据材料及申请执行人的反馈意见,但上述依据有时并不能全面反映债务人的诚信情况,所以还应在债务清理过程中加强对债务人行为的考察。首先,管理人会要求债务人履行相应配合清理的义务,同时,对债务人申报的财产收入状况、债权债务清册等情况进行核实,对于债务人是否存在逃废债行为做进一步梳理,确保债务人所称述的经济生活状况真实无误。其次,在进入清理程序后,债权人仍可提出债务人不符合受理条件的异议,经管理人调查属实的,将申请法院终结清理程序。最后,为充分保障债权人利益,加大对债务人监督力度,吴江法院依托区域破产司法联动机制,邀请检察机关参与个人债务清理的债权人会议,完善对清理程序的外部监督。

三、及时打击逃废债行为可加强债权人对程序的认同

探索类个人破产制度不应成为债务人逃避债务的工具,发现存在逃废债行为的,应及时采取处罚措施,促进形成诚实守信的良好社会风气。在债务人申请进行个人债务清理时,吴江法院即要求其填写承诺书,主要内容为承诺所提交的各项申请材料均真实有效,所述内容与事实情况相符合,同时,遵守债务清理规定中的配合义务和行为限制。在清理程序受理前,债务人即明确知晓其应履行的行为义务,且在违反相应义务后,将受到各种惩戒措施的法律后果。由于本案中的债务人苗某某在吴江法院有执行案件,针对其未如实申报名下财产、收入情况的行为,法院依据的是《民事诉讼法》第 111 条第 1 款第 6 项拒不执行判决、裁定条款而采取的罚款措施。若债务人未涉及执行案件,但发现有不诚信行为的,因个人债务清理程序具有司法属性,且参照企业破产中关于可适用《民事诉讼法》的规定,法院仍可根据《民事诉讼法》第 111 条对债务人采取强制措施。另外,在债务清理程序中调查发现并处罚债务人的不诚信行为,还能够增强债权人对债务清理程序的认同,进一步理解探索类个人破产制度的价值意义。在探索初期,部分债权人特别是金融机构特别担心债务人会借助清理程序逃废债务,使合法债权遭受巨大损失。但通过在清理程序中对债务人进行详尽调查,审查债务人申报材料真实性及信用情况,逐一核查债权人所提供的线索,保持与债务人的联系沟通等工作,使得债权人感受到清理程序的审慎和专业,债权人也逐渐认同应给予真正"诚实而不幸"的债务人摆脱债务困境的机会,但同时对于企图"浑水摸鱼"的债务人要进行严肃的制裁,体现出类个人破产制度探索工作的柔性关怀与硬性要求。及时对不诚信债务人采取司法制裁措施,对其他债务人也起到震慑作用,一方面,债务人在申请债务清理时会充分考量自身信用是否经得起检验;另一方面,债务人在受理债务清理后会充分配合管理人工作,争取获得债权人的理解与让步,使个人债务清理程序真正可以帮助诚信债务人彻底获得经济重生。

第三篇　规范性文件

苏州市吴江区人民法院关于加强立案、审判、执行与破产程序衔接配合的实施意见

(2016年10月19日　吴法〔2016〕46号　2018年3月28日修订)

一、总　　则

第一条　为加强立案、审判、执行和破产程序之间的协调、配合与衔接,提高工作效率,依据相关法律、司法解释及上级法院指导意见,结合吴江法院工作实际,制定本意见。

第二条　各业务部门在立案、审判、执行和破产程序中,既要分工明确、各司其职,又要相互配合、统筹兼顾,做到统一协调、衔接顺畅、有序高效。

二、立　　案

第三条　立案部门应对起诉材料进行审查,对不符合要求的应当向当事人释明,并要求当事人进行修改或补充。当事人拒绝的,应在案卷中备注提示审执破部门。

第四条　立案部门应加强对虚假诉讼的防范,重点审查疑似案件。对疑似虚假诉讼的案件,应当告知当事人参与虚假诉讼应承当的法律责任;对释明后仍坚持要

求起诉的,应提示审判部门在审理中注意甄别。

第五条 因生效法律文书确定的执行标的、履行期限等内容不明确而难以执行的、法律文书确有错误或理解存有歧义的情形,立案部门应当及时与审判部门沟通、协调处理;不能协调一致的,由立案部门提出书面意见,报分管院长提交审委会讨论决定。

第六条 案件的诉讼费用由立案庭统一收取。当事人申请缓交的,由立案部门负责审查并作出决定后,与立案材料一并移交审判部门。当事人申请减、免交的,由审判部门提出意见,经庭长、分管院长同意后,报院长审批。

第七条 立案部门应在案件系统中输入立案时已有的全部相关信息。如立案时有律师代理的,应引导其网上立案,并进行电子送达相关手续的办理,以方便当事人诉讼。

第八条 审判、执行部门和清算与破产审判庭(以下简称破产庭)应积极协助立案部门进行立案审查以及矛盾纠纷的化解和疏导工作。立案部门应积极开展诉前调解工作和履行催告公示工作。

第九条 立案部门应根据本院《民商事简易案件速裁规则》及案件情况决定案件是否适用速裁规则。对适用速裁规则的案件,应当在立案当日将案件移送速裁组。

第十条 执行异议案件的立案,立案部门决定立案的,应在立案的当日将案件材料移送执行裁判庭审查。

第十一条 破产案件的立案,立案部门决定立"破申"案件的,应在 2 日内将案卷材料移送破产庭审查。

第十二条 对涉群体性、敏感性案件,立案部门应及时向分管领导汇报,并向审判、执行部门和破产庭通报情况,把握好立案时机,并提醒相关部门做好应对预案。

对新类型案件,立案部门应及时与审判部门、破产庭进行协商探讨,把好立案关。

三、审　理

第十三条 审判部门应充分考虑裁判的确定性与可执行性,并重视运用调解等方式化解矛盾,力争服判息诉。

第十四条 为避免案件在进入执行程序中发生错误，审判人员发现案件诉讼主体发生变化或者依法应当追加诉讼主体的，应当及时依法变更或者追加诉讼主体。

第十五条 审判部门应加大对涉嫌虚假诉讼的审查力度。对涉及虚假诉讼的当事人依法积极采取强制措施。对涉嫌犯罪的，依法将相关线索和有关案件材料移送公安机关。

第十六条 审判人员应当及时主动查看本院在审、已结破产案件清单，积极与破产庭联系，防止发生程序性错误。

第十七条 审判人员在已生效的法律文书确定的履行期限届满时，应主动督促当事人自动履行。对于要求在法院的主持下自动履行的，应做好相关款物的交接工作。

第十八条 对于诉讼请求为具体行为且不具有强制执行性的案件，审判人员应当向当事人告知诉讼后果并提示当事人可以选择变更或者增加金钱给付的诉讼请求。

第十九条 审判部门应加强判后答疑工作，并要求审判人员对上述工作留痕，以减少上诉或者执行案件。

第二十条 刑事案件中适用财产刑的，审判人员应加强与公安、检察机关的联系，并加大采取财产查封、扣押等控制财产措施的力度，判决生效后对符合财产刑执行立案条件的，审判人员应及时移送立案部门立案。

第二十一条 当事人对特定标的物存在争议的，为防止该标的物被转移、灭失或者无法确定价值，审判人员应依当事人申请或依职权及时采取保全措施，或及时移交司法鉴定部门委托评估。

第二十二条 审判人员依法采取保全措施的，涉及实物资产的，应当前往资产所在地进行查勘，并做好相关勘验笔录。不动产的，应当查明租赁相关情况，并制作笔录；动产的，应当查明具体实际占有情况、名称、规格等具体状况。

采取保全措施后，审判人员应及时向申请人送达保全清单，明确保全结果和保全期限等内容。案件审结后，应及时将财产保全的裁定书、协助执行通知书、财产保全清单、相关笔录和报告、送达回证等归档并扫描入电子卷，实施过程中要注意与执行查控人员的沟通配合，防止出现衔接不当而造成疏漏。

第二十三条 当事人、利害关系人或案外人对审判人员在具体诉讼保全过程中实施的行为提出异议的，审判人员应准备好相关材料后作为执行异议案件及时移送立案部门立案。但当事人依据民事诉讼法第一百零八条提出异议的除外。

第二十四条 审判人员在收到执行裁判庭向其送达的生效执行异议案件法律文书后，应及时根据裁判结果采取相应的后续措施。

四、执　　行

第二十五条 执行人员应严格按照生效裁判文书的主文内容进行执行，如对裁判文书理解有歧义或者就裁判文书主文确定性或可执行性的表述上有不同意见的，及时与审判部门沟通联系。可以通过执行弥补裁判文书不足的，应尽量做好相关的工作。

第二十六条 执行人员认为据以执行的生效法律文书存在裁判错误的，应当向审判部门提出并报分管院长决定是否提交审判委员会讨论处理意见。

第二十七条 执行过程中，涉及实体争议或新的法律关系主体等需要通过审判程序解决的，在与审判部门沟通后，告知当事人另行起诉或者申请再审。

第二十八条 执行人员在接手执行案件后，应当及时了解该案件在执行前是否采取过财产保全措施以及生效法律文书的履行情况。执行人员需要审判人员配合的，审判人员应积极配合。

第二十九条 执行人员依法采取财产保全措施的，应依照本意见第二十二条第一款的规定执行。

第三十条 当事人、利害关系人或案外人对执行人员在执行实施过程中的行为提出异议的，执行人员应准备好相关材料后作为执行异议案件及时移送立案部门立案。

第三十一条 执行人员应依照本意见第二十四条的规定及时开展执行裁判文书生效后的后续工作。

第三十二条 执行人员依照民事诉讼法第二百四十条规定对作为被执行人的企业法人发出执行通知时，可同时告知最高人民法院《关于适用〈中华人民共和国民事诉讼法〉的解释》有关执转破的规定。

第三十三条 在执行过程中，执行人员发现同时符合以下情形的，可以启动执破衔接工作：

（一）被执行人是企业法人；

（二）被执行人或者有关被执行人的任一执行案件的申请执行人同意将执行案件移送破产审查；

（三）被执行人不能清偿到期债务，并且资产不足以清偿全部债务或明显缺乏清偿能力。

同一执行案件的被执行人有多个企业法人的，可以分别启动执破衔接工作。

第三十四条 不宜移送破产审查的情形：

（一）被执行人涉及职工人数众多、破产后安置困难等重大不稳定因素，地方党委、政府也明确不支持实施破产清算的；

（二）其他不宜移送破产审查的情形。

第三十五条 申请执行人向执行部门申请将案件移送破产审查，执行部门经审查认为不符合条件决定不予移送的，应当书面告知该申请执行人，若对不予移送决定有异议的，可依照相关法律规定直接向立案部门提出破产申请。

第三十六条 执行人员在执行中发现被执行人符合移送破产审查条件的，应根据执行案件的具体情况，先向申请执行人或被执行人释明企业破产法、民事诉讼法及其司法解释中执转破的相关规定，再征询其是否同意将案件移送破产审查的意见，并将上述过程记入笔录，由相关当事人签字。

执行人员认为有必要，可邀请破产庭人员参加释明和意见征询工作。

第三十七条 执行案件移送破产审查意见作出后，应于5日内书面通知被执行人和申请执行人。被执行人或申请执行人有异议的，执行人员应告知其可在破产审查期间提出，由破产庭审查异议是否成立。

第三十八条 对于符合执行移送破产审查的案件，由执行人员提出并经合议庭评议，报执行部门负责人批准后，由分管院长签发执行案件移送破产审查的决定书。

第三十九条 对于符合执行移送破产审查的案件，由执行部门与破产庭沟通后，视案件具体情况决定是否借助“僵尸企业处置府院协调机制”制定破产受理前的临时强制接管方案，确定接管人员，监管被执行企业资产，防止企业资产流失，并及时对企业公章、账册等采取保全措施。

第四十条 对于决定执行移送破产审查的案件，执行人员可立即作出中止对被执行人执行的裁定。对被执行人执行行为的中止，不影响对同一执行案件其他被执行人的执行。

中止执行裁定生效起至裁定受理破产的期间，执行部门对被执行人所有的持续保管费用过高可能影响债权受偿、季节性商品、鲜活、易腐败变质以及其他不宜长期保存的物品和宜先行处置的财产，应及时予以变价处置并提存变价款，待被执行人进入破产程序后及时移交管理人。

第四十一条 案件移送破产审查起至裁定受理破产的期间，查封、扣押、冻结被执行人财产的期限届满的，经申请执行人申请，由执行部门负责办理续查控手续。

第四十二条 对于决定移送破产审查的案件，执行部门应当移交如下材料：

（一）移送函；

（二）执行案件移送破产审查决定书；

（三）向申请执行人或被执行人同意法院受理破产案件相关内容的笔录；

（四）被执行人的工商登记信息、组织结构、职工人数、职工债权、对外投资、年度审计报告等企业基本情况；

（五）关联案件清单（涉及被执行人的已知债权人清单）；

（六）被执行人财产查询、处置的相关书面材料；

（七）针对被执行人采取的诉讼保全、执行程序中的查封、扣押、冻结财产清单；

（八）被执行人的公章、财务账册、会计账簿等材料（必要时可在执行中先行查封、扣押上述材料）；

（九）执行过程中可能形成的其他材料，如审计报告、资产评估报告等；

（十）执行部门在执行程序中发现的被执行人及其相关人员隐匿、转移财产等涉嫌逃废债行为线索的相关材料；

（十一）包括上述材料内容的案件执行情况书面报告；

（十二）执行部门认为应当移交的其他材料。

上述材料不完整的，破产庭在审查时可以要求执行部门补齐，但不影响破产受理审查进程。

第四十三条 执行部门应在作出决定后3日内将本意见第四十二条规定所列材料移送破产庭，破产庭进行形式审查后及时送交立案庭以“破申”立案登记。

第四十四条 破产庭对执行转破产审查案件作出受理裁定的，应在5日内将裁定书送达执行部门。执行部门收到受理破产裁定后7日内应将已扣划到账的银行存款、实际扣押的动产、有价证券、尚未分配给债权人的拍卖款等被执行人的财产移交管理人,同时立即告知相关申请执行的债权人依法向管理人申报债权。

作出不予受理或者驳回申请裁定的,应在裁定生效后7日内将裁定书送达执行部门,并应一并退回相关移送的材料。执行部门收到不予受理或驳回申请的裁定,应当立即恢复对该被执行人的执行。执行部门不得再次启动针对该被执行人的执行案件移送破产审查程序。

第四十五条 执行部门收到破产庭出具的下列裁定时候,应裁定终结对该被执行人的执行:

(一)重整计划获裁定批准且履行完毕的;

(二)和解协议获裁定认可且履行完毕的;

(三)裁定宣告被执行人破产的。

第四十六条 在执行过程中产生的保管费、仓储费、公告费、评估费等执行费用,可作为破产费用,由管理人随时清偿。

第四十七条 执行移送破产案件受理后,破产庭在审理破产案件中,需要查阅执行部门在执行程序中相关材料的,执行部门应予协助。

第四十八条 债权人未经执行程序直接提起破产申请的,执行部门与破产庭应参照本意见的规定做好衔接工作。

五、破　　产

第四十九条 破产案件合议庭可以由破产庭和执行部门或其他审判部门的法官共同组成。

第五十条 管理人接管债务人财产有困难的,执行部门可以协助管理人进行财产接管。

当事人、利害关系人或案外人对接管财产有异议的,可依照执行异议程序进行救济。

第五十一条 破产案件审理过程中,执行部门应积极协助破产庭利用省法院"点对点"、最高人民法院"总对总"网络查控系统及时查控破产财产。

第五十二条 破产庭对执行程序中依法形成,且在破产财产变价时仍在有效期内的评估报告，可建议管理人将其作为确定破产财产变价方案的依据，但债权人会议另有决议的除外。

第五十三条 破产庭在裁定确认破产债权后，应向执行部门发函，通知执行部门若裁定确认的债权人在本院有作为被执行人的案件，需冻结其对债务人享有的到期债权的，应在收到本函之日起10日内，向管理人发出协助执行通知书。

第五十四条 破产庭应当制作在审、已结破产案件清单，公示于本院网站，以供各部门查看。

六、会商机制

第五十五条 立案、审判、执行、破产各部门要加强案件信息沟通与共享，及时通报与其他程序有关联的案件信息。

第五十六条 审判管理部门每季度负责牵头召开立案、审判、执行与破产等部门负责人联席会议，加强各部门之间的沟通，减少分歧，统一做法，以实现各部门之间的互动和联动。

联席会议可就重大、疑难及特殊案件进行个案、系列案的专项协调与磋商。

七、监督考核与责任追究

第五十七条 各部门之间“立、审、执、破”配合情况作为重要考核内容纳入年度庭室考核工作范畴。

案件自动履行率纳入审判管理考核指标，作为法官及审判部门业绩考评的重要指标。审判部门应建立案件自动履行的相关台账，由审判管理部门、政治处负责审核。

第五十八条 对协调配合意识不强、相互衔接失当，导致矛盾激化，引发当事人上访或其他严重影响的审、执、破人员，纪检监察部门应严肃查处，追究相应责任。

八、附　则

第五十九条 本实施意见由本院院长办公会议负责解释。

第六十条 本实施意见自2018年3月28日起施行。施行后，法律和上级法院有新规定，依照新规定执行。

苏州市吴江区人民法院关于执行案件移送破产审查的操作规程

为规范执行案件移送破产审查的操作流程，统一执行案件移送破产审查的标准，推进执行案件移送破产审查工作，根据《中华人民共和国企业破产法》《中华人民共和国民事诉讼法》《最高人民法院关于适用〈中华人民共和国民事诉讼法〉的解释》《最高人民法院关于执行案件移送破产审查若干问题的指导意见》《江苏省高级人民法院关于规范执行案件移送破产的若干规定》等规定，制定本规程。

一、总体要求及职责分工

1. 执行案件移送破产审查应当遵循规范有序、标准统一、公平与效率兼顾的原则。

2. 执行案件移送破产审查由权利告知、调查识别、征询释明、决定作出、材料移送、立案登记、破产审查七个程序组成。

权利告知、材料移送由执行指挥中心专人负责；调查识别、征询释明、作出决定由承办被执行企业法人案件的执行法官负责，案件分布于多个执行法官名下的，由主办执行法官负责；立案登记由清算与破产审判庭、立案庭负责；破产审查由清算与破产审判庭负责。

二、权利告知程序

3. 执行案件立案受理后，执行指挥中心应在统一制作的受理案件通知书、执行通知书中载明《最高人民法院关于适用〈中华人民共和国民事诉讼法〉的解释》第五百一十三条的规定，告知申请执行人、被执行人提出执行案件移送破产审查申请的权利。

4. 申请执行人、被执行人向执行局申请将案件移送破产审查，执行局经审查决定不予移送的，应当书面告知该申请执行人或被执行人。申请执行人或被执行人对不予移送决定有异议的，可依照企业破产法的规定直接向立案庭提出破产申请。

三、调查识别程序

5. 经调查识别，执行法官可将符合下列情形之一的企业法人作为移送破产审查的对象：

(1)穷尽执行措施后，无财产可供执行的；

(2)涉及作为被执行人的案件众多，且申请执行标的总额超过已查明可供执行财产市场价值总额的；

(3)存在隐匿、转移财产、无偿转让财产、以明显不合理的价格进行交易、偏颇清偿等行为，通过执行程序无法解决，但通过企业破产法确立的无效行为、破产撤销权、合并破产等制度可予以追回的；

(4)仍在生产经营且具有营运价值，通过执行程序无法妥善处置，但通过破产重整、和解制度可能实现事业延续的。

6. 对于准备移送破产审查的被执行人，执行法官应采取下列措施：

(1)责令被执行人申报名下财产、经营状况；

(2)及时控制已查明被执行人名下所有财产；

(3)搜查、控制被执行人的账簿、印章、证照等生产经营材料；

(4)实际控制人与法定代表人不一致的，及时书面确认被执行人的实际控制人；

(5)深查被执行人负债、投资状况、未入账资产情况；

(6)优先处置已查明的被执行人名下财产，处置方法参照本院执行中财产处置规则；

(7)核实职工名册、职工债权(包括债权金额、债权期限、已清偿金额等)，向劳动仲裁委、人社等相关部门调取职工信息，对职工情况不稳定的企业，及时与辖区职能部门沟通；

(8)被执行人的相关责任人属于拒执、非处等符合追究刑事责任情况的,及时启动刑事追责程序。

依照前款实施搜查、司法拘留等强制措施的,需在实时录音录像的情况下进行,并保留相应的视频、音频记录。

四、征询释明程序

7. 对准备移送破产审查的案件,执行法官应通过送达征询通知书,或直接询问的方式,征询申请执行人、被执行人关于将案件移送破产审查的明示意见。

以直接询问方式征询意见的,应制作询问笔录,由执行法官、书记员和相应当事人签字确认。询问时,执行法官应根据执行案件的具体情况,首先向申请执行人或被执行人释明企业破产法、民事诉讼法司法解释等关于破产制度及执转破的相关规定,再征询其是否同意将案件移送破产审查的意见。执行法官认为有必要,可邀请清算与破产审判庭人员参加释明和意见征询工作。

8. 申请执行人、被执行人均不同意移送且无人申请破产的,执行法官应当按照《最高人民法院关于适用〈中华人民共和国民事诉讼法〉的解释》第五百一十六条的规定处理,企业法人的其他已经取得执行依据的债权人申请参与分配的,人民法院不予支持。

五、决定作出程序

9. 对于符合执行移送破产审查的案件,由执行法官提出意见并经合议庭评议,报执行部门负责人审核后,由分管院长签发执行案件移送破产审查的决定书。

10. 对于决定移送破产审查的案件,执行法官应同时作出中止对被执行人执行的裁定,并在五日内通知所有已知执行法院。

对被执行人的持续保管费用过高、季节性商品、鲜活、易腐败变质以及其他不宜长期保存的物品和宜先行处置的财产,执行法官应及时予以变价处置并提存变价款,并在裁定受理破产申请后书面告知管理人。

对申请执行人为担保权人的案件,申请执行人继续主张就该特定财产变价处置行使优先受偿权的,执行法官可不中止执行,已拍卖变价所得执行款亦可优先支付。但因单独处置担保财产会降低其他被执行人财产的价值而应整体处置的除外。

对被执行人执行行为的中止,不影响对同一执行案件其他被执行人的执行。

11. 移送破产审查决定作出后、裁定受理破产案件之前，本院对被执行人的查封、扣押、冻结措施不解除。查封、扣押、冻结期限在破产审查期间届满的，申请执行人可以向执行法官申请延长期限，由执行法官负责办理。

裁定受理破产案件后，本院执行程序中对债务人已采取的查封、扣押、冻结措施也可以不解除，其效力自然延续至破产程序中。

12. 移送破产审查决定及中止执行裁定作出后，执行法官应当于五日内送达申请执行人和被执行人。申请执行人或被执行人对决定有异议的，告知其可在破产审查期间提出，由清算与破产审判庭一并处理。

13. 对于决定移送破产审查的案件，执行法官应同时制作执行案件移送破产审查报告，报告应载明如下事项并附相关材料：

(1)被执行人基本信息；

(2)被执行人所涉案件执行概况；

(3)已查明的资产状况；

(4)已处置的资产情况；

(5)已采取的强制措施情况；

(6)已掌握的账簿、财务、印章等情况；

(7)已分配财产清单情况；

(8)案件执行过程中存在的风险；

(9)有必要在报告中列明的其他情况。

六、材料移送程序

14. 移送破产审查决定作出后，执行法官应在三日内将执行案件移送破产审查决定书、申请执行人或被执行人同意移送的书面材料、执行案件移送破产审查案件报告汇总至执行指挥中心，执行指挥中心应在当日向清算与破产审判庭出具移送函，并将前述材料一并移送清算与破产审判庭。

15. 清算与破产审判庭负责对移送材料进行形式审查，但不得以材料不完备拒绝接收。移送材料不完备或内容明显错误的，清算与破产审判庭可以要求执行法官补齐、补正，执行法官应于十日内补齐、补正。该期间不计入破产审查期间。

七、立案登记程序

16. 清算与破产审判庭经审核认为移送材料完备的，或虽不完备但有执行案件移送破产审查决定书、申请执行人或被执行人同意移送的书面材料的，应在收到移送材料之日或要求补齐、补正期满之日起三日内送交立案庭，立案庭应于当日以“破申”作为案件类型代字编制案号登记立案，并于次日将案件移送清算与破产审判庭进行破产审查。

八、破产审查程序

17. 清算与破产审判庭应在立案登记后五日内将立案及合议庭组成情况通知同意移送破产审查的申请执行人及被执行人。对于申请执行人同意移送的，应在通知中向被执行人释明，如对移送决定有异议的，应当自收到通知之日起七日内向本院提出。

18. 清算与破产审判庭应当自“破申”登记立案之日起三十日内作出是否受理的裁定。裁定作出后，清算与破产审判庭应当在五日内送达申请执行人、被执行人，并送交执行法官。

破产审查期间，原同意移送破产审查的申请执行人或被执行人均自愿撤回同意的，可予以准许。

19. 申请执行人申请或同意移送破产审查的，裁定书中以该申请执行人为申请人，被执行人为被申请人；被执行人申请或同意移送破产审查的，裁定书中以该被执行人为申请人；申请执行人、被执行人均同意移送破产审查的，双方均为申请人。

20. 执行法官收到受理破产申请裁定后，可裁定终结本次执行程序，并应在七日内将已扣划到账的银行存款、实际扣押的动产、有价证券、尚未分配给债权人的拍卖款等被执行人的财产移交管理人，同时立即告知相关申请执行的债权人依法向管理人申报债权。

21. 清算与破产审判庭做出不予受理或驳回申请裁定的，应当在裁定生效后七日内将接收的材料、被执行人的财产退回执行法官，执行法院应当恢复对被执行人的执行。

清算与破产审判庭作出不予受理或驳回申请的裁定后，执行法官不得重复启动执行案件移送破产审查程序。但是，申请执行人或被执行人可依照企业破产法的规定直接向立案庭提出破产申请。

22. 清算与破产审判庭裁定宣告被执行人破产或裁定终止和解程序、重整程序的，应当自裁定作出之日起五日内送交执行法官，执行法院应当裁定终结对被执行人的执行。

苏州市吴江区人民法院关于执转破案件简化审理程序的规定(试行)

(2017 年 8 月 1 日　吴法〔2017〕62 号)

为推动执行程序与破产程序衔接工作,提高执转破案件审判效率,发挥企业破产制度功能,根据《中华人民共和国企业破产法》及上级法院的相关规定,结合本院实际,制定本规定。

第一条　(执转破案件的定义) 本规定所称执转破案件指经执行案件移送破产审查而进入破产程序的案件。

第二条　(基本原则) 执转破案件简化审理程序应遵循依法简化、协调配合、高效便捷的原则。

第三条　(适用简化审理程序的案件范围) 对于事实清楚、债权债务关系明确并且同时具有下列情形之一的执转破案件,可以适用本规定:

(一)债务人无经营资金、无营业场所、人员下落不明的;

(二)破产财产可能不足以支付全部破产费用的;

(三)债务人全部财产或主要财产已在执行程序中变价的;

(四)适宜简化审理程序的其他情形。

第四条　(排除适用简化审理程序的情形) 具有下列情形之一的执转破案件,原则上不适用本规定:

(一)有重大社会风险隐患的;

(二)裁定破产重整、和解的;

(三)不宜简化审理程序的其他情形。

第五条　(程序转换)在审理过程中发现不宜继续适用简化审理程序的情形的,仍应按一般程序审理。

第六条　(审查组织)适用本规定的执转破案件可以由审判员一人独任审查。

第七条　(执行程序对财产的先行处置)对于执行局已发现被执行人符合企业破产法第二条规定,但被执行人同时又有财产已上网拍卖,且一个月内可处置完成的,执行局应当及时询问申请执行人、被执行人是否同意待财产变价处置后将案件移送破产审查。申请执行人、被执行人同意的,执行局继续处置被执行人财产,并在处置完成后立即移送破产审查,待进入破产程序后将所得价款移交管理人。

第八条　(决定移送后的立案登记)执行局应在作出移送决定后三日内将应当移送的材料移交立案庭。

立案庭经审核认为移送材料完备的,应在接收材料后三日内以"破申"作为案件类型代字编制案号登记立案,并在登记立案当日将案件移送清算与破产审判庭进行破产审查。

第九条　(破产审查受理)清算与破产审判庭应当自收到移送的材料之日起十五日内作出是否受理的裁定。

移送的材料不完备或内容错误,影响认定破产原因是否具备的,清算与破产审判庭可以要求执行局补齐,执行局应在七日内补齐。该期间不计入破产审查的期间。

清算与破产审判庭作出裁定后,应当在三日内送达申请执行人、被执行人,并送交执行局。

第十条　(指定个人管理人)适用本规定的执转破案件,可以依照最高人民法院《关于审理企业破产案件指定管理人的规定》第十七条之规定,指定管理人名册中的个人为管理人。

第十一条　(管理人选任方式)适用本规定的执转破案件原则上采取随机摇号的方式指定管理人,参加随机摇号的社会中介机构或个人范围根据苏州市中级人民法院《关于审理企业破产案件指定管理人工作的若干意见(试行)》确定。

第十二条 (受理通知期限的缩短)适用本规定的执转破案件,应当自裁定受理破产申请之日起十日内通知已知债权人,并予以公告。

第十三条 (查控债务人财产的执破配合)根据审理需要,清算与破产审判庭可通过执行查控系统查控债务人财产。具体由清算与破产审判庭提出申请,执行局操作实施。

第十四条 (债权申报期限的缩短)债权人申报债权的期限自发布受理破产申请公告之日起计算,最短不得少于三十日,最长一般不超过四十日。

第十五条 (第一次债权人会议召开时间提前)第一次债权人会议自债权申报期限届满之日起十日内召开。

第十六条 (债权人会议的召集期限缩短)召开债权人会议,管理人可提前三日通知已知债权人,但应同时将该次债权人会议需审议、表决的事项、方案送达债权人。

第十七条 (债权人会议的非现场表决)债权人会议可以采用函件、传真、电子邮件、短信、网络平台等便利有效的非现场形式进行表决。

第十八条 (债权人委员会的省略)适用本规定的执转破案件,一般应引导债权人会议作出不设立债权人委员会的决议,但第一次债权人会议后有需授权债权人委员会处理事项的除外。

第十九条 (当场裁定原则)对于债权人会议核查无异议的债权以及表决通过的决议,一般应当当场裁定确认并宣布。

对于债权人会议表决未通过的债务人财产的管理方案、破产财产的变价方案、分配方案,一般应当当场裁定并宣布,至迟不超过一个月。

第二十条 (宣告破产期限的限制)第一债权人会议上经审查认为符合宣告破产条件的,一般应当当场作出裁定并宣告,至迟不超过一个月。作出裁定后,应在三日内送达债务人和管理人,五日内通知已知债权人、送交执行局,并予以公告。

第二十一条 (破产财产的变价方式)破产财产变价方案优先选用网络拍卖平台。需借用司法网络拍卖平台的,执行局予以配合。

经债权人会议决议,管理人可选择内部竞价转让、协议出让或直接变现的方式出售破产财产,也可将破产财产分配或折价抵给特定的债权人。

第二十二条 (执行程序多次流拍财产的直接变价)对于经执行程序多次拍卖但破产受理前仍未予变价,且价值较低或不足以清偿其上所附优先受偿权利的债务人财产,第一次债权人会议召开前,管理人将处置方案报法院批准后可直接变价处理。

前款财产附着优先受偿权利的,应经相关权利人同意。

第二十三条 (不宜保管物品的变价)对于季节性商品、鲜活、易变质、易损易耗等不宜保管的破产财产,无法及时通过债权人会议决议的,管理人将处置方案报法院批准后可直接变价处理。

第二十四条 (未经债权人会议决议的提前变价)管理人接管除第二十二条、第二十三条外的债务人执行阶段未处置变价的财产的,一般应立即委托评估机构进行评估,在未经债权人会议决议的情况下,可依照本规定第二十一条的规定先行实施网络拍卖或确定买受人,但在拍卖公告或转让协议中应注明,该次拍卖或该转让协议自债权人会议通过后生效。

法院在执行程序中的评估报告,在破产财产变价时仍在有效期内的,管理人可将该评估报告作为确定破产财产变价的依据。

第二十五条 (直接分配)经债权人会议一致通过,管理人可以不将债务人财产进行变价而进行实物分配、债权分配、股权分配或产权分配,但法律法规禁止的除外。

第二十六条 (放弃破产财产的变价)经债权人会议一致通过,管理人可放弃对任一破产财产的变价。

第二十七条 (破产财产分配方案的表决)破产财产分配方案可与破产财产变价方案提交一次债权人会议表决。

第一次表决未通过的,可实行一次债权人会议二次表决,仍未通过的,由法院依法裁定。

第二十八条 (一次性分配破产财产)破产财产分配原则上实行一次性分配。

第二十九条 (未决诉讼的处理)破产人涉及的诉讼或者仲裁,不影响破产财产分配方案的通过和执行。但对于诉讼或仲裁未决的债权,管理人应当将其分配额提存。因相对方的诉讼请求未获支持或破产人(管理人)的诉讼请求得以实现而增加的财产,属于破产财产,应进行补充分配。

第三十条 （终结破产程序审查期限的缩短）法院应当自收到管理人终结破产程序的请求之日起五日内作出是否终结破产程序的裁定，并予以公告。

第三十一条 （申请注销登记期限的缩短）管理人应当自破产程序终结之日起五日内，持法院终结裁定程序的裁定，向破产人的原登记机关办理注销登记。

第三十二条 （公告的简化）适用本规定的执转破案件，除受理破产申请、宣告破产、终结破产程序必须公告外，其余事项可不予公告。

公告可以在全国企业破产重整案件信息网上发布。

第三十三条 （送达方式的简化）适用本规定的执转破案件，可以采取捎口信、电话、短信、微信、传真、电子邮件等简便方式送达各类通知。

第三十四条 （审理期限的缩短）适用本规定的执转破案件，应当在受理破产申请之日起六个月内审结，情况特殊需延长审限的，经本院院长批准，可延长三个月。

第三十五条 （管理人报酬的确定）管理人报酬原则上按《最高人民法院关于审理企业破产案件确定管理人报酬的规定》中规定的比例上限下浮 20% 至 50% 确定。

第三十六条 （管理人报酬的补偿）债务人确无财产或财产不足以支付管理人报酬的，管理人报酬依照本院《关于破产专项基金的管理办法》的规定予以补偿。

第三十七条 （破产程序与清算义务人责任的衔接）对债务人人员下落不明或财产状况不清的案件，在对债务人的法定代表人、财务管理人员、其他经营管理人员进行释明，或者采取相应训诫、罚款、拘留等强制措施后，债务人仍不能或拒不向法院提交有关材料，造成无法清算或无法完整清算的，可就现有财产对已知债权进行公平清偿并裁定终结破产清算程序后，告知债权人可以另行提起诉讼要求债务人的清算义务人对债务人的债务承担清偿责任。若发现上述人员存在隐匿企业账册、职务侵占等行为涉嫌犯罪的，应依法将有关材料移送公安机关侦查。

第三十八条 （其他破产案件的参照适用）其他事实清楚、债权债务关系明确的破产案件可参照适用本规定。

第三十九条 （解释机关）本规定由本院院长办公会负责解释。

第四十条 （施行日期）本规定自下发之日起施行，法律、上级法院有新规定的，按新规定执行。

苏州市吴江区人民法院关于民商事审理程序与破产程序衔接问题的规定(试行)

(2019年8月8日　吴法〔2019〕79号)

为充分发挥破产审判功能作用,高效化解矛盾纠纷,减轻当事人诉累,根据《中华人民共和国民事诉讼法》《中华人民共和国企业破产法》及相关司法解释的规定,结合本院工作实际,针对民商事审理程序中具备破产原因的企业转入破产程序的衔接问题,制定本规定。

第一条　(适用范围)本规定适用于被告为企业法人(含依法可以参照适用破产程序的组织,下同)的诉讼案件。

第二条　(基本原则)诉讼案件转入破产程序应遵循协调配合、高效便捷、当事人意思自治原则。

第三条　(破产原因识别)立案庭接收企业法人为被告的诉状,民商事审判部门(包括法庭,下同)审理以企业法人为被告的案件,应注重对被告企业经营状况、资产负债状况以及涉诉、涉执情况的调查,发现被告企业存在如下情形之一的,会商清算与破产审判庭后决定是否引导当事人提出破产申请:

(一)歇业、被列入经营异常名录、被税务列入非正常户、被吊销营业执照、责令关闭、被撤销、已解散未清算、法定代表人下落不明且无其他人员负责管理财产的;

(二)资产负债表、审计报告、资产评估报告等显示其全部资产不足以偿付全部负债的；

（三）被告企业明确表示缺乏清偿能力的；

（四）涉及多个作为被执行人的案件，不符合执行案件移送破产审查条件，但立案标的额与申请执行标的额之和超过已查明可供执行财产市场价值总额的；

（五）涉及多个作为被执行人的案件，申请执行标的总额超过已查明可供执行财产市场价值总额，且执行案件尚未移送破产审查的；

（六）适宜引导当事人提出破产申请的其他情形。

第四条　（立案期间应及时识别的案件）立案登记期间，对被告企业符合本规定第三条所列情形的如下案件，立案庭应及时会商清算与破产审判庭决定是否引导当事人提出破产申请：

（一）系列劳动争议案件（包括劳动仲裁部门裁决后申请执行的案件）；

（二）短期内有多个原告起诉的其他案件。

第五条　（审理期间应及时识别的案件）案件审理期间，对被告企业符合本规定第三条所列情形的如下案件，民事审判部门应及时会商清算与破产审判庭决定是否引导当事人提出破产申请：

（一）主张次债务人代替债务人直接向其偿还债务的；

（二）主张债务人的出资人、发起人和负有监督股东履行出资义务的董事、高级管理人员，或者协助抽逃出资的其他股东、董事、高级管理人员、实际控制人等直接向其承担出资不实或者抽逃出资责任的；

（三）以债务人的股东与债务人法人人格严重混同为由，主张债务人的股东直接向其偿还债务人对其所负债务的；

（四）主张未届出资期限的股东履行出资义务；

（五）其他就债务人财产提起的个别清偿诉讼。

除前款第四项规定的案件外，应主要引导债务人作为被告的其他诉讼案件的原告提出破产申请，并向其说明其他债权人已就债务人财产提起个别清偿诉讼的情况。

第六条　（调查方式）在立案登记和案件审理过程中，立案庭、民商事审判部门可通过查询被告企业登记信息、搜索关联案件、询问被告企业有关人员等方式，初步调查被告企业经营状况、资产负债状况以及涉诉、涉执情况。

第七条　（债权人的选择）引导原告提出破产申请的，在债权尚未确认前，应选择事实清楚、权利义务关系明确并具备金钱给付内容的案件。

第八条　(申请类型)对符合本规定第三条所列情形但具有挽救价值和可能的困境企业,应首先引导当事人提出重整或和解申请;对不具有挽救价值和可能的僵尸企业,应引导当事人提出清算申请。

第九条　(申请材料)当事人同意提出破产申请的,立案庭或民商事审判部门应一次性全面告知其应当提交的材料和期限,并进行指导。

原告提出破产申请的,应当提交破产申请书和有关证据。被告提出申请的,还应当提交财产状况说明、债务清册、债权清册、有关财务会计报告、职工安置预案以及职工工资的支付和社会保险费用的缴纳情况。

第十条　(移送审查报告)当事人同意提出破产申请的,立案法官或民事审理法官应同时制作移送破产审查报告,报告应载明如下事项并附相关材料:

(一)被告企业基本信息;

(二)已查明的经营状况;

(三)已查明的资产、负债情况;

(四)已掌握的账簿、财务、印章等情况;

(五)立案、审理过程中存在的风险;

(六)有必要在报告中列明的其他情况。

第十一条　(立案期间提出破产申请的处理)立案登记期间,当事人提出破产申请的,立案庭经审核认为材料完备的,应在接收材料后三日内以"破申"作为案件类型代字编制案号登记立案,并在登记立案当日将案件(含移送审查报告)移送清算与破产审判庭进行破产审查。

破产审查期间,在征得原告同意后,立案庭可暂缓立案。

第十二条　(审理期间提出破产申请的处理)案件审理过程中,当事人提出破产申请的,民事审判部门应在三日内将移送破产审查函、移送审查报告、破产申请书及相关材料移交立案庭。

立案庭经审核认为材料完备的,应在接收材料后三日内以"破申"作为案件类型代字编制案号登记立案,并在登记立案当日将案件移送清算与破产审判庭进行破产审查。

破产审查期间,诉讼可以继续进行,也可以在征求双方当事人意见后中止诉讼。

第十三条　（申请缓交案件受理费）案件审理过程中，原告提出破产申请且尚未预交案件受理费的，可申请缓交。

第十四条　（审查期间中止分配）清算与破产审判庭接收案件后应及时告知执行局。破产审查期间，执行局中止对被告企业财产的分配。

第十五条　（受理破产申请的处理）裁定受理破产申请的，清算与破产审判庭应当在裁定作出后三日内送交立案庭、民事审判部门和执行局。立案庭、民事审判部门应将破产申请受理情况及时告知当事人，并视案件情况引导当事人取回诉状、撤回起诉或依法中止审理；执行局应当中止对该被执行人的执行。

第十六条　（不予受理的处理）不予受理破产申请的，立案庭对暂缓受理的诉讼案件，及时受理；民事审判部门对已经受理的案件，继续审理；执行局对已立案执行的案件，继续执行。

第十七条　（附则）本意见自发布之日起实施。法律、司法解释或上级法院规范性文件有新规定的，以新规定为准。

苏州市吴江区人民法院审理预重整案件的若干规定

（2020年2月19日　吴法〔2020〕15号）

为完善庭外重组与庭内重整的衔接机制，准确识别债务人重整价值和可能、提高重整成功率、降低重整成本，有效发挥破产重整制度挽救困境企业的功能，根据《中华人民共和国企业破产法》（以下简称企业破产法）、《全国法院民商事审判工作会议纪要》、《全国法院破产审判工作会议纪要》等规定，结合本院工作实际，制定本规定。

第一条　（定义）本规定所称"预重整"，是指在立案审查破产重整申请后、受理破产重整申请前，对于具有重整原因且非明显不具备重整价值和挽救可能的债务人，经申请人、被申请人同意后，本院可决定由债务人制作包含企业破产法第八十一条规定的主要内容的方案，并征集利害关系人意见的程序。

第二条　（临时管理人的指定）决定对债务人进行预重整的，应当同时确定临时管理人。临时管理人的指定参照《苏州市中级人民法院关于审理企业破产案件指定管理人工作的若干意见（试行）》执行，也可以在债务人及其出资人、主要债权人或者有关主管部门推荐的已编入苏州法院破产管理人名册的机构中指定。

受理重整申请后，本院根据临时管理人履职表现决定是否转为重整案件管理人。

第三条　（预重整期间）自本院决定预重整之日起至临时管理人提交预重整工作报告之日止，为预重整期间。预重整期间不计入重整申请审查期限。

预重整期间为三个月，有正当理由的，经临时管理人申请，可以延长一个月。

第四条　（临时管理人职责）在预重整期间，临时管理人履行下列职责：

（一）调查债务人的基本情况、资产及负债情况；

（二）监督债务人自行管理财产和营业事务；

（三）监督债务人充分披露企业信息；

（四）协助债务人引入意向投资人；

（五）推动债务人与其出资人、债权人、意向投资人等利害关系人进行协商，协助债务人制作预重整方案；

（六）通过召开债务人及其出资人、债权人、意向投资人等利害关系人参加的会议，或者书面方式征集对预重整方案的意见；

（七）定期向本院报告预重整工作进展，并在征集完毕利害关系人对预重整方案的意见后，向本院提交预重整工作报告；

（八）本院认为临时管理人应当履行的其他职责。

第五条　（债务人义务）在预重整期间内，债务人承担下列义务：

（一）妥善保管其占有和管理的财产、印章和账簿、文书等资料；

（二）配合管理人调查，如实回答有关询问并提交相关材料；

（三）勤勉经营管理，妥善维护企业资产价值；

（四）及时向临时管理人报告对财产有重大影响的行为和事项，接受临时管理人的监督；

（五）如实向出资人、债权人、意向投资人等利害关系人披露与重整有关的信息，就预重整方案做出说明并回答有关询问；

（六）不得对外清偿债务，但为企业继续营业、维持其营运价值所必要的支出除外；

（七）未经允许，不得对外提供担保；

（八）积极与出资人、债权人、意向投资人等利害关系人协商，制作预重整方案；

（九）完成与预重整相关的其他工作。

第六条　（预重整期间费用）预重整期间，临时管理人执行职务的费用由债务人随时清偿。债务人未及时清偿或债务人财产暂不足以清偿,临时管理人或他人垫付的,受理破产重整申请后,可以参照企业破产法的规定列入破产费用。

第七条 (预重整期间的借款)预重整期间,经本院许可,债务人可以为继续营业而借款。受理重整申请后,该借款可以参照企业破产法第四十二条第四项的规定清偿。

债务人可以为前述借款设定抵押担保,抵押物已为其他债权人设定抵押的,按照物权法第一百九十九条规定的顺序清偿。

第八条 (预重整程序的终结)预重整期间,临时管理人经调查发现债务人下列情形之一的,应当及时向本院提交终结预重整程序的申请,经审查,本院可以决定终结预重整程序,并在法定期限内作出是否受理破产重整申请的裁定:

(一)不具有重整原因,或明显缺乏重整价值和挽救可能;

(二)存在企业破产法第三十三条规定的情形,以及其他严重损害债权人利益的情形;

(三)存在企业破产法第三十一条、第三十二条规定的情形,预重整可能影响管理人行使破产撤销权;

(四)违反本规定第五条规定的义务且不予纠正,导致预重整目的无法实现;

(五)债务人无法支付预重整必要费用,且无人垫付。

第九条 (债权人委员会)预重整期间,债权人可自行或在有关部门的牵头组织下成立债权人委员会,开展参与选定审计评估机构、监督债务人自行管理财产和营业事务、推动预重整方案协商谈判等工作。

第十条 (配套机制)预重整期间,债务人、临时管理人,应主动借力于已建立的破产审判府院联动机制及银行业金融机构监管部门、税务管理部门等机构制定出台的关于鼓励、推动债务重组的意见规定,积极争取信贷支持、政策扶持,为预重整工作的顺利开展创造有利的外部条件。

第十一条 (提交预重整工作报告)临时管理人提交的预重整工作报告应当包括下列内容,并附相关材料:

(一)债务人的基本情况、资产及负债情况;

(二)债务人出现经营或财务困境的原因;

(三)债务人的自行经营状况;

(四)债务人是否具有重整价值及挽救可能性的分析意见;

（五）是否形成预重整方案以及预重整方案的协商情况；

（六）进行重整的潜在风险及相关建议；

（七）其他与债务人进行重整有关的内容。

第十二条　（与审查重整申请的衔接）在收到预重整工作报告后，本院将结合预重整方案的合法性、可行性以及方案表决结果，在法定期限内作出是否受理破产重整申请的裁定。

第十三条　（与重整程序的衔接）受理破产重整申请后，债务人或者管理人可直接以预重整方案为依据制作重整计划草案提交本院和债权人会议。

第十四条　（效力延伸）重整计划草案的内容与预重整方案内容一致或有关权利人的权益更趋优化的，有关出资人、债权人对预重整方案的同意视为对该重整计划草案表决的同意，但下列情形除外：

（一）重整计划草案对协议内容进行了修改并对有关权利人有不利影响，或者与有关权利人重大利益相关的，受到影响的权利人有权按照企业破产法的规定对重整计划草案重新进行表决；

（二）预重整方案表决前债务人隐瞒重要信息、披露虚假信息，以及预重整方案表决后出现重大变化的，受到实质性影响的权利人有权按照企业破产法的规定对重整计划草案重新进行表决。

出资人、债权人对预重整方案作出是否同意的意思表示前，临时管理人应当告知前款规定的内容。

第十五条　（管理人报酬）预重整期间，临时管理人对投资人的引入、预重整方案的协商、制作及意见征集等付出合理劳动的，可以在提交预重整工作报告后向债务人收取适当报酬。报酬数额由临时管理人和债务人协商确定。协商不成的，由本院根据实际工作情况确定，但一般不得超过30万元。

裁定受理重整申请的，管理人报酬按照《最高人民法院关于审理企业破产案件确定管理人报酬的规定》执行，预重整期间管理人履职表现作为本院确定或调整管理人报酬方案的考虑因素，管理人不另行收取预重整报酬。

裁定受理重整申请时重新指定管理人的，预重整报酬参照本条第一款规定确定，由本院确定的，可以参照企业破产法的规定列入破产费用。

第十六条　（施行）本规定自发布之日起施行。上级法院有新规定的，执行新规定。

苏州市吴江区人民法院破产案件书记员工作流程要点

为规范破产案件审理中书记员工作，确保破产案件审理工作依法稳妥顺利进行，根据《中华人民共和国企业破产法》及其他相关法律、行政法规和司法解释的规定，结合本院破产审判实践，制定本要点。

一、破产申请审查阶段

（一）申请材料审查。查看申请书形式上是否齐备，是否完整载明申请人、被申请人的基本情况、申请的具体破产程序、申请的事实和理由等内容。债务人提出申请的，还应查看其是否向法院提交财产状况说明、债务清册、债权清册、有关财务会计报告、职工安置预案以及职工工资的支付和社会保险费用的缴纳情况。申请人提交的材料不符合规定的，及时通知申请人在指定期限内更正或补交。

（二）申请材料送达。立“破申”案件后，及时制作合议庭通知书、债务人异议权利告知书等文书，并于“破申”案件立案后五日内与其他申请材料一同相应送达申请人和债务人。通知无法送达债务人的，可在债务人住所地或本院公告栏张贴通知材料，无须采取公告方式送达。需要召开听证会的，应同时确定听证时间、地点并送达传票。

（三）管理人选任。立“破申”案件后五日内将申请书、债务人基本信息、执行案件移送破产审查报告等材料移送司法鉴定部门进行选任管理人工作。

二、受理破产申请后的工作

（一）“破”字立案。裁定受理破产申请后，书记员应于同日在破产重整案件法官工作平台以“破”字立案，立案日期为受理破产申请裁定书落款日期，并同步更新本院内网部门信息中的“在审破产案件信息表”。

（二）法律文书制作。受理破产申请的同时制作指定管理人决定书、受理破产申请的公告、通知书（一般包括：通知一，合议庭通知书；通知二，通知债务人提交材料的通知书；通知三，告知债务人有关人员履行相关义务的通知书；通知四，管理人刻制印章通知书；通知五，致已知债权人通知书；通知六，告知债务人清算义务人履行清算义务通知书）、调查令（一般涉及不动产登记、车辆管理、税务、社保、市场监管、银行、仲裁委等部门）等法律文书。

根据法官的要求，确定受理破产申请公告、致已知债权人通知书中的债权申报期限和第一次债权人会议召开时间、地点等事项。

（三）债务人关联案件查询。受理破产申请后立即查询债务人在全省范围内的涉诉、涉执案件，并将明细发送管理人，明细应包括案号、案由、案件名称、标的额、审理状态、判决方式、当事人住所地、联系电话等信息。另督促管理人在中国裁判文书网上查询债务人在全国范围内的涉诉、涉执案件。

（四）法律文书送达。受理破产申请后五日内，向申请人、债务人、管理人送达受理破产申请裁定书、合议庭通知书；向债务人同时送达通知二；向债务人有关人员送达通知三；向债务人清算义务人送达通知六；向管理人同时送达指定管理人决定书、通知四、调查令；委托管理人及时向已知债权人申报债权送达通知书，并确保通知已知债权人的时间同时符合裁定受理破产申请之日起二十五日内和债权申报期限不少于三十日两个条件。

（五）信息发布。受理破产申请后五日内，将受理破产申请的裁定书、指定管理人决定书、受理破产申请的公告等文书在全国企业破产重整案件信息网发布；将受理破产申请的公告发送本院审判管理办公室，由本院微信公众号推送；组织管理人至债务人住所地接管时，可将受理破产申请的公告同时张贴在债务人住所地。

三、审理过程中的工作

（一）协助管理人接管。债务人财产已被其他单位采取保全措施，或正被执行的，如果相关单位在接到管理人发送的告知函后，仍不解除保全措施或中止执行程序的，根据管理人的申请，由本院向相关单位出具函件协调解决。管理人接管债务人银行账户存款有困难的，根据管理人的申请，由本院直接予以扣划。

（二）第一次债权人会议的准备和记录。提前三天申请本院法警队派员维持债权人会议秩序。根据债权人会议资料，提前一天准备债权人会议笔录。协助管理人布置债权人会议会场。完整准确记录第一次债权人会议内容。

第一次债权人会议后三个工作日内向管理人送达指定债权人会议主席决定书；设立债权人委员会的，另制作指定债权人委员会决定书，并将决定书在全国企业破产重整案件信息网发布。

债权人会议未通过债务人财产的管理方案和破产财产的变价方案的，本院作出裁定后三日内送达管理人，并通知债权人。

（三）确认无争议债权。确认无争议债权裁定书作出后及时送达债务人、管理人及所附债权表上载明的债权人，将裁定书在全国企业破产重整案件信息网发布。同时向本院执行局发函，通知执行局筛查确认债权表中的债权人在本院是否有作为被执行人的案件，告知冻结或提取到期债权的方式。

（四）宣告债务人破产。宣告债务人破产裁定书作出之日起五日内送达给债务人、管理人，十日内通知已知债权人。制作宣告债务人破产公告，将宣告债务人破产裁定书、公告在全国企业破产重整案件信息网发布。如受理破产申请公告在《人民法院报》刊登，则宣告破产公告要同时在《人民法院报》刊登。同步更新本院内网部门信息中的“在审破产案件信息表”，填写宣告债务人破产日期。

（五）破产财产变价。审核管理人拍卖公告等拍卖材料，并及时予以发布。破产财产拍卖成交后，督促管理人及时联系买受人至本院开具成交确认书，并将拍卖保证金转至管理人账户。

（六）认可分配方案。管理人拟定破产财产分配方案提交债权人会议讨论前，根据合议庭的决定制作确定管理人报酬方案的通知书，并在作出后三日内送达管理人。

及时将认可分配方案裁定书送达管理人，并在全国企业破产重整案件信息网发布。向管理人提供破产案件申请费缴纳账户，并在管理人缴纳后开具发票。

根据管理人的申请，依照破产财产分配方案中载明的管理人报酬方案内容，制作管理人应收取报酬数额通知书，并及时送达管理人。

（七）终结破产程序。及时将终结破产程序裁定书送达债务人、管理人并通知债权人，制作终结破产程序公告，并在全国企业破产重整案件信息网发布。监督管理人在破产程序终结之日起三日内在破产重整案件管理人工作平台上填写案件信息，并完成案件报结。

四、后续工作

（一）案件数据统计。监督管理人在破产程序终结之日起五日内填写本院制作的案件数据统计表，并及时汇总至内勤处。

（二）管理人终止执行职务。管理人办理完毕注销登记后，根据其申请，出具终止管理人执行职务决定书。

（三）管理人报酬补偿和提取。根据本院破产专项基金管理办法，补偿管理人报酬或自管理人报酬中提取基金，并相应送达通知书。

（四）卷宗归档。案件审结后三个月内完成卷宗归档。管理人受本院委托向债务人、债权人送达债权申报通知书、相关法律文书的凭证，职工债权公示材料、分配凭证及债权人会议中对表决事项的表决票等材料，及时督促管理人提交，并装订入卷。

五、其他工作要点

（一）其他文书的制作和送达。根据法官的要求制作重整程序、和解程序中的部分法律文书，参照前述内容及时送达重整程序、和解程序中的法律文书。

（二）协助开展调查工作。协助法官完成案件审理中的调查工作，制作调查笔录、照片或视频，并及时打印或刻录光盘。

（三）案件信息发布。案件审理过程中本院、管理人制作的其他文书，以及案件相关信息，依照《最高人民法院关于企业破产案件信息公开的规定（试行）》的规定，及时在全国企业破产重整案件信息网发布或督促管理人及时发布。

苏州市吴江区人民法院关于破产案件指定个人管理人的规定(试行)

(2018 年 4 月 18 日　吴法〔2018〕24 号)

第一条　为推进本院破产案件繁简分流审理工作,提升破产案件简化审理效率,发挥个人管理人在破产案件审理中灵活高效的特点,依据《中华人民共和国企业破产法》、《最高人民法院关于审理企业破产案件指定管理人的规定》制订本规定。

第二条　可以被本院指定担任个人管理人的人员,必须符合下列条件:

(一)苏州法院破产管理人名册中载明的社会中介机构中的人员;

(二)具备相关专业知识并取得执业资格的人员;

(三)曾担任企业破产案件管理人的负责人;

(四)该人员所在社会中介机构没有其他人员被本院指定为个人管理人。

第三条　对于事实清楚、债权债务关系简单并且同时具备下列情形之一的破产案件,可以指定个人担任管理人:

(一)债务人无经营资金、无营业场所、人员下落不明的;

(二)破产财产可能不足以支付全部破产费用的;

(三)适宜指定个人担任管理人的其他案件。

第四条 具有下列情形之一的破产案件,原则上不适用本规定指定个人担任管理人:

(一)有重大社会风险隐患的;

(二)裁定破产重整、和解的;

(三)不宜指定个人担任管理人的其他情形。

第五条 本院指定个人担任破产案件管理人的,应依照《苏州市中级人民法院关于审理企业破产案件指定管理人工作的若干意见(试行)》的规定,选任社会中介机构后,先征询被选任社会中介机构的意见,再指定相应个人担任管理人。

第六条 个人担任管理人的,应符合《中华人民共和国企业破产法》《最高人民法院关于审理企业破产案件指定管理人的规定》《苏州市吴江区人民法院破产管理人工作规范》中关于个人担任管理人的任职禁止、回避等规定的要求。

第七条 个人担任管理人的,应当参加执业责任保险,并将参加执业责任保险的证明交本院备案。

第八条 依据本规定指定个人担任管理人的,在案件的审理中,发现有下列情形,不适宜继续指定个人担任管理人的,本院可重新指定原被本院选任的社会中介机构作为破产管理人:

(一)在审理中发现该破产案件不符合本规定第三条规定的情形;

(二)该个人管理人失踪、死亡或者丧失民事行为能力,或因健康原因无法履行职务;

(三)本院认为其他可能不宜个人担任管理人的情形。

第九条 个人担任管理人的,有下列情形之一,本院可以根据债权人会议的申请或者依职权径行决定更换管理人:

(一)执业资格被取消、吊销;

(二)与本案有利害关系;

(三)履行职务时,因故意或者重大过失导致债权人利益受到损害;

(四)执业责任保险失效;

(五)有重大债务纠纷或者因涉嫌违法行为正被相关部门调查的;

(六)拒绝接受本院、债权人会议、债权人委员会的监督,经批评教育仍不改正;

(七)违反法律、司法解释和本规范规定私自收费的;

(八)利用管理人的职务之便为自己和他人谋取私利。

依前款规定更换后,可依据本规定再行指定备选社会中介机构中的个人担任管理人。

第十条 按照本规定指定个人担任管理人的,在其担任管理人的破产案件未终结前,不得再指定其为其他破产案件的管理人。

第十一条 个人担任管理人的,应严格遵守《中华人民共和国企业破产法》及相关司法解释的规定,并依照本院颁布的《破产管理人工作规范》执行职务。

第十二条 个人管理人的报酬应依照《最高人民法院关于审理企业破产案件确定管理人报酬的规定》收取,在本院确定后,从债务人财产中优先支付给个人管理人。

个人管理人可以依照《苏州市吴江区人民法院关于破产专项基金的管理办法》的规定向本院申请补偿报酬。

第十三条 个人担任管理人的,依照《中华人民共和国企业破产法》的规定,可以聘用必要的工作人员协助其履行职务,但聘用本专业的社会中介机构或人员的,所需费用从其报酬中支付。

第十四条 按照本规定指定个人担任管理人的,未依照法律规定勤勉尽责,忠实履行执行职务给债权人、债务人或者第三人造成损失的,由其所在的社会中介机构承担赔偿责任。

第十五条 本院参照《苏州市中级人民法院关于审理企业破产案件指定管理人工作的若干意见(试行)》的规定对个人管理人进行考评,考评结果纳入其所在的社会中介机构。

第十六条 本院对本规定享有最终解释权。

第十七条 本规定自下发之日起施行,法律、上级法院有新规定的或者上级法院编制了个人管理人名册的,按新规定执行。

苏州市吴江区人民法院破产管理人工作规范

（2017年11月2日　吴法他〔2017〕30号）

一、总　　则

第一条　为规范破产管理人的执业行为，保证管理人依法公正高效履行职责，提高管理人的服务质量和水平，确保破产审判工作的顺利推进，依据《中华人民共和国企业破产法》（以下简称《企业破产法》）及其他相关法律、行政法规和司法解释的规定，结合本院破产审判实践，制定本规范。

第二条　管理人应当勤勉尽责、忠实执行职务，依法办理相关事务，不损害债权人、债务人的利益。

第三条　管理人执行职务应当注重工作效率，节约破产费用，依法合理控制共益债务。

第四条　管理人在执行职务过程中，应当依法向本院报告工作，并依法接受本院、债权人会议和债权人委员会的监督。

第五条　管理人无正当理由不得拒绝本院的指定。管理人一经本院指定，不得以任何方式将管理人应当履行的职责全部或者部分转给其他中介机构或者个人。

第六条　管理人应当严格履行保密义务，对于在执业中知悉的有关债务人、债权人和其他利害关系人的商业秘密、个人隐私以及其他不能对外披露的事项,管理人应予保密。

第七条 管理人执行职务出具文书,应当按照最高人民法院发布的文书样式制作。

第八条 管理人应依法在全国企业破产重整信息网及时公开破产案件的以下信息:

(一)债务人信息;

(二)征集、招募重整投资人的公告;

(三)管理人工作节点信息;

(四)破产程序中管理人发布的其他公告;

(五)本院制作的破产程序法律文书;

(六)本院裁定批准的重整计划、认可的破产财产分配方案、和解协议等;

(七)涉及的诉讼、仲裁案件的基本信息;

(八)管理人认为应当公开,并经本院批准可以公开的其他信息。

第九条 管理人可以在最高人民法院全国企业破产重整信息网发布破产程序有关公告;管理人在其他媒体发布公告的,同时应在最高人民法院全国企业破产重整信息网发布公告。管理人在最高人民法院全国企业破产重整信息网发布的公告具有法律效力。

第十条 有下列情形之一的,不得担任管理人:

(一)因故意犯罪受过刑事处罚;

(二)曾被吊销相关专业执业证书;

(三)与本案有利害关系;

(四)有重大债务纠纷或者因涉嫌违法行为正被相关部门调查;

(五)本院认为不宜担任管理人的其他情形。

有上述情形的个人,不得担任管理人的工作人员。

第十一条 社会中介机构、清算组成员有下列情形之一,可能影响其忠实履行管理人职责的,可以认定为与破产案件有利害关系,不得担任管理人:

(一)与债务人、债权人有未了结的债权债务关系;

(二)在本院受理破产申请前三年内,曾为债务人提供相对固定的中介服务;

(三)现在是或者在本院受理破产申请前三年内曾经是债务人、债权人的控股股东或者实际控制人;

（四）现在担任或者在本院受理破产申请前三年内曾经担任债务人、债权人的财务顾问、法律顾问；

（五）本院认为可能影响其忠实履行管理人职责的其他情形。

第十二条 社会中介机构的派出人员、清算组成员的派出人员、个人管理人有下列情形之一，可能影响其忠实履行管理人职责的，可以认定为与破产案件有利害关系：

（一）具有本规范第十一条所述情形；

（二）现在担任或者在本院受理破产申请前三年内曾经担任债务人、债权人的董事、监事、高级管理人员；

（三）与债权人或者债务人的控股股东、董事、监事、高级管理人员存在夫妻、直系血亲、三代以内旁系血亲或者近姻亲关系；

（四）本院认为可能影响其公正履行管理人职责的其他情形。

第十三条 本院指定管理人后，社会中介机构、个人、清算组发现与本案有利害关系的，应主动申请回避并向本院书面说明情况。

个人作为社会中介机构、清算组的工作人员的，发现与本案有利害关系的，应主动向本院申请回避并向本院书面说明情况。

在本院决定回避前，被指定为本案管理人的社会中介机构、个人、清算组应当继续履行管理人职责。

第十四条 社会中介机构、清算组作为管理人的，有下列情形之一，本院可以根据债权人会议的申请或者依职权径行决定更换管理人：

（一）执业许可证或者营业执照被吊销或者注销；

（二）出现解散、破产事由或者丧失承担执业责任风险的能力；

（三）与本案有利害关系；

（四）履行职务时，因故意或者重大过失导致债权人利益受到损害；

（五）有重大债务纠纷或者因涉嫌违法行为正被相关部门调查的；

（六）拒绝接受本院、债权人会议、债权人委员会的监督，经批评教育仍不改正；

（七）违反法律、司法解释和本规范规定私自收费的；

（八）利用管理人的职务之便为自己和他人谋取私利。

第十五条 个人作为管理人的，有下列情形之一，本院可以根据债权人会议的申请或者依职权径行决定更换管理人：

（一）执业资格被取消、吊销；

（二）与本案有利害关系；

（三）履行职务时，因故意或者重大过失导致债权人利益受到损害；

（四）失踪、死亡或者丧失民事行为能力；

（五）因健康原因无法履行职务；

（六）执业责任保险失效；

（七）有重大债务纠纷或者因涉嫌违法行为正被相关部门调查的；

（八）拒绝接受本院、债权人会议、债权人委员会的监督，经批评教育仍不改正；

（九）违反法律、司法解释和本规范规定私自收费的；

（十）利用管理人的职务之便为自己和他人谋取私利。

个人作为机构管理人的工作人员具有上述情形的，本院可以根据债权人会议的申请或者依职权径行决定更换。

第十六条 债权人会议申请更换管理人或者管理人工作人员的，管理人应自收到本院通知之日起五个工作日内作出书面说明，本院自收到管理人书面说明之日起十个工作日内作出是否更换管理人或者管理人工作人员的决定。

本院决定更换管理人，且已有依照法定程序产生的备选管理人的，由备选管理人担任管理人。

本院决定更换管理人的，原管理人应当自收到决定书之日起，在本院监督下向新任管理人移交全部资料、财产、营业事务及管理人印章，并及时向新任管理人书面说明工作进展情况。原管理人不能履行上述职责的，新任管理人可以直接接管相关事务。在破产程序终结前，原管理人应当随时接受新任管理人、债权人会议、本院关于其履行管理人职责情况的询问。

本院将更换管理人的决定书送达原管理人、新任管理人、破产申请人、债务人以及债务人的企业登记机关，并在指定信息公开平台予以公告。

二、接管调查职责

第十七条 管理人应当自收到本院出具的指定管理人决定书之日起三个工作日内组建管理人工作团队，履行管理人职责。

管理人应根据破产案件实际需要及管理人职责履行的实际情况对管理人团队的组成及分工进行确定,并将团队情况报备本院。管理人系经本院采取竞争加摇号选任方式选任的,管理人团队的组成应当符合其在竞争方案中作出的承诺。

本院根据破产案件的审理要求对管理人团队的组建提出要求的,管理人应当按本院的要求办理。

管理人团队人员应保持稳定,避免因人员频繁流动影响工作效率和工作质量。

第十八条 管理人应自收到本院出具的指定管理人决定书之日起十个工作日内,指派工作人员进行必要调查,与债务人法定代表人、财务负责人及本院决定的有关人员等进行沟通,根据案件具体情况,在本院的指导下,制定管理人工作计划。管理人工作计划的内容包括但不限于:

(一)工作制度(会议制度、印章管理制度、账户管理制度、财务管理制度、档案管理制度、保密制度等);

(二)管理人工作组组长、成员及内部分工;

(三)工作开展进度及日程规划;

(四)处理突发事件应急预案;

(五)其他事项。

管理人工作计划随着破产程序的推进,根据实际情况进行必要调整。

第十九条 管理人应自收到本院出具的指定管理人决定书之日起五个工作日内,凭本院受理破产申请裁定书、指定管理人决定书和告知公安机关刻制管理人印章的通知书等材料,按照国家有关规定向公安机关申请刻制管理人印章。

管理人印章刻制后,管理人应当向本院封样备案,并在封样备案后开始使用。因情况紧急需立即使用的,应在使用后三个工作日内补充封样备案,并对备案前的使用情况作书面说明。

管理人印章只限于管理人履行职责时使用。

第二十条 管理人应在封样备案完成之日起三个工作日内,持本院受理破产申请裁定书、指定管理人的决定书及身份证明等文件材料,到银行申请开立管理人账户。

管理人账户开立后,管理人可以将债务人的银行存款划入管理人账户。不能自行划转的,可以书面申请本院划扣。

管理人依法履行职责时发生的所有资金收支,均应当通过管理人账户进行。因继续营业等原因需使用债务人原账户,且管理人已实际接管该账户的,经本院许可,可通过原账户收取款项,但应在收到款项后三个工作日内划转至管理人账户。

第二十一条 管理人可以聘用社会中介机构或者人员为其工作。

破产清算事务所聘用会计、法律专业的社会中介机构或者人员,律师事务所聘用法律专业的社会中介机构或者人员,会计师事务所聘用会计专业的社会中介机构或者人员,所从事的行为应当认定为协助履行管理人职责行为,具体的机构或者人员由管理人自行选任,行为后果由管理人承担,行为报酬从管理人报酬中支付。

除前款情形外,管理人聘用其他必要的社会中介机构或者人员的:聘用的系审计机构或者人员的,或聘用的系法律服务机构或者人员的,由管理人在苏州法院破产管理人名册中经过询价选定;聘用的系评估、造价等中介机构或者人员的,由管理人在江苏法院委托鉴定机构电子信息平台具有相应资质的中介机构中经过询价选定;聘用的系留守人员的,由管理人在债务人企业的原工作人员中选定;聘用电脑技术服务公司或者人员的,由管理人经询价后选定。选定后,报本院备案。管理人应当在相关工作开展之前,与聘用的其他必要的社会中介机构或者人员签订书面合同,约定任职要求和任职报酬,报酬从破产费用中支付。

第二十二条 管理人应自收到本院出具的指定管理人决定书之日起三个工作日内安排工作人员到本院阅卷,了解破产案件的基本情况,通知债务人的有关人员,确定接管时间。

管理人应同时指派工作人员进驻债务人企业,与债务人法定代表人、财务负责人及本院决定的有关人员等进行沟通,制定债务人财产及营业事务接管预案。

管理人应当将拟接管的内容和范围告知债务人的法定代表人、财务负责人及本院决定的有关人员,要求其做好交接准备,并告知其违反交接义务应当承担的法律责任;管理人根据实际需要,可以同时将接管事项通知债务人内部相关人员和已知的债务人外部有关人员,并要求其做好交接准备或予以协助。管理人应当就前述事项制作相关询问笔录。

管理人认为有必要,可以提请本院召集债务人的法定代表人、财务负责人及本院决定的有关人员召开接管协调会,对接管事项作出安排部署。

管理人认为有必要,可提前申请本院指派工作人员在接管日前往接管现场协助办理接管事项。

第二十三条 债务人的有关人员或与破产案件有利害关系的人员不协助或阻碍管理人接管的,管理人应当报告本院,并在本院的指导下对债务人进行强制接管。

强制接管应事先作出预案,并根据实际需要请求本院协调当地基层组织、公安机关予以协助;强制接管过程应全程录像或拍照,录像或拍照的内容作为清算档案存档。

管理人发现债务人的有关人员对资产负债表或者财产清单作虚假记载,隐匿或者故意销毁依法应当保存的会计凭证、会计账册、财务会计报告,情节严重,涉及刑事犯罪的,应当及时向公安机关报案。

第二十四条 管理人应对债务人的财产、印章和账簿、文书等资料进行全面接管,并可以根据实际情况分期、分批接管。管理人接管的债务人的财产、印章和账簿、文书等资料,包括但不限于:

(一)债务人的包括动产和不动产在内的实物财产及其权利凭证;

(二)债务人的现金、有价证券、银行账户印鉴、银行票据;

(三)债务人的知识产权、对外投资、特许权等无形资产的权利凭证;

(四)债务人的公章、财务专用章、合同专用章、海关报关章、法定代表人人名章及其他印章;

(五)债务人的法人营业执照、外汇登记证、海关登记证明、经营资质文件等与债务人经营业务相关的批准、许可或授权文件;

(六)债务人的总账、明细账、台账、日记账、会计凭证、重要空白凭证、会计报表等财务账簿及债务人审计、评估等资料;

(七)债务人的批准设立文件、章程、管理制度、股东名册、股东会决议、董事会决议、监事会决议以及债务人内部会议记录等档案文件;

(八)债务人的各类合同协议及相关债权、债务等文件资料;

(九)债务人诉讼、仲裁案件及其案件材料;

(十)债务人的人事档案文件(包括职工人员名单、年纪、岗位、工作年限、劳动合同材料、社保缴纳情况、工资支付情况等);

（十一）债务人的电脑数据和授权密码及相应控制权限的硬件介质，电子银行授权密码和相应硬件介质；

（十二）不属于债务人所有但由债务人占有或者管理的财产、印章和账簿、文书等资料，管理人应当一并接管；

（十三）债务人有分支机构的，分支机构的财产、印章和账簿、文书等资料，管理人应当一并接管；

（十四）债务人的其他重要资料。

管理人接管债务人的财产、印章和账簿、文书等资料，应当与债务人的有关人员办理交接手续，并由管理人和债务人的有关人员在交接清单上共同签字确认，并在债务人营业场所公告相关事项。

管理人对于接管的电子数据，可以根据需要进行备份或固化。

管理人在完成接管后，应当制作接管报告，并附相应的接管财产清单，向本院报告接管工作情况。

第二十五条 债务人的债务人在本院受理破产申请后向管理人清偿债务的，或者债务人的财产持有人在本院受理破产申请后向管理人交付财产的，如果管理人已接管债务人财产的，管理人应当及时接收；如果管理人还未接管债务人财产，同时又不具备接受债务清偿或者财产交付条件的，管理人可以要求债务人接收。

第二十六条 管理人接管债务人财产时，发现债务人财产在本院受理破产申请前被依法采取保全措施且本院受理破产申请后仍未解除的，或者发现债务人财产在本院受理破产申请前被依法采取执行措施但在本院受理破产申请后仍未中止的，管理人应当通知有关部门解除保全措施或者中止执行措施，以便管理人有效地接管该项财产。管理人认为有必要申请本院通知有关部门予以解除保全措施或者中止执行措施的，管理人应当向本院提出申请。

本院受理破产申请后至破产宣告前裁定驳回破产申请，或者依据《企业破产法》第一百零八条的规定裁定终结破产程序的，管理人应当协助本院及时通知原已采取保全措施并已依法解除保全措施的单位按照原保全顺位恢复相关保全措施。

管理人在接管债务人企业时，发现已经开始而尚未终结的有关债务人的民事诉讼或者仲裁尚未中止的，应当及时通知有关机关予以中止，必要时可申请本院协助。

第二十七条 管理人应当对债务人财产状况进行调查。调查的范围包括但不限于：

（一）债务人的出资情况：出资人名册、出资协议、公司章程、验资报告及实际出资情况、非货币财产出资的批准文件、财产权属证明文件、权属变更登记文件、历次资本变动情况及相应的验资报告；

（二）债务人的货币财产状况：库存现金、银行存款及其他货币资金；

（三）债务人的不动产状况：土地使用权、房屋所有权、在建工程的立项文件、相关许可、工程进度、施工状况及相关技术资料；

（四）债务人的设备状况：设备权属（是否存在融资租赁、保留所有权）、债务人有关海关免税的设备情况；

（五）债务人的存货状况：存货的存放地点、数量、状态、性质及相关凭证；

（六）债务人的机动车状况：机动车的存放地点、状况及相关权证；

（七）债务人的债权状况：债权的形成原因、形成时间、具体债权内容、债务人的债务人实际状况、债权催收情况、债权是否涉及诉讼或仲裁、是否已过诉讼时效、已诉讼或仲裁的债权的履行期限等；

（八）债务人的对外投资状况：各种投资证券、全资企业、参股企业等资产情况；

（九）债务人的无形资产状况：专利权、商标权、著作权、许可或特许经营权情况；

（十）债务人分支机构的资产状况：无法人资格的分公司、无法人资格的工厂、办事处等分支机构的资产情况；

（十一）债务人的营业事务状况；

（十二）债务人与相对人均未履行完毕的合同情况；

（十三）债务人财产被其他人占有的状况；

（十四）债务人的其他情况。

管理人认为有必要时，可以要求债务人的有关人员协助管理人对债务人财产状况进行调查；债务人的有关人员拒绝协助的，管理人可以请求本院强制有关人员协助。

管理人认为有必要时，可以依照本规定第二十一条第二款、第三款的规定聘请有资质的专业机构对债务人财产进行专项审计和评估。专业机构对债务人财产的专项审计和评估报告，可以作为管理人调查财产状况和制作债务人财产状况报告的财务依据。

执行阶段已经形成且仍在有效期内的审计、评估报告，可以作为管理人调查财产状况和制作债务人财产状况报告的财务依据。

第二十八条 管理人调查债务人财产状况后，应当根据调查内容制作债务人财产状况报告。债务人财产状况报告应当能反映债务人各项财产的权属状况、账面价值、评估价值和实际现状等基本情况。管理人非因自身原因无法全面调查债务人财产状况的，应当就无法调查的情况在债务人财产状况报告中作出说明。

管理人制作债务人财产状况报告后，应当及时提交给本院，并向债权人会议报告。

三、财产管理职责

第二十九条 管理人履行职责所发生的所有资金开支，均应当按内部审批程序批准后从管理人账户列支。除破产财产分配裁定书列明的分配款项外，五万元以上的开支均应当报经本院审查批准。

管理人应当根据破产程序的进度定期报告破产费用的开支情况和管理人账户资金状况，并在提请本院裁定认可破产财产分配方案的同时，提交破产费用的财务决算报告。

本院可以对破产费用进行审计，审计费用列入破产费用。

第三十条 管理人应根据债务人企业的情况，在接管后决定是否立即对债务人企业安排安全保卫人员，保护债务人财产的安全，防止出现债务人财产受损或发生突发群体性事件。

管理人认为债务人的财产存在可能被转移的风险的，应向本院书面申请对债务人全部或者部分财产采取保全措施。

第三十一条 接管后，债务人的内部事务由管理人管理。为了有效地规范债务人的内部事务管理，管理人应制定债务人内部事务管理规定，并要求相关人员遵照执行。

债务人的所有日常开支和其他必要开支由管理人决定。为有效地规范债务人的日常开支和其他必要开支,管理人可以制定债务人日常开支和其他必要开支管理规定,并要求相关人员遵照执行。

第三十二条 接管后,管理人应根据是否有利于提高债务人财产价值及债权人清偿比例的标准,及时对继续或者停止债务人的营业做出安排。

第一次债权人会议召开之前,管理人决定继续或者停止债务人营业的,应将继续或者停止营业的决定及其理由,书面报告本院,由本院许可。

第一次债权人会议召开之后,管理人建议债务人继续或者停止营业事务的,应将继续或者停止营业的建议及其理由报告债权人会议,由债权人会议决定。管理人建议债务人继续营业的,应当同时就债务人继续营业事务的管理作出方案,一并报告给债权人会议讨论决定。

第三十三条 接管后,管理人应根据是否有利于提高债务人财产价值及债权人清偿比例标准,及时对于债务人与对方当事人在破产申请受理前成立而均未履行完毕的合同,作出解除或者继续履行的决定。

第一次债权人会议召开之前,对于债务人与对方当事人在破产申请受理前成立而双方均未履行完毕的合同,管理人认为有必要继续履行的,应当书面报经本院许可。

第一次债权人会议召开之后,对于债务人与对方当事人在破产申请受理前成立而双方均未履行完毕的合同,管理人认为有必要继续履行的,管理人应当作出继续履行合同的决定,并及时报告债权人委员会;未设立债权人委员会的,管理人应当及时书面报告本院。

自本院受理破产申请之日起二个月内,无论管理人是否已接管债务人财产,对于债务人与对方当事人在破产申请受理前成立而双方均未履行完毕的合同,管理人未通知对方当事人解除或者继续履行的,或者自收到对方当事人催告之日起三十日内未答复的,视为合同解除。

对于管理人依法决定并已通知对方当事人继续履行的合同,如果对方当事人要求管理人提供继续履行合同的担保,管理人可以提供担保;管理人无法提供担保的,视为合同解除。

决定解除或者继续履行均未履行完毕合同的事项,如果与决定停止或者继续债务人营业的事项直接相关,则决定解除或者继续履行均未履行完毕合同的事项,视同于决定停止或者继续债务人营业的事项,管理人应当按照决定停止或者继续债务人营业的法定程序报告本院或债权人会议许可或批准。

对方当事人因合同解除而产生的对债务人的损害赔偿请求权,对方当事人可以申报债权。因合同解除而产生的对方当事人对债务人的债务的,或者因合同解除对方当事人应当向债务人交付财产的,管理人应当在合同解除后要求对方当事人清偿债务或者交付财产。

第三十四条 管理人对其接管的债务人财产依法负有谨慎管理职责,包括但不限于:

(一)债务人的财产权属关系存在争议或者尚未确定的,管理人应当依法确权或者明确;

(二)为了提高债务人财产的价值,需要对债务人财产进行保管、维护或者维修的,管理人应当安排保管、维护或者维修;

(三)债务人的财产易损、易腐、易耗,不适合保管,或保管费用超过财产价值的,管理人将处置方案报法院批准后可直接变价处理;

(四)债务人对外有出资的,管理人应当及时通知被出资企业,并依法行使出资人权利;

(五)债务人的财产如不依法登记或者及时行使权利将丧失全部或者部分财产权利的,管理人应当依法登记或者及时行使权利;

(六)债务人的财产需要办理保险的,管理人应当办理保险手续。

管理人处分下列债务人财产的,在第一次债权人会议召开之前,应当事先取得本院许可;在第一次债权人会议召开之后,应当及时报告债权人委员会,未设立债权人委员会的,应当及时报告本院:

(一)涉及土地、房屋等不动产权益的转让;

(二)探矿权、采矿权、知识产权等财产权的转让;

(三)全部库存或者营业的转让;

(四)借款;

(五)设定财产担保;

(六)债权和有价证券的转让;

(七)履行债务人和对方当事人均未履行完毕的合同;

(八)放弃权利(包括因诉讼成本过高、执行难度过大等原因放弃对本规范第三十八条、第三十九条、第四十条、第四十一条、第四十二条事项的诉讼;在诉讼

过程中撤诉、和解,或者承认、变更、放弃诉讼请求等);

(九)担保物的取回;

(十)对债务人利益有重大影响的其他财产处分行为(管理人通过清偿债务或者提供担保取回质物、留置物,或者与质权人、留置权人协议以质物、留置物折价清偿债务等)。

债务人的财产闲置并具备对外出租条件的,经债权人会议同意,管理人可以对外出租,债权人会议召开前,应当书面报经本院许可。

管理人接管债务人财产和营业事务后,应拟订债务人的财产管理方案,并应提交债权人会议审议表决。债权人会议表决通过的财产管理方案,管理人应当执行;债权人会议表决没有通过的财产管理方案,管理人可以请求本院裁定认可,并在本院裁定认可后执行。

第三十五条 接管后,权利人要求管理人返还债务人占有的不属于债务人的财产,管理人经审查确认权利人的要求成立的,应当将该财产返还给权利人。权利人要求取回的财产是债务人合法占有的,管理人有权要求权利人清偿因其取回财产而可能产生的债务。

权利人可以取回的财产在本院受理破产申请后因管理人或者相关人员执行职务造成财产灭失或者毁损并构成共益债务的,管理人可以随时清偿权利人的该项债务。

管理人对申请人申请取回不予确认的,应当向申请人书面送达审查意见书,同时告知申请人可以依法向本院提起诉讼。

第三十六条 本院受理破产申请时,出卖人已将买卖标的物向作为买受人的债务人发运,债务人尚未收到且没有付清全部价款的,出卖人可以取回在运途中的标的物;对于出卖人可以取回的在运途中的标的物,管理人认为有必要实际取得的,有权在支付全部价款的条件下要求出卖人交付标的物。

第三十七条 债权人在破产申请受理前对债务人负有债务的,可以向管理人主张抵销。但是,有下列情形之一的,不得抵销:

(一)债务人的债务人在破产申请受理后取得他人对债务人的债权;

(二)债权人已知债务人有不能清偿到期债务或者破产申请的事实,对债务人负担债务的;但是,债权人因为法律规定或者有破产申请一年前所发生的原因而负担债务的除外;

（三）债务人的债务人已知债务人有不能清偿到期债务或者破产申请的事实，对债务人取得债权的；但是，债务人的债务人因为法律规定或者有破产申请一年前所发生的原因而取得债权的除外。

管理人不得主动抵销债务人与债权人的互负债务，但抵销使债务人财产受益的除外。债权人向管理人提出债权、债务抵销主张的，管理人应当对债权人提出的抵销主张和材料进行审查；经审查对抵销主张有异议的，管理人应当在约定的异议期限内或者自收到主张债务抵销的通知之日起三个月内向本院提起诉讼。

四、追缴财产职责

第三十八条 管理人接管债务人财产后，应当书面通知债务人的债务人及时向管理人清偿债务；书面通知的内容应当载明：本院受理破产申请的时间，债务人的债务人应当清偿的债务金额，限定清偿债务的时间和方式，不清偿债务的法律责任等。

管理人接管债务人财产后，应当书面通知债务人的财产持有人及时向管理人交付财产；书面通知的内容应当载明：本院受理破产申请的时间，债务人的财产持有人应当交付的财产品名、规格、数量及状况，限定交付财产的时间和方式，不交付财产的法律责任等。

债务人的债务人拒绝向管理人清偿债务或者故意向债务人清偿债务，使债权人受到损失的；债务人的财产持有人拒绝向管理人交付财产或故意向债务人交付财产，使债权人受到损失的，管理人应当代表债务人及时向本院起诉。

管理人认为难以追收或者追收成本过高的，应提请债权人会议或者债权人委员会决定是否予以追收。

第三十九条 管理人发现债务人的出资人尚未完全履行出资义务的，管理人应当书面要求该出资人缴纳应缴纳而尚未缴纳的出资，而不受出资期限的限制；债务人的出资人拒绝缴纳的，管理人应当及时向本院提起诉讼。

债务人的出资人出资后又抽逃出资的，管理人应当书面要求该出资人将抽逃的出资返还；债务人的出资人拒绝返还的，管理人应当及时向本院提起诉讼。

管理人认为难以追收或者追收成本过高的，应提请债权人会议或者债权人委员会决定是否予以追收。

第四十条 管理人发现债务人的董事、监事和高级管理人员利用职权从债务人处获取非正常收入或者侵占债务人财产的,管理人应当书面要求该债务人的董事、监事和高级管理人员返还财产或者赔偿损失;债务人的董事、监事和高级管理人员拒绝返还财产或者赔偿损失的,管理人应当及时向本院提起诉讼。

管理人认为难以追收或者追收成本过高的,应提请债权人会议或者债权人委员会决定是否予以追收。

管理人发现债务人的有关人员涉嫌侵占、挪用等刑事犯罪的,应当及时向公安机关报案。

第四十一条 本院受理破产申请前一年内,涉及债务人财产的下列行为,管理人应予以撤销:

(一)无偿转让财产的;

(二)以明显不合理价格进行交易的;

(三)对没有财产担保的债务提供财产担保的;

(四)对未到期的债务提前清偿的;

(五)放弃债权的。

管理人发现债务人在本院受理破产申请前六个月内,已经不能清偿到期债务,并且资产不足以清偿全部债务或者明显缺乏清偿能力,但债务人仍对个别债权人进行清偿的,管理人应书面通知因该个别清偿行为而取得财产的债权人返还财产。但是,个别清偿使债务人财产受益的除外。管理人通知相对人返还财产或者清偿债务,相对人拒绝返还或者清偿债务的,管理人应当及时向本院提起诉讼。

可撤销行为损害债权人利益的,管理人应当要求债务人的法定代表人和其他直接责任人承担赔偿责任;债务人的法定代表人和其他直接责任人拒绝承担赔偿责任的,管理人应当及时向本院提起诉讼。

第四十二条 管理人发现债务人为逃避债务而隐匿、转移财产的,或者有虚构债务或者承认不真实债务的情形的,管理人应当要求因该行为而取得财产的相对人返还财产。相对人拒绝返还或者对管理人要求有异议的,管理人应当及时向本院提起诉讼。

破产申请受理前六个月内,债务人已经不能清偿到期债务,并且资产不足以清偿全部债务或者明显缺乏清偿能力,但债务人仍与个别债权人以抵销方式对个别债权人清偿，其抵销的债权债务属于下列情形之一的，管理人应在破产申请受理之日起三个月内向本院提起诉讼，主张该抵销无效：

（一）债权人已知债务人有不能清偿到期债务或者破产申请的事实，对债务人负担债务的；但是，债权人因为法律规定或者有破产申请一年前所发生的原因而负担债务的除外；

（二）债务人的债务人已知债务人有不能清偿到期债务或者破产申请的事实，对债务人取得债权的；但是，债务人的债务人因为法律规定或者有破产申请一年前所发生的原因而取得债权的除外。

因无效行为损害债权人利益的，管理人应当要求债务人的法定代表人和其他直接责任人承担赔偿责任；债务人的法定代表人和其他直接责任人拒绝承担赔偿责任的，管理人应当及时向本院提起诉讼。

五、债权审核职责

第四十三条 接管后，管理人应协助本院通知已知和未知的债权人申报债权，并要求申报人明确债权的类别、金额、事实及法律依据，并向债权人提供统一格式的债权申报文本。

第四十四条 管理人应当公告的债权申报的期限、地点和联系方式，并安排人员负责接收债权人的债权申报材料。管理人接收债权人申报债权应当采用书面形式。管理人接收债权人申报债权和证据材料，应当给申报人出具回执。

管理人接收债权人的债权申报材料时，应当要求申报人提供企业法人营业执照或者个人合法有效的身份证明，代理申报的还应提交委托人签名盖章的授权委托书和受托人的身份证明；书面说明债权金额、性质和有无财产担保。

债权人申报债权材料不全的，管理人应允许债权人在指定的期限内补正、补充。

第四十五条 管理人接收债权申报材料后，应当根据申报人提交的债权申报材料登记造册。登记造册的项目包括但不限于：债权人基本情况（单位名称或个人姓名、单位法定代表人或负责人的姓名职务与住所）、债权发生原因、申报债权数额（原始债权、孳息债权等）、债权到期日、有无财产担保、是否为连带债权、有无连带债务人、是否为求偿权或将来求偿权、是否附有条件和期限、债权存在的证据、申报时间、联系方式，以及其他必要的事项。有代理人的还应记明代理人的姓名、住址、联系方式及代理权限等事项。

第四十六条 管理人对所有申报债权的真实性、合法性和时效性等内容进行实质审查。

申报债权已由法律文书确认的,按生效法律文书确认,但已超过申请执行时效的除外;无生效法律文书确认的,但债务人财务记录有明确记载或者有充分证据证明的,按财务记录或者证据确认,但已超过诉讼时效的除外。

具体审查过程中,应对包括但不限于以下事项进行审查:

(一)申报债权附有利息、罚息、违约金、滞纳金的,则破产申请受理后的利息、罚息、违约金、滞纳金停止计算;

(二)行政、司法机关对债务人的罚款、罚金,不作为破产债权;

(三)没有到期的债权在破产申请受理时视为到期,可以申报;

(四)在破产申请受理时未成就的附条件或者附期限的债权,可以申报;

(五)在破产申请受理时诉讼、仲裁未决的债权,可以申报;

(六)对债务人享有连带债权的任何一个连带债权人,可以经其他连带债权人授权共同向管理人申报连带债权,也可以未经其他连带债权人授权而向管理人申报连带债权。部分连带债权人分别申报连带债权并且没有达成共同协议的,该连带债权可以由该部分连带债权申报人共同享有;

(七)债务人的保证人或者其他连带债务人已经代替债务人清偿全部或者部分债务的,可以就其对债务人已清偿部分的求偿权向管理人申报债权;

(八)债务人的保证人或者其他连带债务人尚未代替债务人清偿债务的,可以就其对债务人尚未清偿部分的将来求偿权向管理人申报债权。但是,债权人已经向管理人申报全部债权的除外;

(九)债务人是连带债务人时,债权人可以向管理人申报债权。债务人和其他连带债务人都被本院裁定受理破产申请的,债权人可以分别地向债务人和其他连带债务人的管理人申报其全部债权;

(十)管理人在本院受理破产申请后依法解除合同的,合同相对人可以就合同解除所造成合同相对人的实际损失金额向管理人申报债权;

(十一)债务人是委托合同的委托人,受托人在本院受理破产申请后,不知债务人破产事实而继续处理委托事务的,受托人可以就其继续处理事务所产生的请求权向管理人申报债权;受托人在本院受理破产申请后,知道债务人破产事实

而继续处理委托事务的,受托人就其继续处理事务所产生的请求权,不可以向管理人申报债权;

(十二)在停止处理委托事务将损害债务人利益的情形下,无论受托人是否知道债务人破产的事实,受托人在本院受理破产申请后为债务人利益而继续处理事务所产生的请求权,可以视为共益债务,由管理人随时清偿;

(十三)债务人是票据的出票人,该票据的付款人继续付款或者承兑所产生的请求权,付款人或者承兑人可以向管理人申报债权;

(十四)对于债权人申报的对债务人特定财产享有担保权的债权,管理人的审查内容包括但不限于:担保权的法律效力,同一担保财产有多项担保权存在的受偿顺序,提供担保是否具有依法可以撤销的情形,担保权的受偿范围等。

管理人原则上应在第一次债权人会议召开前,对申报的债权作出审查结论,并出具审查意见书。管理人对申报债权进行审查后,应按照下列情形,分别处理:

(一)事实清楚、证据确凿、法律依据充分,依法作出审查结论,并出具书面的审查意见书;

(二)事实不清及(或)证据不足,经书面通知债权人、债务人相关人员就相关事项作出书面补充说明及补充提供证据,债权人、债务人相关人员作出书面补充说明及补充提供证据后,均明确表示已无法再行提供证据,而案件仍事实不清及(或)证据不足,管理人可以依据举证责任分配的规则作出审查结论,并出具书面的审查意见书;

(三)债权人申报的债权处于诉讼或仲裁中,生效裁决尚未作出,债权人又不愿撤回诉讼或仲裁的,管理人可以作出暂缓审查处理,待诉讼或仲裁生效裁决作出后,依据该生效裁决确认债权;

(四)民事法律关系存在无效或可撤销情形,管理人可以作出暂缓审查处理,并告知债权人提起诉讼或仲裁,管理人亦可代表债务人提起诉讼或仲裁,待诉讼或仲裁生效裁决作出后,依据该生效裁决确认债权;

(五)债权人、债务人相关人员无法在第一次债权人会议召开前全面提供证据,导致案件事实不清及(或)证据不足的,管理人可以作出暂缓审查处理,待债权人、债务人相关人员全面提供证据后再作出审查结论,出具审查意见书;

(六)管理人对申报债权进行审查后,认为本案必须以另一案的处理结果为依据，而另一案在第一次债权人会议召开前尚未作出处理的，管理人可以作出暂缓审查处理，待另一案处理完毕后再作出审查结论，出具审查意见书。

第四十七条 《企业破产法》第四十八条第二款规定的劳动债权由管理人主动调查后列出清单并予以公示。

职工对清单记载有异议的，可以书面向管理人提出并要求更正。管理人对职工异议审查后，应当作出予以更正或不予更正的决定，并告知职工。管理人出具不予更正决定的，应告知职工可以向本院提起诉讼。

债务人所欠的董事、监事和高级管理人员的工资，高于职工平均工资的，按照平均工资计算；低于平均工资的，按照实际工资计算。

第四十八条 管理人应在本院公告受理破产申请之日起七个工作日内书面通知相关税务机关，告知其依法申报债务人欠缴的税款。

第四十九条 管理人根据债权申报审查的结果及劳动债权调查结果，编制债权表。管理人编制的债权表可以按担保债权、劳动债权、税款债权、普通债权等分类记载，并在各类债权下分别记载各项债权的债权人名称、债权申报金额、债权原因、债权审查认定金额、不认定的金额、不认定的理由、附条件和附期限债权、尚未确定债权等。有财产担保的债权应当同时列明担保财产的名称。

暂缓审查的申报债权，暂缓事由消除后，管理人应及时作出审查结论，出具审查意见书，并编制债权表。

管理人编制的债权表，由管理人保存，供利害关系人查阅。

第五十条 管理人编制的债权表应提交第一次债权人会议核查。

债务人、债权人对债权表记载的债权无异议的，由管理人提请本院裁定确认。

债务人、债权人对债权表中记载的债权有异议的，管理人经复核，认为异议成立，作出变更原审查结论的复核意见，并修正债权表，提交债权人会议核查。管理人经复核，认为异议不成立，作出维持原审查结论的复核意见，并告知其对复核意见不服有权在合理的期限内向受理破产申请的本院提起诉讼；提出异议的债务人、债权人未在合理期限内起诉的，管理人应当提请本院裁定确认。

因特殊原因未能在第一次债权人会议召开之前完成债权表编制的，应当向第一次债权人会议书面说明情况，在完成编制后，提交以后的债权人会议核查。

第一次债权人会议后，债权人会议核查债权可以采取下列方式：

（一）在下一次债权人会议召开时，提交债权人会议核查；

（二）通过函件、电子邮件、现场送达等方式将需核查的债权表提供给全体债权人核查，并同时确定提出异议的期限；

（三）通过上传指定网站，并提供下载，将需核查的债权表提供给全体债权人核查，并同时确定提出异议的期限；

（四）其它法律允许的方式。

第五十一条 债权人在本院确定的债权申报期限内未申报债权的，管理人应当准许债权人在破产财产最后分配前补充申报。但是此前已进行的分配，不再对其补充分配。

补充申报债权经管理人审查后，编制补充申报债权表，并按照本规范第五十条规定提交给此后的债权人会议核查。债权人补充申报债权的，应当承担因审查和确认补充申报债权的必要费用。审查和确认的费用可综合补充申报的时间、审查的难易程度、所处破产程序的类型、对案件进程的影响以及补充申报债权人的主观恶意等因素，按照补充申报债权数额或依分配方案、重整计划草案受偿数额的一定比例收取，或者依据《诉讼费用交纳办法》中财产案件受理费交纳标准收取，或者依固定数额按件收取。

管理人编制的补充申报债权表，由管理人保存，供利害关系人查阅。

第五十二条 管理人在第一次债权人会议后发现债权表记载的债权有差错需要调整的，应当编制相应的调整债权表。

调整债权表按照本规范第五十条规定提交给此后的债权人会议核查。

调整债权表由管理人保存，供利害关系人查阅。

六、会议召集职责

第五十三条 第一次债权人会议由管理人协助本院筹备。以后的债权人会议，由管理人筹备。

第五十四条 债权人会议可以采用现场集体讨论的形式，也可以采用非现场书面表决的形式，或采用非现场在最高人民法院全国企业破产重整信息网召集债权人会议进行网上投票表决形式，亦可采用现场集体讨论与非现场书面、在最高人民法院全国企业破产重整信息网进行网上投票表决相结合形式。

第五十五条 管理人应根据实际情况拟定会务预案，并书面报送本院备案。

会务预案包括但不限于:通知发送时间与方式、会场选址与布置、物资配备、人员配备、文件准备、咨询与查询安排、费用预算等。

召开规模较大或者有可能存在维稳因素的债权人会议,管理人必须事先与本院、相关债权人等进行充分沟通,制定维稳保障方案并报送本院,接受本院指导。必要时提请本院与政府、公安机关协调维稳事宜。

第五十六条 管理人负责拟定债权人会议的相关文件,并在债权人会议召开三个工作日前将会议的筹备情况和相关文件报告本院。

第五十七条 管理人应做好以下债权人会议会务工作:

(一)负责发送召开债权人会议的通知(第一次债权人会议召开的时间和地点,管理人应当协助本院自裁定受理破产申请之日起二十五日内书面通知已知债权人,并予以公告。以后的债权人会议召开的时间和地点,管理人应当提前十五日书面通知已知的债权人),并附会议议程与议题清单,并载明注意事项;

(二)核对登记参会人员身份,对参会人员身份有异议的,应作出相应处理,并向债权人会议和本院报告;

(三)向到会的债权人发放债权人会议文件;

(四)在债权人会议召开过程中,向本院或者债权人会议主席即时报告债权人会议的到会情况和表决情况;

(五)做好会议记录(第一次债权人会议除外),并根据实际需要,对会议过程进行录音录像;

(六)按照本院和债权人会议的要求,协助做好其他会务工作。

有关债权人会议的文件材料(包括会议通知记录),除本院另有要求外,由管理人负责保存。

第五十八条 管理人应在第一次债权人会议前做好以下工作:

(一)对于债权尚未确定的债权人,管理人应当提请本院决定是否为其行使表决权而临时确定其债权额;

(二)协助本院从有表决权的债权人中指定债权人会议主席一人,并告知第一次债权人会议以后的债权人会议由债权人会议主席主持;

(三)需要设立债权人委员会的,应当在会议召开前三个工作日内将成员候选名单报本院,并与各成员做好充分沟通,债权人会议决定设立后,将债委会成员名单提请本院决定认可;

（四）提前与各债权人就第一次债权人会议需要表决的事项做好解释和沟通；搜集各个债权人的意见和建议，并向本院报告。

第五十九条 自债权申报期限届满之日起十五日内应召开第一次债权人会议。管理人应在第一次债权人会议召开前，通过函件、传真、电子邮件、现场送达等方式事先将相关决议事项告知债权人。第一次债权人会议主题及议程如下：

（一）本院通报案件审理情况；

（二）本院指定债权人会议主席，债权人会议决定是否设立债权人委员会、选任债权人委员会成员；

（三）管理人作阶段性工作报告（包括债务人基本信息、接管债务人财产等的情况、债务人财产状况、债权审查及债权表编制情况等）；

（四）核查债权表；

（五）通过债务人财产管理方案（包括债务人继续营业方案、债务人财产维护方案、债务人财产清收方案等）；

（六）通过破产财产变价方案；

（七）通过破产财产分配方案；

（八）通报管理人报酬方案；

（九）通过债权人会议表决规则；

（十）本院认为需要列入的其他议程。

第一次债权人会议后，出现下列情形的，管理人可以向债权人会议主席提议召开债权人会议：

（一）需要债权人会议核查债权表；

（二）需要债权人会议审查通过债务人财产的管理方案；

（三）需要债权人会议决定继续或者停止债务人的营业；

（四）需要债权人会议审查通过破产财产的变价方案；

（五）需要债权人会议审查通过破产财产的分配方案；

（六）需要召开债权人会议讨论决定的其他事项。

管理人应当列席债权人会议，向债权人会议报告职务执行情况，回答债权人会议成员的询问。

第六十条 债权人会议的决议，由出席会议的有表决权的债权人过半数通过，并且其所代表的债权数额占无财产担保债权总额的二分之一以上；即在计算决议是否通过时，出席会议的有财产担保债权人的人数列入表决统计，所持有财产担保债权额不列入表决统计。但是，《企业破产法》另有规定的除外。

经债权人会议表决未通过管理人拟定的债务人财产的管理方案、破产财产的变价方案、债权人会议表决规则，或者经债权人会议二次表决仍未通过管理人拟定的破产财产分配方案的，管理人应当及时申请本院裁定。

七、重整程序职责

第六十一条 自本院裁定债务人重整之日起至本院裁定重整程序终止，为重整期间。

重整期间，本院批准由债务人自行管理财产和营业事务的，已接管债务人财产和营业事务的管理人应当向债务人移交财产和营业事务；没有接管债务人财产和营业事务的管理人应当停止接管债务人的财产和营业事务。债务人自行管理财产和营业事务，管理人应履行对债务人自行管理财产和营业事务的行为进行监督的职责。

重整期间，管理人为管理财产和营业事务，可以聘任债务人的经营管理人员负责营业事务。

第六十二条 重整期间，债权人对债务人的特定财产享有的担保权暂停行使；但是，因担保物有损坏或者价值明显减少的可能，足以危害担保权人权利的，担保权人可以向本院请求恢复行使担保权。

重整期间，债务人合法占有的他人的财产，该财产的权利人在重整期间要求取回的，应当符合事先约定的条件。

重整期间，债务人的出资人不得请求投资收益分配。

重整期间，债务人的董事、监事、高级管理人员不得向第三人转让其持有的债务人的股份，但经本院同意的除外。

上述情形下，债务人自行管理财产的，管理人应当监督债务人。

第六十三条 重整期间，无论债务人财产和营业事务是否由管理人管理，有下列情形之一的，管理人均可请求本院裁定终止重整程序，并宣告债务人破产：

（一）债务人的经营状况和财产状况继续恶化，缺乏挽救的可能性；

（二）债务人有欺诈、恶意减少债务人财产或者其他显著不利于债权人的行为；

（三）由于债务人的行为致使管理人无法执行职务。

第六十四条 管理人应当在报纸、信息网络等媒体上发布招募意向投资人公告。

第六十五条 意向投资人有两家以上，管理人应当通过竞争性方式选定投资人，并签订投资协议。

第六十六条 管理人负责管理债务人财产和营业事务的，自本院裁定重整之日起六个月内，管理人应制作重整计划草案并提交本院；有正当理由不能在六个月内提交的，管理人可以请求本院延期三个月。

债务人负责管理债务人财产和营业事务的，由债务人制作并提交重整计划草案；管理人应对债务人制作重整计划草案提供必要的指导和协助。

上述期限内，管理人或者债务人无法按期提出重整计划草案的，应当提请本院裁定终止重整程序，并宣告债务人破产。

第六十七条 重整计划草案的内容包括但不限于：

（一）债务人的经营方案；

（二）债权分类；

（三）债权调整方案；

（四）债权受偿方案；

（五）重整计划的执行期限；

（六）重整计划执行的监督期限；

（七）管理人报酬及支付方案；

（八）可能发生的出资人权益的调整方案；

（九）对各类债权依照破产清算程序所能获得的清偿比例的预算方案（普通债权不能全额清偿的前提下）；

（十）有利于债务人重整的其他方案。

重整计划草案不得规定减免债务人欠缴的职工债权以外的社会保险费用。

第六十八条 重整计划草案制作过程中，管理人应当充分听取债权人、投资人、出资人等相关方的意见和建议，必要时可以召集相关方进行座谈、沟通和讨论，并进行协商谈判。

第六十九条 管理人应当协助本院自收到重整计划草案之日起三十日内召开讨论重整计划草案的债权人会议。

重整计划草案在提交债权人会议表决前，管理人应通过信件、传真、电子邮件、全国企业破产重整信息网发布、当面递交或其他有效的方式向债权人、投资人、出资人及其他利害关系人送达。

管理人应当向债权人会议就其制作的重整计划草案作出书面或者口头说明，并回答债权人的询问。

第七十条 债权人会议对重整计划草案的表决，按照担保权债权组、劳动债权组、税收债权组、普通债权组分组进行；经管理人提请并经本院决定，普通债权组中可以分设大额债权组和小额债权组，对重整计划草案分别进行表决。

债权人未在债权申报期限内申报债权，在重整计划草案提交债权人会议表决前补充申报但未被确认的，该债权人不享有重整计划草案表决权。

出席债权人会议的同一表决组的债权人过半数同意重整计划草案，并且其所代表的债权额占该组债权总额的三分之二以上的，即为该表决组通过重整计划草案。

管理人应书面通知债务人的出资人代表列席讨论重整计划草案的债权人会议。重整计划草案涉及债务人的出资人权益调整的，应当设出资人组，对重整计划草案进行表决。出资人对重整计划草案的表决，以债务人章程规定的表决程序为准。

部分表决组通过重整计划草案的，管理人可以同未通过重整计划草案的表决组协商，也可以对重整计划草案中的相关内容进行调整，但此项调整不得损害其他表决组债权人的利益。无论管理人是否对草案中的相关内容进行调整，未通过重整计划草案的表决组在协商后可以再表决一次。

第七十一条 各表决组均通过重整计划草案的，重整计划即为通过。管理人应当在重整计划通过后的十日内，向本院提出批准重整计划的申请。

部分未通过重整计划草案的表决组拒绝再次表决，或者再次表决后仍未通过重整计划草案的，只要重整计划草案符合下列各项条件，管理人就可以申请本院直接批准重整计划草案：

（一）按照重整计划草案，对债务人的特定财产享有担保权的债权，就该特定财产将获得全额清偿，其因延期清偿所受的损失将得到公平补偿，并且其担保权未受到实质性损害，或者该表决组已经通过重整计划草案；

（二）按照重整计划草案，劳动债权、税款债权将获得全额清偿，或者相应表决组已经通过重整计划草案；

(三)按照重整计划草案,普通债权所获得的清偿比例,不低于其在重整计划草案被提请批准时依照破产清算程序所能获得的清偿比例,或者该表决组已经通过重整计划草案；

(四)重整计划草案对出资人权益的调整公平、公正,或者出资人组已经通过重整计划草案；

(五)重整计划草案公平对待同一表决组的成员,并且所规定的债权清偿顺序,符合《企业破产法》第一百一十三条有关债权清偿顺序和同一顺序债权按比例清偿的规定；

(六)债务人的经营方案具有可行性；

(七)重整计划草案涉及行政许可事项的,债务人或管理人已取得相关行政机关的书面许可意见。

重整计划草案未获得通过且未获得批准,或者已经通过重整计划未获得批准的,管理人应当提请本院裁定终止重整程序,并宣告债务人破产。

第七十二条 已接管债务人财产和营业事务的,管理人应当在本院裁定批准重整计划后十日内,向债务人移交财产和营业事务。

第七十三条 重整计划由债务人负责执行。重整计划执行中需要本院协助执行的必要事项,管理人可以向本院提出申请,请求本院裁定予以协助执行。

管理人在重整计划期间应履行监督职责,管理人监督职责主要包括：

(一)制定监督计划并提交本院。监督计划应明确债务人的报告事项、报告时间和管理人的监督方式、监督事项；

(二)按监督计划要求债务人报告重整计划的执行情况和债务人的财产状况；

(三)发现债务人有违法或不当情形时,及时加以纠正；

(四)需要延长重整计划执行监督期限时,申请本院予以延长；

(五)监督期限届满时,向本院提交监督报告。

重整计划执行完毕后,管理人终止执行职务。

第七十四条 债务人不能执行或者不执行重整计划的,管理人应当及时请求本院裁定终止重整计划的执行,并宣告债务人破产。

本院裁定终止重整计划的执行,并宣告债务人破产的,管理人应当立即接管债务人的财产和营业事务，按照破产清算程序执行职务。

本院因债务人不能执行或者不执行重整计划而裁定终止重整计划执行的，债权人在重整计划中作出的债权调整的承诺失去效力；债权人因重整计划所受的清偿仍然有效，债权未受偿部分作为破产债权，但该债权人只有在其他同顺位债权人同自己所受的清偿达到同一比例时，才能继续接受分配；为重整计划的执行提供的担保继续有效。

第七十五条 重整计划执行中发生变更的，涉及债权人清偿比例调整和债务人投资及经营管理等重大事项时，管理人应当提请召开债权人会议，就变更事项进行表决。

第七十六条 债权人未在债权申报期限内申报债权，但其在重整计划草案提交债权人会议表决前补充申报债权并经本院裁定确认的，本院裁定批准重整计划后，该债权人被确认的债权可以依照重整计划确定的债权受偿方案获得清偿。

债权人未在债权申报期限内申报债权，在本院裁定批准重整计划后重整计划执行完毕前补充申报债权的，管理人可以接受申报并进行审查，但债权人在重整计划执行期间不得行使权利；在重整计划执行完毕后，可以按照重整计划规定的同类债权的清偿条件行使权利。

债权人未在债权申报期限内申报债权，在重整计划执行完毕后补充申报债权的，管理人不再接受申报，告知债权人主张权利。

八、和解程序职责

第七十七条 本院裁定债务人和解后，对债务人的特定财产享有担保权的债权人申请行使担保权的，管理人应当予以准许。

自本院裁定债务人和解之日起至和解程序终止，债务人的股东申请向第三人转让其持有的债务人的股权的，管理人应当提出审核意见，报本院批准。

第七十八条 管理人应当协助本院召开讨论和解协议草案的债权人会议，对和解协议草案进行表决。

债权人会议通过和解协议的决议，由出席会议的有表决权的债权人过半数同意，并且其所代表的债权额占无财产担保债权总额的三分之二以上。对债务人的特定财产享有担保的债权人，未放弃优先受偿权利的，不受和解协议的约束,亦不享有对和解协议草案的表决权。

自和解协议通过之日起十日内,管理人应当提请本院裁定认可,终止和解程序后,并予以公告。

和解协议草案未获通过,或者已经通过和解协议未获得认可的,管理人应当提请本院裁定终止和解程序,并宣告债务人破产。

第七十九条 本院裁定认可和解协议,终止和解程序后,管理人应当向债务人移交财产和营业事务,并书面说明管理人接管期间债务人财产和营业事务的变化情况,同时向本院提交执行职务的报告。

和解协议规定管理人监督和解协议的执行的,管理人应当按照和解协议履行监督职责;和解协议执行完毕或者本院裁定终止和解协议的执行,并宣告债务人破产后,管理人应当向本院提交监督报告,供和解协议的利害关系人查阅。

第八十条 本院认为和解协议系因债务人的欺诈或者其他违法行为而成立,裁定和解协议无效并宣告债务人破产的,以及因债务人不能执行或者不执行和解协议,经和解债权人请求裁定终止和解协议的执行并宣告债务人破产的,管理人应当立即接管债务人的财产和营业事务,按照破产清算程序执行职务。

第八十一条 本院裁定终止和解协议执行的,和解债权人在和解协议中作出的债权调整的承诺失去效力。债权人已受清偿的部分仍然有效,未受清偿部分作为破产债权;但该债权人只有在其他同顺位债权人同自己所受的清偿达到同一比例时,才能继续接受分配。本院裁定终止和解协议执行的,为和解协议的执行提供的担保继续有效。

九、清算程序职责

第八十二条 本院裁定宣告债务人破产后,管理人应当及时通知债务人的全体职工解除劳动合同。

第八十三条 债务人开办的全资子公司、债务人实际控制的公司或者债务人的关联公司符合合并破产清算条件的,管理人应当提请本院裁定合并破产清算。

本院裁定合并破产清算后,管理人应当拟定合并破产清算方案,经本院批准后实施。

第八十四条 管理人委托实施评估,应以实现债权人利益最大化为原则。

债权人对评估有异议的,管理人应当做好沟通工作,同时将异议情况向本院报告并提出处理意见。

确有必要对破产财产进行二次评估的,须向债权人会议或者债权人委员会报告,并合理控制费用。

第八十五条 管理人应当及时拟定破产财产方案,提交债权人会议讨论。破产财产变价方案应坚持处置价值最大化、交易成本最小化、交易效率最高化的原则。

管理人应当根据债权人会议通过或者本院裁定认可的破产财产变价方案,适时变价出售破产财产。

第八十六条 管理人拟定破产财产变价方案时,应当采取拍卖的方式进行变价出售,并首选本院提供给管理人的网络拍卖平台。

管理人拟定破产财产变价方案时,根据财产性质、种类等,可对各项财产予以分别变价出售,也可对所有财产或者多项财产予以整体变价出售,亦可先予以分别变价出售后予以整体变价出售,或先予以整体变价出售后予以分别变价出售。

管理人变价出售破产人持有的有限责任公司股权的,应当依法通知公司及其他股东;管理人变价出售破产人投资的股份有限公司股权的,应当依法通知公司。

对于破产人与他人共有的财产,管理人应当在破产人与共有人之间进行分割,在不影响共有人权益的情况下变价出售破产财产。对不能分割或者分割后价值明显降低的财产,按照实现破产财产价值最大化的原则处置。出售共有财产时应当保证共有人的优先购买权。

对于拍卖所得不足以支付拍卖费用、拍卖不利于财产价值最大化以及其他不适宜拍卖的破产财产,管理人可以在拟定破产财产变价方案时提出招标转让、协议转让、委托出售等变价方式或者在拟定破产财产分配方案时提出实物分配的方式。

对没有价值或者价值极低、难以变现的财产,或者不能及时变现,继续保留该财产的支出超过将来变现价值的财产,管理人报债权人会议决议通过或者经本院批准,可以采取放弃变价或者公益赠与等处置方式,但上述处置方式不得损害社会公共利益。

按照国家规定不能拍卖或者限制转让的财产，应当按照国家规定的方式处理。

第八十七条 破产财产的分配应当以货币分配方式进行，但债权人会议另有决议进行实物分配、债权分配、权利分配等除外。管理人应当根据破产财产变价的实际情况及时拟订破产财产分配方案。破产财产分配方案的内容包括但不限于下列事项：

（一）参加破产财产分配的债权人名称或者姓名、住所；

（二）参加破产财产分配的债权额；

（三）可供分配的破产财产数额；

（四）破产财产分配的顺序、比例及数额；

（五）实施破产财产分配的方法。

第八十八条 破产财产在优先清偿破产费用和共益债务后，依照下列顺序清偿：

（一）破产人所欠劳动债权；

（二）破产人欠缴的除前款规定以外的社会保险费用和破产人所欠税款；

（三）普通破产债权。

破产财产不足以清偿同一顺序的清偿要求的，按照比例分配。

第八十九条 设定担保的破产财产的变价所得，直接优先用于对该财产享有担保权的债权的受偿。但在受偿时，管理人应当收取其应当承担的评估、拍卖费用等。

设定担保的破产财产的变价所得，大于该财产上担保债权金额的，大于部分用于无财产担保债权的分配。

设定担保的破产财产的变价所得，小于该财产上担保债权金额的，不足受偿的债权作为无财产担保债权参加分配。

对特定财产享有担保权的债权的债权人放弃其优先受偿权利的，其债权作为无财产担保债权参加分配。

第九十条 管理人拟订的破产财产分配方案，应当提交债权人会议讨论通过。出席债权人会议的有表决权的债权人过半数通过，并且其所代表的债权额占无财产担保债权总额的二分之一以上的，破产财产分配方案即为通过。

对破产人的特定财产享有担保权的债权人，未放弃优先受偿权的，对破产财产分配方案不享有表决权。

债权人会议通过破产财产分配方案的，管理人应当提请本院裁定认可；债权人会议没有通过的，管理人可以提交债权人会议二次表决，债权人会议二次表决仍不通过或者拒绝表决的，管理人可以提请本院裁定认可破产财产分配方案。

第九十一条 债权人会议通过或者本院裁定认可的破产财产分配方案，由管理人执行。

管理人按照破产财产分配方案实施多次分配的，应当公告本次分配的财产额和债权额。管理人实施最后分配的，应当在公告中指明，并载明所提存分配额在最后分配公告日的交付或者分配情况。

破产财产分配时，对于诉讼或者仲裁未决的债权，管理人应当将其分配额提存。自破产程序终结之日起满二年仍不能受领分配的，由本院将提存的分配额分配给其他债权人。

附生效条件或者解除条件的债权，管理人应当将其分配额提存。在最后分配公告日，债权生效条件未成就或者解除条件成就的，管理人应当将提存的分配额分配给其他债权人；在最后分配公告日，债权生效条件成就或者解除条件未成就的，管理人应当将提存的分配额交付给债权人。

债权人未受领的破产财产分配额，管理人应当提存。债权人自最后分配公告之日起满二个月仍不领取的，视为债权人放弃受领分配的权利。管理人或者本院应将提存的分配额分配给其他债权人。但该数额不足以支付分配费用的，不再进行分配，依照本院《关于破产专项基金的管理办法》的规定作为破产专项基金予以提取。

管理人为处理后续事务而预留破产费用的，在后续事务处理完毕后，应当对节余的预留破产费用按照破产财产分配方案进行追加分配。但节余数额不足以支付分配费用的，不再进行分配，依照本院《关于破产专项基金的管理办法》的规定作为破产专项基金予以提取。自破产程序终结之日起满二年仍不能将后续事务处理完毕的，应当向本院书面报告预留破产费用的使用情况、处理意见，报本院审查批准。

第九十二条 自破产程序依照《企业破产法》第四十三条第四款或者第一百二十条的规定终结之日起二年内，管理人发现有依照《企业破产法》第三十一条、第三十二条、第三十三条、第三十六条规定应当追回的财产，或者破产人有应当供分配的其他财产的,应当提请本院按照破产财产分配方案进行追加分配;但财产数量不足以支付分配费用的,不再进行追加分配,管理人应当提请本院将其上交国库。

十、终结程序职责

第九十三条 债务人财产不足以清偿破产费用,或者破产人无财产可供分配,或者破产财产最后分配完结的,管理人应当及时向本院提交书面报告或者破产财产分配报告,提请本院在十五日内裁定终结破产程序,并予以公告。

本院受理破产清算申请后、宣告破产前,第三人为债务人提供足额担保或者为债务人清偿全部到期债务,或者债务人已清偿全部到期债务的,管理人应当提请本院裁定终止破产程序,并予以公告。

本院受理破产清算申请后、宣告破产前,债务人与全体债权人就债权债务的处理自行达成协议的,管理人应当提请本院裁定认可,并终结破产程序。

第九十四条 管理人应当自破产程序终结之日起十日内,向债务人或者破产人的原税务登记机关申请办理税务注销登记,向债务人或者破产人的原工商登记机关申请办理工商注销登记。必要时可以请求本院向破产人的原登记机关发出协助执行通知书,办理注销登记。

第九十五条 破产程序出现下列情形,管理人可以终止执行职务:

(一)重整案件本院裁定批准的重整计划执行完毕;

(二)和解案件本院裁定认可和解协议,并终止和解程序;

(三)破产清算案件因债务人财产不足以清偿破产费用,或者因破产人无财产可供分配,或者因破产财产分配完结,本院裁定终结破产程序的,管理人已在本院裁定终结破产程序的十日内,持本院终结破产程序的裁定,向债务人或者破产人的原登记机关办理注销登记,但存在诉讼或者仲裁未决情况的除外;

(四)本院受理破产清算申请后、宣告破产前,因第三人为债务人提供足额担保或者为债务人清偿全部到期债务的,或者因债务人已清偿全部到期债务的,或者债务人与全体债权人就债权债务的处理自行达成协议的,本院裁定终结破产程序;

(五)本院受理破产申请后,债务人与全体债权人就债权债务处理自行达成协议并经本院裁定认可。

管理人终止执行职务时，如果有破产财产分配额提存的，管理人应当向本院告知提存的情况并交付提存的分配额。

第九十六条 管理人依法终止职务前，本院要求管理人提交执行职务报告或重整计划执行监督报告，并对未了事项作出详细说明的，管理人应当提交。

如本院认为需进行管理人离任审计的，管理人应予以配合。

第九十七条 管理人终止执行职务后，应将其接管的债务人或者破产人的账簿、文书等档案资料移交债务人或破产人的股东或者上级主管部门。

管理人接管的债务人或者破产人的账簿、文书等档案资料，出现无法移交而仍需要保管情形的，管理人可以预留相应的破产费用，以支付债务人或者破产人的账簿、文书等档案资料的保管费用。

第九十八条 管理人终止执行职务后，应当及时办理管理人银行账户的销户手续；并将管理人印章交公安机关销毁，同时将销毁的证明送交本院。

第九十九条 管理人终止执行职务后，应当对破产案件办理过程中形成的或接管的文件、资料等按规定整理归档，以备查阅。

第一百条 管理人在破产程序终结后，依法应当继续参加未决的诉讼或者仲裁，直至完成诉讼或仲裁程序；依照《企业破产法》第一百一十九条的规定办理提存财产分配；依照《企业破产法》第一百二十三条的规定办理追加分配。

本院认为破产程序终结后的其他后续工作适宜由管理人办理的，管理人应当接受并办理。

十一、管理人报酬及责任

第一百零一条 除管理人报酬外，管理人不得利用职务之便私自收取任何费用。

第一百零二条 管理人应在第一次债权人会议召开前拟订破产案件管理人报酬方案，并在第一次债权人会议上报告管理人报酬方案的内容。

经本院采取竞争加摇号选任方式选任的管理人，管理人报酬方案应当符合其在竞争方案作出的承诺。

管理人报酬方案的内容应符合下列分段比例要求：

（一）不超过一百万元（含本数，下同）的，在12%以下确定；

（二）超过一百万元至五百万元的部分，在10%以下确定；

（三）超过五百万元至一千万元的部分，在8%以下确定；

（四）超过一千万元至五千万元的部分，在6%以下确定；

（五）超过五千万元至一亿元的部分，在3%以下确定；

（六）超过一亿元至五亿元的部分，在1%以下确定；

（七）超过五亿元的部分，在0.5%以下确定。

担保权人优先受偿的担保物价值，不计入前述财产价值总额。

第一百零三条 管理人收取报酬，应当在将破产财产变价完毕后，提请本院裁定认可破产财产分配方案前，向本院提出书面申请。申请书应当包括以下内容：

（一）可供支付报酬的债务人财产情况；

（二）申请收取报酬的时间和数额；

（三）管理人履行职责的情况。

第一百零四条 本院将自收到管理人的报酬申请书之日起十日内，最终确定支付管理人的报酬数额。

本院最终确定支付管理人的报酬数额时，应当考虑以下因素：

（一）破产案件的复杂程度；

（二）管理人的勤勉程度；

（三）管理人为破产清算、重整、和解做出的实际贡献；

（四）管理人为履行社会责任所做的实际工作；

（五）管理人承担的风险和责任；

（六）债务人住所地居民可支配收入及物价水平；

（七）其他影响管理人报酬的情况。

第一百零五条 管理人发生更换的，本院将根据其履行职责的情况分别确定更换前后的管理人报酬。其报酬总和不得超出本规范第一百零二条第三款规定的限制范围。管理人就更换前后的报酬分配自行协议一致的，报本院批准。

第一百零六条 清算组管理人中政府部分派出的工作人员不收取报酬，其他机构或人员的报酬参照本规定第一百零二条第三款确定。

第一百零七条 管理人一般应当在本院确定支付管理人的报酬数额后，管理人实施破产财产分配时，一次性收取管理人报酬。确有特殊原因需要预支管理人报酬的，应当在第一次债权人会议召开之后，向本院提出申请，预支金额按照破产案件的审理进度和管理人履行职责的实际情况确定，不得超过根据预测债务人最终清偿的财产价值总额确定的管理人报酬上限的20%。

第一百零八条 管理人对担保物的维护、变现、交付等管理工作付出合理劳动的，有权向担保权人收取适当的报酬。管理人与担保权人就上述报酬数额不能协商一致的，本院将根据担保权人优先受偿的担保物价值，在本规定第一百零二条第三款所列比例的10%的限制范围内，参照管理人报酬的确定比例，予以确定。

第一百零九条 加入本院破产专项基金的管理人应当在收取报酬的同时，按照本院《关于破产专项基金的管理办法》的规定，缴纳管理人报酬基金和支取管理人报酬补偿。

第一百一十条 债权人会议对管理人报酬有异议的，应当向本院书面提出具体的请求和理由。异议书应当附有相应的债权人会议决议。

本院将自收到异议书之日起三日内通知管理人。管理人应当自收到通知之日起三日内作出书面说明。

本院认为有必要的，可以举行听证会，听取当事人意见。

本院将自收到异议书之日起十日内，就是否调整管理人报酬问题书面通知管理人、债权人委员会或者债权人会议主席。

第一百一十一条 管理人没有勤勉尽责、忠实执行职务，给债权人、债务人或者第三人造成损失的，管理人依法承担赔偿责任。

十二、附　　则

第一百一十二条 本院对破产案件简化审理程序有特别规定的，从其规定。

第一百一十三条 本规范自发布之日起施行。本规范施行时尚未审结的破产案件，适用本规范。

第一百一十四条 公司强制清算案件中的有关工作参照本规范执行。

苏州市吴江区人民法院破产管理人个案反向考评规定(试行)

(2019年7月5日　吴法〔2019〕68号)

第一条　为规范管理人在破产案件中的履职工作,促进管理人依法公正高效的履行职务,推动本院破产案件工作,根据《中华人民共和国企业破产法》、最高人民法院《关于审理企业破产案件指定管理人的规定》、苏州市中级人民法院《关于审理企业破产案件指定管理人工作的若干意见(试行)》及本院《关于破产管理人工作规范》,结合本院破产审判工作实际,制定本规定。

第二条　本院对在审破产案件的管理人(包括本院指定的个人管理人)均应进行个案反向考评,反向考评的内容详见附件1/2/3。

针对管理人个案的正向考评以及年度履职评价,均按照苏州市中级人民法院的要求进行考评。

第三条　反向考评应遵循全面、公开、公正的原则。

第四条　反向考评由审理破产案件的合议庭负责作出。

第五条　反向考评均应依照本规定附件所列事项逐项及时进行考评,自管理人接受本院指定开始至管理人终止履行职务时止。

管理人按时保质完成的项目不扣分;未按时保质完成的项目进行相应分数的扣减,并制作扣减相应分数的反向考评通知。必要时,可以向债权人、债务人的法定代表人或实际控制人等相关人员征求意见,亦可向债权人会议主席或债权人委员会成员征求意见。

第六条 反向考评通知,应在作出后三日内直接送达管理人的负责人。

第七条 管理人如对反向考评通知有异议,可在收到通知之日起五日内书面提出复议申请,由本院分管破产审判的副院长、破产审判庭负责人以及纪检部门负责人组成复审小组予以审核(破产审判庭负责人系原合议庭成员的应当回避,由不担任合议庭成员的副庭长参加复审)。

第八条 反向考评通知在管理人终止履行职务前应予以汇总,并计算扣减分数总和,并告知管理人的负责人。

第九条 扣减分数作为确定管理人报酬的依据之一。当扣减分数达到1分时(包括1分),应在管理人承诺的报酬基础之上扣减其报酬总额的百分之一(未达到1分的,不扣减报酬);当扣减分数达到2分时(包括2分),应在管理人承诺的报酬基础之上扣减其报酬总额的百分之三;当扣减分数达到3分时(包括3分),应在管理人承诺的报酬基础之上扣减其报酬总额的百分之五;当扣减分数达到4分时(包括4分),应在管理人承诺的报酬基础之上扣减其报酬总额的百分之八;当扣减分数达到5分时(包括5分),应在管理人承诺的报酬基础之上扣减其报酬总额的百分之十;当扣减分数达到6分时(包括6分),应在管理人承诺的报酬基础之上扣减其报酬总额的百分之十五;当扣减分数达到7分时(包括7分),应在管理人承诺的报酬基础之上扣减其报酬总额的百分之二十;当扣减分数达到8分时(包括8分),应在管理人承诺的报酬基础之上扣减其报酬总额的百分之三十;当扣减分数达到9分时(包括9分),应在管理人承诺的报酬基础之上扣减其报酬总额的百分之四十;当扣减分数达到10分时(包括10分),应在管理人承诺的报酬基础之上扣减其报酬总额的百分之五十。

第十条 当总扣分超过10分时(包括10分),本院有权依法决定更换管理人。

第十一条 强制清算案件中,本院指定苏州市企业破产案件管理人名册成员担任清算成员的,适用本规定。

第十二条 本院对本规定享有最终解释权。

第十三条 本规定自公布之日起施行。本规定施行时尚未审结的破产案件,适用本规定。

附件 1-1

管理人内部管理

1. 管理人应保证团队的组成人员取得相关执业资格并掌握破产法相关法律知识,并在接受本院指定后七日内将团队组成人员情况及相关执业资格报法院备案。未按照上述要求履行职务的,扣减 0.1 分。

2. 管理人团队中负责主要工作的人员发生变化未及时告知本院,或虽告知本院但严重影响工作效率、出现工作失误的,扣减 0.3 分。

3. 经本院指定为管理人后,应在十五日内制定完备的规章制度并报本院备案。管理人的规章制度包括:工作规程、议事规则、财务制度、证照及印章管理制度、档案制度、保密制度等。未按照上述要求履行职务的,扣减 0.1 分。

4. 管理人接受本院指定后五日内刻制管理人印章,并将刻制的管理人印章三日内交法院封样备案。未按照上述要求履行职务的,扣减 0.2 分。

5. 管理人印章应当按照规定使用。管理人依法终止职务后,应当及时到公安机关办理管理人印章销毁手续,并报法院备案。管理人违规使用管理人印章扣减 0.5 分;管理人未及时办理销毁手续的,扣减 0.1 分。

6. 管理人应在刻制管理人印章三日内向银行申请开立管理人银行账户,并在开户后三日内向本院备案。未按照上述要求履行职务的,扣减 0.2 分。

7. 管理人账户资金进出必须登记,严格执行财务收支管理制度。本院发现管理人违反其制定的管理规定使用账户资金的,扣减 0.5 分。

8. 管理人尽量节约破产费用,每项支出必须合理。本院发现破产费用的支出无明显依据的,扣减 0.5 分。

9. 管理人按照本院《关于破产管理人行为规范》第二十一条第二款聘用其他必要的社会中介机构或者人员的,应按照该规定选任,并在选定后及时报本院备案。本院发现违规选任的,扣减 0.5 分;未及时报本院备案的,扣减 0.1 分。

附件 1-2

接 管 工 作

1. 管理人应自收到本院出具的指定管理人决定书之日起三个工作日内安排

人员到本院阅卷,了解破产案件的基本情况,通知债务人有关人员,制定接管方案并确定接管时间。未按照上述要求履行职务的,扣减0.4分。

2. 管理人应做好债务人相关文件、财务资料和资产的接管工作。管理人应在完成接管工作七日内制作接管报告(管理人分多次接管的,应在完成最后一次接管工作后七日内制作接管报告),并附相应的接管财产清单,向本院报告接管工作情况。未按照上述要求履行职务的,扣减0.2分。

3. 管理人应在本院指定的期限及指定报刊或者网络平台刊登公告。未按照上述要求履行职务的,扣减0.3分。

4. 管理人接管财产后十日内,发现接管财产有被转移风险的,应提请法院对债务人财产采取查封措施。管理人接管财产后十日内,发现接管财产存在查封情形的,应制作相关书面材料要求查封法院进行解封。未按照上述要求履行职务的,扣减0.2分。

5. 管理人应在接管财产后十日内,查询债务人涉及诉讼案件情况,并及时代表债务人继续已经开始的诉讼程序。因管理人自身原因出现未参加诉讼情况的,扣减0.4分。

6. 管理人应在接受本院指定后至第一次债权人会议十日前,按照本院《关于破产管理人工作规范》第二十七条的规定调查债务人财产,并制作债务人财产状况报告并提交本院。管理人因自身原因遗漏债务人财产调查的,扣减0.4分;未按时向本院提交债务人财产报告的,扣减0.2分。

附件1-3

财产管理与追缴

1. 管理人应及时审核债务人有关文件,对债务人和对方当事人均未履行完毕的合同,决定是否需要继续履行或解除,并作出相应的书面情况报告,及时汇报法院。未按照上述要求履行职务的,扣减0.2分。

2. 管理人应及时判断债务人是否需要继续生产经营,并作出相应的书面情况报告,及时报法院。未按照上述要求履行职务的,扣减0.2分。

3. 管理人应对债务人财产统筹管理,及时盘点、登记、清理甄别财产权属,并根据不同财产性质按照本院《关于破产管理人工作规范》第三十四条采取措施,防止债务人财产受损。未按照上述要求履行职务的,扣减0.3分。

4.管理人应及时向债务人的债务人和财产持有人发出书面通知。未按照上述要求履行职务的,扣减0.3分。

5.管理人在掌握相关财产线索后,应及时通过协调或诉讼等方式追回。未按照上述要求履行职务的,扣减0.3分。

6.管理人无正当理由不得停止追收财产或放弃权利。根据实际情况,确需停止追收或者放弃权利的,应经过充分论证并说明理由汇报本院。未按照上述要求履行职务的,扣减0.5分。

7.管理人发现债务人存在企业破产法第三十一条、第三十二条或第三十三条规定行为,应在发现后十日依据法律规定制定相应的方案并向本院汇报后及时主张权利。未按照上述要求履行职务的,扣减0.2分。

8.管理人一旦发现与债务人相关的关联企业符合合并破产清算条件的,应积极准备相关材料,并及时拟定合并破产清算方案提请法院审查。未按照上述要求履行职务的,扣减0.2分。

附件1-4

债权审核

1.管理人应及时制定债权审核原则并统一审核标准,协助本院通知已知和未知债权人申报债权,并向债权人提供统一格式的债权申报文本并告知虚假申报的法律后果。未按照上述要求履行职务的,扣减0.3分。

2.管理人对申报的债权应当登记造册,并向各债权人出具申报债权的回执。未按照上述要求履行职务的,扣减0.1分。

3.管理人应在第一次债权人会议前将申报债权的认定结果书面告知各债权人。未按照上述要求履行职务的,扣减0.2分。

4.管理人应在第一次债权人会议前主动对劳动债权进行调查并列出清单,及时进行公示。未按照上述要求履行职务的,扣减0.2分。

5.管理人应在本院公告受理破产申请之日起七个工作日内书面通知相关税务机关,告知其依法申报债务人欠缴的税款。未按照上述要求履行职务的,扣减0.1分。

6. 管理人应当在第一次债权人会议前编制好债权表。如有特殊原因未能编制债权表的,应向第一次债权人会议书面说明,并在完成编制后,提交以后的债权人会议核查。未按照上述要求履行职务的,扣减0.4分。

7. 管理人应及时审核取回权、抵销权,并报法院审查备案。未按照上述要求履行的职务的,扣减0.2分。

附件1-5

财务审计和财产评估

1. 管理人应在第一次债权人会议前完成对债务人财务账册的审计并出具审计结论。没有账册可供审计的应出具审计意见书。如有特殊情况不能完成审计的,应在第一次债权人会议上作出书面说明,并在审计结论出具后及时提交以后的债权人会议。未按照上述要求履行职务的,扣减0.2分。

2. 管理人发现债务人有关人员在案件受理前有隐匿或故意销毁财务资料等情形的,应及时报告法院。未按照上述要求履行职务的,扣减0.2分。

3. 管理人应主动调查债务人企业的注册资金、对外投资、资金流向等相关情况,发现债务人存在通过制作虚假财务账册达到转移、隐匿财产或虚假破产情形的,应及时报告法院。未按照上述要求履行职务的,扣减0.2分。

4. 管理人应在第一次债权人会议前完成对债务人财产的评估。如有特殊情况不能完成评估的,应在第一次债权人会议上作书面说明,并在评估意见出具后及时提交以后的债权人会议。未按照上述要求履行职务的,扣减0.3分。

附件1-6

第一次债权人会议

1. 管理人应协助法院筹备第一次债权人会议,并于债权申报期满后五日内向本院提交第一次债权人会议资料。未按照上述要求履行职务的,扣减0.3分。

2. 管理人应就债权人会议主席的选任、是否设立债权人委员会以及债权人委员会成员的选任与各债权人在第一次债权人会议前进行意见征求及沟通,并将选任意见提交本院。未按照上述要求履行职务的,扣减0.2分。

3. 管理人应在第一次债权人会议召开前三日内,向各债权人送达执行职务的工作报告及需要表决的管理方案、变价方案等材料,并与每一名债权人就会议时间、地点、会议需要表决的事项等进行沟通。未按照上述要求履行职务的,扣减0.5分。

4. 管理人应在召开第一次债权人会议时,就参会人员的身份核实、到会情况、会议记录、意见搜集、表决票的统计等做好工作。因上述工作导致债权人提出意见的,扣减0.4分。

5. 管理人应要求审计或评估机构的代表到会并在债权人会议上就其作出的审计报告或评估报告作出说明。未按照上述要求履行职务的,扣减0.3分。

附件1-7

财产变价与分配

1. 管理人在变价方案未获债权人会议通过前对债务人财产实施变价的,应说明原因并制定详细方案,并报本院审查。未按照上述要求履行职务的,扣减0.5分。

2. 管理人应严格按照法定清偿顺序分配破产财产,分配方案应合法、合理,内容翔实、明确。未按照上述要求履行职务的,扣减0.3分。

3. 管理人对提存的财产应按照法律规定及时进行补充分配。未按照上述要求履行职务的,扣减0.2分。

附件1-8

终结破产程序

1. 管理人应及时提请法院终结破产程序并根据案件实际情况办理税务、工商、管理人账户的注销手续,并将相应材料交本院备案。无正当理由未按照上述要求履行职务的,每项扣减0.2分。

2. 管理人应及时将接管到的债务人账簿等文书等资料移交债务人的股东或者上级主管部门。无法移交的,管理人应预留相应的破产费用,对上述材料进行保管。未按照上述要求履行职务的,扣减0.1分。

3. 管理人应及时制作相应的工作档案，并进行保存。未按照上述要求履行职务的，扣减0.1分。

附件1－9

信息公开

1. 管理人应依法在全国企业破产重整信息网及时公开破产案件的以下信息：

(1)债务人信息；

(2)征集、招募重整投资人的公告；

(3)管理人工作节点信息；

(4)破产程序中管理人发布的其他公告；

(5)本院制作的破产程序法律文书；

(6)本院裁定批准的重整计划、认可的破产财产分配方案、和解协议等；

(7)涉及的诉讼、仲裁案件的基本信息；

(8)管理人认为应当公开，并经本院批准可以公开的其他信息。

未及时公布的，每发现一项，扣0.1分，但总计扣减不超过0.5分。

2. 管理人应当自收到指定管理人决定书之日起十日内，在本院指定的App平台上及时发布工作节点信息和本院制作的相关破产法律文书等。未按照上述要求设立并及时发布相关信息的，每次扣0.1分，但总计扣减不超过0.5分。

附件2

重整阶段工作

1. 债务人自行管理财产和营业事务的，管理人应当制定监督制度监督债务人。未按照上述要求履行职务的，扣减0.5分。

2. 重整期间，债务人的经营和财产状况持续恶化，缺乏挽救的可能性，或者债务人有欺诈、恶意减少债务人财产或者其他显著不利于债权人的行为，或者由于债务人的行为致使管理人无法执行职务的，管理人应当及时书面报告法院，请求法院裁定终止重整程序，并宣告债务人破产。未按照上述要求履行职务的，扣减0.3分。

3. 管理人必须严格按照法律规定的要求制作或者监督债务人制作重整计划草案,重整计划草案合法、合理并具可行性。未按照上述要求履行职务的,扣减0.2分。

4. 债务人未按期提出重整计划草案,或者重整计划草案未获得通过且未依照企业破产法第八十七条的规定获得批准,管理人应当及时书面报告法院。未按照上述要求履行职务的,扣减0.2分。

5. 按照重整计划的规定监督重整计划的执行,及时向法院提交监督报告,详细说明重整计划的执行情况。未按照上述要求履行职务的,扣减0.2分。

6. 债务人不能执行或者不执行重整计划的,应当及时书面报告法院,请求法院裁定终止重整计划的执行,并宣告债务人破产。未按照上述要求履行职务的,扣减0.2分。

附件3-1

管理人承诺事项

1. 管理人拒绝履行其在竞选方案中的垫资承诺的,扣减1分。

2. 管理人超出其承诺的报酬上限向人民法院申请报酬,扣减0.5分。

3. 管理人因自身原因,超出其承诺的结案时间结案的,扣减0.8分。

4. 管理人因自身原因,改变其承诺的破产案件处理主要思路和方案的,影响破产案件进程的,扣减1分。

5. 管理人对其在竞选管理人前与破产案件无利害关系作出虚假承诺的,扣减10分。

附件3-2

主动接受法院监督

1. 管理人没有合法的理由且未经人民法院批准,办理案件过程中违反法律规定的程序,损害债权人利益的,扣减10分。

2. 管理人违反法律、司法解释、执业纪律或职业道德,在办理案件过程中牟取私利，损害利害关系人权益，或私自收费，扣减10分。

3.管理人拒不接受人民法院的监督，未经批准擅自办理应当请示的事项，案件重大事项不及时报告，损害相关利害关系人权益的，扣减10分。

4.管理人应每周书面向法院主动报告近期开展工作的情况(包括完成的工作和计划开展的工作)，经法院同意可采取口头、微信等方式进行报告。未向本院报告又不向本院说明情况的，每发现一次，扣减0.1分。

附件3－3

债权人权益保护

1.管理人不能及时妥善处理案件中的疑难复杂问题导致债权人权益受损，或因应对不当而引发、加重重大群体性事件和不稳定因素，造成严重不良影响的，每发现一次，扣减0.5分。

2.经本院调查核实，管理人确实存在债权人投诉、检举、控告的违法违纪行为，影响案件进程、损害债权人权益或者造成严重不良影响的，扣减10分。

3.管理人怠于履行职责，造成财产或财产凭证、账簿证照、文书档案、证据材料等毁损灭失，致使债权人权益受损的，扣减10分。

附件3－4

加快破产案件进程

1.管理人发现债务人符合宣告破产条件的，在符合破产条件之日起十日内未向本院申请宣告破产的，扣减0.2分。

2.管理人发现其制定的债权表在异议期后无债权人表示异议的(包括诉讼)，自异议期满起十日内未向本院提请要求裁定确认无争议债权表的申请，扣减0.3分。

3.管理人决定采用非现场会议对分配方案进行表决的，未在规定的时间内进行统计的，扣减0.2分。

4.管理人未在分配方案经表决通过后三日内向本院申请要求裁定认可分配方案的，扣减0.2分。

5. 管理人未在本院出具的认可分配方案的裁定书出具之日起五日内完成财产分配的,扣减0.3分。

附件3-5

管理人业务能力

1. 本院两次以上发现管理人的团队成员严重缺乏相关破产法律知识的,扣减0.5分。

2. 因管理人制定的财产管理方案明显不符合法律规定或存在严重瑕疵等情况,导致该项方案不能通过的,扣减0.5分。

3. 因管理人制定的财产变价方案明显不符合法律规定或存在严重瑕疵等情况,导致该项方案不能通过的,扣减0.5分。

4. 因管理人制定的财产分配方案明显不符合法律规定或存在严重瑕疵等情况,导致该项方案不能通过的,扣减0.5分。

关于反向考核目的的说明

1. 基于苏州中院对破产案件管理人在每年年终均会进行个案正向和年度考评,吴江法院不适宜再制定相应的正向个案考评方案;

2. 正向考评和年度考评的均系在破产案件结案后进行,对个案进程的督促力度不大。鉴于此,吴江法院制定个案反向考评规则。

3. 在个案中按照破产进程和管理人履职的内容分项目进行反向考核,并及时将考核结果通知管理人,因考核结果与管理人最终的报酬挂钩,故可有效督促管理人履职;

4. 因考评结果与管理人报酬挂钩,涉及管理人的利益,该方案已征求全体管理人意见,确保方案公平公正。

5. 反向考评规则分为两部分。第一部分为反向考评的主要规则,包括考核主体、对象、时间、考核结果的告知、异议权、考评的效果等;第二部分为反向考核的项目,分为三个大项目。第一项目分为九个小项目,按照破产案件的进程分别系从管理人内部管理、接管、财产清查与处置、第一次债权人会议等到破产程序终结;第二项目为重整;第三项目为交叉项目。分别为管理人承诺、管理人能力、接受法院监督、保护债权人权益、加快破产案件进程。纵横交叉，将管理人的基本职责均进行了细化，并结合不同的职责，给出了相应的权重，体系完整，权重得当。

关于权重的说明

0.1分：管理人履职不积极，但不影响案件进程，也未损害利害关系人权益；

0.2~0.3分：管理人履职不积极影响到破产案件审理进程的；

0.4~0.5分：管理人履职违反自身制定的制度规定，损害利害关系人权益；或者管理人因自身能力不足，影响破产案件审理进程；

0.5~1分：管理人违反其向法院的承诺，影响破产案件审理进程的；

10分：管理人履职违背法律规定，损害利害关系人权益的，应当更换管理人的。

破产专项基金管理办法

（2015年4月16日　吴法〔2015〕23号　根据2018年3月20日本院院长办公会《关于修改〈破产专项基金管理办法〉的决定》修正）

第一章　总　　则

第一条　为规范破产专项基金管理，充分发挥管理人在企业破产案件中的作用，推进破产程序顺利进行，推动管理人职业化进程，保障民生，根据《中华人民共和国企业破产法》《最高人民法院关于审理企业破产案件指定管理人的规定》《最高人民法院关于审理企业破产案件确定管理人报酬的规定》的规定，结合本院审判实践，制定本办法。

第二条　破产专项基金用于管理人报酬补偿、管理人业务培训、特困民生救助，以及经本院认可的其他事项。

第三条　破产专项基金由下列资金组成：

（一）按本办法规定的比例自管理人报酬中提取的资金；

（二）债权人自破产财产最后分配公告之日起满二个月仍未受领，且未受领金额不足以支付分配费用的资金；

（三）管理人向逾期补充申报债权的债权人收取的

费用，三分之一纳入债务人财产，三分之一作为管理人审查费用，三分之一作为破产专项基金提取的资金；

（四）政府财政拨款、社会救助及管理人注资等。

第四条 为防止资金闲置，破产专项基金设置最高数额和安全数额，资金达到最高数额500万元后中止提取（提取时不足500万元、提取后超过500万元的不受此限制），低于安全数额100万元时继续提取。

第五条 破产专项基金设立专用账户进行管理，该专用账户暂由本院设置、管理，管理人行业相应自治组织设立后，可交由该组织设置、管理。

本院办公室、清算与破产审判庭应妥善保管该专用账户项下原始凭证，并制作台账，全面、详细记录资金流动情况，向自愿加入本基金的管理人名册成员、向本基金注入资金的其他主体、相关破产案件的债务人及债权人公开并接受查阅，依法接受财政部门的监督和审计机关的审计。

第二章 管理人报酬提取和补偿

第六条 本院按下列标准从破产清算案件管理人所得报酬中提取破产专项基金：

（一）不超过50万元（含本数，下同）的，按3%确定；

（二）超过50万元至100万元的部分，按4%确定；

（三）超过100万元至300万元的部分，按5%确定；

（四）超过300万元至500万元的部分，按6%确定；

（五）超过500万元至1000万元的部分，按7%确定；

（六）超过1000万元的部分，按8%确定。

破产清算案件管理人报酬不足30万元的，不予提取破产专项基金。

破产重整、和解案件管理人报酬超过100万元的，按其总额的3%提取破产专项基金。

破产清算案件管理人报酬虽超过30万元，破产重整、和解案件管理人报酬虽超过100万元，但该报酬不足以支付工作成本，其本身属于破产专项基金补偿对象的，不提取破产专项基金。

第七条 从管理人报酬中提取破产专项基金，应当履行下列手续：

（一）清算与破产审判庭向管理人出具通知书，载明从管理人报酬中提取基金的数额、交款方式、交款时间；

（二）管理人按通知书确定的数额、时间交款至破产专项基金账户；

（三）管理人将交款凭证复印件交至清算与破产审判庭登记备案。

第八条 破产案件符合下列条件之一的，管理人可以向本院申请补偿管理人报酬：

（一）债务人用于最终清偿的财产价值总额为零或极低，致使管理人按《最高人民法院关于审理企业破产案件确定管理人报酬的规定》第二条规定的比例所获取的报酬不足以支付工作成本，且不能通过向担保权人收取适当报酬予以补偿的；

（二）本院依照《中华人民共和国企业破产法》第十二条第二款裁定驳回申请，管理人已实质性开展工作，其报酬无从计算的；

（三）管理人报酬低于管理人工作成本的其他情形。

第九条 每件破产案件补偿管理人报酬数额一般为5万元；对于案情复杂的案件，5万元不足以支付管理人工作成本的，补偿数额可适当提高，但最高不得超过10万元。

实际补偿数额以支取补偿款项时破产专项基金余额为限，同时出现多个管理人需要补偿，而破产专项基金余额不足以支取的，按照比例支取。

第十条 管理人依照前条第一款申请提高补偿数额的，可通过审计对管理人的工作成本予以核定，审计项目包括：

（一）管理人人力成本开支；

（二）管理人费用成本开支；

（三）管理人履行职责已支出的其他相关的或然性工作成本。

对管理人工作成本进行审计的社会中介机构，由本院司法鉴定科从苏州市会计审计机构名册中，采取随机摇号的方式公开选定。如管理人本身即为会计审计机构的，在随机摇号前应予排除。

第十一条 前条规定的管理人人力成本开支，包括管理人聘用非本专业的其他社会中介机构或者人员所需支付的费用、管理人本专业范围内参与破产事务的员工工资等；前条规定的管理人费用成本开支，包括为履行管理人职责所花费的刻制管理人印章费用、公告费、邮寄费、会务费、差旅费、调查费、通讯费等；前条规定的其他相关的或然性工作成本，包括垫付企业公用事业或职工维稳费用等。

第十二条 管理人报酬虽不足以支付管理人工作成本，但存在下列情形之一的，不予补偿或相应核减补偿数额：

（一）管理人已经发现或应当发现债务人无财产可供分配，但未及时请求本院裁定终结破产程序，继续开展破产管理工作，导致管理人工作成本增加的，对增加的工作成本不予补偿；

（二）债权人、债务人的出资人、政府主管部门或者其他利害关系人对管理人报酬低于管理人工作成本的差额已予补偿或部分补偿的，破产专项基金对已补偿的部分不再补偿；

（三）管理人存在违反勤勉、忠实义务，或业务生疏、能力欠缺等情形的。

第十三条 从破产专项基金中补偿管理人报酬，应当履行下列手续：

（一）管理人向合议庭提交书面申请，申请书应载明破产案件基本情况、管理人工作情况、债务人财产状况、破产费用支付情况等，并附相关证据；

（二）合议庭应当自收到申请之日起 15 日内提出初步审核意见，经分管副院长批准后向管理人出具通知书；

（三）办公室根据通知书记载的金额，办理管理人报酬补偿资金发放手续；

（四）管理人将收款凭证交清算与破产审判庭登记备案。

如需通过审计对管理人工作成本予以核定的，在管理人提交书面申请后，还应经过司法鉴定科从苏州市会计审计机构名册中摇号选定审计机构、合议庭与审计机构议定审计费用和审计周期后通知管理人预交审计费用的程序。

经审计，管理人工作成本不足 5 万元或已获取报酬低于工作成本的差额不足 5 万元，无须提高补偿数额的，上述审计费用由管理人自行承担；批准提高补偿额度的，上述审计费用自破产专项基金另行支取。

第三章 管理人业务培训

第十四条 管理人业务培训对象仅限于自愿参加破产专项基金的苏州市企业破产案件管理人名册成员。

第十五条 管理人业务培训采用不定期集中培训的方式，具体培训时间、地点由本院另行通知。

第十六条 本院组织管理人就下列内容开展集中培训：

（一）学习、研讨《中华人民共和国企业破产法》及最高人民法院相关司法解

释、会议纪要等,并作交流发言;

(二)由担任过管理人的社会中介机构负责人或项目负责人介绍个案经验,并由本院及其他与会人员进行点评;

(三)由本院就管理人在破产管理事务中的风险、纪律进行教育、宣讲;

(四)邀请有关专家、学者专题授课;

(五)其他需要组织学习,及管理人建议研讨的内容。

第十七条 本院组织开展管理人业务培训所需费用(包括但不限于会务费、资料费、场地租用费)自破产专项基金中支取。

第十八条 管理人业务培训应当设立台账,由清算与破产审判庭负责管理,列明每次培训的时间、地点、参与人员、主题、费用开支情况等。

第十九条 从破产专项基金中支取管理人业务培训费用,应当履行下列手续:

(一)由清算与破产审判庭提出费用预支申请;

(二)预支申请经分管副院长批准后,由清算与破产审判庭向办公室提取预支费用;

(三)培训中所发生的费用应开具相应发票或凭证,经审批后备作账之用;

(四)管理人业务培训结束后,清算与破产审判庭应向办公室报送开支明细及凭证,并就预支费用多退少补。

第四章 特困民生救助

第二十条 因企业破产而失业且再就业困难的职工,或因企业破产受到重大债权损失,又无其他稳定经济来源、生活困难的自然人债权人,可由破产专项基金予以救助。

第二十一条 破产企业职工、自然人债权人具有下列情形之一的,可向破产专项基金申请救助:

(一)本人丧失劳动能力,其自身或家庭生活确有严重困难的;

(二)本人缺乏稳定的生活来源,其自身或其子女基本生活、学习确有严重困难的;

(三)本人生活窘困,难以维系生计,无力承担因抢救治疗支付医疗费用的;

(四)适用破产专项基金救助的其他情形。

破产企业职工、自然人债权人具有以上情形之一的，需提交基层群众自治组织、教育机构、医疗机构等出具的证明。

第二十二条 启用破产专项基金救助应以穷尽其他救助方式后，破产企业相关职工、自然人债权人仍具备前条第一款所述情形之一为前提。

申请破产专项基金救助以职工未获清偿的职工债权的50%或自然人债权人未获清偿的普通债权的25%为限，但最高不得超过2万元。

第二十三条 申请破产专项基金救助款项，应当履行下列手续：

（一）申请人向管理人提交破产专项基金救助申请书、身份证明及符合救助条件的证明材料，并书面承诺领取破产专项基金救助款项后息诉罢访；

（二）管理人对申请人所提交的材料经初步审查后，向合议庭提交破产专项基金救助申请书，载明申请人及其家庭成员基本情况、申请原因、债权数额、申请救助数额、初步审核意见的等事项；

（三）合议庭对申请救助的材料和事实进行审查，认为符合救助条件的，填写《破产专项基金救助审批表》报分管副院长批准，写明申请人及其家庭成员基本情况、债权数额、建议救助金额及理由等事项；

（四）分管副院长审查并签署批准意见；

（五）办公室依据批准意见办理有关救助款项发放手续。

第二十四条 清算与破产审判庭应建立适用破产专项基金救助情况的各项工作台账，办公室负责对破产专项基金救助资金的发放情况进行登记。

第五章 罚 则

第二十五条 自愿参加破产专项基金的管理人收到本院出具的提取管理人报酬通知书后，无正当理由拒不交纳的，本院可责令管理人进行整改，未予整改的将在以后破产案件遴选管理人时以其未尽社会责任、违反本办法予以排除。

第二十六条 不符合救助条件的申请人因隐瞒事实取得破产专项基金救助款的，法院除强制追回救助款外，对申请人以妨碍民事诉讼论处，情节严重的，依法追究刑事责任。

第二十七条 本院相关责任人员协助申请人弄虚作假获破产专项基金救助款、侵占、挪用破产专项基金的，依照本院有关规定给予处罚，构成犯罪的，依法追究刑事责任。

第六章 附 则

第二十八条 强制清算案件中,本院指定苏州市企业破产案件管理人名册成员担任清算组成员的,其报酬补偿参照适用本办法。

第二十九条 本院对本办法享有最终解释权。

第三十条 本办法自发布之日起施行,上级法院有新规定的,按新规定执行。

关于建立府院联动处置“僵尸企业”工作机制的实施意见

(2018年5月2日　吴办发〔2018〕38号)

为切实做好“僵尸企业”处置工作,进一步充分发挥市场在资源配置中的决定性作用,深化供给侧结构性改革,推动我区经济实现高质量发展,根据《国务院关于积极稳妥降低企业杠杆率的意见》(国发〔2016〕54号)及《最高人民法院关于依法开展破产案件审理积极稳妥推进破产企业救治和清算工作的通知》(法〔2016〕169号)文件精神,结合我区实际,提出如下实施意见:

一、总体要求

(一)指导思想。坚持以党的十九大精神为指导,贯彻落实中央、省、市关于推进供给侧结构性改革的决策部署,围绕坚决打好防范化解重大风险的战略要求,以“党委领导、政府支持、法院主导”为基本原则,通过政府提供配套制度保障、法院依法履行审判职责,积极运用市场化和法治化手段处置“僵尸企业”,推动产业转型升级,实现资源优化配置,为促进吴江经济社会高质量发展创设良好的社会环境和金融生态环境。

(二)主要目标。建立政府与法院紧密合作、互联互通、协调联动、合力处置“僵尸企业”的长效工作机制,通过“兼并重组一批、债务重组一批、破产重整一批、破产清算一批”的处置方式,妥善处置不良资产、盘活存量优质资源,维护金融生态健康稳定,促进经济转型升级发展。本意见所指“僵尸企业”,主要指已停产或半停产、连年亏损、资不抵债、因陷入“担保圈”风险而解套无望、长期停产且复产无望、已有投资但投产无望、靠政府补贴和银行续贷存活的企业。

二、主要任务

(一)实施分类处置

1. 加强风险监测预警。各区镇应充分发挥风险预警机制作用,识别、分析、监测企业欠税、欠薪、欠息、对外担保等风险情况,一旦发现企业经营异常,应及时反馈相关主管部门,避免“弃企避债”及转移、隐匿企业财产等情况的出现。

2. 引导企业分类处置。各区镇应根据企业实际情况,按产业类别、企业前景、危机原因等开展分类处置工作。对产品有市场但经营不善的企业,引导上市公司、行业龙头企业或担保企业实施兼并重组;对尚具经营价值的困境企业,引导其主动向区法院申请破产重整或和解;对不具有救治价值的企业,引导债务人、债权人等适格主体及时向区法院申请破产清算。

3. 依法受理破产案件。区法院应按照《最高人民法院关于破产案件立案受理有关问题的通知》(最高法明传〔2016〕469 号)规定,依法受理破产案件,不在破产申请受理上设置法外条件,不限制或阻止破产案件立案受理。坚持以市场化为导向,精准识别,对能够救治的困境企业发挥破产重整、和解的挽救功能;对不具有救治价值的企业通过破产清算及时出清市场。

4. 做好职工安置保障。各区镇一旦发现企业因经营困难发生欠薪情形,区镇劳动保障部门应在第一时间介入调查,摸清企业欠薪和建设工程债权等相关情况。在区法院受理破产申请前,通过应急风险金或积极协调第三方先行垫付破产企业职工工资和民工工资,避免集体信访等情况的发生。垫付方按照职工工资类债权和建设工程债权等相关债权的受偿顺序获得清偿。

5. 积极配合清算管理。企业出现破产原因的,可由属地政府配合企业组织相关部门并聘请社会中介机构组成临时清算组,提前开展资产核查、职工安置等清算前期工作。区法院受理破产申请后,可指定由有关部门的人员组成的清算组担任管理人。有关部门应积极配合,给予清算组时间保障;清算组成员应当勤勉尽职,严格履行法律责任与义务。

(二)加强配套保障

6. 重视维稳保障工作。对于涉及利益主体众多、矛盾冲突激烈的重大复杂企业破产案件，由区公安局、各区镇组织治安力量协助管理人接管破产企业，保障大型债权人会议的召开，加强对破产企业固定资产所在区域的日常巡逻。

7. 加大财政支持力度。加大财政对破产专项基金的支持力度，用以在无产可破案件中支付案件所必需的破产费用并补偿管理人报酬，为切实解决风险企业破产启动和资金周转、援助等问题做好保障工作。

8. 落实税收优惠政策。“僵尸企业”进入破产程序后，区税务部门应及时依法申报税务债权，并做好正常纳税服务，落实好对“僵尸企业”处置执行的相关优惠政策；管理人代债务人企业办理税款申报缴纳、发票申领等事项。破产重整企业引入战略投资人后，企业可向区税务部门申请纳税信用等级评定。对破产清算企业，按照企业注销清算相关规定进行税务处理，清算所得可依法弥补以前年度亏损。

9. 完善金融支持政策。充分发挥银行、资产管理公司等金融机构在参与破产重整中的作用。大力支持区法院主导的破产重整程序，积极争取上级行适当下放处置决策权限。“僵尸企业”破产重整成功后，企业可申请利用企业征信系统、金融基础数据库，录入企业破产重整、具体重整投资人等信息，展示信用状况的改善，供银行判断、调整企业信贷级别。

10. 打击恶意逃废债行为。区公安局依法受理查封财产被非法处置、被盗、挪用及侵占公司资产、隐匿会计账簿、妨害清算、拒不执行法院判决裁定等刑事案件，加大侦查力度，及时破案。在对破产企业债权核查以及破产企业流失资产的追查中，需要相关涉案人员配合的，相关部门应予以必要的协助。

11. 统筹处置房地产破产案件。由区住建局协调各区镇处置房地产企业破产案件，对基本完工的房地产项目，由区国土、住建、规划、消防、环保、人防等部门指导管理人按要求提交相应材料，办理相关手续。决定续建的工程项目，管理人提交续建方案后，区国土、规划等部门及时办理相关手续；续建完工验收时，相关职能部门开通绿色通道，缩短验收周期；管理人需筹资续建的，由地方政府协调国有资产管理公司或银行机构予以信贷支持；须由政府垫资的重大破产案件，由区法院、区财政局会同管理人做好相关方案报府院联动处置“僵尸企业”工作领导小组。

（三）有效盘活资产

12. 保障涉法土地拍卖。区政府决定收回“僵尸企业”划拨土地使用权的，应当及时支付法定补偿费用。鼓励各区镇利用低效工业土地回购的政策,对属于“三优三保”规划控制的拍卖土地集中进行收储;区法院将拟挂拍的“僵尸企业”工业用地信息通过区政府金融办传递至各区镇予以确认。对属于“三优三保”规划控制对象的工业用地,由区法院或管理人在拍卖公告中从规划、环保、产业布局等方面进行风险提示。对符合相关要求、具备独立分割条件的“僵尸企业”工业用地,经区政府审核同意后,允许分割转让。

13. 积极招募重整投资人。在破产重整案件中,各区镇与招商局、经信委等相关部门应主动介入,充分利用自身在招商引资方面所掌握的资源和市场,有针对性地推介破产企业资产,依法依规提供优惠政策,向经营前景良好、有拯救价值的困境企业引入有效的战略投资人,以保护企业优质资产,整合双方优势资源,实现企业嫁接重整。

(四)优化管理环境

14. 正确认识管理人地位。各职能部门应正确认识管理人的地位和职能,尊重管理人在破产程序中的主体地位。管理人由区法院指定后,即管理和处分破产企业的财产、决定破产企业的内部管理事务,是破产企业的当然代表。各职能部门不得以各种理由否认管理人代表破产企业的资格,阻挠管理人管理破产企业事务。管理人持区法院受理破产申请裁定书和指定管理人决定书,可直接查询破产企业的工商、财产、银行开户明细、银行账户交易明细等相关信息、刻制管理人公章及财务专用章、开设管理人银行账户、划转破产企业银行账户资金到管理人账户、注销破产企业银行账户、代办各类行政审批事项。

15. 保障必要公共服务。区供水、供电、供气等公用事业部门不得以清偿破产案件受理前企业所欠全部费用为恢复供水、供电、供气条件,破产案件受理前企业结欠的水、电、燃气费,应及时依法申报债权,进入破产程序后发生的水、电、燃气费,属破产费用,由破产企业财产随时清偿;区税务部门在管理人提交区法院出具的终结破产程序裁定后,依法办理税务注销手续;区市场监督管理局应在区法院或管理人提交相关法律文书和相应材料后,依法办理破产企业注销、股权变更、股权质押注销、企业合并分立等登记事项;区不动产、机动车管理部门及银行等机构,在收到区法院受理破产申请裁定及协助执行通知书后,应及时办理相关手续。

(五)提高审判效率

16. 完善执破衔接机制。落实执行案件移送破产审查指导意见,完善执行程序对破产效益的释明机制,规范执行与破产衔接工作模式和流程,促成"僵尸企业"进入破产程序,利用执行程序中效率优先的强制性措施,加快破产财产处置,最大化实现执行与破产程序的价值功能。

17. 简化破产案件审理。总结已积累的审判经验,继续推进破产案件简化审理工作,扩大破产案件简化审理适用范围,缩短破产案件审理期限,提高破产案件审理效率。将无产可破或债务人主要财产已在执行阶段处理完毕的破产案件审理期限压缩至 90 天;将事实清楚、债权债务关系明确、债务人财产处置难度较小的破产案件审理期限控制在 6 个月内。

18. 探索预重整机制。对符合实施破产重整条件的企业,探索在企业进入重整程序前,可由属地政府会同相关债权人、债务人、出资人等利害关系人通过庭外商业谈判,拟定重组方案,由区法院在诉讼调解对接工作框架内进行预审和完善。重整程序启动后,可以重组方案为依据拟定重整计划草案提交区法院依法审查批准,缩短审理期限。

19. 加强管理人队伍建设。以《管理人工作规范》为依据,严格监督管理人积极履职,以细化项目、制定时间表的方式指导、控制管理人工作进度,督促管理人按期完成工作内容,并以工作完成情况对管理人工作予以考评,作为确定管理人报酬的重要依据。支持、引导、推动苏州法院管理人名册中的成员成立管理人协会等自治组织,确保管理人队伍健康规范发展。

三、保障措施

(一)加强组织领导。成立由区政府、相关职能部门及各镇(区)政府(管委会)组成的府院联动处置"僵尸企业"工作领导小组。领导小组由区长任组长,负责政府常务工作的副区长任常务副组长,分管住建、工业经济、公安的副区长和法院院长、检察院检察长任副组长。领导小组下设服务业组、房地产组、工业组、司法组四个专业工作组,分别由服务业、住建、工业经济、公安的分管副区长兼任专业工作组组长。领导小组下设办公室,办公室设在区政府金融办,成员由各区镇、相关职能部门分管领导组成,负责信息传递、督办督查、服务保障等工作。各区镇分别成立地方工作组,配合四个专业工作组开展本辖区内的"僵尸企业"处置工作。对于涉及全区的重大案件,由领导小组办公室召集相关区镇、职能部门专题进行讨论会商。各职能部门应在职责分工范围内,支持区法院依法独立行使审判权,协调研究案件涉及的维稳、公共服务和社会管理职能,上下联动、协调一致、依法合规推动“僵尸企业”的处置工作。

（二）加强信息共享。建立府院日常信息共享机制，定期召开“僵尸企业”处置工作协调会议，通报全区“僵尸企业”处置工作的进展与成果，并对下阶段的工作方向与重点进行研判和部署，对重大破产案件实行专题会商机制。

（三）严守工作纪律。自觉遵守工作中的业务纪律和职业要求，对于涉密案件严守保密纪律。府院之间既倾力支持，又互不干扰，在紧密性和独立性之间始终保持有机统一。对处置工作过程中出现的渎职、失职行为将严肃追究相关人员责任。

（四）把握舆论导向。要从维护金融生态环境和社会秩序和谐稳定的高度出发，借助媒体工具，把握舆论导向，正面宣传“僵尸企业”处置的进展和结果。引导全社会进行反思，理性认识“僵尸企业”，为有效开展工作打下坚实的群众基础。

（五）建立督查机制。将处置“僵尸企业”工作纳入区政府年度重点督查内容，实行府院双向定期通报机制。鼓励各区镇、部门从实践中总结经验和办法，在教训中反思纰漏和不足，并在府院之间进行分享交流，进而形成全区上下齐抓共管、创造性地开展联动处置“僵尸企业”工作的良好局面。

关于建立司法联动保障破产工作规范运行机制的意见

(2020年8月10日　吴法〔2020〕56号)

第一条　为保障破产审判工作依法、有序、高效进行,有效化解企业破产难题,充分发挥破产制度功能,营造更好法治营商环境,根据《中华人民共和国企业破产法》《中华人民共和国民事诉讼法》等相关法律规定,制定本意见。

第二条　区法院、区检察院、区公安局、区司法局依照法律规定,按照坚守职责定位、坚持问题导向、深化标本兼治、统筹协调配合的工作原则,共同规范破产审理活动以及相关破产参与人的行为,共同提高破产案件审理效率和效果,有效防范化解系统性金融风险和社会稳定风险等重大风险。

第三条　区法院依照法律规定独立行使破产审判权,依照法定程序规范开展破产审判活动。

第四条　区检察院通过检察建议等方式对区法院破产审理活动行使法律监督职权,可以依照有关规定调阅区法院的破产案件卷宗,区法院应予以配合。

履行前款法律监督职责中,发现相关单位或部门违法行使职权、不依法及时履行职责、影响破产案件公正高效审理的,区检察院可以依照相关规定向有关单位和部门提出检察建议、发出纠正违法通知书或提起公益诉讼等。

第五条 区公安局依法严厉打击破产程序中恶意逃废债等涉嫌犯罪的行为。

第六条 区司法局、相关行业协会应当加强对律师、基层法律服务工作者和司法鉴定人员、公证人员等执业活动的管理。

第七条 区法院、区检察院、区公安局、区司法局畅通信息交流,共享企业破产信息。

第八条 区法院、区检察院、区公安局、区司法局对与破产案件相关的下列线索进行相互移送:

(一)可能存在重大债权虚假申报情形的;

(二)债务人的法定代表人、出资人、实际控制人等有恶意侵占、挪用、隐匿企业财产,或者隐匿、故意销毁依法应当保存的会计凭证、会计账簿、财务会计报告等违法行为的;

(三)债务人的有关人员或者其他人员对管理人进行侮辱、诽谤、诬陷、殴打、打击报复等违法行为的;

(四)审计、评估、鉴定等存在重大失实嫌疑的;

(五)管理人不当履职,可能造成重大损失的;

(六)破产程序中行政机关及其工作人员不依法履职,导致国家利益或者社会公共利益受到损害或者有侵害可能的;

(七)涉及利益主体众多,可能引起群体性事件的;

(八)其他对破产案件审理有重大影响的线索。

区法院、区检察院、区公安局、区司法局对移送的线索,依法及时进行审查处理,并及时反馈处置结果。

第九条 区检察院协调加大与企业破产相关的挪用资金、职务侵占、虚假诉讼、隐匿、故意销毁会计凭证、会计账簿、妨害清算等犯罪的立案、侦查、起诉力度。

区法院在破产程序中发现当事人或者案外人涉嫌犯罪,向侦查机关移送线索后未得到依法查处的,可以向区检察院通报相关情况,由区检察院开展立案监督。

第十条 对影响重大、案情复杂敏感、社会反应强烈以及上级部门督办的问题线索，根据工作需要，可以互派或互邀人员进行会商、研讨。

第十一条 区检察院在下列事项中协同推进区法院办理破产案件：

（一）区检察院协同区法院推进相关单位依法保障管理人依法履职，便利管理人接管、调查包括银行账户、机动车、不动产、对外投资、知识产权等在内的债务人财产，提高破产事务处理效率；

（二）区检察院协同区法院推进相关单位在区法院受理破产申请后解除对破产企业财产的查封、扣押、冻结等保全措施；

（三）区检察院协同区法院进一步完善债权审查机制，打击虚假诉讼和逃废债行为；

（四）区检察院协同区法院推进税务部门落实税收优惠政策、办理纳税信用修复和税务注销等破产企业涉税事宜，依法保障破产企业在重整和资产变现中依照相关政策享受税费优惠、解除惩戒措施，在程序终结后核销“死欠”；

（五）区检察院协同区法院审查破产程序中通过审计、评估、拍卖等方式进行资产处置的行为，加强对审计、税务、律师等行业主管部门的法律监督；

（六）区检察院协同区法院推进行政审批部门办理破产企业简易注销及其他登记事项；

（七）区法院、区检察院认为需要协同推进的其他事项。

第十二条 区检察院支持区法院积极尝试采用包括“预重整”“合并重整”等在内的制度模式，挽救困境市场主体，提升重整成功率。

第十三条 区检察院协助区法院积极探索个人破产制度，规范个人债务清理审核机制。

第十四条 区法院在审理破产案件过程中可以邀请区检察院参加管理人遴选、听证会、债权人会议等。检察机关依法履职并可以提出意见建议。

第十五条 建立协调联动机制联席会议制度，定期召开司法联席会议，通报破产程序协作配合工作开展情况，也可以根据工作需要召开专题会议，研究协同推进相关工作、会商会办重要事项、建立健全工作机制等情况。

第十六条 区法院、区检察院、区公安局、区司法局应当强化风险排查，做好风险预警，落实稳控责任，共同化解破产过程中的信访矛盾。

第十七条 区法院、区检察院、区公安局、区司法局应当充分发挥各自职能作用，联合强化宣传引导，加大对企业破产法律、法规的宣传力度，积极引导企业职工和社会各界正确理解、参与和支持供给侧结构性改革中出现的企业破产行为,引导通过正当方式维护合法权益,确保经济社会稳定发展。

第十八条 本意见由区法院、区检察院、区公安局、区司法局共同负责解释。有关法律、法规、司法解释另有规定的,适用其规定。

第十九条 本意见自发布之日起实施。

关于推进司法涉税协作机制的会议纪要

(2019 年 7 月 18 日　吴法〔2019〕81 号)

为提升司法涉税工作效率,推进司法涉税工作深度协作,2019 年 4 月 26 日上午,吴江区人民法院与吴江区税务局在吴江区税务局 601 会议室就破产案件及司法拍卖涉税事宜召开联席会议。会议总结了工作经验,分析了当前遇到的重点、难点问题,并明确如下主要工作内容:

一、破产案件涉税事宜

1. (涉税办理主体)区法院受理破产申请并指定管理人后,管理人代表破产企业至属地税务分局办理相关涉税事宜,具体包括纳税申报、开具发票、破产企业非正常户解除、失控发票进项税额转出、相关税收违章处理等。

2. (税款债权申报)已知区税务局对破产企业享有债权的,区法院应当自裁定受理破产申请之日起二十五日内通知区税务局,并由管理人将需填写的债权申报材料送达区税务局法制部门。区税务局应在区法院确定的债权申报期内向管理人申报债权。

3. (清算状态登记)管理人可以根据破产企业的实际情况选择登记清算状态。登记清算状态后,不再产生正常经营的企业所得税应申报信息。

4. (税源登记终止)经区法院与区税务局确认,管理人可以办理破产企业名下不动产涉及的房土两税的税源登记终止。税源登记终止日为区法院裁定受理破产申请的当月末。税源登记终止后,若破产企业重整或和解的,管理人持区法院终止破产程序的裁定及时至区税务局重新办理破产企业的税源登记,恢复申报房土两税。

5.(财产变现中的税费处理)对管理人变现破产企业财产所产生的增值税、土地增值税、消费税、印花税、城建税、教育费附加、地方教育费附加等,由管理人依法向区税务局申报,并领取、开具增值税发票。买受人竞拍不动产的,待拍卖所产生的上述税款全额缴纳后,区税务局应向其出具缴纳税费的凭证,买受人可持该缴纳凭证办理不动产过户登记。

6.(税务注销)管理人持区法院终结破产程序的裁定向属地税务分局申请税务注销,税务部门应按规定出具相关税收文书。对于未受清偿的欠税,由区税务局按照规定向上级税务机关申请死欠核销。

二、司法拍卖协税事宜的相关规定

7.(协税原则)区法院依照相关法律及司法解释的规定,在司法拍卖公告中明确因拍卖财产产权过户转移所涉税费由买卖双方各自承担的,相应税费应由区税务局依法确定和征缴。鉴于相应的税费系在司法拍卖变价环节中直接产生,区法院可根据区税务局依法确定的税费额协助收缴入库。

8.(协税范围)双方确定如下协税范围:拍卖被执行人不动产及与不动产合并拍卖的动产所产生的增值税、消费税、印花税、城建税、个人所得税、土地增值税、教育费附加、地方教育费附加等。以上税费由区税务局依法确定,并由区法院依据区税务局出具的扣税通知书从拍卖款中汇入区税务局指定账户。

9.(协税流程)区法院及时通过 FTP 向税务部门传送司法拍卖信息,并将书面材料寄送至区税务局耕契所。区税务局应及时依法确定相关税款,一般在 15 个工作日内完成税款确定工作,并将扣税通知书、加盖公章确认的计算明细单及欠税追缴相关文书寄送至法院。

10.(企业所得税的参与分配)被执行企业因当次拍卖可能产生的企业所得税由区税务局出具生效的《税务事项通知书》参与分配,区法院依法分配。分配完毕后,由区法院通过 FTP 平台将案款分配方案传递至区税务局。

三、建立协查机制

11.(协查诉讼证据材料)区税务局法制股根据区法院的律师调查令、调查函、介绍信等法律文件,开具联系单指导各税务分局调查相应诉讼证据材料。

12.(协查被执行人涉诉执信息)区法院根据区税务局的协查函,协助查询纳税人为被执行人的相关涉诉涉执信息。

四、附则

13.(附则)本纪要自下发之日起施行。在实施过程中的未尽事宜,由苏州市吴江区人民法院与苏州市吴江区税务局协调确定;涉及事项今后有新规定的,按照新规定执行。

关于破产企业劳动争议处置衔接的会商纪要

(2021年6月28日　吴法〔2021〕48号)

为维护破产企业职工的合法权益,保障破产程序依法顺利推进,进一步优化本地营商环境,吴江区人民法院(以下简称区法院)、吴江区人民检察院(以下简称区检察院)与吴江区人力资源和社会保障局(以下简称区人社局)于2021年6月28日召开了涉破产企业劳动争议法律适用问题研讨会,就破产案件审理与劳动争议仲裁相关程序衔接问题的解决达成基本共识,现就有关问题纪要如下:

一、职工申请劳动仲裁后,企业进入破产程序的处理

1. 区法院受理破产申请后,已经开始而尚未终结的有关破产企业的劳动争议仲裁应当中止;在管理人接管破产企业的财产后,该劳动仲裁活动继续进行。

2. 管理人应在被指定后三日内书面告知吴江区劳动人事争议仲裁委员会(以下简称区劳动仲裁委)中止仲裁程序,并附破产申请受理裁定、指定管理人决定书、送达地址确认书等法律文书。

3. 管理人接管破产企业的财产后,应当书面告知区劳动仲裁委恢复已中止的仲裁活动。区法院受理破产申请之日起五日内,管理人未书面告知恢复仲裁的,劳动仲裁委可以恢复仲裁程序。

4. 劳动仲裁中区劳动仲裁委应将破产企业列为当事人，而非将破产企业清算组或者破产企业管理人列为当事人。管理人代表破产企业参加仲裁活动。

5. 区法院受理破产申请后，已经开始尚未终结的请求破产企业为给付的劳动仲裁，区劳动仲裁委应将破产企业已进入破产程序的事实告知涉案当事人；管理人经调查确认其职工债权的，区劳动仲裁委应向劳动者释明可撤回仲裁申请，申请人未撤回仲裁申请的，区劳动仲裁委可继续做出有给付内容的裁决，但须在裁决书说理部分载明，劳动者只能在破产程序中依法受偿，不得据此获得个别清偿。

6. 对于破产企业的董事、监事和高级管理人员提出的仲裁申请，区劳动仲裁委在裁决时，应注意与《企业破产法》第一百一十三条第三款、《最高人民法院关于适用〈中华人民共和国企业破产法〉若干问题的规定（二）》第二十四条第一款、第三款的规定相协调。

二、企业进入破产程序后，职工申请劳动仲裁的处理

7. 区法院受理破产申请后，职工就劳动争议提请的仲裁申请，劳动仲裁委原则上不予受理，同时告知当事人应依照《企业破产法》的规定在破产程序中行使权利。

8. 管理人依照《企业破产法》第四十八条第二款的规定调查公示职工债权清单，企业职工对清单记载有异议的，应当首先要求管理人更正，提出具体的更正请求，并说明理由和法律依据。管理人不予更正的，应当作出不予更正决定，并说明理由。异议人不服该决定的，或者管理人不予回复的，异议人应当在债权人会议核查结束后十五日内以破产企业为被告直接向区法院提起职工债权确认之诉，不必经过劳动仲裁前置程序。

三、关于加强欠薪案件审查力度

9. 区劳动仲裁委在办理劳动仲裁案件中，对无实质性对抗及调解协议的达成异常容易等存在虚假仲裁迹象的案件，应当加强审查，主动依职权调查，慎重调解，防止当事人恶意串通利用劳动仲裁程序谋取不正当利益。

10. 管理人可以持区法院受理破产申请裁定书、指定管理人决定书，向区劳动仲裁委申请查阅破产企业劳动仲裁案件材料。

11. 区检察院通过检察建议等方式对区法院、区劳动仲裁委办理破产企业劳动争议案件行使法律监督，依照有关规定调阅破产、劳动仲裁案件材料，区法院、区劳动仲裁委应予以配合。

四、关于工作联络机制

12. 建立信息通报机制。区法院、区检察院、区人社局指定专人负责，加强沟通协作。区法院应于每周一向区检察院、区人社局通报新收破产申请审查案件和破产案件清单；区劳动仲裁委应在受理劳动仲裁申请时、作出仲裁裁决时通过全国企业破产重整案件信息网查询企业破产信息，并及时通知区法院或管理人。

13. 建立常规会商机制。区法院、区检察院、区人社局通过不定期召开工作座谈、研讨会等形式，听取意见建议，依法协商解决协作过程中出现的新问题，深化协作。

苏州市吴江区人民法院关于个人债务清理的若干规定

(2019年10月21日　吴法〔2019〕101号　2021年4月26日修订)

第一章　总　　则

第一条　(规定目的)为公平处理个人债务人的债务,给予债务人重生的机会,根据《中华人民共和国民事诉讼法》及上级法院的相关规定,参照《中华人民共和国企业破产法》的规定,结合本院实际,制定本规定。

第二条　(清理能力)本规定所指“个人”,包括自然人和个体工商户。

第三条　(基本原则)个人债务清理遵循意思自治、诚实信用、公平清理、分类适用的原则。

第四条　(适用范围)具有苏州市吴江区户籍,或在吴江区居住并参加吴江区社会保险或缴纳个人所得税连续满两年的自然人,以及在苏州市吴江区市场监督管理局登记注册的个体工商户不能清偿到期债务,并且资产不足以清偿全部债务或者明显缺乏清偿能力,且符合下列条件之一的,可以适用本规定:

(一)因法定或约定原因对企业债务承担民事责任且该企业已进入破产程序的企业经营者或其他有关人员;

（二）因生活困难无力偿还债务的个人。

前款规定的法定或约定原因主要包括：

（一）个人独资企业等非法人企业的股东、经营者为破产企业债务承担无限责任的；

（二）个人财产与企业财产混同的；

（三）为企业债务提供担保的。

第五条 （优先启动）债务已进入执行程序，经过财产调查未发现可供执行的财产，或财产不能清偿所有债权的被执行个人，优先启动债务清理程序。

在执行中，发现被执行个人符合本规定第四条规定情形且不存在本规定第六条规定情形的，执行法官经申请执行人或被执行个人同意，应当及时将执行案件移送个人债务清理审查，并中止对该被执行个人的执行。

第六条 （例外情形）具有下列情形之一的个人，不适用本规定：

（一）在苏州市吴江辖区外有作为被执行人、被告或者被申请人的应负或者可能应负金钱给付义务的在执、在诉、仲裁、公证债权案件，但该案件债权人自愿参与本规定程序的除外；

（二）因赌博、挥霍消费等不良原因导致不能清偿债务的；

（三）有履行能力而拒不履行生效法律文书确定义务的；

（四）以伪造证据、暴力、威胁等方法妨碍案件审理、抗拒执行的；

（五）以虚假诉讼、虚假仲裁或者以隐匿、转移财产等方法妨害诉讼、规避执行的；

（六）违反限制消费令的；

（七）无正当理由拒不履行执行和解协议的；

（八）违反忠实义务、勤勉义务，致使所在企业破产的；

（九）怠于履行清算义务，致使企业无法进行清算或无法完整清算的；

（十）妨害审理程序、执行程序、破产程序进行的其他行为；

（十一）债务人依照本规定免除未清偿债务未超过六年的。

第二章　申请和受理

第一节　申　　请

第七条 （申请主体）债务人有本规定第五条规定情形的，可以向人民法院提出债务清理申请，包括申请清算和更生。

有个人收入且超过维持其本人及其抚（扶）养家庭成员基本生活水平的债务人，应以制定债务清偿计划的方式申请更生。

单独或共同对债务人持有十万元以上到期债权的债权人，可以向人民法院申请对债务人进行清算。

第八条 （申请材料）申请个人债务清理，应提交申请书和有关证据。

申请书应当载明下列事项：

（一）申请人、被申请人的基本情况；

（二）申请事项；

（三）申请的事实和理由；

（四）人民法院认为应当载明的其他事项。

债务人提出申请的，申请书应附个人（含配偶和未成年子女）财产状况报告、提出申请前三年内财产变动和收入支出情况（含相关账户的收支明细）、个人信用证明材料、债务清册、债权人名册、请求保留的自由财产清单以及无不诚信行为的承诺书；申请更生的，还应提交债务清偿计划。

前款规定的提出申请前三年内财产变动情况，包括下列行为：

（一）赠与、转让、出租财产；

（二）在财产上设立担保物权等权利负担；

（三）放弃债权或者延长债务清偿期限；

（四）一次性支出五万元以上大额资金；

（五）以离婚、继承而分割共同财产；

（六）提前清偿未到期债务；

（七）其他重大财产变动情况。

第九条 （申请费用）申请个人债务清理的不预交申请费，债务清理后依照《诉讼费用交纳办法》关于企业破产案件申请费交纳标准的规定交纳。

债务人有被执行案件的，相应负担的执行申请费，在债务清理程序中不重复计收。

第十条 （申请的撤回）受理债务清理申请前，申请人可以请求撤回申请，撤回申请应当采用书面形式。

受理债务清理申请后，除非经已申报债权的全体债权人和债务人同意，申请人不得撤回债务清理申请。

撤回债务清理申请的同一债权人无正当理由，不得在撤回申请之日起一年内再次申请该债务人进行债务清理。

撤回债务清理申请的债务人无正当理由，不得在撤回申请之日起一年内再次申请进行债务清理。

第二节 受　　理

第十一条　（申请的审查）人民法院应在收到债务清理申请后十日内通知已知债权人。债权人发现债务人提供的财产及收入状况说明不实，或认为债务人存在本规定第六条所列情形的，应当自收到通知之日起三十日内向人民法院提出。

人民法院收到债务清理申请后，可向债务人所在社区、单位、辖区税务机关、信用管理部门送达申请书副本并征询意见。

人民法院收到债务清理申请后，应当及时通知相关利害关系人并组织听证，听证时间不计入审查时间。

第十二条　（受理申请）人民法院受理债务清理申请的，应当自裁定作出之日起五日内送达申请人。

债权人申请的，人民法院应当自裁定作出之日起五日内送达债务人。债务人应当自裁定送达之日起十五日内，向人民法院提交本规定第八条第三款、第四款规定的相关材料。

第十三条　（不予受理）人民法院裁定不予受理债务清理申请的，裁定自即日起生效，人民法院应当自裁定作出之日起五日内送达申请人。

第十四条　（审理部门）人民法院裁定受理债务清理申请，债务人有作为被执行人案件的，由立案部门立"执清"案号后移交执行部门审理；其他个人债务清理案件，由立案部门立"个清"案号后移交破产审判部门审理。

第十五条　（公告）人民法院应当自裁定受理债务申请之日起十五日内发布受理公告。公告应当载明下列事项：

（一）债务人的名称或者姓名；

（二）人民法院受理申请的时间；

（三）限制债务人行为的决定；

（四）申报债权的期限、地点、效力和注意事项；

（五）管理人的名称或者姓名及其处理事务的地址；

（六）债务人的债务人或者财产持有人应当向管理人清偿债务或者交付财产的要求；

（七）第一次债权人会议召开的时间和地点；

（八）人民法院认为应当公告的其他必要事项。

第十六条　（中止执行）裁定受理债务清理申请后，执行部门中止对债务人的执行，但对债务人的特定财产享有担保权的债权人可以主张就该特定财产变价处置行使优先受偿权。

第十七条　（限制行为）裁定受理债务清理申请的，应同时作出限制债务人行为的决定。自决定作出之日起至债务人复权前，除债权人会议另有决议外，债务人不得有下列行为：

（一）《最高人民法院关于限制被执行人高消费及有关消费的若干规定》第三条禁止的高消费及非生活或工作必需的消费行为，乘坐飞机经济舱及高铁二等座除外；

（二）担任任何企业的法定代表人、股东、董事、监事；

（三）人民法院认为应当进行限制的其他行为。

第十八条　（删除失信信息）债务人主动纠正失信行为，人民法院裁定受理个人债务清理申请的，可以依照《最高人民法院关于公布失信被执行人名单信息的若干规定》第二条第二款的规定，提前删除失信信息。

第十九条　（债务人的义务）债务清理过程中，债务人应当履行下列义务：

（一）妥善保管其占有和管理的财产、文书资料，并根据管理人要求及时完整移交；

（二）根据人民法院、管理人的要求进行工作，并如实回答询问；

（三）列席债权人会议并如实回答债权人的询问；

（四）未经人民法院许可，不得离开住所地。

前款一至三项适用于债务人的近亲属、为债务人管理财产之人或其他利害关系人。

第二十条　（终止程序）债务清理过程中，发现债务人存在本规定第六条所列情形或其他逃废债行为，以及严重违反本规定第十二条第二款、第十七条、第十九条的行为的,人民法院可以依职权,或依管理人、债权人的申请,裁定终止债务清理程序,恢复原生效法律文书的执行,并予以公告,同时根据情节依法采取罚款、拘留等措施,构成犯罪的,依法追究刑事责任。

第三章 管 理 人

第二十一条 (指定管理人)裁定受理债务清理申请的,应当同时指定管理人。依据本规定第四条第一款第一项进行个人债务清理的,由企业破产案件的管理人担任个人债务清理管理人;其他个人债务清理案件管理人的指定,参照企业破产案件管理人的指定方式处理。

对于符合本院《关于破产案件指定个人管理人的规定(试行)》的案件,应依照该规定指定个人担任管理人。

第二十二条 (通知已知债权人)管理人应当自被指定之日起十五日内通知已知债权人在人民法院确定的债权申报期限内申报债权,并告知本规定第十五条规定的公告事项。

第二十三条 (管理人职责)管理人履行下列职责:

(一)接管债务人的财产以及其他资料;

(二)调查债务人财产状况,制作财产状况报告;

(三)决定债务人的日常开支和其他必要开支;

(四)管理和处分债务人的财产;

(五)代表债务人参加诉讼、仲裁或者其他法律程序;

(六)提议召开债权人会议;

(七)监督债务人履行债务清偿计划以及信用考验期内的行为;

(八)人民法院认为管理人应当履行的其他职责。

本规定对管理人的职责另有规定的,适用其规定。

第二十四条 (管理人报酬)管理人报酬参照最高人民法院《关于审理企业破产案件确定管理人报酬的规定》确定。管理人报酬低于管理人工作成本的,参照本院《破产专项基金管理办法》予以合理补偿,补偿标准一般不应高于企业破产案件管理人。

第四章 债务人财产

第二十五条 (债务人财产)债务清理申请受理时属于债务人的全部财产,

以及债务清理申请受理后至债务清理程序终结前债务人取得的财产，为债务人财产。

第二十六条 （自由财产）以下财产作为债务人的清理豁免财产，准予债务人保留：

（一）债务人及其所抚（扶）养家庭成员必需的衣服、家具、餐具等生活用品，但具有较大经济价值的财产除外；

（二）债务人及其所抚（扶）养家庭成员必需的生活费用；

（三）债务人或债务人所抚养家庭成员完成义务教育所必需的费用与物品；

（四）债务人及其所抚（扶）养家庭成员因身体缺陷和治疗当前疾病所必需的资金、辅助工具、医疗物品；

（五）债务人作为职工工作的必要工具，但具有较大经济价值的财产除外；

（六）专属于债务人人身权利的抚恤金、扶助金；

（七）债务人所得的勋章及其他荣誉表彰等具有纪念意义但经济价值不大的动产。

第二十七条 （财产调查）管理人应当及时完成债务人财产状况调查报告，并对豁免财产清单提出意见，一同提交第一次债权人会议审查。

第五章 债权申报

第二十八条 （债权申报）债权人应在人民法院确定的债权申报期限内向管理人申报债权。债权申报期限自人民法院发布受理债务清理申请公告之日起计算，最短不得少于三十日，最长不得超过两个月。债权人申报债权的，依照本规定行使权利，接受本规定的约束。

第二十九条 （债权表的编制、核查和确认）管理人收到债权申报材料后，应当登记造册，对申报的债权进行审查，并编制债权表提交第一次债权人会议核查。债务人、债权人对债权表记载的债权无异议，由人民法院裁定确认。

第六章 债权人会议

第三十条 （债权人会议）依本规定申报债权的债权人为债权人会议的成员，有权参加债权人会议，享有表决权。

债权人会议行使下列职权：

（一）核查债权；

（二）申请人民法院更换管理人，审查管理人的费用和报酬；

（三）监督管理人；

（四）选任和更换债权人委员会成员；

（五）通过债务人财产状况报告及准予债务人保留的自由财产清单；

（六）通过债务清偿计划；

（七）通过债务人财产的管理方案；

（八）通过债务人财产的变价方案；

（九）通过债务人财产的分配方案；

（十）人民法院认为应当由债权人会议行使的其他职权。

第三十一条　（会议召集）人民法院应当在债权申报期限届满后十日内召集召开债权人会议，并提前三天通知债权人。

第三十二条　（表决规则）债权人会议决议，由出席债权人会议的无财产担保债权人过半数同意，并且其所代表的债权额占无财产担保债权总额的三分之二以上。但是，本规定另有规定的除外。

第三十三条　（法院裁定事项）经债权人会议表决未通过的事项，人民法院参照企业破产法第六十五条的规定予以裁定。债权人对裁定不服的，可以自收到裁定之日起十日内向该人民法院申请复议。

第七章　更生程序

第三十四条　（债务清偿计划）人民法院裁定受理更生申请的，债务人应当在收到债权表后、第一次债权人会议前向管理人提交债务清偿计划。债务清偿计划应当包括下列内容：

（一）自由财产范围；

（二）现有财产的处置方案；

（三）清偿率，可以针对不同情形债权设定不同清偿率，但相同情形债权原则上适用相同清偿率，且均不得低于其依照本规定其他程序所能获得的清偿比例；

（四）清偿方法，分期清偿的，分期清偿计划的履行期最长不得超过五年；

（五）信用恢复要求；

（六）有利于债务清偿的其他方案。

第三十五条 （清偿计划的表决）债务清偿计划经无财产担保债权人一致同意后通过。

第三十六条 （表决未通过）债务清偿计划经债权人会议两次表决未通过的，应当终止个人债务清理程序，并予以公告。

第三十七条 （计划批准）自债务清偿计划通过之日起五日内，管理人应向人民法院提出批准清偿计划的申请。人民法院经审查认为符合本规定的，自收到申请之日起十五日内裁定批准，终止个人债务清理程序，并予以公告。

第三十八条 （执行监督）债务清偿计划由管理人监督执行，清偿期结束后，管理人向法院提交债务清偿计划执行情况报告。

第三十九条 （执行不能）债务人不能执行或不执行清偿计划的，人民法院经管理人或者利害关系人请求，应当裁定终止债务清理程序，恢复原生效法律文书的执行，并予以公告。

第四十条 （清偿计划的调整）经批准的债务清偿计划因不可归责于债务人的原因导致无法按期执行的，经债务人申请，人民法院可以批准延长执行期限，但最长不得超过二年。债权人因延期清偿所受的损失应当得到合理补偿。但是，涉及减少债权清偿率的，应经相应债权人一致同意。

第四十一条 （清偿计划执行完毕后的程序终结）债务清偿计划执行完毕后，人民法院经管理人或债务人请求，应当裁定终结债务清理程序。

第八章 清 算 程 序

第四十二条 （无财产可供分配的程序终结）债务人无财产可供分配的，管理人应当自债权人会议通过或人民法院认可债务人财产状况报告及准予债务人保留的自由财产清单后五日内申请人民法院裁定终结债务清理程序。

第四十三条 （财产变价）债务人财产变价处置应当通过网络拍卖进行。但是，债权人会议另有决议的除外。

第四十四条 （财产分配）债务人财产分配顺序及方式参照企业破产法相关规定执行。

第四十五条 （财产分配后的程序终结）债权人会议通过债务人财产分配方案后，由管理人将该方案提起人民法院裁定认可。

财产分配完毕后五日内，管理人应向人民法院申请裁定终结债务清理程序。

第九章 免 责

第四十六条 （更生的免责）自清偿计划执行完毕之日起十五日内，债务人可以向人民法院申请免除其未清偿的债务。人民法院应当将免责申请通知债权人和管理人，管理人应向人民法院就是否同意债务人免责，提出独立意见。

人民法院应当自收到债务人免除债务申请之日起三十日内作出是否免责的裁定，并予以公告。

第四十七条 （清算的免责）依照本规定第四十二条、第四十五条裁定终结债务清理程序，且符合下列条件之一的，债务人向人民法院申请免责：

（一）清偿全部债务的；

（二）债务清偿率达到百分之六十以上的，自裁定终结债务清理程序之日起满一年；

（三）债务清偿率达到百分之三十以上，不足百分之六十的，自裁定终结债务清理程序之日起满二年；

（四）债务清偿率达到百分之二十以上，不足百分之三十的，自裁定终结债务清理程序之日起满三年；

（五）债务清偿率达到百分之十以上，不足百分之二十的，自裁定终结债务清理程序之日起满四年；

（六）债务清偿率达到百分之五以上，不足百分之十的，自裁定终结债务清理程序之日起满五年；

（七）债务清偿率不足百分之五的，自裁定终结债务清理程序之日起满六年。

已经清偿的债务金额包括债务清理程序之外已经履行的金额。

债权人会议对本条第一款规定的期限另有决议的，按照债权人会议决议执行，但债权人会议决议的期限不得长于本条第一款规定的期限。

第四十八条 （清算免责的特殊情形）自裁定终结债务清理程序之日起十五日内，无收入来源，又丧失劳动能力的债务人，可以向人民法院申请免责。

第四十九条 （清算免责裁定）人民法院应当将免责申请通知债权人和管理人，管理人应向人民法院就是否同意债务人免责，提出独立意见。

人民法院应当自收到债务人免除债务申请之日起三十日内作出是否免责的裁定，并予以公告。

第五十条 （不免责债务）下列债务属于不免责债务，债务人负继续清偿责任，但债权人同意减免的除外：

（一）罚款、罚金；

（二）债务人因故意侵权行为产生的人身损害赔偿债务；

（三）税款债务；

（四）债务人因履行法定抚养、扶养义务的费用；

（五）因不可归责于债权人的事由导致该债权人未申报债权，债务人对该债权清偿数额未达到已申报债权受偿比例的部分。

第十章 失权和复权

第五十一条 （复权）自债务人的免责裁定生效之日起，本规定第十七条对债务人行为的限制自动解除。

第五十二条 （追加清偿）在信用恢复前，依照本规定第四十二条、第四十五条裁定终结债务清理程序的债务人有超出维持其本人及其抚（扶）养家庭成员基本生活水平的收入的，超出部分仍应用于追加清偿。

前款规定的期限内，债务人应每半年向管理人报告财产状况，并由管理人通报全体债权人。

第五十三条 （终结执行）依照本规定第四十二条、第四十五条裁定终结债务清理程序的，以民事诉讼法第二百五十七条第六项为由终结对债务人的执行。

依照本规定第三十七条裁定终止债务清理程序的，以和解长期履行为由终结对债务人的执行。

第五十四条 （债务恢复）信用恢复前或信用恢复后两年内，发现债务人存在本规定第六条规定情形或其他逃废债行为，以及严重违反本规定第十二条第二款、第十七条、第十九条的行为的，人民法院可以依职权，或依管理人、债权人的申请恢复按照原债务额进行清偿。

第五十五条 （公示与监督）依照本规定进行债务清理的，人民法院建立个人债务人清理名录，并定期在人民法院网站、微信公众号等相关媒体公布。债务人在信用恢复之前，应当接受社会各界对其信用限制和财产情况进行监督。

第十一章　附　　则

第五十六条　（参照适用）本规定没有规定的，参照适用企业破产法的有关规定。

第五十七条　（实施日期）本意见自发布之日起实施。法律、司法解释或上级法院规范性文件有新规定的，以新规定为准。

附录1："执转破"法律文书样式

1. 受理案件通知书(执行实施用)

苏州市吴江区人民法院

受理案件通知书

(××××)苏0509执××××号

×××：

×××与×××(写明案由)一案,本院(或其他生效法律文书的作出机关)作出的(××××)苏0509民初××××号民事判决(或其他生效法律文书)已发生法律效力。你/你单位向本院申请执行。经审查,该申请符合法定受理条件,本院决定立案执行。(如为移送执行案件,写明××××移送执行,本院决定立案执行。)现将有关事宜通知如下：

一、请补充提交被执行人名下财产情况；

二、本案由法官/执行员×××负责执行；

三、在执行中,你/你单位若认为被执行人符合企业破产法第二条第一款规定的情形,有权依照《最高人民法院关于适用〈中华人民共和国民事诉讼法〉的解释》向本院提出执行案件移送破产审查的申请。

特此通知。

××××年××月××日

(院印)

联系人:×××　　　　联系电话:

本院地址:苏州市吴江区高新路788号　　　　邮　　编:215200

【说明】

本样式第三条系在受理企业法人作为被执行人的执行案件后,告知申请执行人提出执行案件移送破产审查申请的权利用。

2. 执行通知书(通知被执行人用)

苏州市吴江区人民法院

执行通知书

(××××)苏 0509 执××××号

×××:

你单位与×××(写明案由)一案,本院(或其他生效法律文书的作出机关)作出的判决(或写明其他生效法律文书)已发生法律效力。申请执行人(或委托、移送、报请执行的单位)×××于××××年××月××日向本院申请/委托/移送/报请强制执行,本院于××××年××月××日立案。依照《中华人民共和国民事诉讼法》第二百四十条、《最高人民法院关于适用〈中华人民共和国民事诉讼法〉的解释》第四百八十二条规定,责令你/你单位履行下列义务:

……

开户银行:×××

账户名称:×××

账　　号:×××

特此通知。

××××年××月××日

(院印)

联系人:×××　　联系电话:

本院地址:苏州市吴江区高新路 788 号　　邮　　编:215200

风险提示及权利告知:

一、根据《最高人民法院关于公布失信被执行人名单信息的若干规定》第一条的规定,被执行人有履行能力而不履行生效法律文书确定的义务并具有下列

情形之一的,人民法院将其纳入失信被执行人名单,依法对其进行信用惩戒:

(一)以伪造证据、暴力、威胁等方法妨碍、抗拒执行的;

(二)以虚假诉讼、虚假仲裁或者以隐匿、转移财产等方法规避执行的;

(三)违反财产报告制度的;

(四)违反限制高消费令的;

(五)被执行人无正当理由拒不履行执行和解协议的;

(六)其他有履行能力而拒不履行生效法律文书确定义务的。

二、根据《最高人民法院关于适用〈中华人民共和国民事诉讼法〉的解释》第五百一十三条的规定,你单位若认为自己符合企业破产法第二条第一款规定的情形,有权向本院提出执行案件移送破产审查的申请。

【说明】

本样式“风险提示及权利告知”第二条系在受理企业法人作为被执行人的执行案件后,告知被执行人提出执行案件移送破产审查申请的权利用。

3. 通知书(通知不予移送破产审查用)

苏州市吴江区人民法院

执行通知书

(××××)苏0509执××××号

×××(申请移送破产审查的申请执行人或被执行人):

××××年××月××日,本院立案执行申请执行人×××与被执行人×××(写明案由)一案。你方于××××年××月××日向本院申请将被执行人×××移送破产审查,经审查,……(写明不符合移送破产审查条件的原因),故被执行人×××不符合移送破产审查条件,本院不予移送。你方可依照《中华人民共和国企业破产法》的规定直接向具有管辖权的法院提出破产申请。

特此通知

××××年××月××日

(院印)

【说明】

本样式供申请执行人或被执行人提出移送破产审查申请后,执行法官经审查被执行人不符合移送破产审查条件用。

4. 通知书(询问申请执行人或被执行人是否同意移送破产审查用)

苏州市吴江区人民法院
通　知　书

(××××)苏 0509 执××××号

×××(申请执行人及被执行人名称/姓名):

××××年××月××日,本院立案执行申请执行人×××与被执行人×××(写明案由)一案。执行过程中,经调查,被执行人×××(你单位)因……(写明移送原因),符合《中华人民共和国企业破产法》第二条第一款规定的情形。根据《最高人民法院关于适用〈中华人民共和国民事诉讼法〉的解释》第五百一十三条的规定,本院依法征询你们对将×××(被执行人名称)移送破产审查的意见。你们应于七日内书面答复本院,明确告知是否同意将×××(被执行人名称)移送破产审查。

特此通知

××××年××月××日
(院印)

联系人:×××　　联系电话:
本院地址:苏州市吴江区高新路 788 号　　邮　编:215200

【说明】

本样式供执行法官发现被执行企业法人符合企业破产法第二条第一款规定的情形后,通过送达通知书的方式,征询申请执行人或被执行人是否同意将执行案件移送破产审查用。

5. 询问笔录（询问申请执行人或被执行人是否同意移送破产审查用）

苏州市吴江区人民法院

询 问 笔 录

时间：××××年××月××日××时××分

地点：

法官/执行员：××× 书记员：×××

被询问人：（申请执行人或被执行人名称/姓名）

法官/执行员：××××年××月××日，本院立案执行申请执行人×××与被执行人×××（写明案由）一案。执行过程中，经调查，被执行人×××（你单位）因……（写明移送原因），符合《中华人民共和国企业破产法》第二条第一款规定的情形。根据《最高人民法院关于适用〈中华人民共和国民事诉讼法〉的解释》第五百一十三条的规定，现向你方征询关于将×××（被执行人名称）移送破产审查的意见。

被询问人：（同意或者不同意）。

法官/执行员：（若同意，则告知被询问人本院将依照内部决定程序作出移送破产审查的决定，同时裁定中止对该被执行人的执行。若同意移送的为被执行人，应告知其另行向本院提交债务清册、债权清册、有关财务会计报告、职工安置预案以及职工工资的支付和社会保险费用的缴纳情况。若不同意，则向其释明如申请执行人、被执行人均不同意移送破产审查且无人申请破产时，本院将依照《最高人民法院关于适用〈中华人民共和国民事诉讼法〉的解释》第五百一十六条的规定处理。）

……

【说明】

本样式供执行法官发现被执行企业法人符合企业破产法第二条第一款规定的情形后，通过直接询问的方式，征询申请执行人或被执行人是否同意将执行案件移送破产审查用。

6. 执行决定书(决定将执行案件移送破产审查用)

苏州市吴江区人民法院
执行决定书

(××××)苏0509执××××号

××××年××月××日,本院立案执行申请执行人×××与被执行人×××(写明案由)一案。执行过程中,经调查,……(写明通过执行调查手段,已查询到的被执行人存款、房地产、车辆、机器设备、股权等资产状况与其作为被执行人的执行案件标的总额相比对,判断其财产不足以清偿全部债务;以及经本院要求无法在指定期限内提供有债务清偿能力的证明,无第三人代为清偿到期债务,无法与已知全部债权人达成和解协议的事实等)。经×××(申请执行人或被执行人)及另案申请执行人×××(如有多个案件申请执行人同意的,分别列明)同意,本院依照《中华人民共和国企业破产法》第二条第一款、《最高人民法院关于适用〈中华人民共和国民事诉讼法〉的解释》第五百一十三条之规定,决定如下:

将×××作为被执行人的执行案件移送破产审查。

××××年××月××日

(院印)

【说明】

1. 本样式供执行法官作执行案件移送破产审查决定用。

2. 案号使用同意移送的申请执行人所属执行案件的案号;多个申请执行人或被执行人同意移送的,由执行法官选择其中的一个执行案号,可选择处置被执行人主要财产的执行案号。

7. 执行裁定书(中止执行程序用)

苏州市吴江区人民法院

执行裁定书

(××××)苏0509执××××号

申请执行人:×××,……。

法定代理人/指定代理人/法定代表人/主要负责人:×××,……。

委托诉讼代理人:×××,……。

被执行人:×××,……。

法定代表人:×××,……。

委托诉讼代理人:×××,……。

本院在执行申请执行人×××与被执行人×××(写明案由)一案中,发现被执行人×××符合《中华人民共和国企业破产法》第二条第一款规定的情形,经×××(申请执行人或被执行人)同意,本院于××××年××月××日决定将×××作为被执行人的执行案件移送破产审查。据此,依照《最高人民法院关于适用〈中华人民共和国民事诉讼法〉的解释》第五百一十三条之规定,裁定如下:

中止对×××的执行。

本裁定送达之后立即生效。

审 判 长 ×××

审 判 员 ×××

审 判 员 ×××

××××年××月××日

(院印)

书 记 员 ×××

【说明】

本样式供执行法官作出移送破产审查决定后裁定中止对相应被执行人的执行用。

8. 通知书(告知被执行人异议权利用)

苏州市吴江区人民法院

通　知　书

(××××)苏 0509 执××××号

×××:

××××年××月××日,本院立案执行申请执行人×××与你单位×××(写明案由)一案。执行过程中,因发现你单位符合《中华人民共和国企业破产法》第二条第一款规定的情形,经申请执行人×××同意,本院于××××年××月××日决定将你单位作为被执行人的执行案件移送破产审查。根据《最高人民法院关于执行案件移送破产审查若干问题的指导意见》第七条的规定,若你方对移送决定有异议,可在破产审查期间内依照《中华人民共和国企业破产法》第十条第一款的规定向本院清算与破产审判庭提出,本院将一并处理,并作出裁定。

特此通知

附:执行决定书

××××年××月××日

(院印)

【说明】

本样式供执行法官依据申请执行人的同意作出移送破产审查决定后,告知被执行人异议权利用。

9. 函(通知已知执行法院用)

苏州市吴江区人民法院

函

(××××)苏0509执××××号

×××(已知执行法院名称):

吴江区人民法院在执行申请执行人×××与被执行人×××(写明案由)一案中,发现被执行人×××符合《中华人民共和国企业破产法》第二条第一款规定的情形,经×××(申请执行人或被执行人)同意,吴江区人民法院于××××年××月××日决定将×××作为被执行人的执行案件移送破产审查,并于同日裁定中止对×××的执行。因×××在你院有作为被执行人的案件,根据《最高人民法院关于执行案件移送破产审查若干问题的指导意见》第八条的规定,现通知你院中止对被执行人×××的执行。对被执行人×××的季节性商品、鲜活、易腐烂变质以及其他不宜长期保存的物品,如需及时变价处置的,请及时函复吴江区人民法院,并对处置的价款不作分配。经破产审查作出是否受理的裁定后,吴江区人民法院将另行通知你院并送达相应文书。

附:执行决定书

××××年××月××日

(院印)

联系人:××× 联系电话:

本院地址:苏州市吴江区高新路788号 邮 编:215200

【说明】

本样式根据《最高人民法院关于执行案件移送破产审查若干问题的指导意见》第八条规定制作,供作出移送破产审查决定后,通知所有已知执行法院用。

10. 执行案件移送破产审查报告(执行法官制作报告用)

关于将被执行人×××移送破产审查的报告

在执行申请执行人×××与被执行人×××(写明案由)一案中,因发现被执行人×××符合《中华人民共和国企业破产法》第二条第一款规定的情形,经×××(申请执行人或被执行人)同意,合议庭于××××年××月××日决定将×××移送破产审查。现将案件执行情况报告如下:

一、被执行人基本信息

(主要包括被执行人的工商登记信息、组织结构、职工人数、职工债权、对外投资、年度审计报告等企业基本情况)

二、被执行人所涉案件执行概况

(概括介绍被执行人所涉执行数量、执行标的总额,已变价财产总额、未变价财产评估总值,被执行人法定代表人及主要责任人的情况等)

三、被执行人资产状况

(已查明及已处置资产明细,可通过表格、清单列举,包括执行过程中已形成的其他材料,如审计报告、资产评估报告等)

四、被执行人债务状况

(涉及被执行人已知债权人的情况,可通过表格、清单列举,包括已分配财产情况等)

五、采取强制措施的情况

(针对被执行人采取的诉讼保全、执行程序中的查封、扣押、冻结财产清单,包括对被执行人的公章、财务账册、会计账簿等材料的搜查、扣押,以及对被执行人主要负责人采取的司法拘留、启动刑事追责程序的情况等)

六、可能存在的风险

(因资产处置困难、职工利益、被执行人相关人员隐匿、转移财产等涉嫌逃废债行为引发的风险等)

附:执行案件相关材料

(承办法官签名、日期)

【说明】

本样式供执行法官制作执行案件移送破产审查报告用。

11. 函(移送本院清算与破产审判庭用)

函

清算与破产审判庭:

我局在执行申请执行人×××与被执行人×××(写明案由)一案中,发现被执行人×××符合《中华人民共和国企业破产法》第二条第一款规定的情形,经×××(申请执行人或被执行人)同意,我局于××××年××月××日决定将×××作为被执行人的执行案件移送破产审查,并于同日裁定中止对×××的执行。现将执行案件相关材料移送你庭,请按《中华人民共和国企业破产法》《最高人民法院关于执行案件移送破产审查若干问题的指导意见》的有关规定办理。

附:1. 执行决定书;

2. 执行裁定书;

3. 申请执行人(被执行人)同意移送的书面材料;

4. 关于将被执行人×××移送破产审查的报告。

××××年××月××日

(执行局部门印)

【说明】

本样式供本院执行局向清算与破产审判庭移送破产审查用。

12. 函(移送被执行人住所地法院用)

苏州市吴江区人民法院

函

(××××)苏0509执××××号

×××(被执行人住所地法院):

吴江区人民法院在执行申请执行人×××与被执行人×××(写明案由)一案中,发现被执行人×××符合《中华人民共和国企业破产法》第二条第一款规定的情形,经×××(申请执行人或被执行人)同意,吴江区人民法院于××××年××月××日决定将×××作为被执行人的执行案件移送破产审查,并于同日裁定中止对×××的执行。因被执行人×××的住所地……,在你院管辖范围内,现将执行案件相关材料移送你院,请按《中华人民共和国企业破产法》《最高人民法院关于执行案件移送破产审查若干问题的指导意见》的有关规定办理。

附:1. 执行决定书;

2. 执行裁定书;

3. 申请执行人(被执行人)同意移送的书面材料;

4. 关于将被执行人×××移送破产审查的报告。

××××年××月××日

(院印)

【说明】

本样式供本院向被执行人住所地法院移送破产审查用。

13. 函(通知本院执行局补齐、补正材料用)

函

执行局:

我庭已收到你局移送关于被执行人×××的执行案件材料,经形式审查,……(写明移送材料不完备或内容错误之处),影响我庭对破产原因是否具备的认定。根据《最高人民法院关于执行案件移送破产审查若干问题的指导意见》第十一条的规定,请你局于十日内补齐、补正。

××××年××月××日

(清算与破产审判庭印)

【说明】

本样式供本院清算与破产审判庭要求执行局补齐、补正移送材料用。

14. 函(通知执行法院补齐、补正材料用)

苏州市吴江区人民法院

函

×××(执行法院名称):

吴江区人民法院已于××××年××月××日收到你院移送关于被执行人×××的执行案件材料,经形式审查,……(写明移送材料不完备或内容错误之处),影响吴江区人民法院对破产原因是否具备的认定。根据《最高人民法院关于执行案件移送破产审查若干问题的指导意见》第十一条的规定,请你院于十日内补齐、补正。

××××年××月××日

(院印)

联系人:××× 联系电话:

本院地址:苏州市吴江区高新路788号 邮 编:215200

【说明】

本样式供本院作为受移送法院要求执行法院补齐、补正移送材料用。

15. 通知书(告知申请人立案及合议庭组成情况用)

苏州市吴江区人民法院

通　知　书

(××××)苏0509破申××××号

×××(申请人,即同意移送的申请执行人或被执行人):

关于你方同意将被执行人×××移送破产审查一案,本院已于××××年××月××日登记立案。现决定由审判员×××担任审判长,与审判员×××、×××组成合议庭进行审查。根据《中华人民共和国民事诉讼法》第一百二十八条之规定,特此通知。

××××年××月××日

(院印)

【说明】

本样式供以"破申"字登记立案后通知申请人(同意移送的申请执行人或被执行人)立案及合议庭组成情况用。

16. 通知书(告知被申请人立案、合议庭组成及异议权利用)

苏州市吴江区人民法院

通　知　书

（××××）苏0509破申××××号

×××(被申请人,即未表示同意移送的被执行人):

关于将你单位作为被执行人的执行案件移送破产审查一案,本院已于××××年××月××日登记立案。现决定由审判员×××担任审判长,与审判员×××、×××组成合议庭进行审查。根据《中华人民共和国民事诉讼法》第一百二十八条之规定,特此通知。

另根据《中华人民共和国企业破产法》第十条第一款之规定,若你单位对此有异议,应当自收到本通知之日起七日内向本院提出。

××××年××月××日

(院印)

【说明】

本样式供以“破申”字登记立案后通知被申请人(未表示同意移送的被执行人)立案、合议庭组成及异议权利用。

17. 民事裁定书(准许同意移送的申请执行人或被执行人在受理破产申请前撤回申请用)

苏州市吴江区人民法院

民事裁定书

(××××)苏0509破申××××号

申请人:×××,……。

法定代理人/指定代理人/法定代表人/主要负责人:×××,……。

委托诉讼代理人:×××,……。

被申请人:×××,……。

法定代表人/主要负责人:×××,……。

委托诉讼代理人:×××,……。

执行过程中,本院发现被执行人×××符合《中华人民共和国企业破产法》第二条第一款规定的情形,经×××同意,于××××年××月××日决定将×××移送破产审查。××××年××月××日,本院立案登记×××执行案件移送破产审查一案,并依法组成合议庭进行审查。审查期间内,×××请求撤回上述申请。

本院认为:人民法院受理破产申请前,申请人可以请求撤回申请。×××自愿撤回破产申请,符合法律规定,应予准许。依照《中华人民共和国企业破产法》第九条之规定,裁定如下:

准许×××撤回对×××的破产清算申请。

本裁定自即日起生效。

审　判　长　×××

审　判　员　×××

审　判　员　×××

××××年××月××日

（院印）

书　记　员　×××

【说明】

1. 本样式供同意移送破产审查的申请执行人或被执行人在人民法院受理破产申请前撤回申请用。

2. 申请执行人申请或同意移送破产审查的，裁定书中以该申请执行人为申请人，被执行人为被申请人；被执行人申请或同意移送破产审查的，裁定书中以该被执行人为申请人；申请执行人、被执行人均同意移送破产审查的，双方均为申请人。

3. 本裁定适用于同意移送破产审查的所有申请执行人或被执行人均自愿撤回申请。

18. 民事裁定书(受理申请执行人同意移送破产清算审查用)

苏州市吴江区人民法院
民事裁定书

(××××)苏0509破××××号

申请人:×××,……。

法定代理人/指定代理人/法定代表人/主要负责人:×××,……。

委托诉讼代理人:×××,……。

被申请人:×××,……。

法定代表人/主要负责人:×××,……。

委托诉讼代理人:×××,……。

执行过程中,本院发现被执行人×××符合《中华人民共和国企业破产法》第二条第一款规定的情形,经×××同意,于××××年××月××日决定将×××移送破产审查。××××年××月××日,本院立案登记×××执行案件移送破产审查一案,并依法组成合议庭进行审查。×××在法定期限内就此向本院提出异议称,……(或者×××在法定期限内未提出异议)。本案现已审查完毕。

本院查明:……(写明申请人对被申请人享有的债权情况、被申请人住所地、工商登记注册情况及资产负债情况等。)

本院认为:……(从本院是否具有管辖权、申请人对被申请人是否享有债权、被申请人是否属于执行案件移送破产审查的适格主体、是否具备破产原因等方面写明受理申请的理由。有异议的,写明异议不成立的理由。)据此,依照《中华人民共和国企业破产法》第二条第一款、第三条,《最高人民法院关于适用〈中华人民共和国民事诉讼法〉的解释》第五百一十三条、第五百一十四条之规定,裁定如下:

受理×××对×××的破产清算申请。

20. 民事裁定书(受理申请执行人、被执行人均同意移送破产清算审查用)

苏州市吴江区人民法院
民事裁定书

(××××)苏0509破××××号

申请人:×××(申请执行人名称或姓名),……。

法定代理人/指定代理人/法定代表人/主要负责人:×××,……。

委托诉讼代理人:×××,……。

申请人:×××(被执行人名称),……。

法定代表人/主要负责人:×××,……。

委托诉讼代理人:×××,……。

执行过程中,本院发现被执行人×××符合《中华人民共和国企业破产法》第二条第一款规定的情形,经×××、×××同意,于××××年××月××日决定将×××移送破产审查。××××年××月××日,本院立案登记×××执行案件移送破产审查一案,并依法组成合议庭进行审查。本案现已审查完毕。

本院查明:……(写明申请执行人享有的债权情况、被执行人住所地、工商登记注册情况及资产负债情况等)。

本院认为:……(从本院是否具有管辖权、申请人是否属于执行案件移送破产审查的适格主体、是否具备破产原因等方面写明受理申请的理由)。据此,依照《中华人民共和国企业破产法》第二条第一款、第三条,《最高人民法院关于适用〈中华人民共和国民事诉讼法〉的解释》第五百一十三条、第五百一十四条之规定,裁定如下:

受理对×××的破产清算申请。

本裁定自即日起生效。

审 判 长 ×××
审 判 员 ×××

本裁定自即日起生效。

审 判 长 ×××
审 判 员 ×××
审 判 员 ×××
××××年××月××日
(院印)
书 记 员 ×××

【说明】

本样式供裁定受理申请执行人申请或同意移送破产清算审查用,以该申请执行人为申请人,被执行人为被申请人。

19. 民事裁定书（受理被执行人同意移送破产清算审查用）

苏州市吴江区人民法院

民事裁定书

（××××）苏0509破××××号

申请人：×××，……。

法定代表人/主要负责人：×××，……。

委托诉讼代理人：×××，……。

执行过程中，本院发现被执行人×××符合《中华人民共和国企业破产法》第二条第一款规定的情形，经×××同意，于××××年××月××日决定将×××移送破产审查。××××年××月××日，本院立案登记×××执行案件移送破产审查一案，并依法组成合议庭进行审查。本案现已审查完毕。

本院查明：……（写明申请人住所地、工商登记注册情况及资产负债情况等）。

本院认为：……（从本院是否具有管辖权、申请人是否属于执行案件移送破产审查的适格主体、是否具备破产原因等方面写明受理申请的理由）。据此，依照《中华人民共和国企业破产法》第二条第一款、第三条，《最高人民法院关于适用〈中华人民共和国民事诉讼法〉的解释》第五百一十三条、第五百一十四条之规定，裁定如下：

受理×××的破产清算申请。

本裁定自即日起生效。

审 判 长 ×××

审 判 员 ×××

审 判 员 ×××

××××年××月××日

（院印）

书 记 员 ×××

【说明】

本样式供裁定受理被执行人申请或同意移送破产清算审查用，以该被执行人为申请人。

审　判　员　×××

××××年××月××日

（院印）

书　记　员　×××

【说明】

本样式供裁定受理申请执行人、被执行人均同意移送破产清算审查时用，双方均为申请人。

21. 民事裁定书(不予受理申请执行人同意移送的破产清算审查用)

苏州市吴江区人民法院

民事裁定书

(××××)苏0509破申××××号

申请人:×××,……。

法定代理人/指定代理人/法定代表人/主要负责人:×××,……。

委托诉讼代理人:×××,……。

被申请人:×××,……。

法定代表人/主要负责人:×××,……。

委托诉讼代理人:×××,……。

执行过程中,本院发现被执行人×××符合《中华人民共和国企业破产法》第二条第一款规定的情形,经×××同意,于××××年××月××日决定将×××移送破产审查。××××年××月××日,本院立案登记×××执行案件移送破产审查一案,并依法组成合议庭进行审查。×××在法定期限内就此向本院提出异议称,……(或者×××在法定期限内未提出异议)。本案现已审查完毕。

本院查明:……。

本院认为:……(写明不予受理的理由)。据此,依照……(写明所依据的法律条款项)之规定,裁定如下:

对×××的破产清算申请,不予受理。

如不服本裁定,可在裁定书送达之日起十日内,向本院递交上诉状,并提交副本×份,上诉于苏州市中级人民法院。

审 判 长 ×××

审 判 员 ×××

审 判 员 ×××

××××年××月××日

（院印）

书 记 员 ×××

【说明】

本样式供裁定不予受理申请执行人申请或同意移送的破产清算审查用，以该申请执行人为申请人，被执行人为被申请人。

22. 民事裁定书(不予受理被执行人同意移送的破产清算审查用)

苏州市吴江区人民法院
民事裁定书

(××××)苏0509破申××××号

申请人:×××,……。

法定代表人/主要负责人:×××,……。

委托诉讼代理人:×××,……。

执行过程中,本院发现被执行人×××符合《中华人民共和国企业破产法》第二条第一款规定的情形,经×××同意,于××××年××月××日决定将×××移送破产审查。××××年××月××日,本院立案登记×××执行案件移送破产审查一案,并依法组成合议庭进行审查。本案现已审查完毕。

本院查明:……。

本院认为:……(写明不予受理的理由)。据此,依照……(写明所依据的法律条款项)之规定,裁定如下:

对×××的破产清算申请,不予受理。

如不服本裁定,可在裁定书送达之日起十日内,向本院递交上诉状,并提交副本×份,上诉于苏州市中级人民法院。

审 判 长　×××
审 判 员　×××
审 判 员　×××
××××年××月××日
(院印)
书 记 员　×××

【说明】

本样式供裁定不予受理被执行人申请或同意移送的破产清算审查用,以该被执行人为申请人。

23. 民事裁定书(不予受理申请执行人、被执行人均同意移送的破产清算审查用)

苏州市吴江区人民法院

民事裁定书

(××××)苏0509破申××××号

申请人:×××(申请执行人名称或姓名),……。

法定代理人/指定代理人/法定代表人/主要负责人:×××,……。

委托诉讼代理人:×××,……。

申请人:×××(被执行人名称),……。

法定代表人/主要负责人:×××,……。

委托诉讼代理人:×××,……。

执行过程中,本院发现被执行人×××符合《中华人民共和国企业破产法》第二条第一款规定的情形,经×××、×××同意,于××××年××月××日决定将×××移送破产审查。××××年××月××日,本院立案登记×××执行案件移送破产审查一案,并依法组成合议庭进行审查。本案现已审查完毕。

本院查明:……。

本院认为:……(写明不予受理的理由)。据此,依照……(写明所依据的法律条款项)之规定,裁定如下:

对×××的破产清算申请,不予受理。

如不服本裁定,可在裁定书送达之日起十日内,向本院递交上诉状,并提交副本×份,上诉于苏州市中级人民法院。

审 判 长 ×××

审 判 员 ×××

审 判 员 ×××

××××年××月××日

（院印）

书　记　员　×××

【说明】

本样式供裁定不予受理申请执行人、被执行人均申请或同意移送的破产清算审查用,双方均为申请人。

24. 通知书(裁定受理破产申请后告知清算义务人履行义务用)

苏州市吴江区人民法院

通　知　书

(××××)苏 0509 破××××号

×××(债务人的清算义务人):

××××年××月××日,本院根据×××的申请裁定受理×××破产清算一案,并于同日指定×××为×××管理人。根据《民法典》第七十条第二款(适用于法人的董事、理事等)、《最高人民法院关于适用〈中华人民共和国公司法〉若干问题的规定(二)》第十八条(适用于有限责任公司的股东和实际控制人、股份有限公司的董事、控股股东和实际控制人)的规定,你们作为×××的清算义务人,对×××负有清算义务。自收到本通知之日起 15 日内,你们应向管理人提交你们掌握的关于×××的财产、账册、合同等所有资料。若怠于履行上述义务,致×××无法完整清算的,待×××破产程序终结后,债权人可另行提起诉讼要求你们对×××的债务承担相应的民事责任。

特此通知

××××年××月××日

(院印)

【说明】

本样式供裁定受理破产清算申请后,通知清算义务人履行义务用。

附录 2：个人债务清理文书样式

1. 个人债务清理申请书（债务人申请用）

个人债务清理申请书

申请人的基本情况（姓名、身份证号码、性别、年龄、民族、籍贯、职业、住址、联系电话）：
申请事项：
申请的事实和理由：
个人收入是否超过维持其本人及其抚（扶）养家庭成员基本生活水平（按照自身真实情况具体填写）：

（表格不够可附页填写）

申请人：　　　　　　日期：

2. 个人债务清理申请书(债权人申请用)

个人债务清理申请书

申请人的基本情况(姓名、身份证号码、性别、年龄、民族、籍贯、职业、住址、联系电话): 被申请人的基本情况(姓名、身份证号码、性别、年龄、民族、籍贯、职业、住址、联系电话):
申请事项: 对×××进行个人债务清算
申请的事实和理由:
到期债权的相关证据:

(表格不够可附页填写)

申请人: 日期:

3. 财产及收入状况报告(债务人申报财产用)

财产及收入状况报告

<table>
<tr><td colspan="4">债务人及家庭成员(包括配偶、未成年子女)身份信息及联系电话:</td></tr>
<tr><td rowspan="11">家庭成员财产及收入</td><td rowspan="2">不动产及相关收益
(写明所有权人)</td><td>房产</td><td></td></tr>
<tr><td>土地</td><td></td></tr>
<tr><td rowspan="9">动产及其他
财产收入
(写明所有权人)</td><td>车辆(型号、牌号)</td><td></td></tr>
<tr><td>机器设备</td><td></td></tr>
<tr><td>银行存款
(含支付宝等)</td><td></td></tr>
<tr><td>个人工资、
住房公积金</td><td></td></tr>
<tr><td>股权股票</td><td></td></tr>
<tr><td>投资收益有价证券</td><td></td></tr>
<tr><td>基金保险
理财产品</td><td></td></tr>
<tr><td>其他财产收入</td><td></td></tr>
</table>

(表格不够可附页填写)

债务人承诺已如实向法院申报家庭成员财产收入情况,除上述外并无其他财产收入,如有虚假申报、隐藏、转移财产等行为愿意承担相应法律责任。

债务人: 日期:

4. 财产变动和收入支出情况(债务人提供申请前三年内的情况用)

财产变动和收入支出情况

一、财产的变动情况(申请前三年内)(如无相应行为填写无,如有请详细说明)
(一)赠与、转让、出租财产:
(二)在财产上设立担保物权等权利负担:
(三)放弃债权或者延长债务清偿期限:
(四)一次性支出五万元以上大额资金:
(五)以离婚、继承而分割共同财产:
(六)提前清偿未到期债务:
(七)其他重大财产变动情况:
二、收入支出情况(申请前三年内)(含银行账户的收支明细)

(表格不够可附页填写)

债务人承诺已如实向法院申报财产变动和收入支出情况,如有虚假申报愿意承担相应法律责任。

债务人: 日期:

5. 债务清册（债务人填报用）

债 务 清 册

序号	债权人名称	债权金额	联系电话、地址	备注
1				
2				
3				
4				
5				
6				
7				
8				
9				
10				
11				
12				

（表格不够可附页填写）

债务人：　　　　日期：

6. 债权人名册(债务人填报用)

债权人名册

序号	债务人名称	债务金额	联系电话、地址	备注
1				
2				
3				
4				
5				
6				
7				
8				
9				
10				
11				
12				

(表格不够可附页填写)

债务人：　　　　　　日期：

7. 请求保留的自由财产清单(债务人填报用)

请求保留的自由财产清单

必需生活用品	
必需生活费用	
义务教育所必需费用及物品	
因身体缺陷和治疗疾病所必需的资金、辅助工具、医疗物品	
工作必要工具	
专属人身权利的抚恤金、扶助金	
勋章、荣誉表彰	

(表格不够可附页填写)

债务人:　　　　　　日期:

8. 无不诚信行为承诺书(债务人承诺用)

承 诺 书

本人自愿参与债务清理程序,积极配合人民法院和管理人工作,严格遵守《苏州市吴江区人民法院关于个人债务清理的若干规定》的规定,认真履行债务人应当履行的义务,为此,郑重承诺如下:

一、本人保证在债务清理程序中所提交的各项材料均真实有效,无任何虚假称述,若有不符,一经查实,同意终结个人债务清理程序,并自愿接受罚款、拘留、追究刑事责任等相应法律后果。

二、受理债务清理申请后,同意人民法院将本人基本情况在法院网站、微信公众号等相关媒体公布。信用恢复之前,自愿接受社会各界对本人信用限制和财产情况的监督。

承诺人: 日期:

9. 债务清偿计划(债务人申请更生用)

债务清偿计划

(一)自由财产范围:
(二)现有财产的处置方案:
(三)清偿率:
(四)清偿方法:
(五)信用恢复要求:
(六)有利于债务清偿的其他方案:

(表格不够可附页填写)

申请人:　　　　　　日期:

10. 询问笔录(询问申请执行人或个人被执行人是否同意移送债务清理审查用)

苏州市吴江区人民法院

询 问 笔 录

时间:××××年××月××日

地点:

法官/执行员:×××　　书记员:×××

被询问人:(申请执行人或个人被执行人名称/姓名)

法官/执行员:××××年××月××日,本院立案执行申请人×××与被执行人×××(写明案由)一案。执行过程中,经调查,被执行人×××(你个人)因……(写明移送原因)。根据本院《关于个人债务清理的若干规定》第六条的规定,现向你方征询关于将×××(被执行人姓名)移送个人债务清理审查的意见。

被询问人:(同意或者不同意)。

法官/执行员:(若同意,则告知被询问人本院将进行个人债务清理审查,同时将裁定中止对该个人被执行人的执行。若同意移送的为个人被执行人,应告知其应依照本院《关于个人债务清理的若干规定》第八条第二款、第三款的规定提交相应材料。)

……

【说明】

本样式系根据《苏州市吴江区人民法院关于个人债务清理的若干规定》第五条第二款制定,供在执行过程中,发现个人被执行人符合个人债务清理受理条件,征询申请执行人或个人被执行人是否同意移送个人债务清理审查用。

11. 通知书(收到债务清理申请后通知已知债权人用)

苏州市吴江区人民法院

通　知　书

×××(债权人名称/姓名):

××××年××月××日,债务人×××(债权人×××)向本院申请个人债务清理(申请对债务人×××进行个人债务清理)。根据本院《关于个人债务清理的若干规定》第十一条第一款的规定,现通知你(你单位)并征询你(你单位)的意见。如你(你单位)发现债务人提供的财产及收入状况说明不实,或认为债务人存在本院《关于个人债务清理的若干规定》第六条所列情形,不符合受理债务清理申请条件的,应当自收到通知之日起三十日内向本院提出。

本院另定于××××年××月××日在本院第××法庭召开听证,请准时参加。

特此通知

××××年××月××日

(院印)

联系人:×××　　联系电话:

本院地址:苏州市吴江区高新路788号　　邮　　编:215200

【说明】

本样式系根据《苏州市吴江区人民法院关于个人债务清理的若干规定》第十一条第一款、第三款制定,供法院收到债务清理申请后通知已知债权人用,同时告知组织听证的时间、地点。

12. 民事裁定书(债务人申请时受理个人债务清理申请用)

苏州市吴江区人民法院

民事裁定书

(××××)苏0509执清××××号/(××××)苏0509个清××××号

申请人:×××,……。

××××年××月××日,×××向本院提出个人债务清理申请,本院依法进行审查,并于同日通知××位已知债权人,……(写明债权人意见)。本案现已审查完毕。

×××申请称:……(写明债务人申请事项及理由)。

经审查查明:……(写明债务人家庭基本情况、资产负债情况、工作生活情况,是否存在妨害诉讼、规避执行的行为,在吴江辖区外是否有金钱给付案件,如有案件,相关债权人是否同意参与程序等)。

本院认为:……(从债务人是否具备个人债务清理原因、是否为正常生活经营负债、是否诚信、债权人意见等方面写明受理申请的原因)。依照《中华人民共和国民事诉讼法》第一百五十四条第一款第十一项之规定,裁定如下:

受理×××的个人债务清理申请。

本裁定自即日起生效。

审　判　长　×××

审　判　员　×××

审　判　员　×××

××××年××月××日

(院印)

书　记　员　×××

【说明】

本样式系根据《苏州市吴江区人民法院关于个人债务清理的若干规定》第十二条制定,供裁定受理债务人的个人债务清理申请使用。

13. 民事裁定书(债权人申请时受理个人债务清理申请用)

苏州市吴江区人民法院

民事裁定书

(××××)苏0509执清××××号/(××××)苏0509个清××××号

申请人:×××,……。

被申请人:×××,……。

××××年××月××日,×××向本院提出对×××进行个人债务清理申请,本院依法进行审查,并于同日通知被申请人×××及××位已知债权人。……(写明债务人和其他债权人的意见)。本案现已审查完毕。

×××申请称:……(写明债权人申请事项及理由)。

经审查查明:……(写明申请人持有到期债权的事实,债务人家庭基本情况、资产负债情况、工作生活情况,债务人是否存在妨害诉讼、规避执行的行为,在吴江辖区外是否有金钱给付案件,如有案件,相关债权人是否同意参与程序等)。

本院认为:……(从申请人是否具备申请主体资格,债务人是否具备个人债务清理原因、是否为正常生活经营负债、是否诚信、债权人意见等方面写明受理申请的原因)。据此,依照《中华人民共和国民事诉讼法》第一百五十四条第一款第十一项之规定,裁定如下:

受理×××对×××的个人债务清理申请。

本裁定自即日起生效。

审 判 长 ×××

审 判 员 ×××

审 判 员 ×××

××××年××月××日

(院印)

书　记　员　×××

【说明】

本样式系根据《苏州市吴江区人民法院关于个人债务清理的若干规定》第十二条制定,供债权人申请时裁定受理债务人的个人债务清理申请使用。

14. 民事裁定书(债务人申请时不予受理个人债务清理申请用)

苏州市吴江区人民法院

民事裁定书

(××××)苏0509执清××××号/(××××)苏0509个清××××号

申请人:×××,……。

××××年××月××日,×××向本院提出个人债务清理申请,本院依法进行审查,并于同日通知××位已知债权人。债权人×××向本院提出异议称,……(或者未有债权人提出异议)。本案现已审查完毕。

×××申请称:……(写明债务人申请事项及理由)。

经审查查明:……(写明债务人家庭基本情况、资产负债情况、工作生活情况,债务人是否存在妨害诉讼、规避执行的行为,在吴江辖区外是否有金钱给付案件,如有案件,相关债权人是否同意参与程序等)。

本院认为:……(从债务人是否具备个人债务清理原因、是否为正常生活经营负债、是否诚信、债权人意见等方面写明不予受理申请的原因)。依照《中华人民共和国民事诉讼法》第一百五十四条第一款第十一项之规定,裁定如下:

对×××的个人债务清理申请,不予受理。

本裁定自即日起生效。

审　判　长　×××

审　判　员　×××

审　判　员　×××

××××年××月××日

(院印)

书　记　员　×××

【说明】

本样式系根据《苏州市吴江区人民法院关于个人债务清理的若干规定》第十三条制定,供裁定不予受理债务人的个人债务清理申请使用。

15.民事裁定书(债权人申请时不予受理个人债务清理申请用)

苏州市吴江区人民法院

民事裁定书

(××××)苏0509执清××××号/(××××)苏0509个清××××号

申请人:×××,……。

被申请人:×××,……。

××××年××月××日,×××向本院提出对×××个人债务清理申请,本院依法进行审查,并于同日通知被申请人×××、××位已知债权人,其中债权人×××/被申请人×××向本院提出异议称,……(或者未有债权人提出异议)。本案现已审查完毕。

×××申请称:……(写明债权人申请事项及理由)。

经审查查明:……(写明债务人家庭基本情况、资产负债情况、工作生活情况,债务人是否存在妨害诉讼、规避执行的行为,在吴江辖区外是否有金钱给付案件,如有案件,相关债权人是否同意参与程序等)。

本院认为:……(从申请人是否具备申请主体资格,债务人是否具备个人债务清理原因、是否为正常生活经营负债、是否诚信、债权人意见等方面写明不予受理申请的原因)。依照《中华人民共和国民事诉讼法》第一百五十四条第一款第十一项之规定,裁定如下:

×××对×××的个人债务清理申请,不予受理。

本裁定自即日起生效。

审 判 长 ×××

审 判 员 ×××

审 判 员 ×××

××××年××月××日

(院印)

书 记 员 ×××

【说明】

本样式系根据《苏州市吴江区人民法院关于个人债务清理的若干规定》第十三条制定,供债权人申请时裁定不予受理对债务人的个人债务清理申请使用。

16. 执行裁定书(受理债务清理申请后中止执行用)

苏州市吴江区人民法院
执行裁定书

(××××)苏0509执××××号

申请执行人:×××,……。

法定代理人/指定代理人/法定代表人/主要负责人:×××,……。

委托诉讼代理人:×××,……。

被执行人:×××,……。

委托诉讼代理人:×××,……。

在执行申请执行人×××与被执行人×××(写明案由)一案中,本院于××××年××月××日受理对被执行人×××的个人债务清理申请。据此,依照《中华人民共和国民事诉讼法》第二百五十六条第一款第五项之规定,裁定如下:

中止对×××的执行。

本裁定送达之后立即生效。

审　判　长　×××
审　判　员　×××
审　判　员　×××
××××年××月××日
(院印)
书　记　员　×××

【说明】

本样式系根据《苏州市吴江区人民法院关于个人债务清理的若干规定》第十六条制定,供裁定受理债务清理申请后,执行法官裁定中止对相应被执行人的执行用。

17. 执行决定书(提前删除失信信息用)

苏州市吴江区人民法院
执行决定书

(××××)苏0509执××××号

申请执行人:×××,……。

法定代理人/指定代理人/法定代表人/主要负责人:×××,……。

委托诉讼代理人:×××,……。

被执行人:×××,……。

委托诉讼代理人:×××,……。

本院在执行申请执行人×××与被执行人×××(写明案由)一案中,因被执行人×××……(写明纳入失信具体情形),本院于××××年××月××日将被执行人×××纳入失信被执行人名单。后被执行人×××主动纠正失信行为,本院于××××年××月××日受理×××个人债务清理案件,已符合提前删除失信信息的情形。依照《最高人民法院关于公布失信被执行人名单信息的若干规定》第二条第二款的规定,决定如下:

删除被执行人×××的失信信息。

××××年××月××日

(院印)

【说明】

本样式系根据《苏州市吴江区人民法院关于个人债务清理的若干规定》第十八条制定,供债务人主动纠正失信行为,裁定受理其个人债务清理案件后,执行法官决定提前删除失信信息使用。

18. 决定书(指定管理人用)

苏州市吴江区人民法院

决定书

(××××)苏 0509 执清××××号/(××××)苏 0509 个清××××号

××××年××月××日,本院裁定受理×××个人债务清理一案,经公开随机摇号,参照企业破产案件管理人的指定方式,指定××××××担任×××管理人,指定×××为管理人负责人。

管理人应当勤勉尽责,忠实执行职务,履行管理人的各项职责,向人民法院报告工作,并接受债权人会议的监督。除《苏州市吴江区人民法院关于个人债务清理的若干规定》对管理人职责另有规定外,管理人职责如下:

(一)接管债务人的财产以及其他资料;

(二)调查债务人财产状况,制作财产状况报告;

(三)决定债务人的日常开支和其他必要开支;

(四)管理和处分债务人的财产;

(五)代表债务人参加诉讼、仲裁或者其他法律程序;

(六)提议召开债权人会议;

(七)监督债务人履行债务清偿计划以及信用考验期内的行为;

(八)人民法院认为管理人应当履行的其他职责。

××××年××月××日

(院印)

【说明】

本样式系根据《苏州市吴江区人民法院关于个人债务清理的若干规定》第二十一条、第二十三条制定,供裁定受理个人债务清理申请后,指定管理人用。

19. 决定书(限制债务人行为用)

苏州市吴江区人民法院

决定书

(××××)苏 0509 执清××××号/(××××)苏 0509 个清××××号

×××(债务人姓名或名称):

××××年××月××日,本院裁定受理×××(债务人姓名或名称)个人债务清理一案,并于同日指定×××为×××管理人。自本决定作出之日起至免责裁定生效之日止,债务人不得有下列行为,但债权人会议另有决议的除外:

(一)《最高人民法院关于限制被执行人高消费及有关消费的若干规定》第三条禁止的高消费及非生活或工作必需的消费行为,乘坐飞机经济舱及高铁二等座除外;

(二)担任任何企业的法定代表人、股东、董事、监事;

(三)人民法院认为应当进行限制的其他行为。

××××年××月××日

(院印)

【说明】

本样式系根据《苏州市吴江区人民法院关于个人债务清理的若干规定》第十七条制定,供受理个人债务清理申请后,对债务人行为限制使用。

20. 公告(受理债务清理申请用)

苏州市吴江区人民法院

公　　告

(××××)苏0509执清××××号/(××××)苏0509个清××××号

××××年××月××日,本院根据×××的申请裁定受理×××个人债务清理一案,并于同日指定××××为管理人。同日,本院作出限制债务人×××行为的决定,债务人×××自决定作出之日起至免责裁定生效之日止,除债权人会议另有决议外,不得有以下行为:

(一)《最高人民法院关于限制被执行人高消费及有关消费的若干规定》第三条禁止的高消费及非生活或工作必需的消费行为,乘坐飞机经济舱及高铁二等座除外;

(二)担任任何企业的法定代表人、股东、董事、监事;

(三)人民法院认为应当进行限制的其他行为。

×××的债权人应于××××年××月××日前向管理人(通信地址……;联系人……;联系电话……)申报债权。债权人申报债权的,依照《苏州市吴江区人民法院关于个人债务清理的若干规定》行使权利,接受上述规定的约束。逾期申报者,可以在财产最后分配前补充申报,但对此前已进行的分配无权要求补充分配,同时要承担为审查和确认补充申报债权所产生的费用。第一次债权人会议将于××××年××月××日××时××分在苏州市吴江区人民法院第××法庭召开,请各债权人准时参加。

×××的债务人或者财产持有人应尽快向××个人债务清理程序的管理人清偿债务或交付财产。×××亦应提交相关材料并配合管理人进行债务清理,否则应依法承担相应法律责任。

特此公告

××××年××月××日
(院印)

【说明】

本样式系根据《苏州市吴江区人民法院关于个人债务清理的若干规定》第十五条制定,供裁定受理个人债务清理申请后,公告通知债权人用。

21. 通知书(受理债务清理申请后,通知债务人及其近亲属、利害关系人履行义务用)

苏州市吴江区人民法院

通知书

(××××)苏0509执清××××号/(××××)苏0509个清××××号

×××(债务人、债务人近亲属、管理财产之人或其他利害关系人):

××××年××月××日,本院裁定受理×××(债务人姓名或名称)个人债务清理一案,并于同日指定×××为×××管理人。

债务清理过程中,债务人应当履行下列义务:

(一)妥善保管其占有和管理的财产、文书资料,并根据管理人要求及时完整移交;

(二)根据人民法院、管理人的要求进行工作,并如实回答询问;

(三)列席债权人会议并如实回答债权人的询问;

(四)未经人民法院许可,不得离开住所地。

债务人的近亲属、为债务人管理财产之人或其他利害关系人应履行前述第一、第二、第三项义务。

特此通知

××××年××月××日

(院印)

【说明】

本样式系根据《苏州市吴江区人民法院关于个人债务清理的若干规定》第十九条制定,供裁定受理个人债务清理申请后,通知债务人、债务人的近亲属、为债务人管理财产之人或其他利害关系人履行义务用。

22.通知书(受理债权人提出的申请后,通知债务人提交材料用)

苏州市吴江区人民法院

通知书

(××××)苏0509执清××××号/(××××)苏0509个清××××号

×××(债务人姓名或名称):

××××年××月××日,本院根据×××(债权人姓名或名称)的申请裁定受理对你进行个人债务清理,并于同日指定×××为×××管理人。你应自收到受理个人债务清理的裁定之日起十五日内向本院提交个人(含配偶和未成年子女)财产状况报告、提出申请前三年内财产变动和收入支出情况(含相关账户的收支明细)、个人信用证明材料、债务清册、债权人名册、请求保留的自由财产清单以及无不诚信行为的承诺书。

前述提出申请前三年内财产变动情况,包括下列行为:

(一)赠与、转让、出租财产;

(二)在财产上设立担保物权等权利负担;

(三)放弃债权或者延长债务清偿期限;

(四)一次性支出五万元以上大额资金;

(五)以离婚、继承而分割共同财产;

(六)提前清偿未到期债务;

(七)其他重大财产变动情况。

特此通知

××××年××月××日

(院印)

【说明】

本样式系根据《苏州市吴江区人民法院关于个人债务清理的若干规定》第八条第三款、第四款,第十二条第二款制定,供根据债权人申请裁定受理个人债务清理申请后,通知债务人提交材料用。

23. 民事裁定书(受理债务清理申请后,申请人申请撤回)

苏州市吴江区人民法院

民事裁定书

(××××)苏 0509 执清××××号/(××××)苏 0509 个清××××号

申请人:×××(债权人或债务人)。

××××年××月××日,本院裁定受理×××(债务人姓名或名称)个人债务清理一案,并于同日指定×××为×××管理人。××××年××月××日,×××向本院申请撤回个人债务清理申请。

本院查明:……(说明已申报债权的全体债权人和债务人对撤回申请的意见)。

本院认为:……(写明准许/不予准许撤回申请的具体理由)。依照《中华人民共和国民事诉讼法》第一百五十四条第一款第十一项之规定,裁定如下:

准许×××撤回对×××的个人债务清理申请。

或者:

不予准许×××撤回对×××的个人债务清理申请。

本裁定自即日起生效。

审 判 长 ×××

审 判 员 ×××

审 判 员 ×××

××××年××月××日

(院印)

书 记 员 ×××

【说明】

本样式系根据《苏州市吴江区人民法院关于个人债务清理的若干规定》第十条第二款制定,供人民法院裁定准许/不予准许申请人撤回个人债务清理申请使用。

24. 民事裁定书(确认债权用)

苏州市吴江区人民法院

民事裁定书

(××××)苏0509执清××××号/(××××)苏0509个清××××号

申请人:×××管理人。

××××年××月××日,本院受理×××(债务人姓名或名称)个人债务清理一案,并于同日指定×××为×××管理人。

本院查明:……(概括写明债权人申报债权、管理人审查债权及债权人会议核查债权的情况)。

本院认为:根据债权人会议核查的情况,债务人、债权人对于×××等×位债权人的债权均无异议。依照《中华人民共和国民事诉讼法》第一百五十四条第一款第十一项之规定,裁定如下:

确认×××等×位债权人的债权(详见无争议债权表)。

本裁定自即日起生效。

审 判 长 ×××

审 判 员 ×××

审 判 员 ×××

××××年××月××日

(院印)

书 记 员 ×××

附:无争议债权表

【说明】

本样式系根据《苏州市吴江区人民法院关于个人债务清理的若干规定》第二十九条制定,供人民法院确认债权表记载的无争议债权时使用。

25. 民事裁定书(批准个人债务清偿计划用)

苏州市吴江区人民法院

民事裁定书

(××××)苏0509执清××××号/(××××)苏0509个清××××号

申请人:×××管理人。

××××年××月××日,本院根据×××(债务人姓名或名称)的申请裁定受理×××(债务人姓名或名称)个人债务清理一案,并于同日指定×××为×××管理人。××××年××月××日,×××管理人向本院提出申请,称……(写明依据的事实及理由),请求本院批准个人债务清偿计划(附后),并终止×××个人债务清理程序。

本院查明:……(说明个人债务清偿计划表决通过情况)。

本院认为:……(写明批准个人债务清偿计划的具体理由)。依照《中华人民共和国民事诉讼法》第五十条、第一百五十四条之规定,裁定如下:

一、批准×××(债务人姓名或名称)个人债务清偿计划;

二、终止×××(债务人姓名或名称)个人债务清理程序。

本裁定自即日起生效。

审 判 长 ×××

审 判 员 ×××

审 判 员 ×××

××××年××月××日

(院印)

书 记 员 ×××

附:个人债务清偿计划

【说明】

本样式系根据《苏州市吴江区人民法院关于个人债务清理的若干规定》第三十七条制定,供人民法院批准债务人提出的个人债务清偿计划,并终止个人债务清理程序使用。

26. 民事裁定书(两次表决未通过计划终止程序用)

苏州市吴江区人民法院

民事裁定书

(××××)苏0509执清××××号/(××××)苏0509个清××××号

申请人:×××管理人。

××××年××月××日,本院根据×××(债务人姓名或名称)的申请裁定受理×××(债务人姓名或名称)个人债务清理一案,并于同日指定×××为×××管理人。××××年××月××日,×××管理人向本院提出申请,称……(写明依据的事实及理由),请求本院终止个人债务清理程序。

本院查明:……(说明个人债务清偿计划经两次表决均未通过情况)。

本院认为:……(写明终止个人债务清理程序的具体理由)。依照《中华人民共和国民事诉讼法》第一百五十四条第一款第十一项之规定,裁定如下:

终止×××(债务人姓名或名称)个人债务清理程序,恢复原生效法律文书的执行。

本裁定自即日起生效。

审　判　长　×××

审　判　员　×××

审　判　员　×××

××××年××月××日

(院印)

书　记　员　×××

【说明】

本样式系根据《苏州市吴江区人民法院关于个人债务清理的若干规定》第三十六条制定,供在债务人的个人债务清偿计划经两次表决均未通过,而终止个人债务清理程序使用。

27. 民事裁定书(未能执行清偿计划终止程序用)

苏州市吴江区人民法院

民事裁定书

(××××)苏0509执清××××号/(××××)苏0509个清××××号

申请人:×××管理人。

××××年××月××日,本院根据×××(债务人姓名或名称)的申请裁定受理×××(债务人姓名或名称)个人债务清理一案,并于同日指定×××为×××管理人。××××年××月××日,本院根据×××管理人的申请,裁定批准×××(债务人姓名)的个人债务清偿计划。××××年××月××日,×××管理人向本院提出申请,称……(写明依据的事实及理由),请求本院终止个人债务清理程序。

本院查明:……(说明债务人不能执行或不执行清偿计划的情况)。

本院认为:……(写明终止个人债务清理程序的具体理由)。依照《中华人民共和国民事诉讼法》第一百五十四条第一款第十一项之规定,裁定如下:

终止×××(债务人姓名或名称)个人债务清理程序,恢复原生效法律文书的执行。

本裁定自即日起生效。

审 判 长 ×××

审 判 员 ×××

审 判 员 ×××

××××年××月××日

(院印)

书 记 员 ×××

【说明】

本样式系根据《苏州市吴江区人民法院关于个人债务清理的若干规定》第三十九条制定,供债务人不能执行或不执行清偿计划,而终止个人债务清理程序使用。

28. 公告(受理更生申请后终止个人债务清理程序用)

苏州市吴江区人民法院

公　　告

(××××)苏0509执清××××号/(××××)苏0509个清××××号

××××年××月××日,本院裁定受理×××(债务人姓名或名称)个人债务清理更生申请一案,并于同日指定××××为管理人。因债务清偿计划已于××××年××月××日经本院批准/债务清偿计划经债权人会议两次表决未通过/债务人不能执行或不执行清偿计划,本院于××××年××月××日裁定终止×××个人债务清理程序。

特此公告

××××年××月××日

(院印)

【说明】

本样式系根据《苏州市吴江区人民法院关于个人债务清理的若干规定》第三十六条、第三十七条、第三十九条制定,供受理更生申请后,因发生终止情形(包括人民法院批准清偿计划、清偿计划经债权人会议两次表决未通过、债务人不能或不执行清偿计划三种情形)而裁定终止个人债务清理程序使用。

29. 民事裁定书(执行完毕清偿计划终结程序用)

苏州市吴江区人民法院

民事裁定书

(××××)苏0509执清××××号/(××××)苏0509个清××××号

申请人:×××(管理人或债务人)。

××××年××月××日,本院根据×××(债务人姓名或名称)的申请裁定受理×××(债务人姓名或名称)个人债务清理一案,并于同日指定×××为×××管理人。××××年××月××日,本院根据×××管理人的申请,裁定批准×××的个人债务清偿计划。××××年××月××日,×××管理人向本院提出申请,称……(写明依据的事实及理由),请求本院终结个人债务清理程序。

本院查明:……(说明债务人执行完毕清偿计划的情况)。

本院认为:……(写明终结个人债务清理程序的具体理由)。依照《中华人民共和国民事诉讼法》第一百五十四条第一款第十一项之规定,裁定如下:

终结×××(债务人姓名)个人债务清理程序。

本裁定自即日起生效。

审 判 长 ×××

审 判 员 ×××

审 判 员 ×××

××××年××月××日

(院印)

书 记 员 ×××

【说明】

本样式系根据《苏州市吴江区人民法院关于个人债务清理的若干规定》第四十一条制定，供人民法院在债务人执行完毕清偿计划，根据管理人或债务人的申请终结个人债务清理程序使用。

30. 民事裁定书(认可财产分配方案用)

苏州市吴江区人民法院

民事裁定书

(××××)苏0509执清××××号/(××××)苏0509个清××××号

申请人:×××管理人。

××××年××月××日,本院裁定受理×××(债务人姓名或名称)个人债务清理一案,并于同日指定×××为×××管理人。××××年××月××日,×××管理人向本院提出申请,称……(写明依据的事实及理由),请求本院认可财产分配方案(附后)。

本院查明:……(说明财产分配方案表决通过情况)。

本院认为:……(写明认可财产分配方案的具体理由)。依照《中华人民共和国民事诉讼法》第五十条、第一百五十四条之规定,裁定如下:

认可×××(债务人姓名)财产分配方案。

本裁定自即日起生效。

审　判　长　×××

审　判　员　×××

审　判　员　×××

××××年××月××日

(院印)

书　记　员　×××

附:财产分配方案

【说明】

本样式系根据《苏州市吴江区人民法院关于个人债务清理的若干规定》第四十五条第一款制定,供人民法院认可债务人财产分配方案使用。

31. 民事裁定书（财产分配完毕终结程序用）

苏州市吴江区人民法院
民事裁定书

（××××）苏0509执清××××号/（××××）苏0509个清××××号

申请人：×××管理人。

××××年××月××日，本院裁定受理×××（债务人姓名或名称）个人债务清理一案，并于同日指定×××为×××管理人。××××年××月××日，本院根据×××管理人的申请，裁定认可×××的财产分配方案。××××年××月××日，×××管理人向本院提出申请，称……（写明依据的事实及理由），请求本院终结个人债务清理程序。

本院查明：……（说明债务人财产分配完毕的情况）。

本院认为：……（写明终结个人债务清理程序的具体理由）。依照《中华人民共和国民事诉讼法》第一百五十四条第一款第十一项之规定，裁定如下：

终结×××（债务人姓名）个人债务清理程序。

本裁定自即日起生效。

审 判 长 ×××
审 判 员 ×××
审 判 员 ×××
××××年××月××日
（院印）
书 记 员 ×××

【说明】

本样式系根据《苏州市吴江区人民法院关于个人债务清理的若干规定》第四十五条第二款制定，供人民法院在债务人财产分配完毕后终结个人债务清理程序使用。

32.民事裁定书(无财产可供分配终结个人债务清理程序用)

苏州市吴江区人民法院

民事裁定书

(××××)苏0509执清××××号/(××××)苏0509个清××××号

申请人:×××管理人。

××××年××月××日,本院裁定受理×××(债务人姓名或名称)个人债务清理一案,并于同日指定×××为×××管理人。××××年××月××日,×××管理人向本院提出申请,称……(写明发现债务人已无财产可供分配),请求本院终结个人债务清理程序。

本院查明:……(写明债权人会议通过债务人财产状况报告及准予债务人保留的自由财产清单情况)。

本院认为:……(写明终结个人债务清理程序的具体理由)。依照《中华人民共和国民事诉讼法》第一百五十四条第一款第十一项之规定,裁定如下:

终结×××(债务人姓名)个人债务清理程序。

本裁定自即日起生效。

审 判 长 ×××

审 判 员 ×××

审 判 员 ×××

××××年××月××日

(院印)

书 记 员 ×××

附:准予债务人保留的自由财产清单

【说明】

本样式系根据《苏州市吴江区人民法院关于个人债务清理的若干规定》第四十二条制定,供因债务人无财产可供分配终结个人债务清理程序使用。

33.民事裁定书(债务人存在逃废债或违反义务终止债务清理程序用)

苏州市吴江区人民法院

民事裁定书

(××××)苏0509执清××××号/(××××)苏0509个清××××号

申请人:×××(管理人或债权人)。

××××年××月××日,本院裁定受理×××(债务人姓名或名称)个人债务清理一案,并于同日指定×××为×××管理人。在债务清理过程中,×××(管理人或债权人)于××××年××月××日向本院提出申请,称……(写明发现债务人存在的不诚信行为),请求本院终止个人债务清理程序。

本院查明:……(写明债务人逃废债具体行为或严重违反个人债务清理程序义务的行为)。

本院认为:……(写明终止个人债务清理程序的具体理由)。依照《中华人民共和国民事诉讼法》第一百五十四条第一款第十一项之规定,裁定如下:

终止×××(债务人姓名)个人债务清理程序,恢复原生效法律文书的执行。

本裁定自即日起生效。

审　判　长　×××
审　判　员　×××
审　判　员　×××
××××年××月××日
(院印)
书　记　员　×××

【说明】

本样式系根据《苏州市吴江区人民法院关于个人债务清理的若干规定》第二十条制定,供因债务人存在不诚信行为,而终止个人债务清理程序使用。

34. 执行裁定书(终结执行用)

苏州市吴江区人民法院

执行裁定书

(××××)苏0509执××××号

申请执行人:×××,……。

法定代理人/指定代理人/法定代表人/主要负责人:×××,……。

委托诉讼代理人:×××,……。

被执行人:×××,……。

委托诉讼代理人:×××,……。

在执行申请执行人×××与被执行人×××(写明案由)一案中,本院于××××年××月××日受理对被执行人×××的个人债务清理申请。××××年××月××日,因被执行人……(写明无财产可供分配或财产分配完毕或批准清偿计划的事实),本院裁定终结(终止)对被执行人×××的个人债务清理程序。据此,依照《中华人民共和国民事诉讼法》第二百五十七条第六项之规定,裁定如下:

终结对×××(被执行人姓名)的执行。

本裁定送达之后立即生效。

审 判 长 ×××

审 判 员 ×××

审 判 员 ×××

××××年××月××日

(院印)

书 记 员 ×××

【说明】

本样式系根据《苏州市吴江区人民法院关于个人债务清理的若干规定》第五十三条制定,供裁定终结债务清理程序(无财产可供分配或财产分配完毕的情况)或因批准清偿计划终止债务清理程序后,执行法官裁定终结对相应被执行人的执行用,其中前两种情形终结执行的依据为民事诉讼法第二百五十七条第六项,后一种情形终结执行的理由为和解长期履行。

35. 民事裁定书(免除/不予免除未清偿债务用)

苏州市吴江区人民法院

民事裁定书

(××××)苏0509执清××××号/(××××)苏0509个清××××号

申请人:×××(债务人姓名或名称)。

××××年××月××日,本院裁定受理×××(债务人姓名或名称)个人债务清理一案,并于同日指定×××为×××管理人。××××年××月××日,本院根据×××管理人的申请,裁定终结×××的个人债务清理程序。××××年××月××日,债务人×××向本院提出申请,称……(写明依据的事实及理由),请求免除未清偿债务。

×××管理人称:……(写明其对免责申请的独立意见)。

本院查明:……(说明个人债务清理程序案件情况、债务人的信用表现情况)。

本院认为:……(写明免除/不予免除未清偿债务的具体理由)。依照《中华人民共和国民事诉讼法》第一百五十四条第一款第十一项之规定,裁定如下:

免除债务人×××对×××等×位债权人未清偿的债务(详见未清偿债权表)。

或者:

不予免除债务人×××对×××等×位债权人未清偿的债务。

本裁定自即日起生效。

审 判 长 ×××

审 判 员 ×××

审 判 员 ×××

××××年××月××日

(院印)

书 记 员 ×××

附:未清偿债权表

【说明】

本样式系根据《苏州市吴江区人民法院关于个人债务清理的若干规定》第四十六条、第四十九条制定,供人民法院裁定免除/不予免除债务人未清偿债务使用。

36. 公告(裁定免除/不予免除未清偿债务用)

苏州市吴江区人民法院

公告

(××××)苏0509执清××××号/(××××)苏0509个清××××号

××××年××月××日,本院裁定受理×××个人债务清理一案,并于同日指定××××为管理人。因×××债务清偿计划执行完毕/无财产可供分配/财产分配完毕,本院于××××年××月××日裁定终结×××债务清理程序。债务人于××××年××月××日向本院申请免除其未清偿的债务,本院于××××年××月××日裁定免除债务人×××对×××等×位债权人未清偿的债务/不予免除债务人×××对×××等×位债权人未清偿的债务。

特此公告

××××年××月××日

(院印)

【说明】

本样式系根据《苏州市吴江区人民法院关于个人债务清理的若干规定》第四十六条、第四十九条制定,供法院作出是否免责的裁定进行公告使用。

37. 执行决定书（解除限制债务人高消费的措施用）

苏州市吴江区人民法院

执行决定书

（××××）苏0509执××××号

申请执行人：×××，……。

法定代理人/指定代理人/法定代表人/主要负责人：×××，……。

委托诉讼代理人：×××，……。

被执行人：×××，……。

委托诉讼代理人：×××，……。

在执行申请执行人×××与被执行人×××（写明案由）一案中，本院于××××年××月××日受理对被执行人×××的个人债务清理申请。××××年××月××日，因被执行人……（写明无财产可供分配或清偿计划执行完毕或财产分配完毕情况），本院裁定终结对被执行人×××的个人债务清理程序。××××年××月××日，根据被执行人×××的申请，本院裁定免除被执行人×××对×××等×位债权人未清偿的债务。依照《最高人民法院关于限制被执行人高消费及有关消费的若干规定》第九条的规定，决定如下：

解除对被执行人×××的限制高消费措施。

××××年××月××日

（院印）

【说明】

本样式系根据《苏州市吴江区人民法院关于个人债务清理的若干规定》第五十一条制定，供裁定免除被执行人未清偿债务后，执行法官决定解除对相应被执行人的限制高消费措施。

38. 协助执行通知书(协助公示债务人财产报告、行为限制等内容用)

苏州市吴江区人民法院

协助执行通知书

(××××)苏0509执清××××号/(××××)苏0509个清××××号

×××(协助执行单位):

××××年××月××日,本院根据×××(债务人姓名)的申请裁定受理×××(债务人名称)个人债务清理一案,并于同日指定×××为×××管理人。因审理案件需要,需贵单位协助执行以下事项:

……(协助公示债务人财产报告、行为限制等内容)。

××××年××月××日

(院印)

【说明】

本样式系根据《苏州市吴江区人民法院关于个人债务清理的若干规定》第五十五条制定,供受理个人债务清理申请后,协助公示债务人财产报告、行为限制等内容使用。

39. 民事裁定书(债务恢复用)

苏州市吴江区人民法院
民事裁定书

(××××)苏0509执清××××号/(××××)苏0509个清××××号

申请人:×××(管理人或债权人;人民法院依职权裁定恢复债务的,不列申请人)。

××××年××月××日,本院裁定受理×××个人债务清理一案,指定×××担任×××管理人。××××年××月××日,因…………(写明理由包括清偿计划执行完毕或无财产可供分配或财产已分配完毕),本院裁定终结×××个人债务清理程序。××××年××月××日,本院作出(××××)苏0509执清××××号/(××××)苏0509个清××××号民事裁定书免除债务人×××对×××等×位债权人未清偿的债务。××××年××月××日,债权人×××/管理人向本院提出申请,称……(写明依据的事实及理由),请求恢复×××按照原债务额清偿债务。

本院查明:债务人存在…………(写明具体不诚信、逃废债或违反行为限制等义务的行为)。

本院认为:……(写明恢复×××按照原债务额清偿债务的具体理由)。依照《中华人民共和国民事诉讼法》第一百五十四条第一款第十一项之规定,裁定如下:

一、撤销本院于××××年××月××日作出的(××××)苏0509执清××××号/(××××)苏0509个清××××号民事裁定书(写明免责的裁定书文号);

二、恢复×××按照原债务额清偿债务(详见未清偿债权表)。

本裁定自即日起生效。

审 判 长 ×××

审　判　员　×××
审　判　员　×××
××××年××月××日
（院印）
书　记　员　×××

附：未清偿债权表

【说明】

本样式系根据《苏州市吴江区人民法院关于个人债务清理的若干规定》第五十四条制定，供信用恢复前或信用恢复后两年内，发现债务人存在逃废债行为或违反义务行为的，裁定恢复按照原债务额进行清偿使用。

图书在版编目(CIP)数据

吴江法院破产审判全景报告 / 陈晓君主编. -- 北京:
法律出版社, 2021
ISBN 978-7-5197-5829-5

Ⅰ. ①吴… Ⅱ. ①陈… Ⅲ. ①破产-审判-研究报告
-吴江 Ⅳ. ①D927.534.229.192.4

中国版本图书馆 CIP 数据核字(2021)第 171768 号

吴江法院破产审判全景报告
WUJIANG FAYUAN POCHAN SHENPAN QUANJING BAOGAO

陈晓君 主编

策划编辑 沈小英
责任编辑 刘 莹
装帧设计 汪奇峰

出版发行 法律出版社
编辑统筹 法治与经济出版分社
责任校对 王晓萍 王语童
责任印制 吕亚莉
经　　销 新华书店

开本 710 毫米×1000 毫米 1/16
印张 30.25 **字数** 537 千
版本 2021 年 8 月第 1 版
印次 2021 年 8 月第 1 次印刷
印刷 固安华明印业有限公司

地址:北京市丰台区莲花池西里 7 号(100073)
网址:www. lawpress. com. cn
投稿邮箱:info@ lawpress. com. cn
举报盗版邮箱:jbwq@ lawpress. com. cn

销售电话:010-83938349
客服电话:010-83938350
咨询电话:010-63939796

书号:ISBN 978-7-5197-5829-5
定价:168.00 元

凡购买本社图书,如有印装错误,我社负责退换。电话:010-83938349